近代中国的
乡土意识

清末民初江南的地方精英与地域社会

[日]佐藤仁史　著

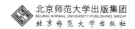

北京师范大学出版集团
BEIJING NORMAL UNIVERSITY PUBLISHING GROUP
北京师范大学出版社

新 史 学

观 古 今 中 西 之 变

序

近几十年来，我们对晚清民初的思想、政治、社会、经济等方面的研究，已经到了汗牛充栋的地步了。但是我们很少从在地的眼光出发，讨论地方上的变化，甚至由"下"而"上"去厘清国家的变化。即使有，也都是从动乱时代的材料与状态着手，对于非动乱时代的状态了解不多。而佐藤仁史的《近代中国的乡土意识——清末民初江南的地方精英与地域社会》一书，便是由"下"而"上"出发所做的研究中的一部好书。

承佐藤先生好意，要我写一篇序，我因为行政忙碌，无法一一综述本书每一章的要义，只能选择三个要点略抒我的感想。

2014年的诺贝尔奖化学奖，颁给了几位利用超高解析荧光显微术来窥探细胞内部分子活动的化学家，这也是为什么我要提出从地方出发来看历史的道理，因为在这个层次内可以看到地方上非常细致复杂的活动。当然，历史不可能只写各个地方，最后还是要回归到较大的发展脉络下来看它的发展。但是经过这一层的努力之后，再回过来看时视野、境界就显得不一样了。

为何要从"下"出发？"出发"是什么意思？用"出发"一词是强调"注意力"所投注方向的不同，注意力所及的地方才有历史；一如调整显微镜般，在聚焦之后，才能看到许多原先看不到的东西。如胡塞尔所言，注意力所集中的地方，光会有光晕及余光的、残余的之分；或如博格森的研究指出，人的注意力有一个浓淡的光谱，最核心的地区往往最为浓密。没有注意力，即使某事发生了，往往也不会被看到；即使看到了，也较少去面对它，或动手处理它。

　　从"上"出发或从"下"出发，观看事物的角度和视点是不同的。从"上"往"下"看的视野，和从"下"凝视自己与国家的关系，虽然看的是同一件事，但立基点不同，所看到的也往往不同。在变动的时代里，我们可以将焦点放在"地方"，看其信息如何传递，新的知识又在地方社群产生怎样的反应？什么样的信息传递是通畅的？何者被人们接受？何者不被接受？对于这些，我们目前都还没有基本的了解。

　　在佐藤的书中，我们看到从晚清新政以来，地方社会突然由一层变为两层。就像是第一章提到地方自治课题中，城镇乡内可以细分为城自治区与乡自治区。而且，在由上而下加上一层之后，还要将两层变回为一层，期望一切皆在中央"制度化"且能掌握的范围中。因应新的局势而出现了好几种现象。第一，不同层级的地方之间产生了新的关系；第二，新旧之间的关系；第三，"下"与"上"、"上"与"下"之间更衍生出许多新的关系，它们往往互相循环取利，到底是"假意"或"真情"，不能一概而论，而且许多处还与在地的复杂实况相关。伴随行政区域的设定之后，带来税收、政党利益乃至官民人际网络的纠葛，我觉得佐藤在书中对这些极为复杂的层面做了很细致而有见解的处理，而这些层面是由"上"而"下"俯瞰时所不易察觉的。

这些复杂的状况不免使我们感到，一次又一次的新政策、一波又一波的新思潮究竟在地方上造成什么影响？好比一位篮球选手带球上篮，一般都只注意他上篮的动作以及是否得分，却忽略了他一路拍打篮球之际，每一次拍击，球的内部所承受的力量、撞击地板的角度，乃至于球的反弹都相当不同。拍打得太过用力，说不定球要泄气甚至破了；拍得不够，球可能弹跳不起来。一方面篮球撞击地板，一方面则是地板将之反弹而起，这些变化，就像是地方社会产生的变化。如果我们一直只从全国性的角度，或仅从制度方面着眼，等于只是注意带球上篮及得分与否，不免忽略了球员拍打时篮球内部的变化。多年来，我一直在想着：我们在观察历史变化时，如何既观赏带球上篮的动作，又能注意到每一次拍动篮球时内在的冲击？

佐藤书中有几章在讨论盛泽、嘉定、陈行等地方社会内部的变化。盛泽的新知识分子在推动平民教育同时，也带来镇乡之间的分裂，使得"文明化"并不能涉及农村范围。而嘉定的政争，虽然只是一项夫束赋役改革，却凸显了既得利益者的社会关系，并非能轻易革废。至于陈行的地方领导阶层，经由收集竹枝词来贴近百姓生活，并以乡土志诉诸"合群"与"改良"的观念。总括来说，无论是通过乡土志教科书内容，还是竹枝词民谣所展现的地方意识，地方势力与秩序都在不间断地重组，而来自中央的态度、政策及主流舆论的方向，往往是最大的划分力量。时代政治局势及思潮之起伏，其实与地方上不同势力之间的起伏也有分不开的作用。譬如书中提及夫束改革，即与晚清立宪派、革命派之势力起伏相关。这些看似地方派系的对抗，背后常有政治意识的主导，进一步演变到民国初年成为政党对立的关系。

受限于我个人的专业，我最感兴趣的是近代新思想、新概念、新名词下渗的部分，还有新思想运动中它们向下渗透、扩散到什么程度。

佐藤认为市镇社会是这个新思想运动的末梢。我们可以看出在思想观念下渗的过程中，曾经有过一些筛选。那么，何以在广大的词汇、概念中，只有非常小的一部分到达下层社会？这些思想、概念又在地方社会上造成什么样的影响？在地民众对它们有什么特别的了解？它们为何与地方精英、现实派系的划分或权力的布局息息相关呢？

我所感兴趣的第二个问题是，近代地方社会是不是因为新报刊的流播，而出现一种"合伙人效应"。在佐藤的书中，我们常常可以看到新式精英惯于透过媒体，形成舆论，进而造成影响，如《曙报》这类在地媒体，对地方社会起过很大的作用。① 近代地方"舆论社会"的形成是一种新的现象，胡适曾在一篇英文文章这样提醒我们："突然间，在地方出现大量的刊物，它们形成地方教育运动的一个重要部分。小小的地方社会中，向来都是仰赖大都市提供知识的，它们有史以来第一次形成了自己的舆论社会。"② 而这个舆论社会，在不同程度上把当地社会"政治化"了，它们反复发挥动员力量，成为全国性运动的一部分，也造成地方势力的重新划分。

---

① 此外，佐藤另有《20世紀初頭の中国における地方政治と言論——江蘇省嘉定県の地方紙"曙報"に即した初歩的分析》一文，富士ゼロックス小林節太郎記念基金，1999.12。

② 胡适著，季羡林主编，《胡适全集》，合肥，安徽教育出版社，2003，第35册，第254页。

谈到"舆论社会",我想借用智利小说家赫纳罗·普列托（Jenaro Prieto Letelier，1889—1946）的《合伙人》（El Socio）中的情节稍作说明。《合伙人》借沸腾股市中的一个小人物，烘托智利人崇洋媚外的心理。小说主角胡亮做生意很不顺利，常找人调头寸，却常常被人问到合伙人是谁？他索性就捏造了一个英国合伙人——戴维思，从此大发利市。人们于是不再相信胡亮，只相信他所捏造的合伙人，甚至最后弄得胡亮不得不安排一场假的决斗，将他的合伙人杀掉，并登报声明。但问题还是没有获得解决，胡亮在商场腾空而起，倚靠的是戴维思；后来他一败涂地，也是因为合伙人戴维思。[①]

我认为近代中国"舆论社会"的形成，产生了一种"合伙人效应"，即订阅或批读新式报刊的人，在仿佛之间往往想象自己在某些地方有一群合伙人。每天送来的报刊也像一位定期来访的合伙人。这些合伙人的数量很大，彼此并不认识，却隐隐然关联在一起，形成一股巨大的力量。这个设想与 Benedict Anderson 的"印刷资本主义"，以及由"印刷资本主义"产生"想象的共同体"不无关系。我认为是有一群散布在各地、互不相识的读者，共同接受某一思想观念，隐隐然认为互相之间是"合伙人"，再由这个合伙人产生"想象的共同体"。这个合伙人群是想象的、虚拟的，唯一的关系只是共同阅读；可是在巨大的时代氛围中，他们成为地方上象征权力的拥有者，而且支持或反对这些概念，成了划分派系、分割权力的工具。一旦大气候变了，

---

① 赫纳罗·普列托（Jenaro Prieto Letelier）著，曾茂川译，《合伙人》，台北，联经出版公司，2008。

"合伙人效应"当然也会面临变化。

　　佐藤的书充分吸收中、日史学界对地方社会的研究成果，他深入"地方性史料"，大量运用地方刊物、报纸、杂志，而且尽力掌握其复杂的互动关系，分析新旧政见与各种势力，这些势力既是思想意趣的，又是现实利益的，它们层层套叠又循环取利，构成了一幅色块斑斓的印象派油画。

王汎森

2015 年秋天

目　录

序章 / 001

第一编　地方的制度化与地域对立

第一章　清末的城镇乡自治与自治区设立问题——以江苏苏属
地方自治筹办处的管辖地区为中心 / 028

导言 / 028

第一节　从《城镇乡地方自治章程》看城区与乡区 / 032

第二节　围绕于设立城区的城乡对立问题 / 036

第三节　乡区设立问题与地方意识 / 061

小结 / 070

第二章　清末民初地方政治中的对立局势——以江苏省嘉定县
的地方领导、自治、政党为个案分析 / 072

导言 / 072

第一节　夫束的结构及其得利者 / 078

第二节　清末地方精英的"地方战略"与城乡对立 / 087

第三节　民初县议事会运作与民政长选举的纠纷 / 103

第四节　政党组织与地方精英 / 114

小结 / 127

第三章　从一个地方精英人士看清末民初的官民对立——以上
　　　　海县乡绅秦锡田的活动为中心 / 130

导言 / 130

第一节　上海县农村地区的精英阶层与地方自治 / 134

第二节　清末地方自治的诸问题与秦锡田的改革案 / 141

第三节　民初的地方行政财政与秦锡田的活动 / 152

小结 / 175

第二编　如何叙述乡土

第四章　地方志和乡土志中的近代中国乡土意识——以江南地
　　　　区为中心 / 186

导言 / 186

第一节　《川沙县志》中关于地方的叙述法 / 190

第二节　乡镇志中展现的乡土城市化、文明化及风俗 / 198

第三节　乡土志所见的文明化和乡土 / 206

小结 / 218

第五章　近代中国乡土教科书中的爱乡与爱国——《陈行乡土
　　　　志》及其背景 / 220

导言 …………………………………………………… 220

第一节　上海农村的地方精英阶层 ………………… 226

第二节　地方精英阶层的乡土教育活动 …………… 233

第三节　《陈行乡土志》所见的地方精英与地方财政 ········ 242

第四节　《陈行乡土志》的教育观与秩序意识——"改良"与
　　　　"合群" ··· 251

小结 ··· 257

第六章　文学作品中清末民初地方精英阶层的民俗观——以
　　　　"歌谣"为线索 / 262

导言 ··· 262

第一节　上海县陈行乡的地方精英阶层和"歌谣" ········· 265

第二节　地方精英阶层的"知识世界" ···················· 272

第三节　启蒙和民俗 ··· 278

小结 ··· 293

第三编　新文化与市镇社会

第七章　清末民国时期近代教育的引进与市镇社会——以江苏
　　　　省吴江县为例 / 296

导言 ··· 296

第一节　清末民初近代学校设立中的市镇与农村 ········· 300

第二节　20世纪20年代的平民教育与市镇社会——以盛泽镇为
　　　　中心 ·· 311

第三节　从私塾看清末民国时期的农村教育 ············· 328

小结 ··· 337

第八章　新文化与地域空间的嬗变——20世纪20年代吴江市镇
　　　　社会与地方知识分子 / 340

导言 ●●●●●●●●●●●●●●●●●●●●●●●●●●●●●●●●●●●● 340

第一节　20世纪20年代吴江的地方报与新南社 ●●●●●●● 344

第二节　民治与绅治——地方自治与市民公社 ●●●●●●●●● 349

第三节　"新文化"与市镇社会的转型 ●●●●●●●●●●●●●●●● 357

第四节　平民教育中的民俗观 ●●●●●●●●●●●●●●●●●●●●●● 369

小结 ●●●●●●●●●●●●●●●●●●●●●●●●●●●●●●●●●●●● 377

终　　章/ ●●●●●●●●●●●●●●●●●●●●●●●●●●●●●●●●●● 380

附录　乡土志目录稿（上海市、江苏省、浙江省）/ ●●●●●●● 390

参考文献/ ●●●●●●●●●●●●●●●●●●●●●●●●●●●●●●●●● 393

后　记/ ●●●●●●●●●●●●●●●●●●●●●●●●●●●●●●●●●●●● 414

序　章

本书着眼于清末民初江南地方的市镇社会，讨论这一空间以及从中生成的乡土意识，还有地域社会的变化过程。首先想说明的是，为何以清末民初和江南市镇社会作为时空分析对象，从中又打算厘清什么问题呢？在序章中，打算以四个部分说明：第一、第二部分分别在江南地域史的研究脉络和清末民初史的学术源流中，提示问题之所在和本书的论点。第三部分解说本书所使用的地方文献。第四部分则阐明本书的结构。

一、江南地域史研究的问题所在和分析方法

（一）江南地域史研究的成果和课题

考察江南的地域发展脉络时，被称为市镇（或乡镇）的农村商业聚落一直受到重视。伴随 1978 年 12 月中国共产党十一届三中全会对农业经济政策的历史性大转变，市镇被称为农村工业化的中心，开始备受瞩目。这一农村政策的理论性依据，是费孝通提出的中国独特发展

模式，即乡镇企业的发展，可以防止农村过剩人口向大都市涌入，实现农村的现代化。① 这一发展模式也被认为是"内发发展"的可能性之一，亦即不将发达国家形式视为工业化、现代化的唯一准绳，而是摸索相应于国情、地域条件的发展形式。② 但是今天大都市的经济发展、人口移动等现象变得非常显著，当时被提倡"以乡镇企业为中心"的工业化、近代化模式，进入了接受历史使命评价的阶段。

将市镇乃至市镇间网络视为中国农村的内在发展孵化器来重新评价，定位江南市镇发展的研究，也成为史学领域中的一项重要主题。特别是在农村政策中提倡"苏南模式"，显示国家将江南市镇作为发展类型之一。③

在中华人民共和国成立前，费孝通即提出关于农村经济建设的先驱性构想；因此在前述的发展模式转换中，对费孝通一系列学术研究

---

① 关于费孝通的江南农村认识和他提倡的"乡土工业"，参见小岛晋治等译：《中国农村的细密画：ある农村の记录 1936～82》，第 201～203 页，东京，研文出版，1985；费孝通：《小城镇、大问题》，收入费孝通学术指导，江苏省小城镇研究课题组编：《小城镇、大问题：江苏省小城镇研究论文选第一集》，南京，江苏人民出版社，1984。

② 宇野重昭、鹤见和子将 20 世纪 80 年代推动的"乡土工业"、农村副业以内在发展视角为题，与日本研究者和中国方面共同研究。代表性成果有宇野重昭、朱通华编：《农村地域の近代化と内発的发展论：日中"小城镇"共同研究》，东京，国际书院，1991年；宇野重昭、鹤见和子：《内发的发展と外向型发展：现代中国における交错》，东京，东京大学出版会，1994。

③ 苏南模式的目标是，以传统中国时期形成的市镇与农村为基础，实现农村人口"离土不离乡"，推动乡村工业化。但是 20 世纪 90 年代后半期以降，引进外资的"外发型"因素引人注目。宇野、鹤见前揭书，第 1～11、第 251～276 页。关于费孝通的乡土工业论和模式论，佐佐木卫：《费孝通：民族自省の社会学》（第 84～102 页，东京，东信堂，2003）有一个简明的解说。

成绩进行再评价可说是自然之事。中国史学界最重要的研究进展，是以明清市镇的长期发展过程和经济机能的研究，其中多数研究者使用地方志，发掘史实。[1] 近年来，从社会史的视角出发，进一步产生了多种主题成果。[2]

再将目光转向日本学界。20 世纪 80 年代末开始，森正夫、滨岛敦

---

[1]　利用乡镇志，取得的实证成果有：樊树志：《明清江南市镇探微》，上海，复旦大学出版社，1990（后大幅增写为《江南市镇：传统的变革》，上海，复旦大学出版社，2005）；陈学文：《明清时期杭嘉湖市镇研究》，北京，群言出版社，1993；陈学文：《明清时期太湖流域的商品经济与市场网络》，杭州，浙江人民出版社，2000；范金民：《明清江南商业的发展》，南京，南京大学出版社，1998。而且在此之前，台湾地区学者关于江南市镇的先驱性实证研究成果（刘石吉：《明清时代江南市镇研究》，北京，中国社会科学出版社，1987）也在中国大陆出版，显示了当时对江南市镇历史的高度关心。关于江南市镇研究，参见森正夫：《江南デルタ市镇研究：历史学と地理学からの接近》（名古屋，名古屋大学出版会，1992）所收《市镇研究文献目录稿》；陈长刚：《明清江南社会经济史回顾（1991—1997）》，《中国史研究动态》第 247 期，1999；及陈忠平、唐力行编：《江南区域史论着目录（1900—2000）》，北京，北京图书馆出版社，2007。

[2]　最近的研究，有从空间视角的讨论，即市镇与周边农村关系的有吴滔：《清代江南市镇与农村关系的空间透视：以苏州地区为中心》，上海，上海古籍出版社，2010；关注个别市镇，分析市镇与外部世界的网络有罗婧：《江南市镇网络与交往力：以盛泽经济社会变迁为中心（1368—1950）》，上海，上海人民出版社，2010。社会史研究的范围也扩展到江南地域史，在不同领域都有专书刊行，研究基础确实扩大了。冯贤亮：《明清江南地区的环境变动与社会控制》，上海，上海人民出版社，2002；余新忠：《清代江南的瘟疫与社会：一项医疗社会史的研究》，北京，中国人民大学出版社，2003；王卫平：《中国古代传统社会保障与慈善事业：以明清时期为重点的考察》，北京，群言出版社，2005；王健：《利害相关：明清以来江南苏松地区民间信仰研究》，上海，上海人民出版社，2010。

俊等明清史学者与当地研究者合作，实施田野调查，并刊行了部分成果。① 从中可看出两项特点。第一，过去依赖发展阶段论、根据文献推动研究的学者们，开始努力对作为广义生产场域的地域社会进行总体性掌握。第二，通过对市镇、乡村社会多面向的口述调查、景观调查、史料调查等，试图对中国传统社会做出回溯性理解。在传统中国尚可能"遗存"的 20 世纪 80 年代，注重社会的连续面是很合理的。

因此，江南市镇社会史对以明清为主的实证研究和实地调查方面取得了深厚的积累。但另一方面，清末到民国时期的研究依然不足。关于这一时期，尽管存在朱小田、包伟民等人的研究，仍有尚未探讨之处。② 与以明清时期为对象的历史研究及 20 世纪 80 年代以来盛行的情况相比，清末民国时期分析不足的原因之一，是近代中国"发展"的焦点都转移到都市上海，相对轻视了作为腹地的江南。③ 立足于"作为广义生产场域的地域社会"观点，江南仍是一个重要地域，是毋庸赘言的。

---

① 与南京大学进行共同研究的名古屋大学研究班成果，有森正夫编：《江南デルタ市镇研究》；与复旦大学进行共同研究的大阪大学研究班，其成果有滨岛敦俊、片山刚、高桥正：《华中·南デルタ农村实地调查报告书》，《大阪大学文学部纪要》第 34 卷别刷，1994。关注市镇社会空间性的专著，有川胜守：《明清江南市镇社会史研究：空间と社会形成の历史学》，东京，汲古书院，1999。

② 小田（朱小田）：《江南乡镇社会的近代转型》，北京，中国商业出版社，1997；小田：《在神圣与凡俗之间：江南庙会论考》，北京，人民出版社，2002；小田：《江南场景：社会史的跨学科对话》，上海，上海人民出版社，2007；包伟民编：《江南市镇及其近代命运：1840—1949》，北京，知识出版社，1998。

③ 把焦点从市镇转向华中农村整体的话，有很多非常有用的专著。如笹川裕史：《中华民国期土地行政史の研究》，东京，汲古书院，2002；弁纳才一：《华中农村经济と近代化》，东京，汲古书院，2004；饭塚靖：《中国国民政府と农村社会：农业金融·合作社政策の展开》，东京，汲古书院，2005。

而且，无论以明清还是清末民国时期为对象的作品，都存在分析过于集中在市镇经济职能的问题。故此，关于被奉为"圣经"般的费孝通著作阐明的"乡脚"，① 战争期间日本人调查指出"町村共同体"（即乡镇社会）拥有的社会圈、文化圈及其变化，尚未得到充分深入的探讨。② 尽管近年地方政治结构变化、民间信仰、社会生活、不动产等面向讨论市镇社会的著作，填补了许多空白，但尚须探究的空间还是太大了。③ 解析以下的各项问题，可以直接对市镇社会的变化获得总体性把握。这些问题包括：清末地方自治制度实施以后，地域的制度化和市镇社会的再组织；伴随地方政治结构及国家/社会关系的变化，学校教育及平民教育在市镇的实施情况；市镇的精英与地域社会的关系、民间信仰等文化圈的存在模式。

关于传统江南农村的社会结构及空间性，提出最具涵盖性模式的，是滨岛敦俊。滨岛关于江南农村水利的研究中，没有发现日本型的"村落共同体"，在据此探究江南农村如何成立的过程里，主张共性集中体

---

① 费孝通，《小城镇大问题》；Hsiao-tung Fei，*Peasant Life in China：A Field Study of Country Life in the Yangtze Valley*（London：Routledge and Kegan Pault，1939）.

② 江南农村具有开放性、多层性的特征，被概括为町村（乡镇）共同体。关于町村（乡镇）共同体，参见福武直：《中国农村社会の构造》，《福武直著作集第 9 卷》，第 258～262 页，东京，东京大学出版会，1976。而且，福武直曾以助手身份参加林惠海对苏州农村的调查。林氏的一部分见于林惠海：《中支江南农村社会制度研究》上卷，东京，有斐阁，1953。

③ 马学强：《从传统到近代：江南城镇土地产权制度研究》，上海，上海社会科学院出版社，2002；小田：《在神圣与凡俗之间》；滨岛敦俊：《总管信仰：近世江南农村社会と民间信仰》，东京，研文出版，2001；太田出，佐藤仁史编：《太湖流域社会の历史学的研究：地方文献と现地调查からのアプローチ》，东京，汲古书院，2007。

现于民间信仰（被合称为"总管信仰"）为核心的文化整合上。[①] 在此基础上，他提出江南社会必须根据以下三层结构加以理解：以富农为中心成立的村（"社村"）；居住于市镇的生员、商人们所肩负的"乡脚"世界；以乡绅卓越的政治统合能力为核心的县域社会。[②] 与本书强调市镇社会之空间性关联而言，笔者认为滨岛的论点极为重要，即随着16世纪以来商业化进展，以市镇为中心的经济圈、社会圈（即"乡脚"的世界）之形成，市镇的城隍庙、东岳庙和村社的土地庙之间，组成了"解钱粮"的从属关系。[③] 这一框架的有效性，体现在民间信仰、语言文化、地域社会的领导权形式上，可以对地域社会进行整体且多元的掌握。笔者虽以滨岛提出的江南社会三层结构为基础进行分析，但由于三层结构是针对传统时期所提出的分析模式，所以本书分析对象——清末民国时期，是有必要留心变化的面向。[④] 换言之，即伴随近代国家建设时地方"制度化"的实际情况。由于科举制废除和近代学校教育制度引进，产生新的精英阶层与地域社会领导权的改变，加上文明概念的出现，民间文化被认为是"迷信"的问题，笔者认为很有分析的必要。

---

① 滨岛敦俊：《明代江南农村社会の研究》，第533～541页，东京，东京大学出版会，1982；滨岛敦俊：《总管信仰》，第5～6页。

② 滨岛敦俊：《总管信仰》，第275～276页；滨岛敦俊：《农村社会：觉书》，收入森正夫编：《中国史学の基本问题4：明清时代史の基本问题》，东京，汲古书院，1999，插表0-1。

③ 滨岛敦俊：《总管信仰》，第205～219页。

④ 明清史研究者的实地调查虽然也涉及中华人民共和国成立前后的情况，但重点仍在于分析传统中国社会结构。而且鉴于当时形势，对中华人民共和国成立后的情况进行访谈比较困难，这也是对这一时期变化方面的分析变得困难的原因之一。参见滨岛等：《华中·南デルタ农村实地调查报告书》。

（二）"地域社会论"与清末民初江南史研究

在探究微观地域社会的共同性及统合的实际情况中，日本学者主要是在华北农村调查及进行村落研究，以及 20 世纪 80 年代以后明清史的"地域社会论"讨论。前者聚焦于村落社会，讨论共同性的形式，对江南社村的比较研究颇有裨益。① 后者所言"作为广义生产场域的地域社会"之框架，对于本书分析市镇社会的多层地域社会而言，具有深刻的关联。②

提出地域社会概念解释"传统中国"的形成，在引进清末民国历史分析时，具体又是采用怎样的视角呢？在此以山田贤的问题为基础略加说明。山田把森正夫提出的地域社会，比喻为作为实体概念的地域和作为方法概念的地域"两个重心的不安定椭圆"。③ 以前者为主题探

① 作为代表性成果，可举以三谷孝为中心的研究班成员，对《中国农村惯行调查》调查过的村落进行追踪调查（日文的"惯行"即中文的习惯之意）。三谷孝：《中国农村变革と家族・村落・国家：华北农村调查の记录》全 2 卷，东京，汲古书院，1999－2000。关于内山雅生对村落共同体论的实证考察，参见内山雅生：《现代中国农村と"共同体"：转换期中国华北农村における社会构造と农民》，东京，御茶の水书房，2003，第三章《看青と现代华北农村社会の变动》。

② 森正夫：《中国前近代史研究における地域社会の视点：中国史シンポジウム〈地域社会の视点：地域社会とリーダー〉基调报告》，收入《森正夫明清史论集》，第三卷《地域社会研究法》，东京，汲古书院，2006。按照岸本美绪的总结，所谓"地域社会论"研究在于体认人与人之间共享的认知体系，及其选择行动的多样性，同时关心其中的共同点。参见岸本美绪：《明清期の社会组织と社会变容》，收入社会经济史学会编：《社会经济史学の课题と展望》，东京，有斐阁，1992。

③ 山田贤：《中国明清时代史研究における"地域社会论"の现状と课题》，《历史评论》第 580 号，1998。

讨清末物质再生产的情况时，伴随民族国家形成，有必要分析国家中央、地方政府设立的各种制度对地域社会的渗透过程。当然，这不意味着国家中央、地方政府设计的制度原封不动地被用于地域社会；在地域社会中，非正式、半正式形成的物质再生产机制被纳入各种制度中，还须注意各种势力在接纳新制度时，也存在异化的情况。

后一个重心可以提出精神方面共有的秩序意识。在危机的时代，值得注意地域社会"因与国家的'机能同型性质'，当整体秩序已处于难以维持的危机中，独立性的'地域'被视为恢复秩序更有效的方法，而为人所选择"。① 近代中国王朝秩序危机、民族主义高涨等情况，地方精英如何"发现"乡土社会，从乡土社会出发来恢复、实践整体秩序，这些都是需要与传统中国比较，乃至加以探讨的课题。

基于对上述问题的关怀，验证市镇社会"拥有两个重心的不安定椭圆"，并借此发现中国近代史的一个侧面，也是本书的目的之一。

二、环绕清末民初乡土意识的论点

本书之所以将江南市镇社会产生乡土意识作为切入点，是由于笔者认为这反映了清末民初的时代特点。乡土、地方等概念在近代中国

---

① 国家与地域的机能同型性，以地域和整体秩序来看只是大小不同，却具有同质的机能。参照第 7 页注③，山田贤：《中国明清时代史研究における"地域社会论"の现状と课题》，《历史评论》第 580 号；岸本美绪、山田贤指出的关于明清时期国家与社会机能同质性问题，可以进一步解释同时代人们的理解方式和认知体系。山田贤：《生きられた"地域"：丁治棠〈仕隐斋涉笔〉の世界》，收入山本英史编：《传统中国の地域像》，东京，庆应义塾大学出版会，2000；岸本美绪：《"老爷"と"相公"：呼称から见た地方社会の阶级感觉》，收入岸本美绪：《风俗と时代观》，东京，研文出版，2012。

出现，与清末出现的文明、国家等概念是密不可分的。再者，关于地域社会以何人、用怎样的尺度来定位，让我们想到滨岛敦俊指出的住在市镇的生员、商人，从此也可看到市镇高密度地存在于江南社会的地域性。

以下从四方面概览清末民初认识乡土的尺度：（一）地方的"制度化"和乡土意识；（二）乡土意识和爱国主义；（三）文明化和乡土；（四）利用这些尺度并试图改良乡土的主体——地方精英的位置。

（一）地方的"制度化"和乡土意识——乡土的位置

如果从政治体制形式观察国家—社会关系变化，清末民初可说是从君主专制历经君主立宪朝向共和制的时期；伴随着清末民族国家的形成，各项制度、机构也在地域社会纷纷成立。[①] 可是由于过去受到革命史观影响，对立宪制、地方自治制的引进和运用关心明显不足，因此20世纪90年代以后，开始就有关这些问题的史实加以挖掘和重建。[②]

[①] 杜赞奇使用国家内卷化（State involution）概念进行了明确的讨论。Prasenjit Du-ara, *Culture, Power, and the State：Rural North China*, 1900－1942, Stanford：Stanford University Press, 1988, pp. 73-77.

[②] 关于立宪制对清末新政的影响，Douglas R. Reynolds, *China*, 1898－1912 ：*The Xinzheng Revolution and Japan*, Cambridge, Massachusetts：Harvard University Press, 1993. 提出了颠覆既有观点的讨论。又如马小泉：《国家与社会：清末地方自治与宪政改革》（开封，河南大学出版社，2001），中国关于立宪制、地方自治的实证研究，较集中于省级议会的分析。沈晓敏：《清末民初的浙江咨议局和省议会》，北京，生活・读书・新知三联书店，2005；刁振娇：《清末地方议会制度研究：以江苏咨议局为视角的考察》，上海，上海人民出版社，2008。关于通过交通网的国家整合，有千叶正史：《近代交通体系与清帝国的变貌：电信・铁道ネットワークの形成と中国国家统合の变容》，东京，日本经济评论社，2006。

本书将民族国家制度被引进地域社会、地方被纳入民族国家机构的过程，称作地方的"制度化"。[①] 这一点最显著地体现在都市中的社会管理上。有关清末天津的巡警制度、民国上海警察制度的成立过程，[②] 乃至北京近代医疗制度的引进和卫生区划的研究，[③] 都显示出清末民初将地域社会分割为区域进行管理，这成为近代国家的一个基调。

把目光转向地域社会，地方"制度化"集中反映在地方自治制度的引进过程上。关于清末地方自治的实际情况，由于史料、分析框架的限制，除直隶以外均未得到充分讨论，[④] 近年有黄东兰、田中比吕志提出了相关见解。黄东兰从明治日本引进的制度在清朝的变化出发，

[①] 地方"制度化"这一框架，是受到饭岛涉描述国家所办卫生事业性质的卫生"制度化"启发而提出的。饭岛涉：《ペストと近代中国》，第3～5页，东京，研文出版，2000。

[②] 吉泽诚一郎：《天津の近代：清末都市における政治文化と社会统合》，名古屋，名古屋大学出版会，2001，第五章《巡警の创设と行政の变容》、Frederic Wakeman, Jr, *Policing Shanghai* 1927－1937，Berkeley：University of California Press, 1995, pp. 18-22.

[③] 杨念群：《再造"病人"：中西医冲突下的空间政治（1832 － 1985）》，第110～123页，北京，中国人民大学出版社，2006。

[④] 和田清编：《中国地方自治发达史》（第174～182页，东京，汲古书院，1975）认为清末地方自治仅止于法律条文的出现。松本善海：《中国村落制度の史的研究》（第517～538页，东京，岩波书店，1997）将清末民初的自治视为"乡镇制度"的设立，并认为该制度受到日本的影响，具有强烈的官治性质，此后研究多受其启发。关于直隶的地方自治制，参见滨口允子：《清末直隶における咨议局と县议会》，收入辛亥革命研究会编：《菊池贵晴先生追悼论集中国近现代论集》，东京，汲古书院，1985；贵志俊彦：《"北洋新政"体制下における地方自治制の形成》，收入横山英、曾田三郎编：《中国の近代化と政治の统合》，广岛，溪水社，1982；魏光奇：《官治与自治：20世纪上半期的中国县制》，北京，商务印书馆，2004。关于江南地方自治制最近的论文，有鹭尾浩一：《清末苏州における地方自治の导入と基层社会の变化：水害发生时の报荒を通じて》，《东洋学报》第92卷第3号，2010。

对地方自治制度的内容和运作实际状态进行精细的考察，考证了日本府县制、市町村制的方式，与清朝引进自治制度时发生"变形"的情况。[1] 根据田中比吕志的看法，地方精英进入以地方自治为主的政治活动场域中，使得省—县联系更加紧密，强化了相对于中央的离心力。[2]

在前述基础上，现在要追问的是：地域社会如何接受新制度。市古宙三早就指出，乡绅为了保护自己的利益，参与了新的政治机会和革命事业。[3] 本书在此进一步关注地域社会（县城、市镇、农村等）的差异，如何影响了接受新制度的情况，又在地域间、官民间引起了怎样的纷争，以及此时乡土是如何被阐述的。之所以特别注意到县以下的地域社会，是因为清末地方的"制度化"，意味行政机构末端从县城向下层社会扩大，行政之外进行"地方公事"的传统，规定了新制度的接受方式，也存在制度变形的要素[4]。通过引进地方精英主动利用制度的视角，可以超越以往研究中认为他们在国家—社会关系所遭遇的

---

[1] 黄东兰：《近代中国の地方自治と明治日本》，东京，汲古书院，2005，第七章《直隶省における地方自治实验と日本》。

[2] 田中比吕志：《近代中国の政治统合と地域社会：立宪・地方自治・地域エリート》，东京，研文出版，2010，第四章《清末民初の地方政治构造とその变化》。

[3] 市古宙三：《乡绅と辛亥革命》，收入市古宙三：《近代中国の政治と社会〔增补版〕》，东京，东京大学出版会，1997。Chuzo Ichiko, "The Role of the Gentry：An Hypothesis." in Mary Clabaugh Wright ed., *China in Revolution：The First Phase*，1900—1913. (New Heaven：Yale University Press，1968)

[4] 地方自治引进之前所形成的地方公共事务传统，可以举出善堂为例。但是运作方式并非纯粹民办，像杭州也存在着通过税收获取支持的官民协办性质的例子。夫马进：《中国善会善堂史研究》，第584～600页，京都，同朋舍出版，1997。另外关于善堂，梁其姿：《慈善与教化：明清的慈善组织》(台北，联经出版事业公司，1997)也是必须参考的文献。

挫折，探索相互渗透的国家一社会关系。

（二）乡土意识和爱国主义——乡土的位置

将"群"——各式各样中间团体、社会组织的团结和凝集，与攸关国家存亡加以讨论，探讨国家意识的形成及乡土意识，是本书的目的之一。在清末都市社会，移民借助同乡、同业的联系，以会馆、同乡会为背景实行相互扶助。他们抱有的"乡党"观念，演变成"大同团结"意识的情况，已有相关研究。[①] 根据 Goodman 的说法，上海移民的归属意识可分为有共同言语习俗的家乡归属意识、作为上海市民的意识，以及对国家（中国）的认同意识三层。其中所谓"乡党"观念很牢固，与上海人的认同并不融洽，超越地域的共同宗教文化则提高"中国人"的意识。此外，提高"中国人"意识的契机还有与租界相关的反帝国主义运动。[②] 1905 年，主导上海华界的绅商阶层提出了在共同租界参政的要求，此事件显示出拥护中国主权意识的萌芽。[③] 同年，天津发生的抵制美货运动中，商会（绅商）、教员、学生等都市精英层也都成为了中心力量。[④] 吉泽诚一郎认为"爱国主义"意识成为超越不同政治立场、主张、思想背景的共同基础，可谓为划时代的事情。他意味深长地指

---

① 根岸佶：《支那ギルドの研究》，第 277 页，东京，斯文书院，1932。Bryna Goodman, *Native Place*, *City*, *Nation*: *Regional Networks and Identities in Shanghai*, 1853—1937, Berkeley: University of California Press, 1995, pp. 13-14.

② Goodman, op. cit, pp. 26-29.

③ 高桥孝助、古厩忠夫：《上海史：巨大都市の形成と人々の営み》，第 86～89 页，东京，东方书店，1995。

④ 吉泽诚一郎：《天津の近代》，第八章《"抵制美约"运动と"中国"の团结》。

出：与其说爱国主义主张有着逻辑说服力，不如说是因为诉诸感情。①
而这样的情感被广泛地共享和再生产，与近代出版文化——特别是报
纸和杂志的流通关系密切。

回到本书的主题乡土意识，将爱国主义视角进一步转向基层的地
域社会。对地方民众而言，爱国主义是什么东西？在与爱国主义关联
的意义上，如何把乡土的问题浮现出来？② 关于"一国乃一乡之积"或
类似言论所显现的乡土意识背景，有两点值得注意：第一，都市社会
中爱国主义的传播，由出版文化普及到地域社会，受到上海出版文化
发展的影响，不仅江南地方都市、县城，市镇一级也开始刊行报纸和
杂志。③ 在这些新闻媒体上，参照或转载大城市知名报纸、杂志的报
道，论及地域社会中应该以怎样的方式进行爱国和爱乡土，也形同媒
体本身的自我主张。第二是近代学校教育在地域社会的普及，与地理

---

① 吉泽诚一郎：《爱国主义の创成：ナショナリズムから近代中国をみる》，
第14～19页，东京，岩波书店，2003。关注这样的性质，并非以爱国主义存在与否作
为判断文明程度标准，而是将其与清末基层社会共有的"末劫"观念、街谈巷议中产生的
民众感情放在一个共通框架下来分析。山田贤：《移住民の秩序：清代四川地域社会史
研究》，第181～183页，名古屋，名古屋大学出版会，1995；山田贤：《生きられた"地
域"》；藤谷浩悦：《1906年の萍浏醴蜂起と民众文化：中秋节における谣言を中心に》，
《史学杂志》第113编第10号，2004；苏萍：《谣言与近代教案》，上海，上海远东出版
社，2001。关于诉诸人们感情的国家象征，参见小野寺史郎：《国旗·国歌·国庆：ナ
ショナリズムとシンボルの中国近代史》，东京，东京大学出版会，2011。
② 例如关于联省自治中地域意识与爱国主义的关系，参见 Prasenjit Duara, *Rescu-ing History from the Nation*, Chicago: The University of Chicago Press, 1995, chap. 6.
③ 例如从无锡、嘉定等地来看，也可以发现出版文化向地方社会扩展的情况。王
树槐：《中国现代化的区域研究（江苏省）1860－1916》，1984，第544～553页，台北，
"中央研究院"近代史研究所。

教育的影响。清末面临领土分割、国家衰亡等危机，确认中国领域的一体性、归属性的地图被广泛运用。[1] 对超越政治立场的清末知识分子而言，他们意识到如此一体性观念，是经由地理学的引进，以地理教育向地方上的教员、学生推展的。[2]

那么地域社会中，国家和乡土是如何被设想而存在？两者关系又该如何考虑呢？关于这一点，本书拟聚焦于地方知识分子编纂的乡土教育教科书及与地方志进行考察。

(三)文明化和乡土——乡土的位置

清末以降，定位自己居住的地域社会而引进的代表性标准，可举出文明、进化、人种等概念。这些西洋概念进入中国后的传播过程及其特征，已有很多有启发的研究。山室信一在探讨近代亚洲怎样被认识的著作中，详细阐明了欧洲为了自我认识而产生出亚洲的概念，还确立东亚近代的存在形式。由于这样概念的传播，东亚世界逐渐以日本为中心而加以标准化，但同时对应方式却因为自身的历史背景而有所区别。[3]

---

① 吉泽诚一郎：《爱国主义の创成》，第三章《中国の一体性を追求する：地图と历史叙述》；黄东兰：《清末・民国期地理教科书の空间表象：领土・疆域・国耻》，《中国研究月报》第 59 卷第 3 号，2005。

② 关于清末近代地理学、地理教育的引入过程，参照邹振环：《晚清西方地理学在中国》，上海，上海古籍出版社，2000。他举出乡土志作为反映地域意识的媒体。巴兆祥：《方志学新论》，第 135～168 页，上海，学林出版社，2004。

③ 山室信一：《思想课题としてのアジア：基轴・连锁・投企》，第 13～21 页，东京，岩波书店，2001。

中国接受西洋文明过程的研究，则集中于人种、进化概念的传播及扩展。佐藤慎一分析了万国公法的接受及其背后的文明观，指出接受社会进化论与儒教世界形象转换过程中两者的不连续性。康有为认为从"列国并列"状态向"大同"世界的推进乃是文明的目的；与康相反，梁启超立足于社会进化论，认为文明乃经由生存竞争而达到。在这样对立性理解中，社会进化论和儒教世界形象的结合，出现了持久且深刻的争斗。[①] 从梁启超关于文明的分析来看，立足于西方中心视角的人种、进化等"共通话语"，在清末历经翻刻与转译，乃至这样的话语变形，也成为了东亚"文明圈"对话的基础。[②]

值得注意的是，包含着变形的"共通话语"，伴随报纸、杂志、书籍的发展，更广泛地在地方精英中传播。清末以来，民族主义与对人种退化的恐惧、人种的差别意识紧密关联，难以区分，优生思想联系到社会进化论，"恋爱神圣"一语也被当成"优种"健全国民不可或缺的

---

① 佐藤慎一：《近代中国の知识人と文明》，第 95～133 页，东京，东京大学出版会，1996；佐藤慎一：《〈天演论〉以前の进化论：清末知识人の历史意识をめぐって》，《思想》第 792 号，1990。

② 石川祯浩：《梁启超と文明の视座》，收入狭间直树编：《共同研究梁启超：西洋近代思想受容と明治日本》，东京，みすず书房，1999；石川祯浩：《近代"东アジア文明圈"の成立とその共同言语：梁启超における"人种"を中心に》，收入狭间直树编：《西洋近代文明と中华世界》，京都，京都大学出版会，2001。他认为中国接受的"文明"，是自社会进化论发展出来的肯定竞争的强权论，其特征在于强调公乃至团体的价值优先于私之上。石川的观点富有启发。关于近代中国的社会进化论，讨论进化论的多样性，以吉泽诚一郎：《近代中国における进化论受容の多样性》（《メトロポリタン史学》7 号，2011）最为全面。

一部分。① 这些进化、人种概念扩展的背景，与报纸、杂志、书籍的幕后推手——新知识分子、新式学校的教员及学生等登上历史舞台具有密切关系。

本书考察江南地方县、市镇层级的地域社会，关注到以下具体问题：地方知识分子如何认识东亚"共通话语"的文明、人种等概念，以及与其紧密关联的社会进化论？随着对新文明观的接受，他们如何体认"乡土是怎样的一种存在、乡土应该是怎样的"的变化？当然，地方知识分子的文明观中混杂了许多自相矛盾的东西，其中甚至多有荒唐无稽的主张，这是无须赘言的。② 但是，这是实施地方自治、引进近代教育过程中，地域社会致力于现实考虑而产生的结果。其中内在的矛盾、变形，恰好是考察基层社会自我认同意识的对象。

（四）作为乡土意识主体的地方精英

接下来关注如何定位地方精英构成的这一乡土意识的主体。本书主题"乡土意识"是指以江南市镇为活动基地的地方精英所抱持的一种地域感觉，并非一般民众所拥有的意识。近代江南农民拥有的"乡土意识"，正如费孝通在《乡土中国》中所说的那样，是描述基层社会"乡土

---

① 坂元弘子：《中国民族主义の神话：人种・身体・ジェンダー》，第35～68、119～126页，东京，岩波书店，2004。

② 程美宝分析了广东乡土志，反映汉族内部多样的族群集团（"族"）之间利害冲突、正统性争夺等社会状况。而广东乡土志中，这些集团如何定位与优胜劣败思想的关联正是她关注的问题。程美宝：《由爱乡而爱国：清末广东乡土教材的国家话语》，《历史研究》2003年第4期；程美宝：《地域文化与国家认同：晚清以来"广东文化"观的形成》，第96～100页，北京，生活・读书・新知三联书店，2006。

性"的牢固性语境时所使用的。① 而且不少读者大概会想到程啸以"乡土意识"冠名的著作。程啸所用"乡土意识"，是指以农民为主体的基层社会人们共有的民众意识。② 与此相对，本书"乡土意识"是活跃于江南县、市镇层级地域社会的精英和知识分子，对于如何认识自己所居乡土，包括想建立一种什么样的乡土的危机感和使命感。如上所述，这些意识与清末接受西方的文明观和国家存亡危机中形成的爱国主义密不可分，故本书分析对象就是地域社会中接受这些观念的地方精英。在本书中，将对江南地方县、市镇层级担任领导者，他们如何认识自己居住的乡土、打算建立一种什么样的乡土等问题作具体分析。

针对位于官民之间、地方社会关键人物的绅士阶层，战后根岸佶指出其作用有维持治安、确保民众粮食、排纷解难、联络官民、慈善劝业、移风易俗六方面③。这样的描述也适用于以生员为主体的清末民初江南市镇社会精英。至于如何把握乡绅这个问题，根岸以所谓"社会"力量来理解乡绅，而松元善海则着眼于国家权力介入之下官僚机器组织的村落自治，强调乡绅身为准官僚的性质，两者间的差异，分别代表了理解"传统中国"的国家与社会关系的不同视角。④

重田德认为最能表现出乡绅的本质，在于"官民联络"，即为下意

---

① 费孝通：《乡土中国》，第 1 页，上海，观察社，1948。
② 程啸：《晚清乡土意识》，第 1 页，北京，中国人民大学出版社，1990。
③ 根岸佶：《中国社会に于ける指导层：中国耆老绅士の研究》，第 175～182 页，冈山，平和书房，1947。
④ 关于松本的讨论，参见松本善海：《中国村落制度の史的研究》，第 180～195页。

上达而奔走的官民中介者。他根据"乡绅论"框架所具有的双面性格，进行了综合性考察。① 后来，从生产关系、阶级关系出发分析乡绅的研究，也在土地所有制、地主制方面取得了卓越的成果。②

进入 20 世纪 80 年代，阶级论色彩的乡绅理论被搁置，以社会史研究为路径的地方精英研究则开展起来。地方精英概念是自欧美研究成果中引进的，过去大多从科举资格、阶级关系角度讨论地方精英阶层，现在则分析他们通过文化资本、网络、中介、仲裁等多样策略，影响地域社会统治。③ 如岸本美绪明确指出，这是用行为论把握精英的方法，超越了过去那种纯粹形式或本质决定精英存在的方法。④ 此后欧美学界围绕地方精英行动的性质，展开了基于公共领域（Public

---

① 重田德：《清代社会经济史研究》，第 155～158 页，东京，岩波书店，1975。关于乡绅论，参见岸本美绪：《明清时代の乡绅》，收入岸本美绪：《明清交替と江南社会：17 世纪中国と秩序问题》，东京，东京大学出版会，1999。

② 关于江南地主制，参见村松祐次：《近代江南の租栈：中国地主制度の研究》，东京，东京大学出版会，1970；夏井春喜：《中国近代江南の地主制研究：租栈关系簿册の分析》，东京，汲古书院，2001；小岛淑男：《近代中国の农村经济と地主制》，东京，汲古书院，2005。中国的相关研究相当丰富，具代表性的参见樊树志：《中国封建土地关系发展史》，北京，人民出版社，1988。

③ 关于欧美的精英研究及其脉络，ポール·A·コーエン，佐藤慎一译：《知の帝国主义：オリエンタリズムと中国像》，第 243～245 页，东京，平凡社，1988。Keith R. Schoppa, *Chinese Elites and Political Change: Zhejiang Province in the Early Twentieth Century*. (Cambridge, Massachusetts: Harvard University Press, 1982); Mary Backus Rankin, *Elite Activism and Political Transformation in China: Zhejiang Province*, 1865—1911 (Stanford: Stanford University Press, 1986); Joseph W. Esherick and Mary Backus Rankin eds., *Chinese Local Elites and Patterns of Dominance* (Berkeley: University of California Press, 1990), pp. 3-9.

④ 岸本美绪：《书评：Joseph W. Esherick and Mary B. Rankin eds., *Chinese Local Elites and Patterns of Dominance*》，《东洋史研究》第 50 卷第 4 号，1992。

Sphere)和市民社会等概念的讨论。这些讨论强调社会秩序形成的观点，重视"市民社会"的界限，以及党国体制的出现。前者认为 20 世纪初至 20 年代中央政府权力萎缩，由都市社会的精英组织举行活动，出现了"市民社会"，也显示以地域社会为基础的政治秩序形成的可能性。后者指出，进入 20 世纪 20 年代中期，强调中央集权的党国体制获得优势，短命的中国"市民社会"结束了，社会变成党国体制管理的对象。虽说两者主张彼此对立，然而将其视为清末民初秩序展开的过程，并置于同一时间序列中也是可以的。[①] 相对于从地域秩序形成的讨论，本书关注以下两点。第一，过去讨论的是推动联省自治的上层精英，本书则将聚焦于基层社会精英的动向，关心他们如何处理具体的地域问题。第二，他们在关于地域问题论争的过程中，保有怎样的秩序意识呢？这可以看出以自下而上秩序为目标时期，和以党国体制为目标时期之间的共通性，乃至秩序意识的共通性。

---

① 关于"公共领域"的讨论，R. Bin Wong, "Great Expectations: 'The Public Sphere' and the Search for Modern Times in Chinese History"(《中国史学》3 号，1993)为最全面。John Fincher 指出民族主义基础是省籍意识的成长；王国斌关注到孙文从亲族、乡土出发，向国家扩大的展望。John H. Fincher, "Political Provincialism and the National Revolution."in Mary Clabaugh Wright, ed., *China in Revolution: The First Phase*, 1900－1913 (New Heaven: Yale University Press, 1968); R. Bin Wong, *China Transfrmed: Historical Change and the Limits of European Experience* (Ithaca, N. Y.: Cornell University Press, 1997), p. 175. 另一方面，杜赞奇认为军阀、国民党、共产党的统治铲除了自律性社会组织能力，John Fitzgerald 主张国民党治下的党国体制管理社会组织，将其纳入革命议程。John Fitzgerald, *Awaking China: Politics, Culture, and Class in the Nationalist Revolution* (Stanford: Stanford University, 1996), pp. 273－274; Prasenjit Duara, *Rescuing History from the Nation* (Chicago: The University of Chicago Press, 1995), chap. 6.

本书肯定地方精英这一分析概念有效性的同时，为了表现他们在地方政治、教育、启蒙运动、乡土建设等方面的多种面貌，根据个别情况灵活运用当地精英人士、绅士、当地领导阶层、当地知识分子等名词。虽然全部使用地方精英这个概念表述也是可能的，但是为了更加具体地呈现清末民初地方精英所具有的多面性，还有近代乡土意识出现的多样面貌，笔者认为这样处理较为合适。

此外，在讨论清末民初的地方精英时，需要十分注意世代差异对地方社会的关联、政治立场造成了怎样的影响。世代差异产生决定性影响的因素，是科举制废止和近代学校教育制度的引进后产生的新精英阶层。清末民初的新精英阶层以某种形式接受科举教育，在作为官僚的同时，也有了专家的身份。桑兵分析学堂和各种社团的作用，以及对精英阶层与大众传媒关系的研究，体现了精英阶层内部的分化过程；[1] 而高田幸男关于教育会的精英阶层性质由绅士阶层向教员集团转变的研究，也是佐证之一。[2] 相较于大都市中精英的专业化，清末民初县级以下地域社会的精英阶层，其专业性最初并未强烈体现，一个人常在教育界、实业界（如商会等）、慈善界兼任数职。由于地方的"制度化"，多样的活动空间也对地方精英开放了。本书关注的是地方精英投身于这些空间之际，由于据点、策略的差异所产生的分化、对

---

① 桑兵：《晚清学堂学生与社会变迁》，第397～412页，上海，学林出版社，1995；桑兵：《清末新知识界的社团与活动》，北京，生活·读书·新知三联书店，1995。

② 高田幸男：《清末地域社会における教育行政机构の形成：苏、浙、皖三省各厅州县の状况》，《东洋学报》第75卷第1、2号，1993；高田幸男：《近代中国地域社会と教育会：无锡教育会の役员构成分析を中心に》，《骏台史学》第91号，1994。

立的情况。

考虑清末民初精英阶层世代差异的论题时，涉及如下问题：他们在地域社会所具有的"移风易俗"责任究竟是什么？又如何发生变化？他们关于民间文化的看法，在不同世代之间的异同如何？根据近年研究，由于文明、进化等概念的引进，清末民众被视为启蒙的对象而"发现"了，[①] 并且民间文化也成为启蒙、教化的道具或手段而利用起来。[②] 随着新文化运动的开展、民俗学的勃兴，与过去迥异的民众形象出现了，[③] 在此过程中地方知识分子是如何把握民众和民间文化，甚至加以记述呢？本书探讨的地方知识分子，正是清末民国时期编纂地方志、乡土志，以及发行地方报纸的主角，那些在志书和报纸中表现出的似乎理所当然的秩序、地域形象和民间文化观，正是考察从科举起家的清末民初精英与 20 世纪 20 年代精英之间对"移风易俗"观感异同的极佳对象。

---

① 吉泽诚一郎：《天津の近代》，补论《风俗の変迁》。

② 李孝悌：《清末的下层社会启蒙运动，1901－1911》，第 174～210 页，台北，"中央研究院"近代史研究所，1992。

③ 关于与新文化运动关系密切的中国民俗学如何引进，以及在其中发现的民俗形态，参见 Chang－tai Hung, *Going to the People：Chinese Intellectuals and folk Literature*，1918－1937 (Cambridge, Massachusetts：Harvard University Press，1985)；Susan Daruvala, *Zhou Zuoren and an Alternative Chinese Response to Modernity* (Cambridge, Massachusetts：Harvard University Press，2000)；赵世瑜：《眼光向下的革命：中国现代民俗学思想史论(1918－1937)》，北京，北京师范大学出版社，1999；子安加余子：《近代中国における民俗学の系谱：国民・民众・知识人》，东京，御茶の水书房，2008。

三、史料——注目于"乡土史料"

促使上述课题研究可以进行的，是因为存在所谓"乡土史料"，即地方文献。根据史料性质对"乡土史料"进行分类，大概指个人文集、年谱、地方报纸、地方志（县志、乡镇志）、乡土志、族谱等史料群。近年民国史的研究之中，由于台湾地区和中国大陆档案史料的公开，使得研究获得重大进展。除了中央档案馆外，全面利用省、直辖市一级档案馆所藏地方档案的研究也日益渐多。① 但是可以用于本研究的对象——清末民初江南市镇社会的地方档案，迄今尚无多见。

不仅如此，关注这些"乡土史料"还有以下理由。第一，地方报纸、乡土志等史料，与清末以来出现的新闻业、学校教育制度紧密相关，带有清末民国这个时代的烙印。第二，无论上述清末的史料还是地方志、个人文集等，不限于特定时代的史料，无疑都反映了新知识阶层、地方精英在参与地方自治、引进近代学校制度时所表达的主张，也就是乡土是怎样存在、乡土应该如何存在的秩序意识。地方报纸本身具有强烈自我主张的性格，直接反映作为发行者的知识分子的政治主张及秩序意识。而且由于线装本刊行、藏于图书馆古籍部而被忽视的个人文集不少，其中许多有很高的信息价值。例如秦锡田的《享帚录》、

---

① 为了从数量庞大的档案中有效地选取可用的史料，检讨其周边史料的关联及考察处理方法是必要的，因此此"乡土史料"就成了有力的线索。与此相关，江夏由树：《中国东北地域史研究と档案史料》(《东洋史研究》第 58 卷第 3 号，1999)阐释了从周边史料接近档案史料的具体方法。

黄守恒的《谋邑编》中收录了许多公文和时评，可以说其刊行本身就带有时代性的自我主张。第三，本书使用的主要"乡土史料"作者，与民国时期盛行的地方志编纂有密切关系。明确展现这一特征的地方志，可举民国《上海县志》(吴馨等修、姚文楠等纂，1936 年)、《嘉定县续志》(陈传德修、黄世祚等纂，1930 年)、《川沙县志》(方鸿铠等修、黄炎培纂，1936 年)等。其中，以本身格式和记述完成了"近代化"而屡被引用的《川沙县志》为例①，该志广泛收集、利用了"乡土史料"，特别是有关自治的部分，是根据当时存在的档案和公牍而详加记述的。②作为自我主张、自我认同的"乡土史料"，作者承担了地方志编纂的任务，对地方志中的记叙方式、乡土意识造成很大影响③。这种关系也是"乡土史料"成为分析清末民国地域社会绝佳材料的一个证据。

　　不过，从获取方式和保存形态来考虑"乡土史料"的话，尚可以指出两点特征。第一，"乡土史料"与 20 世纪 80 年代开始编纂、90 年代

---

　　① 对这样"近代性"的关心，主要是从方志学立场的视角出发。而且，关于地方志的性质，参照井上进：《方志の位置》，收入明代史研究会、明代史论丛编纂委员会编：《山根幸夫教授退休记念明代史论丛》，下册，东京，汲古书院，1990；山本英史：《清代中国の地域支配》，第 303~328 页，东京，庆应义塾大学出版会，2007。

　　② 黄东兰：《近代中国の地方自治と明治日本》，第九章《清末地方自治制度の导入と地域社会：川沙事件を中心に》使用上海图书馆古籍部收藏的《川沙县公牍汇钞》(抄本)。这是编纂县志时极有可能被利用的史料。

　　③ 清末民国时期地方志的编者参与公共政治场域，并不意味他们的政治意识原封不动地在地方志记述中得到反映。例如 1930 年刊行的《嘉定县续志》，叙述清末民初地域社会激烈的二元对立情况，包括不同派系中选出领袖人物(关于嘉定县的政治对立参见本书第二章)，以及造成对立的原因，如征税习惯，都有意简略处理。反过来看，发掘乡土史料可以使这样没有被记载的事件被重新发现。佐藤仁史：《近现代中国の地方志と地域の叙述》，《アジア遊学》第 56 号，2003。

陆续出版的新编地方志之间密切相关。① 新编地方志的价值不仅在于帮助我们了解该县政治、经济、文化等实际状况和历史过程，也在于厘清了其编纂时参考的乡土人物文集、年谱、族谱、地方报纸、历代地方志、当地采集的"民俗资料"、地方文书、地方档案等各种史料，就像《上海市上海县志》第三十五编《文献》《上海市嘉定县志》卷二十八《地方文献》那样。新编县志中将曾利用的"乡土史料"内容、收藏机构等信息详加罗列，以此为线索，可能获取多种史料。

第二个特征是：它们不是省、直辖市一级的收藏机构的资料，而是由县级、乡镇级机构所典藏，有的还是个人私藏。② 但是，这些材料也存在不便利用之处，即"乡土史料"往往因为没有严格根据其所属史料种类，而被分散收藏于档案馆、图书馆、博物馆等机构。③ 关于私人收藏的史料，如地方志工作者传抄而不在市场上流通的油印本很多，通过新编地方志虽可知其存在，却无法完全获悉其详情。

虽说如此，通过关注"乡土史料"，可以更具体地贴近地域社会，以微观分析清末民国时期社会变动的性质，正是本书的目标所在。

---

① 20 世纪 80 年代出现了"地方志热"，并出版了关于地方志的多种著作，例如黄苇主编：《中国方志辞典》，合肥，黄山书社，1986。
② 高田幸男讨论档案史料的利用方法与问题时，谈到地方文献的实用性。见饭岛涉、田中比吕志编：《21 世纪の中国近现代史研究を求めて》，东京，研文出版，2006，第三章《档案の公开とその利用：档案第一主义をこえて》）。
③ 例如，本书使用嘉定县（今上海市嘉定区）的地方报纸《曙报》，分别藏于嘉定档案馆和嘉定博物馆。后者由于机构的性质，被作为文物处理而不提供阅览。关于收藏机构不统一的问题，滨岛敦俊、片山刚、高桥正：《华中·华南デルタ农村实地调查报告书》的第 169 页也曾提到。

四、本书的结构

本书由三编八章构成。第一编"地方的制度化与地域对立"，在各种行政财政制度引进地域社会，将清末民初地方"制度化"的过程中，通过三章来解析以下问题：新的建制对地域社会产生（或没有产生）怎样的影响？地方上如何内化这样的建制？在此过程中乡土又是如何被主张出来的？

第一章"清末的城镇乡自治与自治区设立问题"环绕自治区设定问题中的城乡对立及乡区动向，概述随着地方自治的引进，最初设立城镇乡地方自治行政区对地域社会的影响，分析因地方"制度化"而产生的多样的乡土逻辑。伴随江苏省嘉定县自治财政制度的形成，"夫束"征税惯例被视为阻碍自治的原因。第二章"清末民初地方政治中的对立局势"，以精英人士内部就"夫束"改革的政治对立和过程为素材，探讨在精英阶层内部利益冲突的脉络下，从西方引进的政治活动——议会运作、首长选举、政党政治——对地域社会结构改变所造成的影响。第三章"从一个地方精英人士看清末民初的官民对立"，通过详细追踪秦锡田的政治活动，观察地方精英人士承担的非正式"地方公事"——即所谓民间被纳入地方自治制度，带来了怎样的官民关系变化。

第二编"如何叙述乡土"，关注地方志、乡土志、竹枝词中记载的地域形象和叙述方法，通过三章考察了清末民初江南地方精英从乡土出发构筑的秩序观念。第四章"地方志和乡土志中的近代中国乡土意识"，以知名的地方志《川沙县志》为主，辅以其他乡镇志、乡土志等为素材，概述从都市化、产业化等文明化视角观察乡土。第五章"近代中国乡土教科书中的爱乡与爱国"，解析编纂乡土教育课本《陈行乡土志》的过程中地方精英如何在地方政治、教育活动的基础上，以"改良""合群"等关键词来考察国势不振的现状，展现从乡土中挽回秩序的方法等内容。第六章"文学作品中清末民初地方精英阶层的民俗观"，分析上海县陈行乡当地知识分子所创作、收集的歌谣，展示地方精英的民众观及民俗观，以及以此为基础施行的社会教育试验，与由自治、乡土出发的秩序有何关联。

第三编"新文化与市镇社会"，关注20世纪20年代江苏省吴江县组成的新南社，分析近代学校教育产生的新知识分子，如何将"新文化"带入市镇社会，如何认识乡土。

第七章"清末民国时期近代教育的引进与市镇社会"在比较市镇和农村差异的同时，分析了近代学校教育的普及过程及其扩展方式，经由新知识分子所举办的平民教育活动实际情况及对民间文化的认识，探明"新文化"与地域社会的关系。第八章"新文化与地域空间的嬗变"，从新南社成员在各市镇发行的报纸报道出发，通过其中呈现的民俗观，阐明他们以怎样的尺度来认识地域社会，并致力于构建怎样的秩序。

表序章-1　江南社会的三层结构

地域社会	县（县城）＝县社会	镇·乡脚	社（社村）
领导阶层	乡绅（＋富商）	生员＋商人	富农
中心庙	县城隍庙	镇城隍庙、东岳庙	土地庙
语言文化	文言＋白话的文言＋白话	白话的文言＋白话	白话

资料来源：滨岛敦俊：《总管信仰》，275页。

第一编　地方的制度化与地域对立

第一章　清末的城镇乡自治与自治区设立问题

—— 以江苏苏属地方自治筹办处的管辖地区为中心

导言

清末中国由于受到来自西方列强的外力冲击，开始形成所谓的"中国"意识。此一结果使得中国人萌生了对领土空间的扩展以及疆界的认识，亦可说是清末以降国家建设过程中产生内外疆界的过程。[①] 若把焦点放在地域社会来看，清末新政各项政策施行之际，学区、商会和警察的管辖范围，通过设立地方自治区，以地域社会作为组成统一国

———————

　　① 关于作为政治实体的中国一体性，以及通过地图确认归属意识的情况，见吉泽诚一郎：《爱国主义的创成：ナショナリズムから近代中国をみる》，第 87～107 页，东京，岩波书店，2003；黄东兰：《清末·民国期地理教科书の空间表象：领土·疆域·国耻》，《中国研究月报》，第 59 卷第 3 号，2005。关于清末地理教育引进过程中所萌发的领土意识，见邹振环：《晚清西方地理学在中国》，第 295～302 页，上海，上海古籍出版社，2000。

家的单位，呈现出"领域化"的面向。① 本章针对地方自治的实施、进展过程中，解析关于地域社会"领域化"加深地方对立的情况，以及由此形成的地域意识。②

关于地方自治与地方精英阶层间的关系，近年从制度史的角度讨论引进自治及运行的实际情况，已有许多新的研究成果。其中，黄东兰以制度传播为路径，分析地方自治制的引进。她以清朝如何借鉴明治日本的制度出发，细致地分析了地方自治的内容及其运营情况。③然而，由于她着重在中、日两国的对比，因此并未充分展示对清朝地方自治内部所造成的影响。在清末地方对立问题上，人们以"固有之境界""固有之习惯"为由，各执一词，显然清末地方自治引进以前，处理"地方公共事务"早已存在着自治的性质。笔者认为，如此情况对于思考清末地方自治内部因素的影响，是不可或缺的。

---

① 例如商会，县城与一部分的大镇都设有商务分会，普通市镇设有商务公所，这些可说是对应地域实际状况的制度化。由地方实力派组织的商会、农会、教育会等，成为地方自治基础，同时也意味着制度上将显现各种利益。陈来幸：《長江デルタにおける商会と地域社会》，见森时彦编：《中国近代の都市と农村》，京都，京都大学人文科学研究所，2001。都市也因巡警制度与卫生制度的导入，使得基层社会的领域化有所进展。吉泽诚一郎：《天津の近代：清末都市における政治文化と社会统合》，第 167~171页，名古屋，名古屋大学出版会，2001；杨念群：《再造"病人"：中西医冲突下的空间政治(1832 — 1985)》，第 110~123 页，北京，中国人民大学出版社，2006。

② 本章所使用的"地域意识"，指对自己居住地方，因为一定程度统合性所诞生的认同意识。如同森正夫指出，这种自我认同意识，是从与近邻市镇的对抗意识之中形成，进而希望在"天下"范围内寻求定位。森正夫：《清代江南デルタの乡镇志と地域社会》，收入其《森正夫明清史论集》，第三卷"地域社会研究方法"，东京，汲古书院，2006。可以指出的是，清末除了这种自我认同意识外，还增加了对近邻自治区界线的认识，以及对自治权益的权利意识。

③ 黄东兰：《近代中国の地方自治と明治日本》，东京，汲古书院，2005。

曾有学者指出过这一点：明末以降随着人口增加，商业化和城市化等社会发展，使得清代一成不变的行政、财政体系，早已无法满足这样繁重的行政服务需求，因此由地方精英阶层补充了这些行政机构缺失的职能。例如，在四川省有绅粮所筹组的公局，负责相关事务；[①] 又如清朝后期江南地方精英主导的善堂事业，更将网络深入至大镇等地，便是最为显著的事例。[②] 这些机构并非纯粹民办，而是必须获得官方的税收支持，具有官民合办的性质。然而，清末新政为地方带来制度化的同时，自治与官治领域间界线所产生的变化，也逐渐成为地域社会内部对立的原因。[③]

　　在田中比吕志的著作中，曾对引进地方自治而导致的官民关系与地方政治结构的转变作过探讨。田中指出，过去以非官方形式负责地方公共事务的地方精英，随着清末议会召开而登上政治舞台，使得他们与知县、胥吏等既得利益者之间形成对立。同时，位居行政机构末

---

　　① 山田贤：《移住民の秩序：清代四川地域社会史研究》，第 188～215 页，名古屋，名古屋大学出版会，1995。

　　② 夫马进：《中国善会善堂史研究》，第 271～375 页，京都，同朋舍出版，1997。

　　③ 如果着眼于都市与农村的自治团体之别，前者之中"街巷""阛街"等地缘团体，一边以"社""会"等祭祀团体为媒介，一边则以承担都市公共利益为特征。今堀诚二：《中国封建社会の构造》，第 521～537 页，东京，日本学术振兴会，1978；藤谷浩悦：《清末，湖南省长沙の街巷と民众：人のつながりと行动样式》，《近きに在りて》36 号，1999。另外，关于都市自治团体的概况，见斯波义信：《中国都市史》，第 135～150 页，东京，东京大学出版会，2002。在江南农村，以市镇为主而设立的慈善组织、团练等机构，也发挥了自治的功能。William. T. Rowe. *Hankow: Commerce and Society in a Chinese City*, 1796－1899(Stanford: Stanford University Press, 1984), pp. 317-321.

端的地方精英，对己方阵营加以笼络，重组地方的政治生态。① 尽管如此，笔者认为：对于首次在政治体系中被正式定位的城镇乡等层级的行政区，有必要探讨其地方自治的开展，并从中寻求地域社会的意义。

基于上述问题意识，本章以下列两点考察地方自治对地域社会的影响。第一，着眼于首次在政治体系中被正式定位的城镇乡层级的行政区，厘清清末地方自治的内容。第二，以县下属且相当于并列关系的城、乡自治区为焦点，分析它们之间存在的不均衡关系。自治区的设立以民间"固有之境界"为根据；若以乡自治区为例，则是参照负责各种地方公共事务管辖范围的慈善组织和团练而设立。② 然而，以往县城在县政中所具有的优势，使得其在设立自治区时具有重要的影响力，因而成为这些不均衡关系的一项重要因素。因此，在自治区设立的纷争过程中，如何解释"固有之境界"，成为争论的焦点，有必要从当事者双方的立场来考虑这一争论。基于上述两项重点，本章探讨自治区设立过程中产生的纷争及内容，考察城镇乡级别所包含的地域社会领域化问题，以及通过领域化过程形成了何种地域意识。

---

① 田中比吕志：《近代中国の政治统合と地域社会：立宪・地方自治・地域エリート》，第97～125页，东京，研文出版，2010。田中还指出，清末民初县级自治造成对官方统治力的侵蚀，以及官僚行政与地方自治的一体化（县人治县）的自治形态，在1914年地方自治停止以后，成为由省政府主导的官治行政，见田中比吕志前揭书，第258～265页。因引进地方自治而带来的政治对立，除了官治/自治与精英内部的对立外，还引发了民众反对自治运动（自治风潮）。黄东兰前揭书，第298～307页。

② 关于"镇董"的研究，参见稻田清一：《清末江南の镇董について：松江府・太仓州を中心として》，收入森正夫编：《江南デルタ市镇研究：历史学と地理学からの接近》，名古屋，名古屋大学出版会，1992；稻田清一：《清代江南における救荒と市镇：宝山县・嘉定县の"厂"をめぐって》，《甲南大学纪要》文学编第86号，1993。

以下从三方面来说明。一、从清末城镇地方自治章程内容及特征，考察城自治区和乡自治区的差异。二、概观江苏苏属地方自治筹办处（由江苏布政使管辖，以下简称"自治筹办处"）管辖下州县厅的城自治区设立问题，并以自治筹办处管辖的常州府武进县、阳湖县（以下若无特别标注一律简称"武阳"）为例，对比邻近地区的情况，探讨成立城自治区所带来的地域对立。三、通过设立乡自治区的过程及言论，考察由实施地方自治制度所产生的地域意识。

第一节　从《城镇乡地方自治章程》看城区与乡区

清末地方自治时期，省级议事机关为谘议局，而州、县、厅与城、镇、乡则分别成立议事会；其中最基层单位——城、镇、乡自治区设有董事会与乡董，作为执行机关。[①] 依据王树槐的整理，地方自治进展情况为：县级以下引进地方自治，是在成立自治筹备机构与自治研究所，并实施户口调查之后，从城镇乡等层级设立自治公所而开始。城厢自治公所大致在宣统二年(1910)1 月到 2 月之间成立，由于在武阳发生问题，延迟了成立时间。江苏布政使管辖地区的居民对镇乡自治的态度相当积极，宣统三年(1911)初已有 70 多个乡请求提前实施；辛亥革命前，在 420 个镇、乡自治区中，成立了 320 个自治机构。另外，县级行政区也有同样的倾向，与江宁布政使管辖地区的州县形成鲜明

---

　　① 王树槐：《中国近现代的区域研究（江苏省）1860－1916》，第 173～180 页，台北，"中央研究院"近代史研究所，1984。

的对照。[1]

在具体分析由自治带来的纠纷之前，此处要先对自治章程的内容作一说明。县级以下的地方自治相关法规，分别有如下几种章程：县级的《府厅州县地方自治章程》与《府厅州县地方自治选举章程》，以及城镇乡层级的《城镇乡地方自治章程》与《城镇乡地方自治选举章程》。[2]

黄东兰详细地探讨了清末中国从日本引进的地方自治制度及其变迁。她分析天津县的自治章程，参照了日本的府县制，所以具有浓厚的官治性质。同时她还阐明，清末的地方自治中，教育、实业、水利、卫生等事务范围的权限都交给了议会，以补充官治的不足。[3] 从《城镇乡地方自治章程》中，也可看到同样的制度变迁。黄东兰还指出，日本地方自治实际上是官治与自治一体化，并成为中央集权行政体制的末端机构。与此相比，参照日本市制、町村制而制定的《城镇乡地方自治章程》，是为了贯彻官治未能完成的各项自治业务，也就是说具有"辅助官治"的特征。[4]

黄东兰的分析着眼于官治与自治的关系，并明确揭示出两国之间的差异，给了我们丰富的启发，然而其论点也留下许多值得探讨的余地。其中，清朝地方自治的内在影响因素，亦即清末设立城自治区对地方自治制与地方政治所带来的影响，还未能作充分的分析。城镇乡

---

[1] 王树槐前揭书，第197～201页。

[2] 有关自治章程，参见徐秀丽编：《中国近代乡村自治法规选编》，北京，中华书局，2004。

[3] 黄东兰前揭书，第218～252页。

[4] 黄东兰前揭书，第253～281页。

自治区在制度上是属于县的下级单位，应为同级别的自治体；然而在实际行政中并没有被平等对待。位于县城所在地的城区，与乡村所设立的乡区（"乡"与"镇"的区别是根据人口多寡而定，以下如没有特别注记，镇区与乡区的含义亦同）之间，在施行自治事务时，便产生种种矛盾与对立。[①] 原因在于，以往统治结构中，城区精英在县政上具有私人的影响力，这就与在新开放的政治空间里得以施展政治主张的乡区精英发生了对立与冲突。[②]

为了明确下面所分析的设立自治区的纷争背景，先将《城镇乡地方自治章程》之中有关成立自治区的内容稍加说明。据章程的第一章第二节"城镇乡区域"，自治区是按照以下的原则而制定：[③]

第二条　凡府厅州县治城厢地方为城，其余市镇村庄屯集等各地方，人口满五万以上者为镇，人口不满五万者为乡。

第三条　城镇乡之区域，各以本地方固有之境界为准。若境界不明，或必须另行析并者，由该管地方官详确分划，申请本省督抚核定。嗣后城镇乡区域，如有应行变更或彼此争议之处，由各该城镇乡议事会拟具草案，移交府厅州县议事会议决之。

---

①　铃木智夫：《清末无锡における教育改革の展开と地域エリート层》，收入森正夫编：《旧中国における地域社会の特质》，科学研究费成果报告书，1994。关于同样的对立，稻田清一也有探讨。参见稻田清一：《清末，江苏省嘉定县における入市地调查と区域问题》，《甲南大学纪要》文学编第 113 号，2001。

②　清末民初的城乡对立与地方政治的关系，参见本书第二章。

③　《城镇乡地方自治章程》，北京，商务印书馆，1909。以下，引用章程时不一一记述。

从这几条规定可以看出，自治区边界的划定十分简洁，实际运用时会产生不少问题。关于城区设定虽有"城厢地方为城"的记载，然而对"厢"的解释，即城郭外到哪里算是城区的界线，成为一大问题。因为，与城墙邻接的乡自治区之间本就存在利害冲突，此时又成为"固有之境界"的根据，经常由于双方所依据的惯例不同，解释也就有所差别。

依照住民习惯认知的"固有之境界"，其解释往往基于现实利益所带来的影响。首先举出议员名额及其权限。在章程第二章第一节"员额及任期"中提到，城、镇议会以二十名为定额，规定每五千人则增加一人，并规定乡级议会以六至十八人为范围，根据实际人口数目加以调节。可以看出：自治区扩大的背后，存在着扩大本地议员势力的企图。

现实利益的第二点是经费问题。关于自治范围内各项业务的所需经费，章程第五章"自治财政"中规定：一、本地方公款公产，二、本地方公益捐，三、按照自治规约所科之罚金。从有关自治财政的种种项目中可以清楚看出，自治区财力依靠的是所居住市镇与市街所负担的公益捐。公款公产则是以善堂为首的慈善组织，以及地方公共事务所使用的房地产和公共资金来维持，和公益捐一样，住在市镇、市街的绅董与之具有极深关联，得以管理、运用这些公产公款。① 城镇乡议会拥有学务、卫生、公共事业、慈善组织等相关自治事务的审议权，因此自治区的设立方式不同，所能动用的经费与人才也有很大的差异。如此情况使得"固有之境界"的运用，变得更加复杂化。

---

① 夫马进前揭书，第 513～526 页。

而且，设立自治区时似乎发生了许多问题，自治筹办处通过四条"区域标准办法"来应对：①

　　（甲）城区域以城厢为准。厢之界划未定者，以街市毗连为断，不拘区图。但中间间隔半里以上者，得以毗连论。

　　（乙）镇乡区域以旧时某镇某乡所辖各都图为准（其他与镇乡同等之名称应比照办理）。

　　（丙）凡镇乡固有区域不满五十方里者应行合并；过三百方里者应行分析。

　　（丁）凡一街市跨连二镇乡以上，同在本州厅县内者，当以小者合并于大者。

　　"区域标准办法"的内容一看好像是对自治章程的补充，使得相互之间没有龃龉。可是，实际运用"固有之境界"解释时，却无法完全保持一致，使得自治区设立问题更加复杂。

第二节　围绕于设立城区的城乡对立问题

一、《江苏自治公报》中的城区设立问题

　　自治筹办处下辖自治的进展情况，可根据《江苏自治公报》披露各

---

　　①　《解决自治区域问题（苏州）》，《申报》宣统元年 10 月 10 日。

州县厅的批牍与公文追索。① 其中，关于城自治区设立的内容，总结
为表1-1所示。王树槐这样概括清末的江苏新政：苏属城镇乡地方自
治之实施非常顺利，唯一无法展开之处是武阳。② 从《江苏自治公报》
的相关批文也能看出：城自治区的设立过程，基本上相当平和。而来
自各州县厅所提交的报告，主要集中在宣统元年(1909)8月至12月之
间，来年的1月至2月之间正式成立了城厢自治公所。

表1-1　围绕城区设定的问题

序号	刊登期数	发行时期	地域	问题点的内容	备考
1	第3期	元年8月下旬	武阳（武阳、阳湖）	以调查员所制作的图以及过去调查的住民数为根据，设定了城区，不确定是否与章程所定的"固有界线"吻合	围绕如何判断展开到城郭外的厢，城区绅士与接邻城郭境界的乡区绅士之间发生了对立，城自治区的成立大幅度延迟。民国时期，这一对立发展为政党对立
2	第3期	元年8月下旬	吴震（吴江、震泽）	将城区分割两县是不符合章程的。城外"厢"的范围太大	第9期有相关的批文（参见"18"）
3	第3期	元年8月下旬	昆新（昆山、新阳）	（与章程符合，可以进行自治）	

　　① 本章所引用的《江苏自治公报》，来自江苏苏属地方自治筹办处编：《江苏自治公
报类编》，台北，文海出版社，1998。
　　② 王树槐前揭书，第199～200页。

序号	刊登期数	发行时期	地域	问题点的内容	备考
4	第3期	元年8月下旬	长元吴（长洲、元和、吴）	（城厢区的界线非常清晰，符合有七个巡警区的标准）	
5	第3期	元年8月下旬	丹徒	（城厢区的界线是以巡警的管辖区域为基准，可以认可）	
6	第3期	元年8月下旬	江阴	城厢区内含有多数村落，城区的定义非常模糊	批文只要方志与盖有官印的就图可以认可（6期）
7	第6期	元年8月下旬	嘉定	城厢区自治之前认可实施乡区自治，但不可以使用"城西"这一称呼。另外，不认可严家桥和六里桥的东半厂合并设定为自治区	嘉定县自治区设定问题，进入民国期后发展为成政党对立
8	第6期	元年9月下旬	靖江	（城区是以中州团为界线，没有不明之处）	
9	第6期	元年9月下旬	金山	虽然金山县没有城郭，城厢是以府州厅县治的所在地为基准。金山卫可以视为乡或镇区	有关金山卫，参见"20"
10	第6期	元年9月下旬	宝山	（有关城厢自治，设有选举调查事务所，按照申请批准）	

序号	刊登期数	发行时期	地域	问题点的内容	备考
11	第6期	元年9月下旬	常昭（常熟、昭文）	城厢区占有九十八个图，比城郭面积大四五倍，不能说成是固有厢界	应当包含梅里、庙前、王市等周边乡区的图，作为厢并编入城区的内容，被自治筹办处视为问题（28期，39期）
12	第6期	元年9月下旬	溧阳	（所提交的城厢图没有问题，可以慎重执行）	
13	第6期	元年9月下旬	太平厅	虽然不存在城郭，对于如何实施城镇乡自治，可与绅董共同安排计划	分为四个区之中，将一区与二区设定为城区（49期）
14	第7期	元年10月上旬	青浦	提交的城厢区图，很难说厢的界线设定是明确的	
15	第7期	元年10月上旬	南汇	由于城厢区太大，是否有固有境界，应提交可成为证据的地图与方志	四团(行政区)离城区较远，编入城区非常不方便，所以请求单独设定自治区（63期）。城区士绅也提出了同样的请求（64期）
16	第7期	元年10月上旬	宜荆（宜兴、荆溪）	有关城区设定已经由札文作地图，应当提交	依照12期的内容得知，后来地图被送交到自治筹办处

序号	刊登期数	发行时期	地域	问题点的内容	备考
17	第 7 期	元年 10 月上旬	上海	（上海县的情况与他县不同，城厢区域虽然有一些大，但是其中包含了租界，只要是通过绅董协议，可以临机应变实施）	
18	第 9 期	元年 10 月下旬	震泽	城区设定以典吏的管辖范围为基准，拘泥旧习，无奈包含不能单独形成乡区的地域	
19	第 9 期	元年 10 月下旬	丹阳	（城厢区是以固有界线为基准，所以可以按照报告施行）	
20	第 9 期	元年 10 月下旬	金山卫	金山卫横跨华亭、金山两县，可以联合设置自治区。然而，以城壁的存在为据设定城自治区的方案不符合部章，更改名称，准备日后再报告	华亭县与金山县共同申请设置金山卫华金联合乡（15 期）。之后，两县分别各自申请实施李卫乡与金山卫乡的乡自治（67 期）
21	第 9 期	元年 10 月下旬	崇明	（将桥镇南面的川心街、羲门沟编入乡区，境界非常清晰）	之后，对于与城郭连接的施翅河与掘头街编入城区，由接邻桥镇的绅士王树声请求将该地区编入桥镇。就如有记载"屡争不已""争执"一样，引发强烈的抵抗（13 期，16 期）

序号	刊登期数	发行时期	地域	问题点的内容	备考
22	第 12 期	元年 11 月下旬	川沙	地图太过简明。应当将城西的烂缺口、寺后港等地域编入城区	
23	第 13 期	元年 12 月上旬	锡金（无锡、金匮）	为了从西门外连接到惠山，申请将此区编入城区，但是参照区域标准，只是以通过道路为理由，未得批准	因为有将西门外遐字一图编入城区的请求，所以自治筹办处判断此为"众情"，认可了请求（16 期）。然而，站在开原乡与乡区立场的士绅蒋士松提出异议（19 期）。有批文指示，由于选举调查已开始，待县议事会成立之后，再行议论（25 期）
24	第 48 期	二年 12 月中旬	太仓州	城自治成立后，虽然有将小北铺编入的议论，但是由于该地区已经结束投票，州自治公所成立之前可按现状实施	

资料来源：《江苏自治公报》

1. 江苏苏属地方自治筹办处管辖范围之中，没能发现关于奉贤、华亭、娄、太湖厅、靖湖厅城区的批文。

2. "发行时期"一栏中的年号指的都是宣统年间。

3. "问题点的内容"一栏括号内记载的地域，是指没有特别发生问题的地域。

4. "刊登期数""备考"中的某某期，指的是《江苏自治公报》的刊登期数。

同时要指出的是，武阳或许并非个案。从《江苏自治公报》中得悉，嘉定、常昭（常熟和昭文）、南汇、崇明、锡金（无锡和金匮）等地在设立自治区过程中，也产生类似的问题。这显示了推行新政期间不免受到传统的影响，以及凸显既得利益而带来城乡对立。

值得一提的是，《江苏自治公报》相关公文批牍的内容十分简单，以此追索自治区设立问题的原委及其背景，多少有一些困难。幸运的是，有关武阳地方自治纷争的问题，当事人编有《武阳城乡区域始末记》（宣统年间木刻本，上海图书馆古籍部藏），可以详细地厘清双方的主张，乃至各自所处的立场。此外，通过《申报》的报道与分析相关地方文献，也能比较清楚地了解地方自治区的情况。以下即以《武阳城乡区域始末记》（图1-1）的内容，分析由实施自治而导致的地方对立，对照在锡金、常昭、嘉定县所发生的类似事件，考察各地的城乡对立。

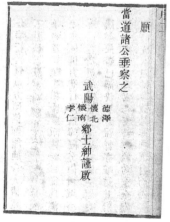

图 1-1　《武阳城乡区域始末记》附图

二、武阳自治区设立问题的纠纷

(一)武阳自治区问题始末

《武阳城乡区域始末记》是由武阳城自治区的士绅,包括自治区下辖的德泽乡、怀北乡、怀南乡、孝仁乡(以下略称为四乡)的当事人,将自治区设立的有关公文汇编而成,以此向世人展示其主张的正当性。[①] 该书收录武进县知县、阳湖县知县、常州府知府、自治筹办处、江苏巡抚、两江总督等往来的呈文、批示、照会等政府文件。除此之外,卷首附有光绪《武进阳湖县志》中所收地图——《武阳旧志负郭四乡固有境界图》。[②]

以下略述武阳自治区设立问题始末。《城镇乡地方自治章程》颁布后,宣统元年(1909)5 月 10 日成立了武阳筹备城镇乡地方自治公所。[③] 问题的开端在这年 8 月,该所将邻接县城外的地方设为城区,并着手进行户口调查。[④] 与城郭邻接的四乡士绅于 5 月 12 日召开大会,研究对策,并依照《奏定城镇乡自治章程》第三条"本地方固有之境界为准"的规定,陈述了七条不能将城外所属地域划归为城区的理由,并以

---

① 《卷头文》,见《武阳城乡区域始末记》,宣统年间木刻本,上海图书馆藏。

② 《武阳旧志负郭四乡固有境界图》,见《武阳城乡区域始末记》。依次为怀南乡图,怀北乡图,德泽乡图,孝仁乡图。

③ 《武阳自治公所之开幕(常州)》,《申报》宣统元年 5 月 11 日;《派定办理地方自治员绅(常州)》,《申报》宣统元年 5 月 16 日。

④ 《自治公所区域之争议(常州)》,《申报》宣统元年 8 月 18 日。其中所谈及的"十八坊厢",乃指城外坊厢的公共事务与城中一起办理的习惯。

1000 人联名，向两江总督、江苏巡抚、自治筹办处、武进和阳湖两县知县呈报，请求按照县志，将城外的地区划分为四乡的自治区。① 两江总督与江苏巡抚批文，命令听从自治筹办处的指示，自治筹办处的答复则是：在常州知府的监督下，武进、阳湖两县知县与士绅协商，为自治区设立的问题，寻求适当的解决办法。②

在武阳协商之际，自治筹办处委派调查科科长沈陈荣，与当事者商议。9 月 23 日，沈陈荣抵达常州会见知府，调阅相关公文。25 日和29 日，城区与乡区的代表被召集到府衙举行会议。在 25 日的会议上，按照《区域标准问题四条》，城绅同意以第一条处理此问题。③ 然而，由于代表四乡的监生吴康等人以"乡民不愿隶城"为由，拒绝让步，双方未达成共识。据常州知府禀复文所附的注释可知，29 日会议上，城自治公所所长恽用康、副所长及后来被选为省议会议员的庄殿华等城绅，提倡"（与城公所）分割办理之说"，四乡代表也表示接受，却因为城自治公所坐办梅鹤章的干扰，最后问题也未能解决。④ 有关如何处理城厢范围的问题，除了城绅与四乡代表各自根深蒂固的利益关系外，两县的知县、知府、自治筹办处等支持城绅主张，也成为问题无法解决的原因之一。⑤

---

① 《武阳负郭四乡士绅禀督抚及筹办处各宪暨两邑尊文》，见《武阳城乡区域始末记》。

② 《附筹办处批武阳城自治公所原批》，见《武阳城乡区域始末记》。

③ 《常州府禀请筹办处派委沈令陈荣来常会议禀复文》，见《武阳城乡区域始末记》。

④ 《城乡区域问题之解决（常州）》（《申报》宣统元年 10 月 16 日）报道：依照城绅主张的解决办法，城外坊厢也划作城区。

⑤ 《常州府禀请筹办处派委沈令陈荣来常会议禀复文》，见《武阳城乡区域始末记》。

协议破裂后，10 月 10 日四乡士绅向自治筹办处提交了章程中"固有之境界"的解释，及根据县志记载与地方习惯所作成的六条节略，另外附上对城自治公所主张七条反驳的禀文，再度请求以章程为准，裁定城自治区下辖范围不包含四乡。① 节略与反驳文里汇集了城区与四乡士绅各自的主张依据，凝聚了近代国家对地方社会重组时呈现的地方意识，这方面容后文另行详细探讨。

对于四乡士绅的呈报，自治筹办处虽然没有任何指示，但仍然支持城绅一方。之后，尽管武进县知县两次询问，四乡方面却无任何答复。② 再次有所行动要等到来年 1 月。宣统二年(1910)1 月 9 日，常州知府委派陈寿人召集城厢筹备公所所长恽莘耘及四乡代表等在公善堂商议，最终决定按照光绪《武进阳湖县志》所收地图中记载的"固有之境界"来办理，与会者签名盖章。然而，1 月 16 日城公所会议宣布决议方案时，遭到县城士绅钱琳叔的反对，最后乡公所也没有达成协议。这就是设立武阳自治区的纠纷过程。③

(二)自治区问题中的城乡对立

其次探讨城绅与四乡士绅各自主张及内容，此处以宣统元年(1909)10 月 13 日四乡士绅提交给自治筹办处文件中所附的两个公文为

---

① 《再禀筹办处文(宣统元年十月十三日投)》，见《武阳城乡区域始末记》。
② 《钦加同知衔署理武进县为照会事》，见《武阳城乡区域始末记》。
③ 《怀南北乡自治公所申复武邑尊文(宣统元年正月初二日投)》，见《武阳城乡区域始末记》。按：此文应该发于宣统二年。

例。据《武阳负郭四乡之领图应留为乡区办理之依据节略》，与县城邻接的四乡不属于城区有六项理由：①自治章程第三条第一节"城镇乡之区域，各以当地固有之境界为准"，这一规定符合四乡方面的意愿；②依据县志中的地图，其编号属于乡，并且业户的联单记有"某乡某图"；③由乡民担任乡董，不得有城绅担任之例；④依据会典，"里"这一地名原为乡区所固有；⑤基于《江苏自治公报》所刊登的自治筹办处自治章程的解释；⑥四乡的一部分一旦被编入城区后，将使得四乡自治的人才与经费不足。①

接着来看《武阳筹备城自治公所各绅擅画负郭四乡领图为城区之确据七条驳》，这是对支持四乡属于城区逐一展开反驳的文章，汇集了双方的主张内容（见表 1-2）。②

表 1-2　城绅与四乡士绅的主张和论点

论点	城自治公所的主张	四乡士绅的反驳
I	以自治章程为标准，将县衙门的所在地归属城区	关于《武阳县志》刊载的图，描述以城内的厢为城图，以城外厢为乡图，是以孟昭常《公民必读初编》中提到的城厢与乡图的定义不同为基础的
II	据《武阳县志》，城厢有城内厢与城外厢，不一定是将城郭内部当作城区	县志对城内厢与城外厢截然有别。城外厢的号是"某乡某都某图某次号"，业户的联单也记载有"某乡某图"

① 《武阳负郭四乡之领图应留为乡区办理之依据节略》，见《武阳城乡区域始末记》。
② 《武阳筹备城自治公所各绅擅画负郭四乡领图为城区之确据七条驳》，见《武阳城乡区域始末记》。

论点	城自治公所的主张	四乡绅士的反驳
Ⅲ	若遵从"固有之区域"这一原则，武阳有将十八坊厢视为城的习惯	虽有十八坊厢这一称呼，但并无实体。各乡是按照过去的都图，县志也有相关记载
Ⅳ	武阳城内外的救火范围是以十八坊厢为范围，乡区没有参与过	城外的水龙在城内也有活动，城内的水龙在城外也有活动，没有地域区别
Ⅴ	常州商务分会的加入者以十八坊厢为范围，乡的工商业者加入常州商务分所	最开始商会的性质是为了保护管辖区域内的商人，不是限制商人入会。另外，十八坊厢以外的市镇商人也有参加
Ⅵ	按劝学所制定学区，十八坊厢以学区中的名义获得经费	城内设为一区与二区，除此之外将各乡按范围设定，不存在所谓中区的学区
Ⅶ	光绪二十四年、三十二年、三十三年救荒时所实施的赈粜，将十八坊厢设为城区，各乡则以各自的区域为单位	城外负郭的各乡与城内共同进行赈粜，实际上在进行救济活动时，城与乡则是各自设局进行的

资料来源：《武阳筹备城自治公所各绅擅画负郭四乡领图为城区之确据七条驳》，见《武阳城乡区域始末记》。

这些论点可总结为：Ⅰ自治章程中城区定义的解释；Ⅱ光绪《武进阳湖县志》记载城厢的定义；Ⅲ自治章程中"固有之境界"的解释；Ⅳ与救火区的关系；Ⅴ与商会区域的关系；Ⅵ与学区的关系；Ⅶ与救荒区域的关系。这些Ⅰ～Ⅶ与上述①～⑥议论的焦点，主要归纳有三点。

第一点是在解释之时，如何解读县志中的记载（②、⑤、Ⅰ、Ⅱ）。城绅与四乡士绅双方主张都是根据《武阳县志》，如同相关叙述所言"一则〔四乡士绅〕以图（光绪《武进阳湖志》卷首，图）为准，一则〔城绅〕以说（光绪《武进阳湖志》卷一，舆地）为准"一样，双方援引与各自主张相近的部分为据。① 城区一方的主张，以"十八坊厢"的惯例为据，强调拓宽地方公共事务的范围，从主要以城内为中心扩大到城郭外。② 相应地，四乡一方的主张，则是以方志收录的地图所划定的空间作为具体理由。

第二点是以新政之前的惯例，即其中的空间扩展作为自治根据（①、③、④、Ⅲ、Ⅶ）。关于这一点，城绅采取前述的"十八坊厢"惯例为据，而提出其主张；相反地，四乡士绅的陈述是"根于乡图之习惯也，查负郭各乡董事，向以负郭领图之人充之，或乡人充之，从未有城绅充董事者"，③ 以管辖乡地方公共事务的乡董为惯例。这里所谈的乡董，与稻田清一所阐明的镇董阶层大致相同。精读松江府和太仓州方志的稻田清一指称：镇董是由居住在市镇的生员层级的地方精英来担任，他们运用市镇商人所课征的各种"捐"，推行水利、慈善、地域防卫等事业。镇董负责地方公共事务，管辖范围以市镇为中心，包含

---

① 《筹办处第二次批书后》，见《武阳城乡区域始末记》。

② 《申报》也刊载相关报道，沿用了城绅将"十八坊厢"视为固有边界的看法。这与其消息来源具有密切的关系。《自治公所区域之争议（常州）》，《申报》宣统元年 8 月 18 日。

③ 《筹办处第二次批书后》，见《武阳城乡区域始末记》。

其周边农村为"面"，以及直到清末出现的自治区。① 武阳虽为乡董住在与县城连接的城外坊厢的特殊案例，但住在市镇并管辖周边农村公共事务，性质还是相同的。此外，Ⅶ的救荒事业也是镇董的任务之一。这一点在嘉定县、宝山县救荒之际，将设置的厂直接行政单位化，且担任公共事务的董事被称为"厂董"的事实中，亦能看出。②

　　第三点是清末新政所衍生出的广义"自治区"及其关系。与此直接相关的是Ⅳ、Ⅴ、Ⅵ、Ⅶ等，见于城绅的主张之中。如同第一点和第二点，城绅依然经常以"十八坊厢"为据。四乡士绅没有积极地提及广义的"自治区"，主要原因应该是他们始终将重点放在第一点和第二点的正当性上。因为如果只从方志记载和"乡董"的管辖范围等惯例，证明包含城郭邻接地域为四乡"固有之境界"为范围的话，狭义的"自治区"便能直接成为乡区的范围。

　　接下来着眼于人才与自治经费两方面，探讨设立自治区时产生"固有之境界"，解释相互争夺的动机。首先有关人才方面，四乡士绅陈述了以下内容：③

　　　　一、根于人才经济之交资也。查负郭各乡因近城而转无繁盛之市镇，只有首领各图较为热闹，乡人之贸易交涉以及善举协济

---

① 稻田清一前揭文。

② 有关厂董，参见稻田清一前揭文；吴滔：《清代江南市镇与农村关系的空间透视：以苏州地区为中心》，上海，上海古籍出版社，2010，第三章《分厂传统与市镇区域之塑造：以嘉定宝山为例》。

③ 《武阳负郭四乡之领图应留为乡区办理之依据节略》，见《武阳城乡区域始末记》。

等事，均仰给于此。而通晓世故明白事理者，又以各街市人民为多，各乡之居间排解为人所信任者，多取材于此。今使遵批划入城区，所余数十百村落，无论地瘠民贫，无从办事，即所有乡民，均系不识文义、鲜通事务者，何能举办自治？且孝仁一乡共有六图，今将划去三图，将何以为乡？照章合并，究竟何乡可以附属？且己己不能保全区域又令强属于人如何而可？

指出将含有城厢的图编入城区，会导致不能确保选拔出胜任自治职位的人才，可以想见是与前述镇董的存在有关。镇董阶层与科举文化培养出的具有基本教养的生员、监生大致相同，都是住民发生纠纷时能够居中调停、使双方信服的知名人物。四乡在县城外的城厢具有市镇机能，且是镇董阶层所居住之处。另外，从市镇机能这一点来看，处理日常纠纷的茶馆应该是集中在含有城厢的地区。①

其次，从"就以实际言之，如绅等四乡除负郭数图稍为富庶外，其余均系乡村小镇。或并小镇而无之，割膏腴而凿硗瘠，将来于筹办自治经济亦必定受困难"一段话可以看出，自治经费问题也与人才问题的情形相同。② 自治经费大致分为：①与正税同时征收的附加税；②在市镇征收的捐；③地方上独有的几种公产与公款。无论哪一项含有城

---

① 所谓"吃讲茶"，是指市镇茶馆具有处理纠纷的功能。费孝通：《江村经济：中国农民的生活》，第 119 页，北京，商务印书馆，2001；樊树志：《江南市镇：传统与变革》，第 461～463 页，上海，复旦大学出版社，2005。

② 《武阳负郭四乡士绅禀督抚及筹办处禀暨两邑尊文》，见《武阳城乡区域始末记》。

050 | 近代中国的乡土意识——清末民初江南的地方精英与地域社会

外厢自治经费的基础，这一点并无任何改变。①"固有之境界"不但具有扩展空间的重要性，还包括了确保人才与经费的目的。

以确保人才和自治经费为目标，通读《武阳城乡区域始末记》收录的公文后可以发现，四乡士绅对设立城自治区的纠纷中，官方支持城绅的立场，不免有些焦虑感。自治筹办处的判断，是以"惟附郭之厢本宜联属于城"为标准，就如同"总之，四乡保守固有之区域，城绅以为妄争，城绅出城而争区域，乡民肯谓之理得乎？似此节节专制，府县仰承筹办处之法令，筹办处曲徇城绅之要求，不必谓之地方自治，直谓之地方官治、地方绅治可耳"那样，常州府知府与武进、阳湖两县知县也认同自治筹办处的判断。② 自治筹办处与常州知府做出了采纳城绅主张的指示，关于其中政治的背景，有如下记载：③

　　仅以区域标准为通行之口实，不知《公报》第四册《自治章程》第三条第二节《释义》著明："城有城郭无境界之疑，不得与他项团体合并"，并注本项系专指镇乡言之，是筹办处因徇城绅之请，不惜矛盾报载，何其重视城绅之运动而轻视切己之声名也？

　　① 关于城镇乡自治的实施，各种捐与公款公产如何具体被制度化，《嘉定县续志》卷六《自治志·自治事业》中有详细的记载。通过清末新政而产生的新行政服务，主要经费来源是附加税，然而在没有正式确立地方财政制度前，实施这些政策反而增加了社会矛盾。岩井茂树：《中国近世财政史的研究》，第502～503页，京都，京都大学学术出版会，2004。
　　② 《附筹办处批武阳城自治公所原批》，见《武阳城乡区域始末记》。
　　③ 《筹办处第二次批书后》，见《武阳城乡区域始末记》。

所谓"城绅之运动"一语,明确表示县城地位对地方政治的影响。换言之,表明住在县城的实力派,通过与地方官的公私关系,在地方政治上居于优势地位。[1] 的确,武进、阳湖两县城同时也是府城,这点与一般县城的状况不同,因此更加容易向知府或透过知府向高层官员进行"城绅之运动"。这可以从地域对立的当事人,即四乡士绅与城绅的具体履历之中得悉。首先,前者代表人物之一是监生身份的吴康。由吴的个案可以推测到其他士绅,大概也同样属于生员或监生阶层,亦即所谓的镇董阶层。后者代表是反对四乡士绅与城绅之间的协议、阻碍了城公所决议的钱琳叔(钱以振,1878—1943)。钱氏在宣统元年(1909)被选为江苏谘议局议员,1912年担任武进商会会长。除了钱琳叔外,于定一也曾历任江苏谘议局议员与武进商会会长;[2] 这两人对县级以上官员要具有较大影响。当中,于定一还担任过自治筹办处委员,也使得自治筹办处对设立武阳城区的问题,有着一定程度的影响。

顺带一提,钱琳叔是1912年5月主持成立共和党武进分部的中心人物,曾在第一次众议院和省议会选举时,与朱稚竹(1874—1959)领

---

① 岸本美绪指出乡绅威信的来源是其对地方的保护能力,见氏著:《明清交替と江南社会》,第47~53页,东京,东京大学出版会,1999。

② 江苏省武进县志编纂委员会编:《武进县志》,上海,上海人民出版社,1988,第二十五编《人物》、第十四编《党派社团》。

导的国民党分部争夺主导权。① 新编的《武进县志》总结当时情况："国民党和共和党在大选中形成积怨，武进地方势力遂分为城、乡两派……时相攻讦，矛盾迭起。"②尽管有关城乡对立的看法与笔者相同，但需要强调是：城乡对立肇始于设立自治区问题所产生的矛盾，随后才波及民初政党政治，从而更加明显地呈现出来。③

总结以上讨论，地方自治团体中，城镇乡自治区之间本来没有从属关系，地位应当是同等的。如果站在城区一方来看对县政的影响力，事实上城区被认为是县政的中心。相应地，四乡对此深表不满，"殊不思筹办处通行各属简章载明，城镇乡同为下级团体，不相统属，仅可独立办理等语，今乃以不相统属者强令统属，显系违背章程，其尚能适合人情乎?"乡区一方请求以平等自治区的地位，给予相同对待。④《武阳城乡区域始末记》所见的城乡对立，可说是城绅在政治体系中，一面利用县城具有的优势，一面根据需要解释自治章程里"固有之境界"，与四乡士绅对自治章程的理解有别，代表了各自的地方利益。从

---

① 《武进县志》第十四编《党派社团》。朱稚竹原为清末江苏谘议局议员，民初被选为众议院议员。可以看出在清末城区设定问题上，朱氏支持四乡方面的立场，《正月初九日府委陈寿人邀请城乡士绅在公善堂会议区域问题议案》，见《武阳城乡区域始末记》。另外，他在民国二年担任了农会会长，《武进县志》第二十五编《人物》。除此之外，担任四乡士绅与城绅协议的城厢筹备公所所长恽莘耘（恽祖祁，1843 — 1919），还有共同出任商会总理的城自治公所所长恽用康，也是地方实力派。

② 《武进县志》第十四编《党派社团》。

③ 关于城乡对立发展成为政党对立的事例，参见本书第二章。夏冰也指出，通过地方自治推动与议会制的引进，被总称为"民绅"的下层士绅集结在同盟会及国民党周围，与上层士绅的对立日益激化。夏冰著，佐藤仁史译：《清末民初苏州的民绅层とその活动》，《史学》第 76 卷第 4 号，2008。

④ 《恽莘耘议案书后》，见《武阳城乡区域始末记》。

对立中也可以看出，发祥于海外的新制度应用于中国地方社会之际，要注意到内在因素的影响，以及制度"扭曲"的面向。

三、各式各样的城区设立问题：锡金、常昭和嘉定

(一)锡金(无锡、金匮)的自治区设立问题

无锡、金匮在城区设立时，曾发生城区与乡区士绅的对立，有助于理解城区士绅如何看待城区设立的问题。

宣统元年(1909)8月到9月的《申报》，连续四期刊载了《锡金城区议》一文。① 作者裘廷梁(1857—1943)是清末举人，后来以变法派的身份展开活动，并于光绪二十四年(1898)以发行《无锡白话报》而知名。在地方自治期间，裘氏历任锡金城厢自治公所总董与无锡市自治公所总董。② 从这些经历可以看出，《锡金城区议》归纳了城区士绅的主张与利益。相较于锡金四乡董事公所主任蒋士松(1862—1942)主张将城区范围限定于城郭内部，《锡金城区议》则是强调城郭外的厢应当属于城区。③ 其后，对蒋士松提出反驳的还有《锡金城区议下》一文，裘廷

---

① 裘廷梁：《锡金城区议》，《申报》宣统元年8月28日；裘廷梁：《锡金城区议(续)》，《申报》宣统元年8月29日；裘廷梁：《锡金城区议下》，《申报》宣统元年9月27日；裘廷梁：《锡金城区议下(续)》，《申报》宣统元年9月28日。

② 有关裘廷梁的生平，见无锡市地方志编纂委员会编：《无锡市志》卷五《人物》，南京，江苏人民出版社，1995。根据记载，地方自治施行之前，裘廷梁参与了无锡、金匮2县17市乡区的设立。

③ 蒋士松历任江苏谘议局议员、江苏省议会议员等职，后于1923年开始担任开原乡乡董10余年。

梁主张：城自治区要是不包括城郭外的厢，恐怕"不独近年血汗经营之新政，胥付东流，即国初以来乡先辈一切缔造之规模，均扫地以尽矣"。《锡金城区议》讨论内容大部分都是考证史实，从历史角度，来论证厢与城区为表里一体的关系。该文从《说文解字》的字义开始，逐一引用《唐书》《宋史》《续资治通鉴》《咸淳临安志》进行论证后，裴氏认为其考证与《则例》《皇朝通典》以及地方自治章程的相关部分吻合。

主张城厢表里一体，应将城郭外的厢包含到城自治区内，背后还存在着具体的利益之争。裴廷梁陈述了以下内容：[①]

> （锡金是）航路交通之地，商业率在城外。果如蒋君之说，割而去之，不独将来无事可办，即旧自治已成之局，亦且凌夷澌灭，不复有一二之留遗。蒋君仅欲割吾邑之城而小之，而不知天下均受其削城之祸。幸其言非章程本意，否则天下危矣。然则城区固有之境界安在乎？曰公共团体所办之事，有一焉与章程自治事宜相合者，即当据之为城区固有之境界。

商业区所存在的"城外"，可说是指城郭外的厢。裴氏本意是将其划入城自治区内，确保城区自治事业的财源。此外，"固有之境界"还可举出平橥区域的例子："上合街坊隶厢之制度，下从社会习惯之情形。本区之人才足供旧自治之需要者，亦必能供新自治之需要，无疑也"，从

---

① 裴廷梁：《锡金城区议（续）》，《申报》宣统元年 8 月 29 日。

主张城厢一体这点上，也透露出相同的想法。①

在自治区问题发生之前，《锡金城区议》作者裘廷梁在《申报》上发表了《锡金等教育费私议》，主张将教育经费重点分配于城区。② 因为中学堂与两等小学堂都集中在城区，在教育上具有优势，同时暗示可以因此将师生送往更高的学堂，以获取社会地位，并扩大他们对县政的影响。如此背景下的城区中心主义，即由城区担任"旧自治"的基础，与《锡金城区议》中所见的自负意识性质相同。在教育经费问题上，也同样存在着城乡对立关系。

（二）常昭（常熟、昭文）的自治区设立问题

共同拥有一个县城的常熟县与昭文县，也在城自治区设立之际出现了跟武阳同样的问题。③ 当初设立的常昭城自治区，除了县城以外，

---

　　① 裘廷梁：《锡金城区议下（续）》，《申报》宣统元年 9 月 28 日。裘廷梁与蒋士松在《申报》上的论争，代表了锡金在自治区设立时，城区与乡区士绅之间的城乡对立。在设立城自治区时，因为城区士绅请求将西门外的遐字一地编入城区，自治筹办处基于"众情"而同意，见《批无锡县禀称遐字图惠山一带划入城区办理请示由》，《江苏自治公报》第 16 期。然而，站在开原乡与乡区立场上的蒋士松提出异议，见《批无锡县蒋士松等请派委莅勘由》，《江苏自治公报》第 19 期。另外，代表城区方面利益的裘廷梁担任自治筹办处参议，可以推断他对自治筹办处在如何判断"众情"上施加了不少影响。城绅对自治筹办处具有影响力，与武阳情况相同，见《批无锡县苏顺昌等联名禀请遐字图断归开原乡区批县饬遵由》，《江苏自治公报》第 21 期。

　　② 裘廷梁：《锡金等教育费私议》，《申报》宣统元年 8 月 8 日；裘廷梁：《锡金等教育费私议（续）》，《申报》宣统元年 8 月 9 日。以及铃木智夫前揭文。

　　③ 《常熟自治文件》，抄本；《常昭城议事会庚戌秋季常会速记录议决案》，宣统二年油印本，南京博物院所藏。这些史料由中山大学的吴滔教授借笔者阅览。

远远超出邻接城郭的地方，拥有"厢境大逾城内四五倍"的广大区域。①
关于将梅里、庙前、王市、罟里村、汤家桥等共96处地方设立为城自
治区的理由，城区一方的陈述是因为"自治区域现昭境之庙前及八图常
境划入四图皆归城区平粜。民情习惯已久，划乡反形不便"。② 这让我
们想起武阳城自治公所。该公所在城自治区设立时，也以救荒期间购
买粮食的范围为根据。然而，武阳县城与城外厢相连接，相对于昭文
县，主张将25里内的地方也划入城区："城区以城厢为标准。厢之界
划未连者，以街市毗连为断，不拘区图。但中间相隔半里以上者，不
得以毗连论。"常昭县自治筹备公所将此问题向上呈报，认为昭文县不
符设立自治筹办处的"区域标准办法"。③

在武阳自治区的设立问题上，自治筹办处支持城绅主张，但对于
常熟、昭文的城区范围，城绅一方不同意，而提出了如下主张：④

> 前次所送城厢区域图所划区域，占有九十八图之多，城外界线
> 较城区广阔四五倍，绝非固有之厢界。经本处批饬：该县等切实
> 更正，将实在之固有厢界另绘详图，报处核夺。

针对以市镇为中心展开的地域空间，吴滔认为昭城自治区问题"在传统

---

① 《常熟昭文为照会事》，见《常熟自治文件》。
② 《九月十五日临时会议速记录》，见《常昭县议事会庚戌秋季常会速记录议决案》。
③ 《常熟县自治筹备公所正副所长邵松年、徐兆玮、胡炳益呈为区域牵混理由各执呈请批示饬县遵章分划以重宪政事》，见《常熟自治文件》。
④ 《批昭文县邓思宇等禀请更正自治区域并呈图说由》，《江苏自治公报》第28期。

区划理念下以城镇为中心的'区域传统'完全没有形成，时人于是可以采取各式各样的'标准'，临时抱佛脚地重塑所谓"固有之境界"。① 如吴滔所言，地方意识伴随自治制度的实施而产生，笔者对此非常赞成。但有必要指出，主张"固有之境界"存在的背景是县城拥有优势，从而促使城区中心主义的出现。而且如庙前士绅提到"擅将庙前一隅划入城区"那样，周边地区也希望自己能编入城区势力中。② 这是考虑了自治区相互关系与全所拥有巨大影响力的结果，可视为他们选择的战略。

对于上述以城区为中心的动向，常昭县自治筹备公所向自治筹办处呈报"城自治职员以为一概改划则牵动全局，议会多更选之烦。而镇乡士绅以为不划归则忽视宪章，乡民受强权之压"，表达对此的忧虑。也流露出想要抑制城区"蒙混包举"，企图争取镇乡区利益的意向。③

(三)嘉定的自治区设定问题

嘉定县自治区的设立，与前述的事例呈现出不同的对立情况，以下详述嘉定县的自治区设立问题及其背后的地域对立。

清末地方自治制度的实施原则是"筹备自治皆先从城厢入手"，之后按镇区与乡区的顺序进展。但是，嘉定县城外的西门厂成为西门乡，

---

① 吴滔：《明清江南基层区划的传统与市镇变迁：以苏州地区为中心的考察》，《历史研究》2006 年第 5 期。
② 《批昭文县邓思宇等禀请更正自治区域并呈图说由》，《江苏自治公报》第 28 期。
③ 《常昭县自治筹备公所正副所长邵松年、徐兆玮、胡炳益呈为区域牵混理由各执呈请批示饬县遵章分划以重宪政事》，见《常熟自治文件》。

却先于城区自治。① 主导西门乡自治是黄守恒（1874－1921）、黄守孚（1878－1931）兄弟，以及黄世祚（1871－1942）等西门乡具有实力的黄氏家族开明士绅。如黄守孚与黄世祚便参加《嘉定县续志》的编纂工作，直到 20 世纪 20 年代仍握有实权，对嘉定县政有相当的影响力。② 关于西门乡地方自治的相关文献，担任过各种自治职务、有一线工作经验的黄守恒，曾搜罗当时公文编成《谋邑编》，从中可得悉自治制度实施的真实情况。③ 西门乡原是清末地方自治实施以前，以掌管救荒所设的粥厂的董事所管辖范围为基础而设立。④《谋邑编》收录的《西门乡筹备自治进行记》之中，记载自治区设立之际产生对立的情况：

> 按地方自治章程，城自治之区域以城厢为准。西门人士始有建独立自利之计划者，牵于定章未敢发也。宣统己酉五月，知县杨侯宝善招集各团体职员会议筹备自治之法。西门人黄守孚被举为主任起草员。向之建独立说者又以为言，黄仍以限于章程难之。故黄于主任起草时，仍守城中与西门、澄桥、石冈门三厂应为城

① 《嘉定县续志》卷六《自治志·城乡自治》。
② 关于黄守恒，见嘉定镇志编纂领导小组编：《嘉定镇志》卷三十《人物》，上海，上海人民出版社，1994；关于黄守孚，见上海市嘉定县县志编纂委员会编：《上海市嘉定县志》卷三十五《传略》，上海，上海人民出版社，1992。
③ 黄守恒：《谋邑编》，五卷，1916 年铅印本，上海图书馆古籍部所藏。
④ 稻田清一：《清末、江苏省嘉定县における入市场调查と区域问题》；吴滔：《清代江南市镇与农村关系的空间透视：以苏州地区为中心》，第三章《分厂传统与市镇区域之塑造》；吴滔：《清至民初嘉定宝山地区分厂传统之转变：从赈济饥荒到乡镇自治》，《清史研究》2004 年第 2 期。

自治区之说。会起草员顾瑞主张划濠内以为城区。城中又有多人赞同之，以与黄守孚之草案相反对。至六月，杨侯监督全邑人士开会于明伦堂，主划濠者谬解厢字，以肆口舌。时西门人莅位者十余人，乃建议独立为乡区，以求和平之了结，请于杨侯，许之。……城中之主划濠者方自诩为大获胜利，而西门人之谋独立者，本居多数，亦深自幸其得良机缘，竟达圆满之目的也。

如果考虑到《西门乡筹备自治进行记》是想宣传西门乡自治的成果，就不可完全以此为依据，了解有关自治区设立的原委。自治区设立之前，在黄守孚编写的起草文之中，城内、西门、澄桥、石冈门三厂设立城区，是为了符合章程中"城自治之区域以城厢为准"，原本计划将西门乡独自设为自治区。然而，武阳主张把县城外的厢划归城区，对此上级政府机关也大致赞成，加上黄守恒主张也将市街与乡进行明确区分，可见上述理由似为后来添加。① 相反地，城区实力派人物顾瑞反对黄守孚的草案，主张以城郭为基准，作为设立城区范围，明确表露出西门乡对抗城区的真正意图。也就是说，从中可以看出，西门乡一方认识到县城等同于城区在政治博弈中所拥有的优势，试图通过设立包含城外的自治区，加强对城自治区的影响力。这一点也和城区一方主张排除乡区实力派以维持城区主导权的动机一样。

与其他因为设立城区导致对立的事例相比，嘉定县的个案更具独

---

① 《西门乡筹备自治进行记（庚戌正月）》，见《谋邑编》卷五。

特性，包括乡区一方占用城区，以及城区一方不愿将城郭外地区编入自治区的情况。然而，如何因应对城区所拥有的优势，进而规范城区和乡区双方的行动，这一点与先前例证可谓异曲同工。嘉定县的情况是：西门乡拥有能够跟城区实力派相抗衡的势力，使得城乡对立呈现出不同的样貌。于是该县从清末设立城自治区时出现的城乡对立，到民国时期进而发展一分为二的政治对立（具体参见本书第二章）。①

第三节　乡区设立问题与地方意识

以下就乡区设立问题，分析背后的利益关系与地方意识。《江苏自治公报》所收录有关自治区设立问题的公文，可说不胜枚举，大部分围绕在自治区之间因界线而产生的纠纷，其中包括了插花地与斗入地的情况，则让情况显得更加复杂。② 为便于分类起见，大致以乡区设立的方式，分为三种类型：（一）将过去开展地方公共事务的范围，设定为"固有之境界"的区域；（二）在同一县内合并的（或企图合并）事例；（三）跨越县城与府域合并的情况。

---

① 参见本书第二章。《详抚宪各属壤地斗之自治区域应否与否插花者同一划清请交议示遵文》，《江苏自治公报》第 62 期。
② 《详抚宪各属壤地斗之自治区域应否与否插花者同一划清请交议示遵文》，《江苏自治公报》第 62 期。

一、按照过去开展地方公共事务范围，设定为"固有之境界"的区域

随着清末地方自治制施行而设立的乡自治区，大多沿袭民间所见的"固有之境界"，亦即以实施自治以前开展的地方公共事务为范围。首先来看一下上海的情况。民国《上海县志》记载了清末民初城镇乡自治与市乡自治变迁的情况。依据该方志，宣统二年(1910)伴随城镇乡自治而设立的自治区有 15 个(1 个城自治区、2 个镇自治区、12 个乡自治区)，且源自咸丰十年(1860)所设置的 23 个团练局。在自治制实施之前，光绪三十二年(1906)设有学区 24 处。除了城总局被分为城厢区和老闸区外，依照各局的管辖范围而转移为学区。[①] 除了在城市化急剧进展的地区进行合并以外，能看到以局为"固有之境界"，成为清末民初自治区设立的主要根据。

其次要看宝山县的情形。据《宝山县续志·市乡区域沿革》，自治区的由来如下：康熙九年(1670)嘉定县发生水灾，遂在各乡镇开设粥厂；宝山县从嘉定县分出后，"乾嘉而降续办灾赈，以原有分厂不多，领赈道远不便，仍复分析。……此即自治时代划分十四市乡区域之所由来。"宝山县遂从本来厂的管辖范围，变为城镇自治区，继承了本来的连续性与稳定性特征。[②] 相对于此，原属宝山县的嘉定县则在清末设置 33 处自治区，与宝山县一样是经由粥厂而设置，但自治区规模则

---

① 民国《上海县志》卷一《疆域》。

② 《宝山县续志》卷一《舆地志·沿革》。《批宝山县详复长兴沙独立自治办法绘具各沙区图呈请核示由》，《江苏自治公报》第 64 期。

大不相同。已有研究指出，这与管辖区域以何种层次的市镇为中心而设立有关。① 以低层次市镇为中心而设立的嘉定县，在自治推进之际便面临人才和财力的资源不足。

二、同一县内合并(或企图合并)的事例

首先来看嘉定县望仙桥乡与钱门塘乡设立自治区的情况。《望仙桥乡志续稿·疆域志一》记载了乡区的渊源，包括嘉庆十九年(1814)旱灾时分设粥厂的范围。② 在《望仙桥乡志续稿·分乡沿革》之中，简述了实施地方自治的望仙桥乡，以及1914年取消自治与钱门塘乡合并为第三乡的始末。记载内容中不难发现嘉庆年间所设厂的范围，沿用至清末的乡区，还存在着地域意识。

另一方面显现的是，由厂而设立的乡区未必具有固定不变的性质。例如外冈、望仙桥、钱门塘三厂联合筹备自治期间，宣统元年(1909)6月18日，公所设在外冈镇，选出钱江、毛经学、叶增祥三人为董事。然而，三厂联合设立乡区的企图，受到自治筹办处叱责:"镇乡自治虽可提前办理，然必须按固有区域各归各办。其区域应由地方官分划，该县有监督之责"。从而被迫中止。③

三厂联合设立自治区一事，其他当事者又是如何接受的呢? 对清

① 稻田清一:《清末、江苏省嘉定县における入市地调查と区域问题》;吴滔:《清至民初嘉定宝山地区分厂传统之转变》。
② 《望仙桥乡志续稿》,《疆域志第一·名称》。
③ 《望仙桥乡志续稿》,《建置志第二·自治纪略》。

末民初地方自治内容有详细记载且极为稀见的《钱门塘乡志》，很奇妙地对上述经过并无任何记载，仅陈述了清末钱门塘乡区的设立，源于康熙十年(1671)的厂而已。① 另一方面，编者童世高对《钱门塘乡志》的编辑经过进行如下阐述：②

> 曩余编订是志，会张子晓岑启秦，亦有搜辑《望仙桥乡志》之举，南北文献，暇辄互相征考。迨余是志脱稿，而张子已赴道山，欲就而正之，不及也。厥后钱、望两乡，归并为一，颇思将张子所辑《望仙桥志稿》合纂成书，改称《嘉定第三乡志》，以符今名，而竟其篇。

在此所提到的第三乡，是指随着1914年取消地方自治制，合并钱门塘乡与望仙桥乡而设的新行政区划。③《钱门塘乡志》受《望仙桥乡志》强烈影响而编纂，可以看到两乡精英所形成的密切关系。这种关系是在自治制停止、被"上级"命令合并两乡后，进而内发产生的地方意识，由此联想到纂修《嘉定第三乡志》。

不论被称为厂域的"固有之境界"，还是由"上级"设立的区域，当中具有深远影响是有关行政费用的利益。《钱门塘乡志》内明确记载自治经费的细目为：①忙漕地方附加银的七成，总额计年得银702元4

---

① 《钱门塘乡志》卷一《乡域志·名称》。
② 《钱门塘乡志》卷末《附记》。
③ 黄天白：《新嘉定大事记》，1924年铅印本，民国三年3月之条。

角 5 分 6 厘；②归公无主荒熟不等田地有 44 亩 4 分 6 厘 2 毫；③市房捐无定额，计年征钱 3 万；④酒捐无定额，约计年征钱 1 万；⑤茶捐无定额，约计年征钱 2 万；⑥路灯水栅捐无定额，约计年征钱 3 万。①如同武阳纠纷中，四乡一方将"人才经济之交资"视为问题一样，拥有乡区直接影响到地方的附加税收入，以及市镇商户所交易征收的特捐金额。② 饶富兴味的是，《望仙桥乡志续稿》与《钱门塘乡志》双方都详载了有关自治经费中被称为"夫束"的乡民负担。③ 改革"夫束"问题到了民国时期变得格外尖锐，而且民初两大政党均卷入其中，发展成为嘉定县政二分的政治对立状态，乡志中的相关记述则是表明了乡方的立场。

其次，我们看一下有关合并的动向。如前所述，嘉定县西门厂期望编入城区，其他厂也有以下的动向：④

六里桥、严家庙二厂接壤本区有如唇齿。故组织事务所之议起，而六里桥厂董单文魁、周寿禧来函，愿以东半厂各图联合筹备。严家庙厂董陈如璋亦与朱家桥镇厂董蒋松年函请联合。比归有山房开会时，二区之人亦来列席同选所长，分置参议。又以三区联合，即不当独用本区之称，爰别以城西名其乡，方冀情意之

---

① 《钱门塘乡志》卷五《自治志·自治经费》。
② 从《望仙桥乡志续稿》，《建置志第二·公益捐》中也能看到同样的意识。
③ 《望仙桥乡志续稿》，《赋役志第三》；《钱门塘乡志》卷二《水利志·条论》。
④ 《西门乡筹备自治进行记(庚戌正月)》，见《谋邑编》卷五。

乎，互收指臂之助。而筹办处以未便分合，饬令更正。复因城厢
分区之故，谓本乡不能冠以城字。不得已捐弃前约，复我旧名。
今本乡虽粗具规模，而严六二区瞠乎在后，所以负疚者多矣。

六里桥与严家庙两厂被视为拥有粥厂的"固有"领域，在厂董方面，想
和西门厂联合，三厂共同设立为一个乡，背景与望仙桥、钱门塘两地
的动机相同。结果，对于以厂单独设立乡区，黄守恒谓"今本乡虽粗具
规模，而严六二区瞠乎在后，所以负疚者多矣"，显示三厂意欲联合。
　　袁世凯将地方自治停止后，黄守恒总结自治区设立的经过，对自
治应有的样貌阐述如下：[①]

　　　　乡自治区域过小，则人才财力两有所穷，事业虽于展发，豪
　　强易于专横，本非长策。当时筹办处以五十方里为救济，良（粮）
　　亦未可厚非，但其办理轻率举措，乖方不知审慎于事前，反欲更
　　张其成局，宜结果若斯之不良也。迨县会成立，方议合并；会以
　　光复，案未成立。今年虽以官厅之主张，并三十三乡为十八乡，
　　而未尽规度地势，犹复利害参半。将来自治复兴，若得精测全境，
　　重行析并，废除固有之区域，确定适宜之面积，吾邑自治庶有豸
　　乎？自记。

_____

　　① 《呈知县姚复陈乡自治各区未便合并情形文（辛亥正月）》，见《谋邑编》卷三。

从这里可以看出，厂域为"固有之境界"的基准，清末的城区与乡区未必被视为必须死守的界线，反而不乏希望通过设立适当区域，强化自治制度发展的论调。从这种在"固有之境界"与"适当"的自治区之间的摇摆不定，可看出近代国家领域化如何发展出清末民初地方意识。

三、跨越县域与府域合并的情况

此类型中比较突出的事例之一是章练塘。[①] 章练塘的市镇部分由苏州府元和县与吴江县分治，周边农村"四乡"隶属于松江府青浦县管辖。如同"壤地插花""犬牙无纪"等文字描写那样，由于所属区域错综复杂，行政上极为不便。[②] 最初施行地方自治时，要求三县分别设立自治区。在宣统二年(1910)9月户口调查的第二次报告中，吴江县章塘区有正户298户、附户186户，人口分别为男1860人、女1021人。[③]

当局开始设立自治区不久，章练塘领导阶层中便有将元和县、吴江县全部归入青浦县的议论。一位名叫邹铨的人，针对章练塘的现状

---

① 属于元和、吴江、青浦三县的周庄镇，也是这类型的代表。由于镇街区已有八成归于元和县，元和县士绅提议周庄全部纳入元和县成为一自治区，但吴江县士绅以"固有之习惯"为据，主张各县设立自治区，结果采纳了吴江县方面的意见。在地方自治开始之前，设立巡警的管辖区域包含周庄全镇范围，另外公款公产也没有被分割。吴江县方面主张分治，可能是担忧占有周庄镇大多数的元和县掌握了主导权。《批元和县详周庄士绅质问江邑主分四则由》，《江苏自治公报》第37期。

② 《章练小志》卷一《区域沿革》。

③ 《署吴江县令周焘为申报各区户口总数事致江苏巡警道暨苏州府呈稿》，收入吴江县档案馆编：《宣统二年吴江县户籍人口调查档案选》，1983年11月吴江县档案馆抄本。

与弊端，以及合并后的优点详加说明，提交给自治筹办处。① 其中举出了分治的章练塘合并于青浦县后，在地理、行政、财政、习惯、利害上的五项优点。以下比较章练塘与前述"在同一县内合并（或企图合并）的事例"的异同，探讨自治区设立问题上呈现的地域性。

首先是共同点。他们认为原先分散的小规模状态，通过合并能够有效率地利用财源与人才，发挥地域社会的潜力。章练塘的镇市街及其周边农村住民基于社会生活空间的领域性（即"乡脚"）设立自治区同时，重视确保财源与人才，使得自治区设立超越"固有的"领域性，这些可以说与"在同一县内合并的（或企图合并）事例"异曲同工。章练塘归入青浦县不久，一部分的地方实力派便将大蒸区、小蒸区、西坪区合并设为章练市，也进一步佐证了这一情形。然而，每当议会出现"多私见，少公理"的结果，还是显示出乡区由"下"设立、超越社会生活领域的困难。②

其次分析章练塘的独特性。自治区设立纠纷的背后，往往是城区与乡区之间的对立。这种情形下，城区在全县中的优势地位成为对立的要因，然而在章练塘合并的争论中，却对县政提出了不同的见解。让我们再看看前面提到的邹铨的论述：③

---

① 邹铨：《上苏省地方自治筹办处条陈请将章练塘镇之元江二邑归并青浦事》。收入《章练小志》卷一《区域沿革》。邹铨（1887－1913）曾在黎里自治学社学习，与柳亚子是同学。

② 《章练小志》卷一《区域沿革》。

③ 邹铨：《上苏省地方自治筹办处条陈请将章练塘镇之元江二邑归并青浦事》。

此无他，皆因县治寥远，而又壤地褊小，颓风莫与除，秕政莫与祛，而文明新事业亦莫或督责以行，一任自生自活，于文明程度日趋于进之中国，而无有规促之者。我知不数年后，将为天演淘汰，而沦胥于败。

（中略）

自治章程第三条有合并数县之文，十三条有小并于大之令，故若以章练塘至元、江二邑地归并青浦，则驾轻就熟，有因势利导之益，无格不相入之弊。而持地方政柄者，亦惕于上级耳目近在肘腋，必兢兢业业以勉图于善，改弦易辙，焕乎一新，洵章镇人民之幸福也。

如同使用"文明新事业""天演淘汰"等词汇，担忧地方现状一样，邹氏整个主张鲜明的特征是有关社会演化论和文明化的说法。[1] 这里显示出当时地方知识分子的典型思维方式，以这样的世界观为基准，厘清国家与地方所面临的危机，并有着力挽狂澜的使命感。与本书主题直接相关而值得注意的部分，是推动"文明新事业"与县城产生联系，被视为地域发展的关键。换句话说，地域在行政体系中的正确定位，是为了防止出现"（即使自治没有得到推进）上不以是究，下不以是责"的

---

[1] 关于地方知识分子的文明观，见佐藤仁史：《清末民初の在地知识人における文明と乡土》，《中国：社会と文化》第 21 号，2006。梁启超的社会进化论对当时文明观造成极大影响，参见石川祯浩：《梁启超と文明の视座》，收于狭间直树编：《共同研究梁启超：西洋近代思想受容と明治日本》，东京：みすず书房，1999；佐藤慎一：《近代中国の知识人と文明》，第 122～133 页，东京，东京大学出版会，1996。

情况，"上级"（官方）与"下级"（地域）的携手合作才是推进地方自治的核心力量。[①] 质言之，错误安排行政体系中的定位，形同削减乡区方面的力量。

小结

本章以城镇乡层级的地域社会，探讨清末新政各项政策对地域社会带来的影响。特别是通过地方自治的推进而带来的地域社会领域化，分析所显现的地域对立情况，以及领域化产生的地域意识。

第一节从城自治区与乡自治区的关系，探究地方自治相关的章程内容。这里着眼于以往研究中没有充分重视的内部因素，亦即县政中城区拥有的影响力来进行讨论。在《城镇乡地方自治章程》中，划定自治区界线的原则只有极其简单的陈述，包括：①城区设立过程中的厢，究竟以城郭外何处作为范围？②如何解释"固有之境界"，并作为设立城乡镇自治区的根据？这些极为暧昧的问题，因为援用的惯例不同，导致解释也不同，成为日后对立的主要因素。

第二节以武阳为例，探讨设立城区所产生的城乡对立。由于武阳城区的士绅想将城郭外的厢纳入，与四乡士绅意见相左，发生对立情况。当时双方对"固有之境界"各有想法，宛如平行线般毫无进展。城绅利用县政中城区所具备的优势，对抗强调地方利益的四乡士绅。对

---

① 关于居住市镇的知识分子的这类地域社会观，森正夫在《清代江南デルタの乡镇志と地域社会》中也有所分析。

四乡士绅来说，厢所存在的地区一旦被编入城区，将会在人力和财力两方面短缺而阻碍推动自治。从无锡、金匮、常熟、昭文各县，可以看到和武阳类似的情况，亦即城绅的"城区中心主义"，及争夺人才和自治经费所造成的城乡对立。此外嘉定的案例中，乡区想被纳入城区的意图，乃至城区不愿将城郭外地域编入，呈现的是一种例外情况。然而，对于城区所拥有的优势限定了城区和乡区双方行动这一点上，所举的事例可说都有其共通之处。

第三节探讨了乡区设立问题及其背后的地域意识。大多数的乡自治区被民间视为"固有之境界"，也就是按照自治施行前地方公共事务的范围而设。然而，有些地方跨越"固有之境界"而推动合并，是希望确保支持自治发展的人才和财力，从中可以看出其危机感：如果不能将地域社会正确地定位在行政体系之中，那么就难以发挥原有的潜力。

清末新政推行各项政策，目的是要将地域社会的制度化，特别是将以往未曾正式在行政体系中定位的城镇乡层级领域化。尽管地域社会的领域化在自治区设立中表现得尤为显著，可是环顾县政人才和财政等的运作，"固有之境界"被赋予各式各样的解释。地域社会领域化过程中尖锐的城区乡区间的矛盾和对立，成为民初地方政治的基调之一。如何化解这些矛盾推进地域整合，成为遗留至民国时期的重要课题。

第二章　清末民初地方政治中的对立局势

——以江苏省嘉定县的地方领导、自治、政党为个案分析

导言

    本章以清末民初江苏省嘉定县的政争为个案，试图透过勾勒该县当年"城乡对立"的局势，探讨地方政治的结构及其特质。以具体的地方社会情况为对象，分析清末民初国家与社会关系的流变，这方面已累积了丰硕的实证研究成果，[1] 其中的共同点是：非常重视从区域内

---

    ① 欧美代表性的研究有 Prasenjit Duara, *Culture, Power, and the State: Rural North China*, 1900－1942. (Stanford California: Stanford University Press, 1988); Joseph W. Esherick and Mary Backus Rankin ed, *Chinese Local Elites and Patterns of Dominance*. (Berkeley: University of California, 1990); 日本学界的研究，参见田中比吕志：《近代中国の政治统合と地域社会：立宪・地方自治・地域エリート》，东京，研文出版，2010。

部，观察权力或秩序是在什么背景下建立起来的。① 还有的研究，则从充满争议的"党国体制论"角度切入，先设定"党国体制"日渐渗透到缺乏自律性的社会中，最终达到国家统合。如此理解 20 世纪中国的政治进程，常被认为能够有效地涵盖长时段的历史。②

遗憾的是，"地域社会"研究路径与"党国体制论"之间的对话似乎还不充分。笔者认为，我们有必要弄清两者各自的问题意识，并积极找出能够整合两种理论的核心观点。前者注重在国家之下地域社会所具有的自律性或特有的领域性，与此相应，地方精英的能动性也不容忽视，由此，国家与社会的关系可以理解为一种零合关系（zero sum）。③ 后者的问题在于，研究者倾向将社会视为接受国家整合的客体。④ 然而，令人感到困惑是：在党国体制下地域社会的自发要求是什么？易言之，什么样的势力愿意接纳党国体制？什么样的势力不支持这样的体制？诸如此类的问题，我们有必要给予正面回答。深町英

① 关于这一研究路径之有效性，参见山田贤：《中国明清时代史研究における〈地域社会论〉の现状と课题》，《历史评论》第 580 号，1998；藤谷浩悦：《中国近代史研究の动向と课题：日本における研究を中心に》，《历史评论》第 638 号，2003。

② 深町英夫：《近代中国における政党・社会・国家：中国国民党の形成过程》，东京，中央大学出版部，1999。关于党国体制，参见西村成雄：《20 世纪中国"党制国家"体制への射程》，《中国：社会と文化》第 15 号，2000。

③ 认为商会是主持自治或公共性的研究，参见马敏、朱英：《传统与近代的二重奏：晚清苏州商会个案研究》，成都，巴蜀书社，1993；马敏：《官商之间：社会剧变中的近代绅商》，天津，天津人民出版社，1995。但也有学者指出类似的观点不够，如吉泽诚一郎：《天津の近代：清末都市における政治文化と社会统合》，第 8～12 页，名古屋，名古屋大学出版会，2000。

④ 足立启二：《专制国家史论：中国史から世界史へ》，第 240～266 页，东京，柏书房，1998。

夫的政治体制论认为：中国在清末民初曾尝试走议会制民主主义的路线，结果受挫，于是 20 世纪 20 年代转换路线，走向党国体制。[1] 对此，笔者虽表赞同，但不论是在议会制民主主义还是党国体制之下，那些未被整编进地方行政制度的地方势力，其特质是不能忽视的。本章考察清末民初议会制民主主义的多种制度下，各地方精英阶层所采取不同对策或对策背后的原理等问题，试图找出一些有益的线索，阐明上述课题。

萧邦齐(R. Keith Schoppa)运用施坚雅(G. William Skinner)的区域理论，分析浙江省的精英阶层时，已指出其中存在着区域性差异。但这与笔者所说的区域性差异——作为政治对立的背景是有所不同。[2] 笔者的着眼点是：在县内所发生的"城乡对立"，与市场圈或行政组织

---

[1] 深町英夫在《近代中国政治体制论：归属意识のフラクタル/ホラーキー构造》《近きに在りて》第 39 号，2001）一文中对西达·斯考切波(Theda Skocpol)、张玉法、横山宏章的政治体制观点，作了批判性的讨论，提出了一个近代中国政治体制转换过程的大规模框架。深町认为王朝专制主义、议会民主主义、党国全体主义，这些政治体制的转换过程，是把碎形(fractal)构造的社会纳入国家霸权系统的过程。地方精英对议会民主主义尝试的意义在于：对地缘共同体怀抱归属感的地方精英，将自治视为正统性原理，在议会民主主义的逐步实现中，将其范围扩大到全面。但是，地方精英产生的归属感不限于某个区域，他们的归属对象可能是省、县，或囿于当地范围，层次是多元的；而且归属感会随着局面的不同而发生变化，这也是我们不能忽略的。早有学者提出清末以来的"地方自治"，始终离不开权力影响的看法。参见 Philip A. Kuhn. "Local Self-Government under the Republic：*Problems of Control，Autonomy，and Mobilization*"，in Frederic Wakeman，Jr. and Carolyn Grant eds.，*Conflict and control in Late Imperial China*. (Berkeley：University of California Press，1970)

[2] Keith R. Schoppa，*Chinese Elites and Political Change：Zhejiang Province in the Early Twentieth Century*. (Cambridge，Massachusetts：Harvard University Press，1982)

等相互交错的地域社会之多层结构，还有其中的政治组织和行动等差异，对清末民初的地方政治产生了什么影响？

《疁报》为本章的核心史料。此报为嘉定县同盟会、国民党一派的精英于清末所创。虽曾一时停刊，但迄 1920 年 12 月为止，大致完整地出版了十余年。所以，以此报为资料，当可从微观层面考察地方政治的动向。只不过须留意的是，此类报纸与清末以降地方政治崭新局面的发展有密切关联，且深具政治宣传手册的色彩；因此，在相关报道内容运用上，若涉及特定党派利害时，非得同时参考对立党派的主张或第三者的看法不可。为此，除《疁报》外，本章将一并采用共和党、进步党系人士所创办的《练水潮》等资料。可惜《练水潮》现存数量并不多，所以对《疁报》的言论，笔者将尽可能排除党派色彩的偏颇观点。①

下文要探索四个问题：第一，先就清末嘉定县引发政治对立的"夫束"——传统征税法——及由此获利者的身份，为读者作鸟瞰式的说明。第二，以主导同盟会、国民党嘉定分部的黄氏动向为主轴，分析城区与乡区之间，日趋明显的地方对立态势。第三，地方对立的格局下，在县议事会运作或民政长选举的纷争场合上，将呈现出何种光景？

---

① 《疁报》自第 9 号(宣统元年 1 月 16 日)至第 237 号(1920 年 12 月 25 日)，分藏在嘉定档案馆与嘉定博物馆，除去缺号，现共有 215 号。《练水潮》收藏于上海图书馆，自第 6 号(1912 年 12 月 1 日)至第 67 号(1919 年 10 月 20 日)，除去缺号，现共存 42 号。《寥天一鹤》从第 39 号(宣统二年 1 月 1 日)至第 61 号(宣统二年 12 月 1 日)收藏在嘉定档案馆。另有关《疁报》的概况，可参见匡珊吉、王亚利：《疁报》，载丁守和编：《辛亥革命时期报刊介绍》第 1 集，北京，人民出版社，1982 年。按：辛亥革命后，从第 80 号开始《疁报》使用"黄帝纪元"，第 86 号开始使用公历。不过，为了记述的方便起见，辛亥革命后到 1912 年 1 月 1 日期间，本书仍使用宣统三年。

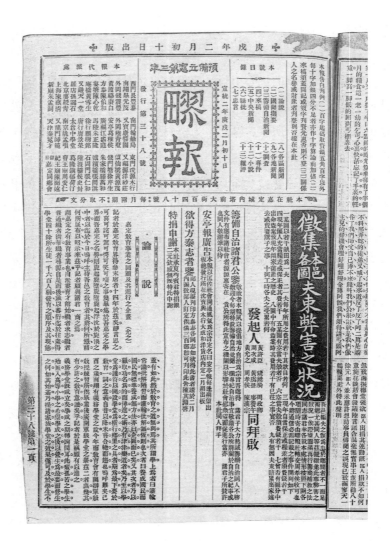

图 2-1 《曋报》

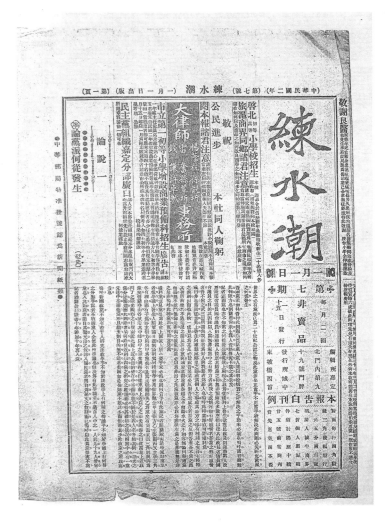

图 2-2 《练水潮》

第四，经由检讨政党组织的构成，与政党支持者之间的交往联系的报道，厘清政党组织的地方性背景。

第一节　夫束的结构及其得利者

一、清末夫束问题及其弊害

嘉定县夫束的成立和编设，已有稻田清一为我们进行了细致且深入的研究。他和笔者同样使用《疁报》，以该报的报道内容说明"图"（明清时期田赋征收的基本单位）这一地方行政单位如何推动地方统合。[①]笔者的关注点与稻田虽有交集，但笔者的问题是：清末民初士人对夫束的看法为何？对夫束的态度与清末民初地方自治的关联，是如何反映到地方政治上的？以此为基础，本章欲弄清夫束问题及其发生的背景。

根据民国《嘉定县续志》卷三《赋役志·约法概要》的记载，夫束问题的起源与清初至雍正年间实行的徭役简化，有不可分的关系。在一条鞭法改革到摊丁入亩的过程中，嘉定县的徭役并没有完全被废除，而是被并到保正体系中，进一步再把税、役负担转嫁到按图编派的"夫束"之上。所谓夫束，原本是指专为疏浚河道而编设的一种劳役。按规定：田地多者充夫头，少者充协夫。后来，除水利外，"钱谷"与"刑

---

① 稻田清一：《清末、嘉定县の"夫束"について：その纳税＝征税机能を中心に》，《名古屋大学东洋史研究报告》第24号，2000。

名"两大行政经费，也一起推给承担夫束劳役的业主。这种不公的做法，时常引人非议。① 山本进也曾以嘉定县夫束为个案，分析同治、光绪朝督抚主持下的财政改革。② 夫束根据"夫册"底册中登记的所有田地或编户的资料来编派。有清一代，嘉定县对"夫册"虽做过局部性的修订，但未曾有釜底抽薪的改革行动，以至于夫束的弊害一直延续到清末。③

接着笔者利用革除夫束期成会上呈给江苏都督的一份陈情书，观察清末夫束的结构及其弊害。陈情书里对夫束问题的指控，可谓包罗万象，有助于我们对其有深层的了解。④ 根据陈情书，夫束的弊害结构，因下列原因而更加严重：（一）夫束编派本身就欠缺劳役分配的公平性；（二）行政费用又转嫁到夫束头上，让问题雪上加霜。至于劳役摊派的不公，还可细分：①"夫束"底册上记载的劳役负担者和实际上的田地所有者有出入；②因坐图、外图使得劳役负担人数减少；③乡绅免役。以下将分别讨论这三点。

第一，"夫册"上记载与实际拥有田地者不符的问题。夫束是按照

---

① 关于夫束的起源，光绪《罗店镇志》卷一《疆里志上·乡都》上有简明的说明。明末清初赋役制度的变迁，参见川胜守：《中国封建国家の支配构造：明清赋役制度の研究》，东京：东京大学出版会，1980；滨岛敦俊：《明代江南农村社会の研究》，东京，东京大学出版会，1982；岩井茂树：《清代の版图顺庄法とその周边》，《东方学报》第72册，2000。另宝山县也存在一种类似夫束的例规，称为"现编"。

② 山本进：《清代财政史研究》，东京，汲古书院，2002，第七章《清代江南の地保》。

③ 光绪《嘉定县续志》卷三《赋役志·约法概要》。

④ 《革除夫束期成会呈程都督文》，《嘤报》第92号，1912年5月21日。

每个图管下的耕地面积总额来分摊。耕地的所有状况、夫束劳役的分摊者、分摊数目都记载在"夫册"里。县衙的胥吏有需要时，便按着"夫册"去摊派劳务和经费。据称这"夫册"每10年作一修订，所以在这10年里，即便因土地买卖使得夫束负担与田地所有者之间出现实际上的偏差，但由于夫束的摊派记载并没有跟进，就常出现"役多田少"或"有役无田"者，因过重的负担而至穷愁潦倒。

第二，坐图、外图的问题。这个问题就出在夫束是按"图"为单位来编排的。一图的土地并不一定就是属该图（坐图）的业户所有，可能所有者是外图的人户。依照惯例，外图的田主可豁免土地所在之图的夫束劳役。于是利用这个漏洞，有些人就卖掉坐图的田地而购入外图的土地，如此一来，就得以免役。因此，原本按土地百亩以编列一夫的摊派原则，由于实存田地的减少，无计可施之下，只好按40～50亩或10～20亩的土地面积单位来承担一夫劳役。

第三，乡绅优免，造成负担不均。依嘉定县的惯例，乡绅向来对夫束就享有优免权。清末的嘉定县，不在地地主的现象日益频繁，不少土地归县城或上海、宝山富绅所有。这批富绅免役特权的替罪羊，便是本图的业户。由上可知，按底册应承担夫束的人与实际上应负担夫束的耕地数字互不吻合。夫束摊派伊始，已埋下劳役分配不均等各种隐患。

另外，夫束弊害之所以严重至此，是因为本地的业务经费也转嫁于夫束。行政费用负担如何转嫁到夫束头上？下面就透过征税的侧面来观察其结构。上述的陈情书中提到负担征税费用的弊害时，举出"陋

规"与"捆垫"二事。关于"陋规"是这样描述的：[1]

> 一曰陋规之害。官之征粮倚库总为左右手。库总责之仓差，仓差责之粮差，粮差者即夫束所出之现年也。粮差不能直接于官也。而仓差之对于夫束遂巧立种种名目，以为敛钱之地，约而举之。若报现年费，若保结，若认状，若谕话，若仓规鞋袜，若板上钱，若封银，若看洋，陋规之名，析之不下数十种。一岁所需，每图率有数十元之巨。……近数年来需索尤巨。奸胥猾吏视为生利之大宗，而民间之生计乃大受其影响矣。此为大害之一。

"库总"相当于嘉定县的胥吏头目，从管理金库的库吏里推选。[2] 与库吏同具举足轻重地位的是管理仓库的仓吏。[3] 以库总为龙头的库吏、仓吏等胥吏集团，派仓差带领衙役，前往管辖该图的粮差处征收钱粮。粮差在地方承办催征钱粮的役务，和地保的情形一样，现年夫头不是雇人代征，便是自己充当。所以不论如何，现年必须承担陋规的结果是不变的。另外，有人经年累月包揽地保或粮差役务，为的是从中获利。这种专门化的现象，也是江南一个很显著的特征。[4] 话说回来，

---

① 《革除夫束期成会呈程都督文》，《曙报》第 92 号。
② 《运动库总之热》，《曙报》第 50 号，宣统二年 8 月 10 日。
③ Ch'u T'ung-tsu, *Local Government in China Under the Ch'ing*. (Cambridge, Massachusetts：Harvard University Press，1962)
④ 地保专门化的现象，已有研究者指出。参见山本进前揭书，第七章《清代江南の地保》。

他们在遭仓差百般勒索后，仍能从承揽的差保之役中获得利益，想来必定是他们背后和胥吏群体结成了私人关系。在这种情形下，现年夫头得咬着牙关，扛下重担。综合上述讨论，我们脑海里隐然浮现出一道需索的食物链。库总—库吏、仓吏—仓差、衙役—保正、粮差—现年，名目繁多的地方行政经费，推诿给现年业户的需索体系，顿时浮现在眼前。

除了种种"陋规"，包括上缴机关的费用都转嫁给现年以外，让夫束在征税业务之弊害更加不堪的原因，则出在"捆垫"。"捆垫"又是什么呢？①

> 二曰捆垫之害。捆垫者，勒令夫束现年赔垫钱粮之谓也。现年举办之粮差，官无俸给以养之，势不能枵腹从公也，乃不得不仰给于夫束之协贴，此垫于俸给者一也。一粮差之报充于上下两忙，必需现年预为垫缴若干，其数视图之大小以为差，大者百余元至数百元不等，小者数十元至百余元不等，此垫于起卯者二也。及粮务将竣，而富绅大户往往拖滞不缴，仓差不敢追也。荒田绝产又多，无从追索，仓差不肯问也。惟向粮差催迫结账，不结则缧绁随之。于是粮差不能垫，则责现年，以分任之。现年窘于追呼之吏之络绎其门。非向仓差认重利以贷钱，即变卖其田产以应之。甚至无产可卖，而卖妻鬻子，流离失所者，岁必数起。此垫

---

① 《革除夫束期成会呈程都督文》，《晨报》第 92 号。

于结账者三也。

名目繁多的行政费用重担，源于夫束劳役摊派的不均，迫使现年夫束为筹措经费，终至倾家荡产，甚至"卖妻鬻子"。仅从征税业务也可看出，现年被迫承受着过重的负担。不仅如此，连刑名、水利业务中也出现同样的转嫁现象。先看刑名业务，当所属的图发生杀人或强盗案件，县衙门派皂隶来调查案情，这时皂隶就向保正索取经费，保正转向现年索取各种经费。① 另外也有现年充当保正或职业化保正来包揽。总之，我们可以看出一连串地方行政经费如何转嫁于现年的过程。再看水利业务，这原来也是夫束的分内工作，因水利事业系"官督绅办"，所以除了胥吏的需索，复加以"绅"中饱私囊，这虽与钱谷、刑名业务不同，但是对夫束强加的压迫则没有区别。

陈情书进一步抨击夫束弊害时，把焦点聚集在夫束体系的一个面向。稻田清一对夫束体系的分析极为透彻，他认为：以充当现年业户为首的群体性纳税的面向，和职业性的粮差来承包征收税粮的面向，是同时存在的。此一见解极具说服力。顺着稻田的见解进一步推断，对这难以截然划分的两个面向，废除夫束推动派集中炮火抨击夫束的包揽征收，但对群体问题——亦即达成地方统合的一种"合理性"问题，却等闲视之。② 因此，凡触及革除夫束弊害的实质性行动，最后竟动摇了切实完成征税业务群体的根基。

---

① 《现夫束苦累之一斑》，《矍报》第 45 号，宣统二年 5 月 25 日。
② 稻田清一：《清末、嘉定县的"夫束"について》。

二、夫束之得利者

很显然，高踞在夫束这一需索体系顶端的得利者是胥吏集团，他们通过差保执行实际的县政业务。由夫束所建构起来的此一利益群体，具体属于什么性质的势力？对于这一疑问，辛亥革命后担任民政长的许苏民（1867—1924），在南翔镇出版的《寥天一鹤》中，有一段值得琢磨的记载。当时的街头巷尾流传着一则"黄绅戴吏"的谚语，[1] 说到嘉定县的胥吏集团，"戴吏"也就是戴氏一族的代名词，家喻户晓。[2] 戴氏族人中戴思业，从清末至民初长年担任库总，也是县民政署的重要职员，充当胥吏头，把持行政中枢要职；只是到了民国初年，因涉嫌亏空正税而锒铛入狱。[3] 另外，戴氏有 11 人在民初的县民政署担任职员。[4] 他们下面有个胥吏"同业工会"，组织力强大，这应该是戴氏倚重的政治筹码，[5] 戴氏一族不仅是胥吏，也是典型的地方精英阶层。戴思恭（1872—1958）就是一例。他有生员的身份，辛亥革命后在县政府身居要职，如嘉定军政分府副民政部长、县民政署总务课长等。1912 年与 1918 年分别被推选为江苏省议会议员。1912 年在嘉定县组织共和党分部，是共和党、进步党阵营的骨干力量，对县政有极大的

---

① 热：《呜呼黄绅戴吏》，《寥天一鹤》第 50 号，宣统二年 6 月 15 日。
② 热：《呜呼黄绅戴吏》，《寥天一鹤》第 50 号。
③ 《运动库总之热》，《疁报》第 50 号。
④ 《戴氏宗祠人物记》，《疁报》第 82 号，宣统三年 11 月 11 日。
⑤ 胥吏的"同业工会"组织，参见宫崎市定：《清代の胥吏と幕友：特に雍正朝を中心として》，《宫崎市定全集》第 14 卷，东京，岩波书店，1991；Ch'u T'ung-tsu, *op. cit.*, chap. 3.

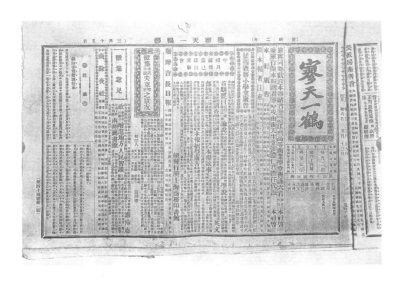

图2-3 《寥天一鹤》

影响力。① 从戴思恭表面的经历看来，他是个地地道道的地方精英，但发生在清末的一起事件，则启人深思，让我们得以一窥他政治行动的本质。事情是这样的，戴思恭本来担任禁烟局总董，后因挪用公款而下台，连同选举权也被剥夺。② 我们不难想象：在他挪用公款的行动背后，实际代表着一个将参与行政或接近权力视为发财良机的集团的痕迹；进言之，县衙里纵容贪污的人脉关系也发挥着作用。

---

① 见上海市嘉定县县志编纂委员会编：《上海市嘉定县志》卷三十五《传略》，上海，上海人民出版社，1992；引克：《戴伯行传略》，收入中国人民政治协商会议上海市嘉定县委员会文史资料研究委员会编，《嘉定文史资料选辑》第2辑，1998。

② 佛时：《第一次宣布许苏民戴伯行之罪状（嘉定人之恶煞）》，《嘤报》第82号。

那么，透过需索体系而拥有既得权益的这一群体，支配他们行动的规范又是什么？我们不妨用这样的角度来看待胥吏或保正：他们分布在国家一社会关系的外围，试图斩断随着国家力量渗透在地方社会上的各种纽带；他们滋生蔓延，成为一中间团体，以获利为目的，即以功利之有无作为行动标准。[1] 但柏佑贤认为：胥吏或保正等这种需索体系下的得利者，他们的行动可以从经济活动多层次的包揽结构——"包"伦理脉络中来理解。的确，柏的解读对于上述集体行动规范能提供较为全面的理解。根据柏佑贤的看法，所谓"包"是一种"以物为对象时难以确定化的成果，以人为对象时得以确定化"的社会秩序。所以他表示："在（包的秩序中）中国人的行动，特别是在社会上人与人的交往出现问题的缘由，以及中国社会之所以特别被称为人伦社会之缘由。"另外，柏对"包"伦理的见解是：它是"人际交往中所出现的不稳定因素，借由引入第三者的包揽，以保证其稳定性"的一种规范。[2]

　　田地资料是税、役负担或行政经费负担的根据。当田地资料在管理上失去真实性时，此时的对策并非对物——即从技术层面下手，而是官方找胥吏或差保，由他们找现年业户去收拾。夫束问题就蕴含着这样把问题转嫁到"人"身上的结构。在这一转嫁结构中，也有不少胥吏或专业化的差保，靠着在县衙内或当地的人际关系包揽业务，赚取收益。这些人所承揽的业务，是倚仗他们的政治权力来源，即动用关

　　① Duara, *op. cit.*, chap. 7.
　　② 柏佑贤：《经济秩序个性论（Ⅱ）：中国经济の研究》（柏佑贤著作集第 4 卷），第 213～219 页，京都，京都产业大学出版会，1985。

系来解决问题。但随着地方自治渐行发达，"包"这种伦理或其得利者，对有权参与政治的新一代精英来说，已成为眼中钉，是必须拔除的对象。

第二节　清末地方精英的"地方战略"与城乡对立

一、一个宗族的地方战略——练西黄氏的履历

我们在思考清末民初地方精英阶层的政治活动动机或意图时，有必要先知道其活动的长期特征是什么。[1] 民初编纂的《练西黄氏族谱》，对参与嘉定县政争的黄氏有详细的记载。[2] 笔者翻阅这份族谱时，偶然发现有一别出心裁之处，即卷二《世纪表》的体例非常独特。该表关于男性族人的履历记载，根据学行、事业、职位进行分类，每个人的科举功名或在近代教育下所取得的学位、商业及实业活动、官僚或教师的职业经历，都一并载入。令人眼前一亮的是，其中还设有"事业"一栏，记录族人在商场及实业上的活动，视之为一族可歌可颂的光荣履历及成就。此栏创设的初衷，多少受到清末以来"实业救国"思潮影

---

[1]　仓桥圭子运用统计手法分析地方精英的根基，即宗族的长期趋势。参见仓桥圭子：《中国传统社会のエリートたち：文化の再生产と阶级社会のダイナミズム》，东京，风响社，2011。

[2]　黄守恒纂：《练西黄氏族谱》十四卷首一卷，1915 年铅印本，日本国立国会图书馆藏。练西黄氏的概略，参见吴仁安《明清时期上海地区的著姓望族》，上海，上海人民出版社，1997。

响。如此具有特色的族谱，正可供我们探寻练西黄氏一族究竟采取什么样的战略以提升其地位。下面就从工商业活动、科举功名、地方公益等三点来概观其内容与特征。

先看工商业活动。练西黄氏的来历，可上溯至始迁祖黄继春，明末从浦东高桥镇迁移到嘉定县城的西门外。[①] 传到五世祖黄国楷（1713—1777），因从事时人称为"走山东"，就是买卖豆饼、腌肉干等"北货"的中间商而发迹。第六代至第八代之间，也有很多子孙继承家业，自此黄氏家财万贯之名，不胫而走。之后，黄氏又以西门外为据点，到各行各业拓展活动。当时西门外是嘉定县内屈指可数且具有市镇功能的区域。[②] 七世祖黄钟（1766—1835）曾经营当铺，还开了一家叫"晖吉"的酱园，因而致富，以后酱园就成为黄氏家业。清末，酱园的产品接二连三地在海内外的品评会或博览会获奖；从这点来看，晖吉酱园的规模应该颇为可观。[③] 本章的史料《疁报》，其刊行经费大半应该是仰赖晖吉酱园的赞助。除了酱园，黄氏的族人在西门外还经营多元化的买卖，如竹子行、钱庄、土货业、南货业、医业，还有酒铺

---

① 以下，若无特别附注，一律见《练西黄氏族谱》卷二。

② 有关西门外地区具有的市镇功能，据《嘉定县续志》卷一《市镇》；石原润，《华中东部における明、清、民国时代の传统的市について》，《人文地理》第 32 卷第 3 号，1980。清末民国时期，西门外地区与南翔镇齐名，为县内具有最大规模的市镇功能的区域。

③ 据《嘉定县续志》卷五《物产》记载，晖吉酱园生产的飞鹰牌酱油，1911 年在意大利举办的万国工业美术博览会上，荣获金牌。

及粥店等饮食业。①

接着检讨练西黄氏与科举功名的关系。靠着从事工商业活动而发迹致富的练西黄氏，仗着雄厚财力，从清代中期起争取科举功名，以提升社会地位。黄国楷因从事北货事业而成功，他的下一代已经有人以捐纳取得监生资格。到了第七代，科第蝉联，簪缨鼎盛，贡生、生员辈出。据统计，中举人者 3 人、贡生 9 人、生员 17 人、监生 27 人，但出仕人数很少。就江南整体的水平来看，还称不上是突出的科举世家，但以黄氏在西门外所享有的声望来看，因科举及第，对其他的事业活动应是大有裨益。科举及第者 56 名中，有 22 名从事上述的工商业活动，所以我们可以认为：科举与事业的相辅相成，就是黄氏的社会地位上升战略。

再看看黄氏族人对地方公益事业的参与。工商业一帆风顺，通过科举获得功名，在黄氏的社会地位逐步上升的同时，其中的精英分子开始主持公益事业。上述黄氏七世祖黄钟的经历即显示：身为一位成功人士参与公益事业，这样善举并非个案，且从清中叶已形成传统。黄钟靠着晖吉酱园在商场发迹；他因取得贡生资格，在政治与文化上获得正统性，也因"厂董"的辉煌业绩而受到表彰。② 道光三年（1823）救荒之际，嘉定、宝山两县成立了常设的"厂"，所谓厂董，指的就是

---

① 除北货业、酱园、竹子行，两代从事同样事业的例子很罕见，很多是根据当时西门外的工商业实际情况由个人选择。

② 光绪《嘉定县志》卷十八《人物志三》；《行状·显考损之府君行述》，见《练西黄氏族谱》卷三。

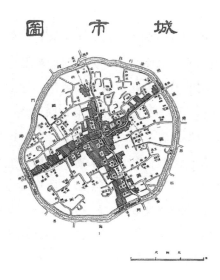

图 2-4　嘉定县城

主持此"厂"的董事。① 另外，也有研究者指出：以市镇为中心扩散到周边农村部门的"厂"，其地理范围甚广；对"厂"公事的参与意识与清末地方自治时期的乡区范围或对自治的参与意识，这两者之间存在着

---

　　① 稻田清一：《清代江南における救荒と市镇：宝山县·嘉定县の"厂"をめぐって》，《甲南大学纪要》文学编第 86 号，1993；吴滔：《清代江南市镇与农村关系的空间透视：以苏州地区为中心》，第三章《分厂传统与市镇区域之塑造：以嘉定宝山为例》，上海，上海古籍出版社，2012。但吴滔认为，厂的救荒体制在江南并不普及，故具有特殊性。

图 2-5　嘉定县西门乡

不少的连贯性。[①] 以下的事迹似乎可支持此一看法。黄氏的第八世——黄汝楫（1808－1863），以经营北货致富而闻名，有监生资格，也任"赈务"董事；第九世的黄宗勋（1842－1906）则为生员，长期担任西门厂务的董事一职。在他们的经历栏上，记载着"董理赈务""董西门厂务"，指的应该就是"厂董"。在整个 19 世纪，黄氏的救灾公益活动绵延相传，酝酿出了特定的领域性，这与地方战略——或可称宗族的

---

　　① 稲田清一：《清末、江蘇省嘉定県における入市地調査と区域問題：市場圏と地方政治》，《甲南大学紀要》文学編第 113 号，2000。其中论及自治区划定的问题，他认为嘉定县的乡区是顺着最基本的市场圈的范围——亦即"厂"的领域所设定。

上升战略，似有紧密关系。这种地方战略模式，在清末设定自治区、实践地方自治制度之际，在种种开放给精英人士的政治活动场域中，成为制约他们行动的要素之一。

二、《嘐报》与"舆论"对夫束问题的反应

改革夫束问题的推动者，正是清末与练西黄氏同时登上历史舞台的这批新精英阶层。他们的起步战略就是办地方报——《嘐报》，透过该报主导"舆论"动向。那么，夫束改革论者究竟是哪些人？练西黄氏第十世黄守恒、黄守孚兄弟是《嘐报》实质上的经营者。[1] 先简单地看一下这对兄弟的经历。

黄守恒有贡生资格。光绪三十二年(1906)以降，他历任嘉定学务所董事、劝学长、视学、总董事。地方议会成立后，黄氏被推选为西门乡议事会议长、县参事会参事员；辛亥革命后，在嘉定军政分府担任财政部副部长。1912 年 5 月，又组织同盟会嘉定分部(后来的国民党嘉定分部)，并就任部长。[2]

图 2-6　黄守恒

---

①　吕瞬祥：《嘉定县概况·新闻杂志》，出版年不详，嘉定博物馆藏稿本。

②　嘉定镇志编纂领导小组编：《嘉定镇志》卷三十《人物》，上海，上海人民出版社，1994。

黄守孚(1878－1931)与兄长相同，拥有贡生资格。据称留学日本，专攻法政。清末历任劝学所视学兼学务总董、县农会会长等县政要职，后来又在嘉定军政分府担任司法部副部长。民国时期，他担任《新申报》主笔，撰文反对袁世凯的帝制自为；又在暨南大学执教，倡导新文学，言论界与教育界是黄氏主要的活动舞台。1918 年被选为江苏省议会议员。①

图 2-7　黄守孚

在废止科举制、引进新式教育的时代转变期，声势日益壮大的新精英阶层，亦可从黄氏兄弟的经历见其缩影。其特征归纳有两点：第一，他们活跃在近代教育普及的新式学校环境中，还有自治色彩浓厚的学务所、劝学所等地，以这些教育事业作为势力平台。② 第二，透过报业出版的活动，在地方社会扮演主导言论的角色，或在大都市担任报业编辑或记者等，以报刊媒体为他们活动的据点。③ 综合上述的特征，我们可说：结集在

---

① 《上海市嘉定县志》卷三十五《传略》；殷志澄：《怀忆贤师肃然起敬、记念黄允之先生诞辰 110 周年》，《嘉定文史资料选辑》第 2 辑。

② 关于清末民初教育界这一政治空间与领导层的关系，高田幸男有一系列的研究。参见高田幸男：《清末地域社会における教育行政机构の形成：苏、浙、皖三省各厅州县の状况》，《东洋学报》第 75 卷第 1、2 号，1993；同《近代中国地域社会と教育会：无锡教育会の役员构成分析を中心に》，《骏台史学》第 91 号，1994。作为政治势力的学堂学生之研究，参见桑兵：《晚清学堂学生与社会变迁》，上海，学林出版社，1995。

③ 《上海市嘉定县志》卷三十五《传略》；《嘉定镇志》卷三十《人物》。黄守恒除《曒报》《嘉定旬报》外，也担任《嘉定学会月刊》《嘉定议事会会期月报》的主笔；黄守孚任《新申报》《新江苏日报》之主笔。

《嘐报》旗下的新一代精英阶层，是一个以教育界或言论界为活动据点，充满浓厚"专家"色彩的群体。[1] 相关的一则趣闻是，民初黄守孚的"律师事务所"经常张贴营业广告，这也算是地方精英蜕化成"专家"的佐证吧。[2] 换句话说，我们可以综合得出：新精英强化对县政的影响力，是因为他们在清末新政找到了崭新的政治空间，以及在新式教育下得以汲取各项新知识（新资源）之故。

以黄氏为首的这批新精英阶层，为谋求夫束的解决，直接把问题刊登在《嘐报》上。夫束的消息，首次出现在《嘐报》第 20 号。宣统元年（1909）5 月 16 日刊登的这则新闻，在江苏谘议局因受督抚咨询、准备开会以讨论地方自治办理方针之前，已有读者来函建议。[3] 经谘议局的一番讨论后，决定从城镇乡级开始实施地方自治。为配合形势的发展，《嘐报》从 39 号（宣统二年 2 月 25 日）开始特设《夫束问题》专栏，就嘉定县各地的夫束情形公开征稿，并把夫束的受害情况公诸于世。[4] 运用传播媒体形成"舆论"，将"民意"反映到谘议局或地方议事会，这种政治手法在当时堪称是一种创新的战略。

---

[1] Lenore Barken 指出：清末民初的地方领导层从"万事通"转变为"专家"。Lenore Barken，"Patterns of Power: Forty Years of Elite Politics in a Chinese Country", in Esherick and Rankin ed.，*op. cit.*

[2] 《律师黄守孚广告》，《嘐报》第 97 号，1912 年 8 月 6 日。

[3] 《本县钱粮当多设乡柜自纳以夫束赔累（钱昆裕建议案）》，《嘐报》第 20 号，宣统元年 5 月 16 日。此议案是建议模仿宝山县的做法，在各镇设置乡柜，催促纳税者"自封投柜"，以革除夫束所蒙受的陋规或捆垫的损失。

[4] 《征集本邑各图夫束弊害之状况》，《嘐报》第 39 号，宣统二年 2 月 25 日。有以下的发起人：黄许臣（守恒）、钱镜漪（江）、周政卿、周次咸、黄虞孙（世祚）、廖养午、黄允之（守孚）、周孝侯、陈汉宗。

《疁报》之所以高声疾呼改革夫束问题，与新式教育制度和地方自治等为实施新政而成立的"县财政"或"自治财政"密切相关。[1] 据《嘉定县续志》卷六《自治志》，嘉定县的财政收入构成如下：①公款公产（慈善事业、劝学所等教育事业）；②附加税（正税附加税、亩捐等）；③捐（征收城乡自治区事业所的公益捐等）。①向来是由地方精英支付全额，除去基本金利息与不动产租金以外，也接受杂税附加税或"忙银公费拨捐""县署补助金"拨款等；来自②的比例也很高，县财政仰赖附加税的情况，在嘉定县也不例外。像这样"县财政"的形成，或地方自治推进派所面临的问题与解决之道，投稿内容道尽其中曲折：[2]

今兹民力维艰。欲筹集地方自治经费，当因民所旧有之财政，改易而充之为最简当。查嘉邑粮赋，各乡由夫束轮当现年者用粮差经收缴纳。其粮差之工食，以各夫束所出之常年夫费给之，大约每图必有三四十千文。积十图计之，已有三四百千文之巨。若以此为乡自治经费，淘汰粮差，而于各镇设柜使民自纳，开征时张贴告示注照，过限即伤追。其差役由官给工食，不索民间浮费。勒限缴粮，抗违严办。如是钱粮必见起色，必不至上下积欠，至滋讼祸。即为夫束者，不再轮当现年，无粮差之贴费，无仓差之

---

[1] 有关县财政，参见岩井茂树：《中国近世财政史の研究》，第500～505页，京都，京都大学学术出版会，2004。

[2] 《本县钱粮设乡柜自纳以夫束之夫费充当自治经费议（黄雪生君投稿）》，《疁报》第27号，宣统元年9月1日。

报现年及注册认状等费。并无赔粮之波累，仓差之威赫。惟除完粮外，出此常年夫费，为本乡自治经费，自必乐从矣。

投稿内容是建议：把向来转嫁给夫束的粮差之行政经费，或仓差擅收的各种非法定课征之"夫费"，转拨用于地方自治经费。在这一提案中，对地方自治推进派而言，传统的征税法与自治财政水火不容。《曙报》也提到：征税以外的业务，如疏浚河川可编入自治工程，通报保正编入地方警察。把过去行政负担的灰色地带，明确地划分出来，归属于自治或官治范畴。①

如此一来，转嫁给夫束的非法附加税或追加课征，甚至从中汲取利益者，都成了新精英阶层致力解决的对象。但是他们依据什么原理来推动地方自治？对此一疑问，夫马进有关绅商经营善会、善堂等的研究，深具启发作用。夫马指出：清末刊行的征信录——善堂的会计报告书，为了展现人际间的互信，或民对官的信任，就是以公开透明，将相关信息公之于世为原则。② 嘉定县破除夫束陋规、明确划分地方行政经费属官治或自治的事例，就说明了地方社会志在排除官治，以公诸大众为原则，兴办地方自治的各项事业。这一主张原则的涉及范围，并非仅限于自治而已。黄守孚的一则报道可作为印证，黄曾指斥，官方指定的典当业者，任意决定法定柜价，然后从中赚取市场价格的

---

① 《述夫束弊害之状况（苦农投稿）》，《曙报》第 43 号，宣统二年 4 月 25 日。
② 夫马进：《中国善会善堂史研究》，第 813~837 页，京都，同朋舍出版，1997。

价差。随后他在报上分两期向谘议局常会提出善后策的建议。① 像黄守孚这样，透过《暾报》把消息揭橥于众，同时将这种自治的运作原则也应用于对官方行为的监督上。

以上讨论了舆论对夫束征税问题的反应，可以清楚地看出：社会舆论倾向于在兴办各种地方自治事业或行政的同时，彻底排除过去行政运作的那一套老办法。这一倾向意味着希望以法制化反映"民意"的议事会出现的可能性。

三、议事会的对应

（一）乡议事会

随着清末地方自治的展开，县以下分出了城镇乡的行政区划。在这些行政区里，均独立开设行政职务或议事会等，以提供大众参政的机会。夫束改革推动者除了运用《暾报》主导舆论外，另一方面，他们也向各级议会提出关于夫束的议案，希望通过立法解决问题。此时扮演指导性角色的，也是练西黄氏——即黄守恒、守孚兄弟主持下的西门乡议事会。在各级议事会中，江南乡议事会的精英人士积极推动地方事务，可说是该区域的重要特色之一。②

城镇乡地方自治章程颁布后，西门外周边被编为西门乡区，宣统

---

① 佛时：《法定柜价之感（续）》，《暾报》第 71 号，宣统三年 6 月 10 日。
② 王树槐：《清末江苏地方自治风潮》，收入中华文化复兴运动委员会编：《中国近代现代史论集》，第 16 编，台北，台湾商务印书馆，1986。

元年(1909)11月29日率先成立议事会，成为当地先驱。议事会议长为黄守恒，乡佐为黄世祚(1871－1942，论辈分属第九代)，黄守孚任学务委员，总揽要职的是以黄氏为主的夫束改革派。① 由于黄氏族人掌握乡自治机关的重要职位，翌年2月19日召开的议事会常会上，对转嫁给现年的各种行政负担或需索问题，提出了《清查各图赔粮田亩归入公所招买案》《防止差役扰累人民案》两个议案，经表决获得通过。前一议案攸关征税业务，目的是为了解决前文讨论过的行政经费转嫁到夫束的"捆垫"之弊害。因田地所有者死亡、逃亡、买卖，导致田地易主，使得缴纳钱粮者拥有的田地与图册所载田亩不符，或有人有意利用这一矛盾以图偷逃应缴数额，导致现年必须赔补差额。针对这种赔粮的负担，提出了解决方案：②

　　　一、清查讫事，由本公所绘具田形图，分别等级，次第编号，定价招买。

　　　二、查出之田若发现坟墓者，由本所择定高爽之地迁葬之。

　　　三、清查时如有出示真实契据承为业主者，即令其按照历年夫束代完银粮限期，缴纳于本公所。由本公所查出赔累之人，取

---

① 《西门乡举定议长乡董乡佐》，《疁报》第34号，宣统元年12月10日。关于黄守恒，见嘉定镇志编纂领导小组编：《嘉定镇志》卷三十《人物》，上海，上海人民出版社，1994。黄守孚则见《上海市嘉定县志》卷三十五《传略》。

② 《议事会议决案(西门)·清查各图赔粮田亩归入公所招买案》，《疁报》第42号，宣统元年4月10日。田中比吕志前揭书，第四章《清末民初における地方政治构造とその变化》。

具证据偿还。若赔累之人不欲取偿，或已死亡时，其金即归于本所。

后一议案与刑名业务有关：①

一、凡地方官衙门之控案，其关系有如左所列者，均请地方官于收呈后，以事由谕知本公所。由本公所调查其事实，呈复再核。甲，两造均为本乡人民。乙，原告为本乡人民。丙，被告为本乡人民。丁，两造均非本乡人民，而其事实之发生在本乡区域内者。

二、凡地方官传提本乡人民者，承行差役于未往所索人证地方之前，须以传票、提票或火签交本公所录簿备查。

三、如所传之人证，本公所确知其为冤抑者，或确知其事已将和息，或有和息之机会，本公所可以呈请暂止传提。

四、现在邑尊方议定划一之差费。将来差费章程施行后，此项差费应由应纳之人，缴由本公所转付。差役不得与人证直接付纳。

五、在差费章程未定之前，本公所应先规定暂行办法。每案五百文，由原告交公所代为发给。

六、差役茶酒饭食，向来由人证或地保供给，自后永远禁止。

---

① 《议事会议决案（西门）·防止差役扰累人民案》，《曙报》第 40 号，宣统二年 3 月 10 日。

不遵者以勒索论，呈请地方官从重惩治。

这两项议案建议：让乡公所介入县衙门与当地（图）之间，前者就征税业务中"捆垫"的部分而言，后者就转嫁到现年行政经费负担"陋规"中涉及警察业务的部分，排除"吏治"的干涉，改由乡公所在地方财政上扮演更重要的角色，或担任政府权力的监督者。[1]

西门乡提出的这两项议案，一经《眄报》报道，舆论就闹得沸沸扬扬，随即立刻影响到嘉定县下各城乡议事会。就目前所知，33 个自治区的城乡议事会中，类似《清查各图赔粮田亩归入公所招买案》的议决案，在 6 个地区的议事会里获得通过；有关《防止差役扰累人民案》的议决案，在 10 个地区通过。前者的议决数之所以少于后者，是因为与警察业务相比，征税业务的利益更为丰厚，可以推断来自靠承包征税业务维持生活者的反对声浪，应当也不小。

（二）县议事会

县议事会在辛亥革命前夕成立，黄守恒与黄世祚各自当选为参事员与议员。议长毛经学、副议长陈传德，两人的政治立场与黄氏相近，县议会几乎成了夫束改革派的天下。因此，在第一届议事会上，县议事会议员、各乡的代表及民众就提出了多达 80 项涉及夫束的议案，而

---

[1] 按：在八地区的乡议事会上，虽通过了"设立村长案"，但此村长职务属于乡公所，其业务是负责调停民间纷争或调查户籍。这一情况也是由乡公所介入县衙门与当地之间，以推动自治的一种佐证。

且信誓旦旦地表示要废除夫束。另外向县议事会提出"夫束革除案"的自治区也多达 16 个，逾县之半。但辛亥革命前夕，由于社会动荡不安，县议事会即便召开，也不可能再进一步进行审议。结果只有民团组织仓促过关，夫束问题遂束之高阁，推迟至民国时期才旧事重提。[①]辛亥革命后，清帝逊位，"官治"萎缩无力，如此一来，派系之间在夫束问题上的对立日趋尖锐，最终演变成为地方政治二分的局势。

四、清末以降城乡的对立局势

如前文所提，清末嘉定因夫束问题，两派对峙日益白热化，也呈现出一种城乡对立的情形。因为对立的双方，一方是拥有新资本——在教育、法政领域获取专门知识，且具有公益活动领域性基础的乡区精英阶层；另一方则是将行政中枢的私人影响力当成政治权力源头的城区既得利益阶层。[②] 易言之，尽管县与城区在制度上存在着上下级关系，而唯利是图的县城政治精英，企图运用私人关系，打进衙门高层，进一步把持县政核心，以城区来主导县政。对此，以乡为政治空

---

① 《县会开会纪》，《疁报》第 79 号，宣统三年 9 月 10 日。

② 关于"城乡对立"，有必要从城区与乡区不同的立场来检讨其利害。铃木智夫采纳城区一方的言论；相对的，稻田清一则是从乡区一方来处理同样的问题。参见铃木智夫：《清末无锡における教育改革の展开と地域エリート层》，收入森正夫编：《旧中国における地域社会の特质》，科学研究费成果报告书，1994；稻田清一：《清末、江苏省嘉定县における入市地调查と区域问题》。田中比吕志(前揭书，第十一章《清末民初における新县设置と地域社会》)从新县设置运动的视角看出地方政治中县的重要性。嘉定县也不例外，"城乡对立"因小学堂经费的分配问题而表面化。参见佛时：《论城自治请拨高等小学当捐之无理》，《疁报》第 39 号；允之：《城自治与县自治权限之质疑》，《疁报》第 47 号，宣统二年 6 月 25 日。

间立足点的地方精英阶层，则要求经费能公平地分配到全县。其中，以黄氏为首的精英人士，把重视乡区权利的"地方战略"旗帜打得更高。[①] 在这一政治对立格局之中有两道主线，一是精英阶层对政治近代化的看法；二是江南地方独有的乡——具"传统"领域属性，逐渐被认为是一个自治的单位。拥有的不同政治资源形态，以及城乡对立的纠葛，也反映在议事会运作、民政长选举中的主导权之争，还有政党组织的动向等日常事务上，成为民国初期嘉定县的基本政治局势。以下笔者将黄氏相同立场者称为议事会派；对县衙或民政署内行使私人影响力作为政治资本的戴氏，则称为民政署派，分别对其进行讨论（参见表 2-1）。

表 2-1　民初嘉定县的政争局势

主要人物	派阀	政党	机关报	对夫束的看法
戴思恭*、顾瑞、金念祖*、许苏民*等	民政署派	共和党、进步党	练水潮	拥护

---

① 当然"地方战略"不意味着顽固地守住乡区这样具固定性、封闭性空间的概念。在设定自治区划时，黄氏就打算把西门乡编入城区。事实上，他曾与戴氏之外另一系统的胥吏联系，希望能借此对县衙发挥影响作用。另外，从练西黄氏打入政治机构的情形来看，我们可以确认政治意见是多层次地反映在乡、县、省各级别上。有关政治意见的多层性与人际网络的运用，参见滨口允子《清末直隶における咨议局と县议会》，收入辛亥革命研究会编：《菊池贵晴先生追悼论集中国近现代史论集》，东京，汲古书院，1985；Esherick and Rankin op. cit., pp. 319-324.

续表

主要人物	派阀	政党	机关报	对夫束的看法
黄守恒、黄守孚＊、黄世祚＊、毛经学等	议事会派	同盟会、国民党	嘤报	撤废

资料来源：由《嘤报》《练水潮》相关记载制作。

说明：许苏民后来脱离共和党，加入同盟会。姓名后端加＊者，表示曾出任省议会议员。许苏民当选省议会议员，是在加入同盟会以后。

第三节　民初县议事会运作与民政长选举的纠纷

一、辛亥革命与民政署之成立

为策应 1911 年 10 月 10 日的武昌起义，由陈其美在上海领导的同盟会，在光复会上海支部的协助下，展开了革命工作。汇集到上海城自治公所或上海商团旗下的绅商之中，以李平书最具声望。陈其美等人将他吸收后，于 11 月 3 日成立上海军政分府，随即发动攻击。据称进攻江南制造局时虽遇清军激烈抵抗，但县城与租界区则无任何激烈的战斗，社会秩序整体维持良好。7 日成立沪军都督府，陈其美担任都督，李平书任民政部长，都督府 11 席要职中，拥护革命派占去 8 席。[1]

---

[1]　唐振常编：《上海史》，第 448～477 页，上海，上海人民出版社，1989。

让我们再把视野转到嘉定县。县自治公所在 11 月 6 日接到上海光复的消息后，立即与上海军政分府取得联系，并宣布独立。据称除局部性战斗外，社会秩序井然，并无混乱。① 8 日，成立嘉定军政分府，隔日设立民政、司法与财政等三部。② 人员分别是民政部长许苏民、民政副部长戴思恭、司法部长廖世经、司法副部长黄守孚、财政部长印有模，以及财政副部长黄守恒。从这样的政府人员安排来看，黄氏兄弟分别担任司法与财政的副部长，无疑是反映了议事会派的意向。另一方面，部分人员安排却又与此相悖，如戴思恭出任民政副部长，可以看到民政署派势力也渗透到体制里。

12 月 5 日，具有临时性质的嘉定军政分府之民政部，改称民政署，成为县行政的最高机构，许苏民是民政长。在此之前，11 月 25 日江苏省下达设置裁判长和检察长令，同时废除司法部；27 日省颁行暂行地方制而撤销财政部。从这一连串的举措中，我们可以知晓：议事会派对县行政中枢的影响力正逐渐下降。值得注目的是，戴思恭就任总务课长，这是佐治职位中的一等职；清末在县衙当胥吏头库总职的戴思业，就任总务科总文牍。《曝报》讯讽道："民政署为戴氏宗祠云""如此英俊辈出聚于一门，当系祠茔风水所致。"包括戴思恭和戴思业，戴氏有 11 人在民政署内任职。翌年 4 月，许苏民让戴思业兼任田赋统

---

① 以下有关辛亥革命之后的政局变动，一律引自黄天白，《新嘉定大事记》，1923 年铅印本，上海图书馆藏。根据凡例说明，该书是依据省公报、关系者的证言、可信度高的地方报消息编写而成的。据说一半的资料来自黄守恒的提供。

② 三部之前，已设有司令部与参谋部。

计工作。① 许苏民之所以将戴思业安插在总务课总文牍与田赋统计一职——即征税核心，是因为倘若不借助戴思业过去从事征税业务时积累的专门知识，以及他和胥吏或征税承揽机关的关系网络，行政工作恐怕无法顺利推动。②

民政署在人事布局上另一个值得注意的现象，是许苏民出任民政长。据说许苏民清末在上海加入南社与同盟会，献身革命。他在南翔镇创办《寥天一鹤》，致力引进近代教育与推动自治，后来当选省议会议员。③ 在清末县政中，许苏民称不上是地方领袖的角色；他被选为民政长，极有可能是因在上海任教员及从事政治活动时，和上海军政分府和沪军都督府攀上关系。尽管如此，许苏民为什么选择和民政署派合作？或许他想利用民政长职位以巩固县政基础，而民政署派也想借着拉拢民政长，以便在民政署里继续发挥以前在县衙内所拥有的影响力，二者短期内可谓一拍即合。

二、县议事会运作的纠纷

1912 年 5 月，都督下令补选县议事会议员，于是成立县议事会，由 35 名议员与 6 名参事员组成。议事会的成员如表 2-2 所示，议长和副议长依然是清末议事会派的毛经学和陈传德。对这一由议事会派主

---

① 《戴氏宗祠人物记》、佛时：《第一次宣布许苏民戴伯行之罪状（嘉定人之恶煞）》，《曙报》第 82 号。

② 佛时：《第一次宣布许苏民戴伯行之罪状（嘉定人之恶煞）》，《曙报》第 82 号。

③ 《上海市嘉定县志》卷三十五《传略》。《上海市嘉定县志》记载许苏民入同盟会是在清末，但后面会提到，他当初先入共和党嘉定分部，退党后，再加入同盟会嘉定分部。

导的人事安排，意图拦阻废除夫束议案表决过关的民政署派，立即采取行动阻挠议事会运作。6月2日在议长毛经学召集下，决定于9日召开临时会议，并向各自治区征集议案。会议召开当天，议员黄宝琛突然发言指责"议长为专擅违法之议案"。随后张承基、顾瑞、郁振埈、季朝桢、李城、朱心镜、侯兆熙等民政署派议员7人接着提出：正副议长在补选时的往来呈文、移文，未经议员公决，应视同违法，待议员公决后再行处分。对此，议事会派议员黄世祚、陈乃钧、陈传德、朱继威等反驳说："各项公文皆议长职权上应行之行政事件，并无违法"，且吩咐文牍员开始宣读议案，准备进入夫束问题等各议案的审议。结果两派互不相让，造成会场秩序大乱。议长不得已，只好依据县制第二十九条，宣布休会。议事会派议员走出议场，留下来的议员，除去金文超共23人，选出顾瑞和郁振埈为正副议长。10日，进一步以越权为口实，开除参事黄守恒，改选黄宝琛为参事员。由于议事会一片混乱，毛经学、陈传德向都督引咎辞职，但未获批准。另外属议事会派议员的陈乃钧等，会同外冈、西门等地的乡董，向都督控诉顾瑞等人违法。都督回答任期内不得任意改选，接着县议事会发出通知：所有议案的审议，由议长依法召集会议。这才使得县议事会运作的一连串纠纷暂告段落。[1]

---

① 《县会之大怪剧场》，《曙报》第94号，1912年6月21日。

表 2-2　1912 年 5 月县议事会、参事会的阵容

议　长	毛经学（同盟会）
副议长	陈传德（社会党）
议　员	季朝桢（共和党？）高蓉弟 张嘉瑞 周济时 徐元铸 侯兆熙（共和党）
	黄世祚（同盟会）钱俊（同盟会）郁振垓（共和党）黄宝琛（共和党）
	钱鼎 许苏民（共和党→同盟会）王诵铭 叶曰鼎 顾瑞（共和党）
议　员（补选）	杨如栋 朱继威（同盟会）李兆俊 陈乃钧 侯恒福 朱承构 朱心镜 金文超 张承基 金肇熊 黄汇征 周治平 沈祖同 周世英 朱凤翘 王武文 朱燮森 李城
参事员	黄守恒（同盟会）夏曰璇　张世雄（同盟会）
参事员（补选）	陆鸿诏 吴延泽（同盟会）陈庆容

说明：**黑体**处，表示议事会派议员；下划线，表示民政署派议员。

资料来源：《嘉定县续志》卷六，《自治志》；《嘉定大事记》；《曢报》等。

　　民政署派策动的一连串攻势，驱散议事会派，无非是为了阻拦夫束问题的善后办法被提上议事日程，并获表决通过。4 月，革除夫束期成会比县议事会早一步成立，会长为黄守恒。耐人寻味的是，5 月 12 日，据称在 200 多人参加的公民大会场上，顾瑞等 4 人齐声表明反对，扰乱大会秩序。① 当黄守恒一行人赶往苏州，向江苏都督请求撤废夫束之际，据报道民政署派也采取了如下的行动：②

---

　　①　《请愿革除夫束记事》，《曢报》第 92 号，1912 年 5 月 21 日。另革除夫束期成会所提出的善后办法，其内容如表 2-3 所示。

　　②　《请愿革除夫束记事》，《曢报》第 92 号。

乃昨日忽闻民政长许苏民，挈同主计课长潘伯恒赴苏。说者谓：系受戴咏仙等之指使，将设法阻挠革除夫束之进行。

都督同意对夫束之例永行禁革，对善后事宜作如下的指示：①

惟裁革夫束问题，关系粮务收入，一切善后办法，惟求不厌详慎。所拟章程，是否一律妥恰，应由嘉定民政长复加查核，交县议事会议决实行。

也就是说，江苏都督原则上同意撤除夫束，除非取得民政长的同意与获得县议事会的通过，否则无法付诸实践。如此一来，民政署派倘若把持县议事会的主导权，撤废夫束的裁定变成一纸具文，库吏、仓吏等差役，即可照常担任"粮务"。看来民政署派千方百计试图阻挠议事会的进行，其目的即在于此。

三、民政长选举的不法事件

辛亥革命带来了地方选举民政长的机会。在清末的地方自治制度里，执行乡政的乡董是从地方上选出来的，但向来由中央政府下派的县经理人——县长也要改由地方推选。这一变革，不仅让中央与地方的地位或官民关系产生重大改变，就连地方社会的"合议"或因唱反调

---

① 《夫束已准永远禁革》，《曙报》第 93 号，1912 年 6 月 6 日。

而获利等情况，都出现了很大的变化。既然如此，通过观察民政长的选举分析上述诸多问题，就变得很有意义了。[①] 在嘉定县，政治对立正是从民政长选举的不法事件中引爆开来的。

首先来看民政长选举的背景。县里的行政执行机关，依次由县衙门、军政分府，最后转到民政署。1911 年 11 月 30 日，前任知县姚守彝将登记清册 1 册及银 400 余元，移交给军政分府；12 月 4 日再转交到民政署。办理移交之际，民政署派对库银不足一事早已心知肚明，却诬告是被黄守恒所私吞。30 日省下令吴继长前往核对移交清册后，事情终于水落石出，原来库银不足是由库总戴思业及各房大笔的亏空所造成的。[②] 为了保全利益，民政署派甚至不惜拉拢许苏民，一旦他们的亏空丑闻曝光，其权位势将不保。为了阻止丑事外扬，即使不择手段，也要将握有民政署人事权的民政长职位抢到手。另外，为了把革除夫束期成会所定的善后办法（表 2-3）废除，必须让民政署派成员当选掌握调查及最终决定权的民政长。

接着来看民政长选举的方法与过程。选举分为初选与复选。初选先从各自治区选出初选当选人，接着复选是让初选当选人互选，再从中选出民政长。当然，对于选举人的性别、学位、财产等条件都设有

---

① 从地方统治的角度讨论民初县长问题的有：金子肇：《近代中国の地方と中央：民国前期の国家统合と行财政》，第三章《县知事任用改革とその余波：江苏省を中心に》，东京，汲古书院，2008。田中比吕志在论及地方精英政治参与的进展脉络中，也提到了民政长的推选（田中比吕志前揭书，第四章《清末民初における地方政治构造とその变化》）。

② 《请看许稚梅新嘉定之诬妄》，《曙报》第 81 号，1911 年 12 月 23 日。

限制。清末县议事会的选举活动，全民中合乎行使选举者仅占3.5%，[①] 接着进入选举程序。1912 年 4 月，民政长许苏民根据章程，向县内发出公告：5 月 17 日举行初选，6 月 5 日举行复选。[②] 有趣的是，为了解"公民的心理"，《嘐报》以读者群为对象实施模拟选举，结果议事会派前咨询局议员夏曰琦获得最高票。[③] 保守来说，即使《嘐报》读者层大多偏向议事会派，但此次"民意调查"也反映出了最有望取胜的民政长候选人。

5 月 17 日初选结束，但复选却拖延至 7 月 7 日才实施，结果当选人是：许苏民、戴思恭、金念祖——清一色为民政署派的代表人物。这一结果，当然大出议事会派的意料。[④] 于是议事会派的钱门塘乡乡董童世高心有不服，一状告到都督处，抗议选举舞弊。他举出初选舞弊行为：①初选选举时，对选举人的资格审查不够严谨；②初选当选人和民政署有人脉关系；另外他还指斥复选时有非法行为：[⑤]

便于七月三号起，总务课长戴思恭、主计课长潘伯尔尼、学

---

① 民国《嘉兴县续志》卷六《自治志》。另 1909 年江苏谘议局的选举权资格者为 0.6%，江苏省议会在 1912 年，则增至 5.5%。参见王树槐：《中国现代化的区域研究（江苏省）1860－1916》，第 174～197 页，台北，"中央研究院"近代史研究所，1984。

② 《新嘉定大事记》，民国元年 5 月之条。

③ 《民政长投标披露》，《嘐报》第 92 号，1912 年 5 月 21 日。

④ 《新嘉定大事记》民国元年 5 月之条；《复选民政长志幻剧种种》，《嘐报》第 93 号，1912 年 6 月 6 日。

⑤ 《公民童世高呈程都督文〈为民政长复选选举舞弊事〉》，《嘐报》第 98 号，1912 年 8 月 21 日。

务课长葛文珪、禁烟所长黄大经、禁烟调查员周济时、县议员郁振垓、季朝桢、顾瑞俸，舟车四出，分往各初选当选人处，多方说合。并将许苏民、戴思恭、金念祖三人名单，由黄大经亲笔书写。经亲笔书写……翌日（复选的结果）复选当选者，果为许、戴、金三人。

童世高的检举，暴露出整个民政署派以违法的选举行为，收买初选当选人，选举运作的规则已荡然无存。因童世高的呈文，江苏都督程德全立刻下令依照县制选举章程第四十二条来处理。[1] 8 月进一步派员调查后，证实了童世高的检举属实，于是宣布选举无效，事情至此暂告一段落。[2]

表 2-3 革除夫束期成会善后办法

一、	夫束名目及其事务，自本届上忙开征为始，永远革除。
二、	革除夫束后之征粮方法如左。
（甲）	库总、仓差等名目一律裁撤。粮务由主计课直接办理征收事宜。
（乙）	每届征粮，分为二期。第一期设柜各乡；令粮户自行完纳（设柜前半月先由征粮吏分发通知单）；期毕收柜。第二期由征粮吏赴未完粮户收取。二期毕后，尚有未完之粮户，以欠完论，即由粮柜将欠完户名粮数开报主计课。由民政长派差追索。
（丙）	第一期以一月为限。第二期同。

---

① 《程都督指令》，《曜报》第 98 号。
② 《新嘉定大事记》，民国元年 7 月之条。

（丁）	粮柜除民政署设总柜外，市乡酌设分柜七处。其地点如左，……
（戊）	第一期内未完之户，每元须征收公费五分。
（己）	每分柜设主任一人、征收员兼看洋二人、小使一人、征粮吏若干人。
（庚）	主任征收员小使之俸给，由主计课支给。征粮吏俸给，亦由主计课支给。惟收柜后之收粮（即第二期事务），别与公费。其款额以收入之征收公费额抵当之。
（辛）	征粮吏由市乡公所选出，报告主计课考核任用。其资格以身家殷实，有田产三十亩以上者为合格。又须有本图殷实居民二人以上为之保证。
（壬）	无主粮票，由民政长发由所在之市乡公所承粮管业。
（癸）	粮票适用左式。每一图为一册。先由总柜交付征粮吏，征粮吏受册后，将通知单截送业户，送毕缴柜。业户于第一期内持通知单投所在分柜完纳，分柜截收证给之。第一期讫事，由分柜将册交由征粮吏携带收取，随时截给收证。第二期讫事，征粮吏将存根及残留收证缴还总柜，开列未缴者的实姓名住址随缴之。总柜汇报主计课，由民政长派差追索。
三、	辛亥年止之粮项，一律截清。按其所欠之在库总或仓差或粮差或业户者，分别由民政长追索。惟不得再向夫束责成赔垫。

资料来源：《革除夫束期成会呈程都督文》，《曎报》第 92 号，1912 年 5 月 12 日。

四、民政署的改组与胥吏的被捕

戴思恭、戴思业为民政署派的代表人物，从时人的这句讽喻——"戴氏的傀儡"，可推想许苏民主持下的民政署，对戴氏的意向是如何的百依百顺。但民政长选举不法事件遭检举后，许苏民的执事态度有了大幅的调整。辛亥革命刚结束，县财政权限移交时，虽已知库银亏空是因库总戴思业等人上下其手，但由于戴等人本身即是民政署职员，有滥用职权、隐瞒实情之便。为了笼络胥吏集团，许苏民默认戴思业等人所带来一定程度的亏空。这对身为民政长、希望县政能顺利推展的许苏民来说，从现实层面上来看，也是极有必要的选择。但是出了像县议会运作事件与民政长选举不法事件，民政署派的作为简直是太无法无天，也让许苏民看穿了与民政署派联手主持县政终究是行不通的。为了使粮务的真相大白，许苏民于是采取以下行动。

1912 年 7 月，许苏民组织粮务清算处，照会各区董事，把宣统二年(1910)和三年(1911)粮差摊派的税额上报到清算处，之后再根据报告，派人至各区调查真相。[①] 8 月经清算处审查结果，发现在戴思业与朱义方任库总时留下大笔亏空。于是民政长下令戴氏等人赔偿，并开除其民政署总文牍兼田赋统计的职务。[②] 但是议事会派的秦祖望、黄世祚等人一直怀疑，许苏民派人查的那条宣统三年(1911)高达 4 万元的上下忙欠缴，均属"民欠"说法的可靠性。因此，秦祖望等人呈请江苏都督彻底清查民政署的收支，比如欠缴项下被挪用多少，亏空多少。于是都督令金咏榴会同参事详细调查。[③] 隔月，金咏榴呈报：戴思业等人未纳的忙银，多达 2 万两。

民政署派挪用、亏空全貌既经揭开，民政署现行体制已无法继续运行，因此许苏民辞去民政长职，退出共和党，转而加入同盟会，与

---

① 《新嘉定大事记》，民国元年 7 月之条。
② 《新嘉定大事记》，民国元年 8 月之条。
③ 《新民署之大除夕》，《嘐报》第 99 号，1912 年 9 月 6 日。

民政署派从此分道扬镳。① 新任的民政长，就是先前江苏省派去调查收支的金咏榴。金氏上任后着手改组民政署，编制新人事。周承忠为代理总务长兼学务课长，顾和澍为代理主计课长兼实业课长，钱江为视学，陈镛为征收主任。② 就委任职务来看，金咏榴有心肃清民政署派，将民政署运作引导到亲议事会派的方向。另外，戴思业与朱义方因侵吞公款，遭警察拘留，既得利益群体就此被排除出民政署③。按道理讲，议事会派理想中的县政运作应该会有所进展，但围绕既得利益的社会关系和陈规旧习是如此的根深蒂固，以致无法顺遂人意。

第四节　政党组织与地方精英

一、民初政党的诞生

这一节笔者要从政党组织及维持组织的人际关系角度，检视上述的政治对立局势。在讨论嘉定县政党组织时，有必要先就中央的政党组织变迁作一概观。从大体来看，民初基本的政党局势，是清末以立宪共和为理想的各革命团体，在辛亥革命后转为公开政党，形成以同盟会为中心的国民党和立宪派成立的进步党，彼此相互对峙。1913年7月二次革命发生，11月大总统袁世凯下令解散国民党，一系列政治

---

① 《敬刊布许苏民先生入会宣言书之真本》，《嚓报》第 100 号，1912 年 9 月 21 日。
② 《新民署之开幕》，《嚓报》第 101 号，1912 年 9 月 30 日。
③ 《戴咏仙朱朗甫居然管押了》，《嚓报》第 101 号。

变动使得议会制民主主义遭到挫折。此后体制要如何建构，只有靠革命政党来摸索了。[①]

辛亥革命后的嘉定县也出现政党、政治团体林立的情形，如表 2-4 所示。不久这一局势，演变成为同盟会、国民党对抗共和党、进步党。[②] 然而在嘉定县内，政党组织的成立基础却呈现出一种地方特有的情境，不完全与全国的普遍情况相同。有关这一点，先从分析地方上同盟会与共和党重要党员开始。

先检讨同盟会。同盟会嘉定分部的成立肇始于 1912 年 7 月。在江苏省分部的指示下，由黄守恒和王元增设立。重要成员及其党分部成立时担任的职务，如表 2-4、表 2-5 所示。

表 2-4　辛亥革命后嘉定县的政治团体

团体名称	成立时期	重要人物	备注
① 嘉定公民社	1911 年 12 月	社长钱江、副会长黄守孚、发起人杨保忠、童宜、秦曾钺	宗旨"尊重法律、发抒政见、促进社会参与政治之能力"，参加者数十人
② 共和协会	1911 年 12 月	会长杨卫玉、副会长顾瑞、发起人沈季畴、张研异	宗旨"利国利民"，后并入共和党

---

① 张玉法：《民国初年的政党》，台北，"中央研究院"近代史研究所，1984。在同盟会整合统一共和党、国民公党、国民共进会、共和实进会后，国民党于 1912 年成立。对此，旧立宪派在 1912 年 3 月、5 月、8 月，分别组成统一党、共和党、民主党。为了在国会上与国民党抗衡，1913 年 8 月三党合并，组成进步党。

② 辛亥革命后至民国初年，关于嘉定县所设立的政党、政治团体研究，参见匡珊吉、王亚利前揭文。

团体名称	成立时期	重要人物	备注
③革除夫束期成会	1912年4月	会长黄守恒，发起人钱江、杨卫玉	宗旨"革除夫束"，会员600多人
④共和党嘉定分部	1912年7月	分部长吴焜候、副分部长顾瑞、发起人戴思恭、干事长金念祖	宗旨"和平、实利、立国主义"，党员90多人。后改组为进步党
⑤同盟会嘉定分部	1912年7月	部长黄守恒，副部长王元增，评议长黄世祚，评议员廖世培，干事黄守孚、钱江	参加者50多人。后以同盟会为核心，统合共和党、国民致公党、国民共进会、共和实进会，改组为国民党
⑥社会党嘉定分部	1912年7月	发起人李拔、秦曾钺、廖世培	宗旨"社会主义"
⑦国民党嘉定分部	1912年9月	发起人黄守恒、副部长王元增	宗旨"平民政治——采用民生政策、发展地方自治、保持政治统一、励行种族同化、维持国际和平"
⑧进步党嘉定分部	1913年12月	不详	改组共和党

资料来源：①《嘉定公民社规章》，《疁报》第89号(1912年4月6日)；②《组织共和协会》，《疁报》第83号(1912年1月16日)；③《组织革除夫束期成会广告》，《疁报》第89号；④《共和党分部成立》，《疁报》第96号(1912年7月21日)；⑤《同盟会组织嘉定分部记》，《疁报》第96号；⑥《组织社会党嘉定支部广告》，《疁报》第102号(1912年10月18日)；⑦《同盟会改组国民党》，《疁报》第99号(1912年9月6日)，佛时：《余之政党观》，《疁报》第104号(1912年11月18日)；⑧《共和党嘉定分部通告》，《练水潮》第23期(1913年12月15日)。

表 2-5　同盟会嘉定分部创设时主要会员

部长	黄守恒（县参事员）	干事	钱江（望仙乡乡董）
副部长	王元增	会员	毛经学（县议事会议长）
评议长	黄世祚（县议事会议员）	会员	朱继威（县参事员）
评议员	廖世培	会员	张世雄（县参事员）
干事	黄守孚（西门乡乡董）	会员	秦曾铖

资料来源：《同盟会组织嘉定分部记》，《疁报》第 96 号，1912 年 7 月 21 日。

　　从表 2-2、表 2-5 所见，可知以黄氏为首的议事会派控制着当地同盟会。未任公职的廖世培与秦曾铖都是社会党嘉定支部领导者，也都是《疁报》的发行者，这样看来，几乎可把社会党嘉定支部，视为同盟会嘉定分部的党内之党。所以说，它是议事会派的强力支持者，也是很自然的。另外，同盟会本部在完成统合共和党、国民致公党、国民共进会、共和实进会等之后，接着创立国民党。随后，嘉定分部在 9 月就改组为国民党，由于领导阶层几乎相同，所以实质上就是同一个组织。

　　另外，议事会派汇集到同盟会、国民党；民政署派则汇集到共和党。在共和党成立前，日后与共和党合并的共和协会，先于 1911 年 12 月成立，会长杨卫玉，副会长顾瑞。1912 年 6 月，以戴思恭为发起人，开始筹组共和党，7 月成立嘉定分部。主要党员及其当时所任公职如表 2-6。

表 2-6　共和党嘉定分部成立时的主要党员

分部长	吴廷耀(市副董事)	会员	侯兆熙(县议事会议员)
副分部长	顾瑞(县参事员)	会员	郁振垓(县议事会议员)
发起人	戴思恭(总务课长)	会员	季朝桢(县议事会议员)
干事员	金念祖(市议事会议长)	会员	许苏民(民政长)
会员	侯兆圭(陆渡桥乡乡董)		

资料来源:《共和党分部成立》,《疁报》第 96 号,1912 年 7 月 21 日。

从表 2-6 可知,共和党中枢部门组成有三部分:一是由如民政长许苏民、民政署总务课长戴思恭等在职人员在内的民政署派所把持;二是从吴廷耀、顾瑞、戴思恭、金念祖等人的参与来看,城区精英的意见相当程度地得到反映;三是由与城区精英利害与共的各乡议事会议员所构成。对于夫束具体权益采取何种立场,嘉定县共和党党员发挥了一定的作用。随着共和党、统一党、民主党等三党统合组成进步党,1913 年 12 月,共和党嘉定分部也改组为进步党嘉定分部。[①] 另外,共和党、进步党发行机关报《练水潮》,主笔为金念祖。该报不时与《疁报》展开论战。从这些论战所产生有关政治行动的规范意识,笔者深觉相当有意思。

政党对地方社会的组织化及影响力,到达什么程度? 对于这一问题,因为所知有限,不易回答,但地方领导层参与政党的程度,应可成为衡量的指标之一。先看两党的规模。1912 年 7 月在发起阶段的党

[①] 《共和党嘉定分部通告》,《练水潮》第 23 期,1913 年 12 月 15 日。

员数：同盟会约 50 名，共和党约 70 名。① 随着组织制度日臻完备，党员人数当然可能增加，但目前还没有可供利用的准确数字。符合县议事会选举权资格者的有 7644 人，这和发起阶段的党员人数相较，可知加入同盟会和共和党的人数，在有选举权者中所占的比例极小。② 但若换个角度，把这一数据看成是政治行动积极者所占的比例，那么这个数目就不小了。例如，革除夫束期成会呈请江苏都督撤除夫束时，陈情册上的人数逾 600 名。把这一数字和议事会的定额及政党高层的组成相比，我们就可明白：政治行动积极的地方人士，大多加入了这两大政党。接着问题是：这些精英参与政党的动机与意图何在？

二、参与政党的动机与规范意识

地方精英加入政党的动机，首先可能是因他们相当支持各个政党在纲领中所揭示的政治主张。黄守孚认为国民党的党纲以"平民政治"为宗旨，纲领中心是"采用民生政策，发展地方自治，保持政治统一，励行种族同化，维持国际和平"。③ 而他对共和党标榜"国家主义"的党纲，则批评是"我国民之进行能力为无几何者。而官吏所处之地位，遂跃然超出国家与人民之上矣"。④ 如此议论国民党和进步党，即一为激

① 《同盟会组织嘉定分部记》《共和党分部成立》，《疁报》第 96 号，1912 年 7 月 21 日。

② 《嘉定县续志》卷六《自治志》。

③ 佛时：《余之政党观》，《疁报》第 104 号，1912 年 11 月 18 日。

④ 佛时：《余之政党观（续）》《呜呼政客当如是耶》，《疁报》第 105 号，1912 年 12 月 3 日。

进政党、一为保守政党之对立局势，大体上是一致的。[1]

但是，党纲之间的对立，和中央与省之间的对立局势，甚至和当地社会政党之间的对立并不全然相同，其中原因很多。我们不能忽略，地方社会的政党对立很可能另有一番面貌。在此先提示两件事：第一，由于张謇的影响，整体来看，江苏省有不少领导阶层选择站在进步党一方。相对地，嘉定县国民党和共和党、进步党的党员，清末时他们共同站在广义立宪派的立场，但临到利害关头，就分道扬镳了。第二，议事会派与民政署派之所以发生政治斗争，其根源就在于权益的矛盾，此一对立也反映在政党的组成上。[2] 举个例子，宣称共和党的党性是奠基于夫束权益上，这则消息来源正是《嘦报》。它报道了提倡恢复夫束的党派所作的顽强抵抗：[3]

　　吾邑所谓民意之代表有二派，舆论之代表亦有二派。一为真民意之代表；一为戴民意代表之假面具，而阴实为满清胥吏之代表。一为真舆论之代表；一为冒舆论代表之假牌号，而阴实为淆乱是非之代表。夫束有利于胥吏，而害于民者也。恢复夫束非民意也，非舆论也。其非真民意代表与真舆论代表所忍出之口，毫无疑义。

---

① 　张玉法前揭书，第 260～261 页。
② 　砭史：《论党派从何发生》，《练水潮》第 7 期，1913 年 1 月 1 日。
③ 　老农：《揭主张夫束复活者之内容》，《嘦报》第 139 号，1913 年 10 月 22 日。

从这一报道，我们这才恍然知悟：原来戴思业虽身系囹圄，但旧胥吏依然握有势力，把持共和党的中枢以操纵县政。还有报道说他们煽动乡民起来抗粮，或唆使民政署派的市乡董事，命令催科吏不下发由单，以瘫痪征税业务，使征收额严重不足，以提供恢复夫束的理由。① 几年后，黄受孚在《暧报》上提倡设置分柜，即根据县参事会所通过的，让自封投柜能顺利进行的征税方法。② 这则报道内容暴露出了议事会派主持县政能力的不足。也就是说，要建立新的田赋征收机关，相当困难；而旧胥吏或当地的征税承包业者，却能奏功。

但上述与共和党权益挂钩的事实，迫使我们重新去思考史料所展现的历史情境。无论布拉德利·里德（Bradly W. Reed）有关四川巴县胥吏、衙役的讨论，还是山本英史对江苏太湖厅地保、经造的研究，都显示了胥吏在地方社会扮演某种程度的积极角色。③ 再则，高岛航细致的研究也让我们了解到：这些乡村役的地位能够如此稳固，是因为他们垄断了错综复杂的田地资料。④ 同样的，在讨论嘉定县的情形时，我们也有必要从当地民众的立场，思考引发政治对立的夫束问题，亦即通过自封投柜的这一办法，实际上是难于执行的。所以把征税业

---

① 老农：《揭主张夫束复活者之心理》，《暧报》第 140 号，1913 年 11 月 5 日。
② 允之：《分柜之研究》，《暧报》第 197 号，1918 年 10 月 10 日。
③ 山本英史：《传统中国的地域像》，第十一章《乡村组织と地方文献：苏州洞庭山の乡村役を例として》，东京，庆应义塾大学出版会，2000。Bradly W. Reed, *Talons and Teeth：County Clerks and Runners in the Qing Dynasty*. (Stanford：Stanford University Press，2000).
④ 高岛航：《吴县·太湖厅の经造》，收入夫马进编：《中国明清地方档案の研究》，"科学研究费成果报告书"，京都，京都大学，2000。

务交给熟悉本地风俗的人士，是就事论事的合理办法。由他们来经手税务，也是不得已的选择。

那么，所谓政党是靠什么关系来维系的？用以维系的规范又是什么呢？1913 年 11 月，袁世凯下令解散国民党，如此一来，从形式上来看，政党的对立是消失了，但对立的形势依然存在着。① 《练水潮》为进步党的机关报，《嘹报》依然是议事会派的宣传报纸。在县政问题上，两报经常展开激烈的论战。在此，透过对"法、理、情"等用语的涵义或三者关系的报道，我们可以观察时人是如何看待政党的性质。下文所要讨论的"法"或其对置概念，完全是从地方的脉络来解读及运用的。② 以下分析报道的内容。

1916 年 12 月，《练水潮》第 55 期刊载了一篇砭史执笔的社论《情理法》。③ 在此，他首先提出"法制"的对立概念为"人治"，并表示法制比不上人治。他引用尧舜的德治、郑国的公孙侨所著刑书的弊害以为立论根据。可是他又说：由于人治所及的范围有限，所以才有法制的空

① 继政党解散后，1914 年 3 月随着地方自治停办，嘉定县的县、市、乡自治机关也停止，原有的 34 个市乡，重新编为城区与 18 个乡。但是后面将提到由教育界领导阶层的活动范围，导致两派的对立日趋激烈。就像出现在嘉定的城乡对立，有些区域希望由乡出发来设立新的县。参见田中比吕志前揭书，第十一章《清末民初における新县设置と地域社会》。再则，地方自治停止以后有关自治的专论，参见昧冈彻：《护国战争后の地方自治回复：江苏省を中心に》，《中央大学人文科学研究所纪要》第 2 号，1983。
② 有关清末知识分子对西洋法体系的接受及其问题，笔者认为有必要讨论留日学生对法政学的接受与在中国实践的情形。社论执笔人黄守孚曾留日攻读法政学，他在社论中曾提过梅谦次郎。
③ 砭史：《情理法》，《练水潮》第 55 期，1916 年 12 月 1 日。砭史可能是《练水潮》的主编金念祖。

间，但所谓"法"在运用时，是会因时、因地、因事而异，而涵盖这些变数的规范就是"理"。他接着说：

> 是故理者，人与人相接触，而为对待之标准者也。用此标准时，先有一对待之感觉是曰情。

最后把法、理、情此一规范关系，总结如下：

> 要之，法从理出。有理之法可行，无理之法不可。理从情出。有情之理可行，无情之理不可行。情者为运用法与理之天枢也。

砭史披露了接近儒家的法家观点后，接着谈论政党。当时的政党正陷入"各挟一惟我独是之心，不容异党之存在"状态，把法和理当成政争的武器。所以，他认为：法和理愈多，国事就愈乱，原因就出在法或理是不合"人情"的。砭史的这一议论，不仅在炮轰议事会派，同时也暗示着：对"情"的重视，也就是在维护权益及支持权益那种人与人之间交往所形成的情面。

　　对此，黄守孚在 1917 年 9 月《曝报》上，发表了一篇题为《法理情》的社论来反驳砭史。① 这篇社论旁征博引古典儒家、法家及近代法政学的相关知识。重点在于：砭史提出的情、理、法三项，每项都被视

---

① 佛时：《法理情》，《曝报》第 173 号，1917 年 9 月 21 日；佛时：《法理情（续）》，《曝报》第 174 号，1917 年 10 月 6 日。

为涵盖后者的替换规范；相对地，黄守孚认为情、理、法三者的关系，完全相反。关于法治，他在"抑今可所谓法治者，以宪法为基本，以实体法为枝叶，以手续法为活动。要有成文，不容假借"的前提下，把人类分成六个发展阶段。夫妇时代就是以情结合的，但过了亲子时代，进入宗族时代后，就必须树立一套可认为是"公认之理"的规则，这就是法的出现。接着，到了种族时代出现了私法与公法；随着人类进入部落时代和国家时代，法的整备愈趋完善。黄守孚在此揭示出一种立足于社会进化论的世界观，认为法才是引导贯穿人类的情或理的存在。再则，所谓的法、理、情，是截然不同的规范，应视情况分开运用。他对情与理是这样说的：

> 夫物各有其本位。理之本位在公众；情之本位在个人。以公众为本位，故范围广，而个人亦得其平。以个人为本位，则范围隘，而公众或受其害。

对砭史的"情理法"逐一加以反驳后，在总结处，他对砭史的党派观"夫政党政策之结合而非情之结合也。而所以维系之者，则理其内而法其外""大丈夫之处世也，当其为公则舍其所私。政党至公也，以感情分党者非能党者也"，提出一个完全背驰的见解。如同很巧妙地指斥"情的结合"，黄守孚的论点显示出通过强调法政学的正当性，对抗进步党及民政署派的人脉特质，以及根深蒂固的既得利益意识的战略特色。

这一论争及其背后人际互动之特质展现的问题是，为何地方自治或政党组织等新的政治、社会制度，不一定能顺利地被地方社会吸纳？对于这种非整合性或反近代的动向，我们有必要去思考。关于此点，费孝通与柏佑贤的提示相当具有启发性。费孝通将中国社会的近代化过程视为"法治秩序"向"礼治秩序"的对抗过程。通过与具备法治条件的都市社会比较，描绘出乡村社会的特殊性。① 另外如前文所见，柏佑贤使用"包"伦理的概念，理解经济活动中经常出现的多层包揽构造。柏佑贤把"包"视为一种"以物为对象时难以确定化的成果，以人为对象时得以确定化"的社会秩序。② 在"礼治秩序"与"包"伦理、"情"规范之中，我们不难看出：作为支持"以人为对象时得以确定化"的解决问题方式，三者间有其连续性和共通性。

话题回到嘉定县。北伐时，民政署派被谴责为"劣绅"，成为打击

---

① 费孝通：《礼治秩序》，收入费孝通：《乡土中国》，北京，生活·读书·新知三联书店，1985。

② 柏佑贤前揭书，第213～219页。从这些"包"构造中看出传统中国社会特质的是村松祐次。他举出例子，如县政府的会计和县长的私家会计，其中有些部分划分不清，对省税而言，县税采取"定额主义"。另就市场秩序来看，在激烈的自由竞争中，发展"私人的保证"，也是同样情况。村松祐次，《中国经济の社会态制（复刊）》，第137～145页、178～186页，东京，东洋经济新报社，1975。

的对象。他们把持县政，直到离开政治舞台为止。① 夫束问题所凸显的政治架构及矛盾，在整个南京国民政府时期，一直是"上面"必须进

---

① 印克前揭文。即便在地方自治停止、国民党嘉定分部解散后，直到北伐驱逐民政署派领导阶层为止，两派就教育行政或教育会等的主导权问题上处于严重对立。特别从 1919 年 9 月至 1920 年 5 月间，对立日趋激烈。市教育会会长金念祖向县长提出：1919 年 8 月嘉定县教育会大会的会章修改和职员选举为无效之举。其中的背景是，教育会会长黄守恒等议事会派主导的县教育会，引起民政署派的反弹。金念祖不满的是，新的县教育会入会资格规定，须经 2 名以上的会员推荐和评议会的承认，这与教育部的规定不符。有关入会资格规定的唇枪舌剑，呈现的是两派企图在县教育会扩张自我势力的倾轧。以上史事见《市教育会会长金聿修呈控县教育会非法选举》，《练水潮》第 75 期，1919 年 9 月 20 日；《呈县知事范复陈市乡董事呈诉各节不符事实问（一月二十二日）》，《嘉定县教育会年刊第三刊》，1920 年刊本，上海图书馆藏。
从议事会派的立场来看，其实也可说是民政署派企图夺取县教育会。在县教育会向省长与教育厅长呈上的公文里，就提到金念祖的如下控诉："今以会内之事，而会外之人，朋比而来，横加干涉，且所争者，不在研究，而在选举，苟非别有用心，何乃出此。本邑劝学所之嫉视本会也甚深。试举一事以例之。如县教育行政会议，市教育会会长、副会长得以列席，而于本会则屏不使与。凡在会员，无不愤慨，近因该所办理乖方摧残教育之事，时有所闻，会员竟相告语，以为大戚，将有吁请撤查之举，而该所嫉忌弥甚，故此次之攻讦本会，人言藉藉，多谓出于劝学所之指挥"。
民政署派的核心人物是担任劝学所长的顾瑞。县教育会对此有所批评，所以掌握县教育行政主导权的民政署派，意图封杀县教育会，对县教育会加以攻击。以上史事见：《呈省长齐教育厅长胡胪叙本会改章更选事实及受评情形陈述理由请查核文》，《嘉定县教育会年刊第二刊》，1919 年刊本，上海图书馆藏。
如此情势下，县教育会认为劝学所长顾瑞与民政署派勾结，任用私人，教育经费分配不公，于是上书恳求省长与教育厅长彻底地调查劝学所。见《呈省长齐教育厅长胡胪陈劝学所长顾瑞贻害教育实迹撤查处分文》，《嘉定县教育会年刊第二刊》。1920 年 5 月，在劝学所主办的教育行政会议中，据说提出过停止补助县教育经费的议案，见《新嘉定大事记》，民国九年 5 月之条。
如上所述，主持县教育的议事会派与以县教育行政为依据的民政署派，双方在教育界的纷争，毋宁就是议事会、民政长选举、政党组织对立局势的投影。

行的政治改革课题。① 史料中经常把"礼治""包""情"等人际关系的媒介规范，描述为必须消除或改革的对象，而现实中仍存在着如此的"必要之恶"。②

小结

本章以嘉定县的政争事例，厘清了与中央乃至省有所区别的地方对立局势的形成过程，并说明了对清末民初的地方政治产生的影响。所得结论如下。

在嘉定县的政争中，掌握同盟会、国民党派系的黄氏，自清代中

---

① 有些研究者对南京国民政府在国家统合上所扮演的角色，给予积极评价，并从这一角度解读行政、财政改革或地方社会。笹川裕史：《中华民国期土地行政史の研究》，东京，汲古书院，2002。笹川认为：在江苏、浙江等土地行政先进地区，向来仰赖胥吏的基层行政，因土地行政专家统治体制的引进而抒解困境。另外，山本真厘清了胥吏的公务员化和土地税制改革的尝试及其瓶颈(山本真：《1930 年代前半，河北省定县における县行政制度改革と民众组织化の试み》，《历史学研究》第 763 号，2002)。明清史研究者对田赋征税机关的长期变迁研究，有高岛航前揭文；岩井茂树：《武进县の"实征堂簿"田土推收と城乡关系》，收入森时彦编，《中国近代の都市と农村》，"京都大学人文科学研究所研究报告"，2001。岩井指出：像图甲、村庄这类乡村组织的征税业务，在清代前期已被城市的承包机关所接收，从此县城与乡村之间，形成一种支配性的单行道关系，从而也创造出近代中国农村社会的特征。

② 有关基层社会的自律性特质，以下研究很有启发作用。像李怀印批判杜赞奇(Prasenjit Duara)国家政权内卷化(State Involution)见解，强调华北村落的自律性。Duara, *op. cit.*, chap. 7. 李怀印：《二十世纪早期华北乡村的话语与权力》，《二十一世纪》第 55 期，1999。张佩国呼吁有必要从村界或村籍这样的"地方性制度"讨论基层社会的"共同性"，见张佩国：《近代江南乡村地权的历史人类学研究》，第 288～300 页，上海，上海人民出版社，2002。

期以降，通过商业活动、科举功名、出任厂董职务等善举而提升了社会地位。在这个过程中，黄氏采取具有地域属性的做法，以鲜明的"地方战略"，在当地扎稳根基。清末地方自治中的乡区甫一设立，黄氏的"地方战略"就与城区精英之间，呈现一种城乡对立的矛盾，日趋明显。对立焦点集中在"夫束"这一传统的征税法上。希望把夫束的非正规行政经费转充为自治经费的乡区精英，和靠着夫束的需索体系而获得利益的胥吏以及私人关系作为政治权力来源的城区精英，双方壁垒分明，形成对立。

以黄氏为首的议事会派，试图通过掌握议事会的大权以撤废夫束；相反的，胥吏出身的戴氏民政署派，则企图阻止夫束的撤废。这一对立之局，也很清楚地反映在辛亥革命以降的新体制上。民政署派为了在县议事会获取主导权，以便通过有利于己的议案，便将革除夫束的决定变成一纸具文，并进行种种阻碍动作。这些行为在县议事会运作或民政长选举时，引起了冲突及违法事件，结果使得这些政治制度无法发挥健全的机能，形同瘫痪。

嘉定县的政争显示出：地方自治的目标——"县人治县"不一定会对地方整合产生正面的效果。相反，必须留意的是：资源是接近利益的工具，资源形态不同的精英对立，具有破坏地方社会均衡的负面能量。关于此点，政党组织的形态最耐人寻味。形成国民党与共和党两大政党的嘉定县，政党组织受到地方特有的政治结构影响，导致议事会派与民政署派呈现对立之局。另外，关于政党的性质，以"情""理""法"所激起的论战，也如实地反映了这种对立的局势。进步党的机关报《练水潮》提倡"情"这一规范的重要性，应该是在暗示对既得利益或其背后人际交往和关系的拥护。对此，《璹报》则运用古典及近代法政学的知识，主张所谓政党即政策的结合，"法"地位优于"情"，以彰显其在法政学上的正当性，作为对抗民政署派既得利益者的战略。再则，史料中经常将"礼治""包""情"等人际交往视为打倒或改革对象，而现实中仍存在着此"必要之恶"，其中原委依然很有研究的必要。

第三章　从一个地方精英人士看清末民初的官民对立
——以上海县乡绅秦锡田的活动为中心

导言

　　清末地方自治及近代教育制度的引进过程，是将暧昧的官民之间的界线划定，以及各自领域权利、权益意识产生的过程。正如前两章所探讨的那样，这一过程中萌发的城区与乡区各自的地域意识，最终发展为严重的城乡对立。而此类地方案例也表明，在共和政体下的地方行政制度尚未确立之前，专制王朝体制下的行政系统，要顺利地推行新的地方自治制度，依旧甚为困难。

　　关于地方自治的引进及其对地方政治所造成的影响，有的研究指出了划定自治区带来的地域社会的领域化。[1] 清末引进的地方自治，参照的是日本明治时期的地方自治（府县制、市町村制），与清朝自治制（州县厅自治、城镇乡自治）之间所产生的差异，对于自治制度的实际运用与地域的权益意识的诞生应当发挥了不少作用。[2] 并且，地方精英人士在掌握自治主导权时，与知县等行政官员之间的对立情势变得尖锐化，这也体现在辛亥革命之后的苏南"县人治县"上。如此一来，地方自治的开展，使过去所谓的"中央—省—县"政治结构产生变化，强化了"省—县"部分关联性这一分权作用。[3]

本章立足于上述研究成果的内容，着眼以往未曾充分检讨之处，包括乡层级精英人士的动向，与他们承担对于"民治"领域的权利意识，阐明清末民初官民对立的实际情况。在此过程中，将以下列两条途径进行探讨。第一，之前的研究中，将清末乃至辛亥革命前后作为两个时期，本章则以清末民初这一较长时段作为完整的研究对象。第二，

---

① 具有代表性的论文有：Philip A. Kuhn, "Local Self—Government under the Republic: Problems of Control, Autonomy, and Mobilization", in Frederic Wakeman Jr. and Carolyn Grant eds., *Conflict and Control in Late Imperial China*. (Berkeley: University of California Press, 1970); 滨口允子:《清末直隶における谘议局と县议会》，收入辛亥革命研究会编，《菊池贵晴先生追悼论集中国近现代论集》，东京，汲古书院，1985; 贯志俊彦:《"北洋新政"体制下における地方自治制の形成》，收入横山英、曾田三郎编:《中国の近代化と政治的统合》，广岛，溪水社，1992。

② 黄东兰:《近代中国の地方自治と明治日本》，第七章《直隶省における地方自治实验と日本》，东京，汲古书院，2005。

③ 田中比吕志:《近代中国の政治统合と地域社会：立宪、地方自治、地域エリート》，第四章《清末民初における地方政治构造とその变化》，东京，研文出版，2010。

以上海县乡绅秦锡田(1861 — 1940)①的活动和言论为素材，由某个具体人物来探讨地方政治。通过运用此类手法，从微观角度厘清新式政治体制构建的课题中，清末民初的政治变动对地域社会造成的影响。

在进入讨论前，有必要简单说明一下秦锡田本人。秦锡田是上海县陈行乡人，拥有举人功名。从清末到 20 世纪 10 年代，他先后担任江苏谘议局、陈行乡议事会、上海县议事会及参事会、江苏省议会议员；20 世纪 20 年代则担任上海县地方公款公产管理处总董；20 世纪 30 年代还担任以上海慈善团为首的慈善团体董事等，一直以上海县为主要活动舞台，从事地域社会的各项事业。

有关像秦锡田这一类人物的情报，包括他在官方职位与自治职位所进行的活动乃至部分公文，散见于《申报》及杂志报纸等记载中。而秦氏在地方的社会活动及出身等情况，几乎鲜为人知，更遑论运用可靠的现存史料进行深入探究。然而，通过 20 世纪 90 年代以后中国大陆出版的新编地方志，可知有关地域社会原始史料仍被保存下来，现阶段还有相当多数量可供使用。《上海市上海县志》所依据的主要史料，与秦锡田者包括有《享帚录》《享帚续录》《陈行乡土志》等活字本乃至石印本，此外还有《上海陈行秦氏支谱》《梓乡杂录》等油印本，甚至个人

---

① 有关秦锡田的经历，见表 3-4"秦锡田略年谱"(以 1961 年孔令毅摘抄的秦之济编《秦砚畦先生年谱简录》二卷本为基础制作)之后有关秦锡田的经历，若不特意标明注解，则以此为据。此外，在中央的政治舞台上活跃的秦锡圭(1864 — 1924)，则对于秦氏名望有非常大的影响。秦锡圭中进士之后，任翰林院庶吉士，后赴山西省寿阳县任知县。1913 年，被选为第一届国会参议院议员。1917 年，在张勋解散国会之际，赶赴广东出席非常会议。见秦之济编：《上海陈行秦氏支谱》卷二《介侯公传附墓志》，上海，上海县陈行公社编志组，1983。

收藏的《秦砚畦先生年谱间录》摘抄本等多种形式。[①] 笔者认为：明确了解秦锡田的公私活动，思考他选择、收录在《享帚录》及《享帚续录》中公文的意图，并且同时解读《申报》《时报》所刊登的公文与呈文，无疑是利用史料最有效的办法。

以下第一节中，探究秦锡田从事地方政治的上海县浦东农村地区，关于秦氏与地方人士的关系。第二节以清末秦锡田在江苏谘议局提出的两个议案为线索，对清末民初地方精英人士力图解决的两个问题进行分析。在第三节中，以身为

图 3-1　秦锡田

地方利益代言人而四处奔走的秦锡田的活动，分析 20 世纪 20 年代上海县地方行政、财政的官民对立实态，以及从中展现出的地方意识。

---

① 秦锡田：《享帚录》八卷，1930；秦锡田：《享帚续录》三卷，1941；沈颂平编：《陈行乡土志》一册，1921(以上藏于上海图书馆)；《上海陈行秦氏支谱》四卷；上海县陈行公社编志组编：《梓乡杂录》一册，1983；前揭：《秦砚畦先生年谱简录》(以上为个人收藏)。

第一节　上海县农村地区的精英阶层与地方自治

秦氏宗族在 19 世纪陈行乡的活动，可说反映了稻田清一所指出的镇董制度的实际运作状态。[①] 其中，秦锡田的父亲秦荣光（1841 — 1904），其活动尤为显著。[②] 镇董拥有协助征税等行政职能的半官方性质，同时又代表地方利益，向官府进言组织活动，在官民之间扮演连结点的作用。这一接任镇董的精英阶层，在江南地区负责指导地方自治。清末民初时期，精英阶层在陈行乡、三林乡、杨思乡等——所谓上海县浦东——开展的地方公共事业，继承了镇董秦荣光开创的慈善及教育等各种事业。以下将以秦锡田的人脉为线索，列举具有代表性的三位人物，阐明秦锡田的人脉及社会背景，以厘清其在江苏谘议局、各级议会等处的提案和言论活动。

第一位胡祖德（1860－1939），出身于陈行胡氏家族，拥有生员资格。胡氏世世代代驰名于商界，胡祖德本人也因其商业才能而使家财倍增，生活富裕。至于对水利及桥梁建设、慈善事业、教育活动等捐助，也一向率先响应，支持秦荣光及秦锡田所开展的地方公共事业。

---

① 稻田清一：《清末江南の镇董について》，收入森正夫编《江南デルタ市镇研究：历史学と地理学からの接近》，名古屋，名古屋大学出版会，1992。有关陈行秦氏的士绅，见《上海县续志》卷十三《人物·秦惟梅》，以及《上海陈行秦氏支谱》卷二《传志门·清邑庠生选训导椒两公传》）。

② 稻田清一提及秦荣光的一些言论作为镇董制度的实际运作状态，并指出镇董制在城镇乡层级之中，对于导向地方自治，具有桥梁般的作用。稻田清一：《清末、江南における"地方公事"と镇董》，《甲南大学纪要》文学编第 109 号，1999。

伴随着地方自治制度的引进，胡祖德被选为陈行乡经董。①

第二位赵履福（1853？—1924）是三林乡赵氏宗族一员，拥有生员功名。早年赵履福便参与三林乡的水利事业及学堂创设等。地方自治施行后，他历任三林乡议事会议长及乡董，任期内尽力组织自卫团、救荒活动、调查有选举权者等三林乡政务，并整饬三林乡的各种事业。②

第三位汤学钊（1854—1929）是出身于以三林塘镇为中心区域的商人，经营房产、米行、当铺等活动，是邻近地区非常成功的人士之一。其中备受瞩目的是棉布业，据说其本人严密管理棉布的生产规格，并致力于品质的提升，因此"三林塘标布"以细致、极富耐久性而驰名全国。身为三林商会董事和三林乡名人，汤氏以其雄厚的财力，提供资金，为三林乡创设学校和道路，整饬桥梁和慈善等事业，历任乡董以及乡佐。③

以上是秦锡田所遗留下的人物资料，就史料性质而言，虽不能否定强调他们具有"善举"的一面，但可由此确认地方自治施行前后他们在地方活动的概况。而且，其社会背景的特征可概括为以下两点。第一，出身于强大宗族的知识分子，居住在市镇，以乡为主要活动基础。前述的陈行胡氏、三林赵氏、三林汤氏之外，在陈行乡还有孔氏、朱

---

① 《云翘胡君家传》，见《享帚续录》卷二。
② 《赵和恪先生传》，见《享帚录》卷二。赵履福于宣统三年当选县议事会议员，1923 年地方自治恢复后被选为县参事会议员。《赵履福致莫子经函》，《申报》1924 年 7 月 30 日。
③ 《汤蕴斋商董六十寿序》，见《享帚录》卷一。

氏、陈氏①，在三林乡有乔氏，在杨思乡则有周氏等可为例证。② 第二，商人阶层在市镇保有其立足基础。汤学钊是担任三林商会董事的商人，胡祖德也在经营商业。并且，从赵履福的经历来看，他本人虽称不上是位纯粹的商人，但为了征收"捐"，也不可避免地与商人阶层之间有着相互合作。对此，秦锡田的文章将汤学钊的活动评价为"盖商业者公益之母也。公益之施展商业为之本原也"，③ 可见其对商人阶层于地方社会的贡献表示期待。

秦锡田与陈行秦氏在这些地方精英人士之间布下了各式各样的交际网络。如果关注到婚姻关系的话，上述陈行孔氏、三林赵氏、三林汤氏、杨思周氏，都因地理位置相近，与南汇县周浦镇的张氏宗族等邻近强大宗族之间存在姻戚关系；秦锡田的妻子也是周浦镇沈氏出身的米谷商人、拥有监生资格的沈维祯的女儿。④ 姻戚关系之外，上海县浦东、南汇县、川沙厅的精英人士之间，还连结了广泛的学术网络。⑤ 据说秦荣光开设的私塾，后来成为主导浦东地区的知名人士子

---

① 《上海市上海县志》第一编《建置·（六）集镇、新村》，第135～136页。

② 周希濂（？－1909）担任杨思团练局董，此外与汤学钊、赵履福、秦锡田等共同参与秦荣光的三林书院（之后的三林学堂）的创设，有关周希濂参见《清故候选千总武举人周府君家传》，见《享帚录》卷二。

③ 《汤蕴斋商董六十寿序》，见《享帚录》卷一。

④ 《清故上舍生外舅南汇沈府君墓志铭》，见《享帚录》卷二。

⑤ 顾炳权将这一学术网络称为"浦东学派"。"浦东学派"据说从南汇县的进士张文虎、秦荣光时代开始，一直传承到以中华职业教育社及中国民主建国会等活动而著名的黄炎培。顾炳权：《再论黄炎培与浦东学派》，"黄炎培学术思想讨论会"提交论文，1996。另见于顾氏对于"浦东学派"有详细论述的《黄炎培与浦东学派》（稿本）。

弟的云集之处。① 秦锡田以其卓越的学识、经历、人脉，成为中心人物，并以此为基础，参加议会等官方政治活动，反映乡镇层级精英阶层对行政权力的要求。②

众所周知，20世纪之后清朝进行一系列的新政改革，以立宪制度为前提，由督抚主导，拉拢地方上主张立宪的精英人士，施行地方自治制度。继创设教育行政机构及新式学堂后，他们纷纷进入省、州县厅，以及城镇乡各级地方议会。江苏省的情形是：各级议会成立前，在南京设立督抚咨询机关——谘议局，目的是为了答复有关地方自治的具体构想，宣统元年（1909）10月召开了第一次常会。谘议局完成答复之后，地方议会首先设置最基层的城镇乡议事会，从宣统三年（1911）到1912年间，成立州、县议事会。③ 由于授予选举权对应着一定的纳税额，故地方议会议员只能反映地方社会上极为少数的意见。以嘉定县为例，宣统三年（1911）自治筹备所进行的户口调查显示，全县人口数22632人，对照城乡议事会有选举权者数目为7648人，县议事会有选举权者数目是7644人，拥有选举权者占全体人口的比例约为3.5％。④

---

① 《秦砚畦先生年谱简录》上卷，同治十三年甲戌十四岁之条。
② 陈行秦氏在浦东整个地区都有人脉，具有代表性的是与黄炎培与奉贤县选出的谘议局议员朱家驹之间的姻亲关系。此外，他们也都是浦东同乡会的重要成员。参见顾炳权：前揭文，附表一；《奉贤朱遯叟先生八十寿序》，见《享帚续录》卷一。
③ 王树槐：《中国现代化的区域研究（江苏省）1860—1916》，第174～180、第198～205页，台北，"中央研究院"近代史研究所，1984。
④ 《嘉定县续志》卷六《自治志》。1909年江苏谘议局的选举权拥有者为0.6％，江苏省议会在1912年增加为5.5％。见王树槐前揭书，第174～197页。

表 3-1　陈行乡地方自治职务的成员

姓名	年龄	履历	议事会			行政职			备考
			一	二	三	一	二	三	
胡祖德	52	生员		●		◎	◎		陈行胡氏。秦荣光弟子。
胡能让		图董	●	●	●				陈行胡氏。秦荣光弟子。
胡能谱			●	●	●				陈行胡氏。秦荣光弟子。
康善纪			●	●					
孔祥百	45	生员，日本弘文学院毕业	○	○	◎				陈行胡氏。秦荣光弟子。
徐绍元			●	●				○	
秦锡祺	38	江西饶州府经历		◎				◎	陈行秦氏。
秦锡芝	38	日本弘文学院毕业			●				陈行秦氏。秦荣光三子。
秦锡田	51	举人，内阁中书，江苏谘议局议员	◎						陈行秦氏。秦荣光长子。1912 年 8 月，县参事会参事员。
朱绳祖		生员			●				陈行朱氏。秦荣光弟子。
朱绳武		生员				○	○		陈行朱氏。秦荣光弟子。
孙诗镐					●				
孙夔龙			●	●	○				
赵正鹤			●						
陈谦吉			●						
任佐仁				●	●				
杨启端				●	●				
杨颂周				●	●				
李怡如		图董	●	●	●				陈行李氏。

前述所论地方精英人士们被选为乡议事会议员后，一部分人就任于地方行政职务。如表3-1所示，陈行乡在宣统二年(1910)至1913年的人员组成中，有选举权者比率与嘉定县并无太大区别。据1912年乡公所的户口调查所得，人口总数有12240人，有选举权者大约为420人，[①] 其中19名地方精英人士占有主要职位。陈行乡自治机构的成员组成特征是，出身于强大宗族的秦氏、胡氏、孔氏、朱氏，分别占有议长、副议长、乡董、乡佐等重要职务，并且从秦锡田的人脉来看，其中六名为秦荣光的弟子；加上与秦锡田相关人物则占有将近半数，可谓为陈行乡政最大的派系。再者，前节中谈到与秦锡田人脉有关的三林乡地方精英人士，也占有三林乡自治机构的重要职位(参见表3-2)。

表3-2　三林乡地方自治职成员(摘录)

姓名	年龄	履历	议事会			行政职			备考
			一	二	三	一	二	三	
赵履福	59?	生员	◎	◎	◎				三林赵氏，秦荣光弟子。1914年3月，乡董。
赵履信		生员	●	●					三林赵氏，秦荣光弟子。1912年8月，县议事会议员。
汤学钊	58	三林商会董事				◎	◎	○	三林汤氏。

资料来源：由民国《上海县志》卷二《政治下》，《陈行志》第三编《政治》，《秦砚畦先生年谱简录》《享帚录》《享帚续录》《陈行乡土志》等各情报汇总制作而成。

---

① 《陈行乡土志》第十二课《户口》。

注：年龄显示为宣统三年(1911)当时的年龄。

议事会、行政职栏一为宣统三年，二为1912年，三为1913年略。

议事会栏◎为议长，○为副议长，●为议员。

行政职◎为乡董，○为乡佐。

表3-1，姓名下有下划线表示为《陈行乡土志》的编纂者。

乡级的地方行政机构大致可分为二：一是由县级以上的行政机构主导，在各乡统一规划的警察、司法、教育等项目；[1] 二是由各乡自行规划的项目，包括设立学堂、修筑桥梁、整饬街区基础建设和水利等。

在制度上，上级行政机关统筹各乡行政。若观察其财源所出，地方警察经费来自房捐、中费以及违警罚款；关于乡教育经费，除了来自各乡及三乡学区教育行政机关拥有的教育款产地租、存款利息外，还从附加税之中抽取，[2] 大致被定位为地方财政的支出。另一方面，公共事业财源除附加税及捐纳之外，还依存于地方私人的财力。担任陈行乡乡董的胡祖德曾对修筑桥梁煞费苦心。[3] 例如1911年，陈家行镇中心架设的度民桥改建为石桥，由于供应石材发生问题，致使工程可能无法持续之际，胡祖德投入个人资产，才将工程顺利完成。[4]

三林乡的乡政也存在同样的情况。历任三林乡议事会议长、乡董

---

[1] 此类行政是将三林、陈行、杨思三乡作为联合区来进行处理。民国《上海县志》卷二《政治上·官治·司法官》，以及卷十三《防卫·警察》；《陈行乡土志》第十二课《沿革》。

[2] 《陈行乡土志》第二十九课《教育三·国民学校》。

[3] 《云翘胡君家传》，见《享帚续录》卷二。

[4] 《度民桥工程记》，见《梓乡杂录》。

的赵履福，对于有关三林塘镇的街灯铺设、维持与清扫道路等经费，因为向商人课征的"捐"税其金额限度，其余不足额部分则由经董办公费拨出，以便完成工程。① 在三林乡，也有通过地方精英的个人财产填补行政费用的现象。

　　尽管传记史料在性质上，对记载褒扬地方精英不免有其局限，但是也能厘清地方自治制度的最基层与这些精英人士之间的关系。换言之，地方自治是向县级以下的地方社会行政组织进行渗透，与此相对，也存在地方精英阶层拉拢到行政末端，将实际上行政机构所无法完成的地方各种事业，委托给这群人。另一方面，地方精英人士参与议会等官方性政治活动的目的，则是为了确保实施乡土建设时的财源，或是得以上达地方社会"下意"。因此，财政的主导权由谁来掌握，遂成为谘议局及地方议会的争论焦点，提出议案大部分都与财政相关。② 秦锡田在宣统元年(1909)成为江苏谘议局议员，宣统三年(1911)成为陈行乡议事会议长，1912年成为上海县议事会、参事会议员，1913年被选为江苏省议会议员，都反映出上述地方精英人士的迫切期望而为之奔波忙碌。

第二节　清末地方自治的诸问题与秦锡田的改革案

　　宣统元年(1909)谘议局成立，仅限拥有财产者享有选举权，并且

---

① 《赵和恪先生传》，见《享帚录》卷二。
② 王树槐前揭书，第174～215页；以及贵志俊彦前揭文。

受到来自督抚的严厉限制，地方议会的职能不能完全发挥，[1] 所以曾有人指出其虚伪性。[2] 然而，随着近年对于立宪制度引进过程的关注，出现了崭新的研究方法与解释。[3] 各议员所提出的议案中，呈现出不少地方社会所迫切期望解决的问题，亦即笔者认为地方精英人士关于自治的各种问题，姑且暂时搁置其议案结果，有必要探讨他们提出议案的背景及意图。

下面检讨清末民初秦锡田力图解决的两个问题，阐明他所面对的地方自治阻碍问题究竟为何。

一、浮收问题

宣统元年(1909)10 月，江苏巡抚瑞澄在江苏谘议局第一回常会上提出"议整顿契税方法案"，提出了研究关于契税更有效的征收方法。其中，他列举了历年存在的回避登记、隐瞒契约的事实，以及契约金额虚报等不法行为，进一步指出了契约与实际情况不相吻合的事实：新公布的章程中，户部所设的房产买卖契约中卖契每一两九分，典契每一两六分。如此税率负担过重，导致"隐匿取巧之弊"变本加厉，为

---

① 有关江苏谘议局与督抚的冲突，参见王树槐前揭书，第 180～188 页。
② 服部宇之吉，《支那研究》，第 112～127 页，东京，明治出版社，1916。
③ 田中比吕志前揭书；曾田三郎：《立宪国家中国への始动：明治宪政と近代中国》，京都，思文阁出版，2009。有关地方议会，参见沈晓敏：《清末民初的浙江咨议局和省议会》，北京，生活·读书·新知三联书店，2005；刁振娇：《清末地方议会制度研究：以江苏咨议局为视角的考察》，上海，上海人民出版社，2008。

确保税收必须寻求对策。①

　　然而，秦锡田提出"整顿契税宜先禁止浮收议案"，认为契税的隐瞒及金额的虚报，原因在于州县衙门征税时的浮收行为，并有如下陈述：②

> 　　州县征集契税，每银一两，照忙银例，收钱二千四百文。而银元亦照柜价核算，每元抑短钱一百七八十文。是民间完纳契税一两，应出银二元一角。按之市价，浮于正供者三之一。夫契税无所谓公费也，无所谓规复赔款也。乃故比附忙银，多取为利，是上以影射为取巧也。上愈取巧，下愈隐匿，上下相蒙，实上行而下效也。议员窃以为枉不可正人，兴利必先除弊，课实行整顿，亟当禁止浮收。闻浙省新奉部文，准以银元完纳契税。似宜仿照办理。每龙文银元一枚作库平银七钱二分。小银元一枚作库平银一钱四分四厘，及七分二厘，悉以银元铸字为准。如此则斠若划一，民间易于遵从。似亦整顿方法中之正当法也。

秦锡田指出虚报并多收三分之一的税额依据，是浙江省在契税征收之际，应根据市价而制定兑换率。换言之，一枚龙文银元兑换库平银七钱二分，由此若以库平银一两换算龙文银元，则为一元四角。仿照前

---

　　① 《苏抚瑞中丞议案》，《申报》1909年10月17日。详细内容被收录于《上海县续志》卷七《田赋下·杂税·宣统元年十月常会议决巡抚瑞澄交议整顿契税方法案》。
　　② 《整顿契税宜先禁止浮收议案》，见《享帚录》卷三。

例，秦锡田提议江苏省将银元与库平银的交换比价基于市价之后，以此为基础，进行以银元为单位的契税征收。这样州县衙门在征税时便无任何余地进行浮收，可促进契税的交纳。[①]

秦锡田指出浮收结构有以下两点问题。第一，州县衙门在现场征税之际，操作银元的交换比价，浮收差额。这点与清末的货币问题脱不了干系。由于光绪末年铸造的钱币流向海外，各省出现了钱币不足的现象，因而大量地铸造铜元，反而出现"铜元充斥"与"银贵铜贱"的情况。这种事态不仅对过去以浮收填补行政经费的州县衙门，对需兑换银元却无法筹措银钱币的纳税人，也造成了沉重的打击，直接导致之前从未发生过的"官民冲突"。[②] 货币问题引起了督抚们的强烈关注，两江总督张人骏提出"限制铜元议案"。此外江苏巡抚瑞澄对于以货币问题为首的经济波动，导致的州县行政费用不足的情况，提出了"议补救州县困难案"，也可看出对于此问题向谘议局寻求解决的对策。[③]

第二，契税的征收额度包含公费、规复附加税及赔款，均设定为正税的基准。[④] 其中公费源于同治四年（1865）至翌年苏州布政使实行的赋税改革，将过去州县政府非法征收的行政经费，附加于田租进行征收，在此基础上产生新税项。这意味着将非法浮收的一部分税赋加

---

① 《整顿契税宜先禁止浮收议案》，见《享帚录》卷三。

② 《上海县续志》卷三十《杂记三·遗事》。

③ 《江苏谘议局张制军提出议案》，《申报》1909 年 10 月 20 日；《苏抚瑞中丞议案》，《申报》1909 年 10 月 14 日。

④ 关于光绪末期的财政，参见贾士毅：《民国财政史》上卷，第 23～25 页，上海，商务印书馆，1917。此外清代财政构造的特征，参见岩井茂树：《中国近世财政史の研究》，京都，京都大学学术出版会，2004，第一章《正额外财政と地方经费の贫困》。

以合法化及制度化。① 此外，公费已被附加于正税，充当州县政府的行政费用，再将行政费用附加于契税内，则显得极不合理。从秦锡田的发言可以看出，对地方精英人士而言，传统州县衙门的浮收征税行为，被认为是地方自治必须革除的对象。

此种构想在翌年提出的呈报书中也有所展现。宣统二年（1910）12月，松江府属的各厅县衙门征收正税之际，没有遵守法定交换比价，有操纵银元价格、盗用侵占差额之嫌，秦锡田向江苏布政使陈情如下：②

> 为亟环求藩宪，准将钱粮柜价，援照径发民欠册章程，每届钱粮开征、核定洋价。除通饬各厅州县遵照外、并缮告示多张，径发厅州县自治公所，饬令该公所分发城镇乡自治公所，逐处张挂，庶几家喻户晓、胥吏无纵作弊。从此官民不相冲突，法令可以实行。多年积弊，一扫而空。

秦锡田提议，在进行正税征收之际，将法定交换比价向县、乡层级的自治公所公开，通过地方自治机关来监督征税体制，解决州县衙门的浮收行为。像秦氏这样的提议，也可说是推进地方自治的精英人士之动向及意图的反映。例如，针对奉贤县知县朱庚旦的浮收行为，由江

---

① 《上海县续志》卷六《田赋上》。有关同治年间的赋税改革，参见臼井佐知子：《同治四（1865）年、江苏省における赋税改革》，《东洋史研究》第 45 卷第 2 号，1986。

② 《呈藩司请法定柜价径札自治公所》，见《享帚录》卷三。

苏谘议局议员朱家驹为首的精英人士向松江知府、苏州布政使、江苏巡抚各衙门提出控诉，浮收部分被充作精英人士推动自治事业——学堂的运营费用，也可看作是此种反映与表现。①

秦锡田的提案及意图中，作为基层行政单位的州县的浮收组织，成为推动地方自治及确保自治财源的障碍，处于与地方自治对立的位置。

二、清丈问题

此外，秦锡田更致力于地方自治一环中征税体制的根本——清丈问题的解决。由于江南一带太平军的进攻，导致税源的流失，出现了鱼鳞图册的登录名单与现实中纳税人名目不一的情况。这使得州县衙门确保税收的工作产生困难，造成税收减少。同治年间虽有实施清丈，但却没有让情形出现根本性的改善。② 相反，以收税为主要任务的州县衙门，将短缺的税额转嫁到纳税人身上，以完成其规定的征收额度。清末江南类似这样的征税体制，导致州县衙门与地方精英人士之间的对立，逐渐成为一种普遍现象。③

上海县则因存在租界，使土地行政的状况更趋于复杂。这主要集

---

① 《上海市奉贤县志》卷二十九《人物志》；《奉贤朱遯叟先生八十寿序》，见《享帚续录》卷一。

② 《清查荒地宜通查全境议案》，见《享帚录》卷三。

③ 有关宝山县的状况，参见田中前揭书，第四章《清末民初における地方政治构造とその变化》。此外在嘉定县也存在同样的问题，见《嘉定县续志》卷三《赋役志·役法概要》，以及《上海市嘉定县志》卷三十五《传略·杨卫玉》。

中在分布于黄浦江两岸的滩地，与上海道台向外国居留者发行的"道契"两点上。黄浦江两岸一带素有被称为滩地及芦洲的沙地，根据衡量耕地肥沃度基准的科则，属于"荡""涂"的耕地，是利用价值较低的土地。然而，这段横跨上海县与宝山县之间、绵延十几公里的沿岸地带，由于租界设置的都市化，使得其经济价值大增，地价不断飙升。[①]

光绪二十一年（1895），两江总督张之洞设立上海滩地升科局（以下略称为升科局）。在上海道台的监督下，由该局负责上海、宝山两县关于黄浦江沿岸滩地的清丈及官有滩地的转让，并决定将由此产生的利润，充作购买纺织机器的经费。除了新发现的滩地之外，包括漕田、芦洲中没有官契，或超过官契所记载面积的土地，由局员的候补知府许宝书负责一律进行没收，并将此列为官有地，成为转让对象。此外，也没收了上述对象以外的准折地，因此出现了许多失去生计手段的乡民，弊害甚巨。不仅如此，一直持续到光绪二十六年（1900）的清丈，新掌握的滩地面积及通过转让所获得的利润等数据下落不明。并且升科局的支出，及用于纺织机器购入费用之外的用途，也不甚明朗。[②]

光绪三十二年（1906），鉴于这种情况，户部认为"谓钱粮鱼鳞册籍，在县署存续。局员呼应究多隔阂。田赋本地方官专职，此后归地方官经理"，下令两江总督废除升科局。对此两江总督提案将滩地行政置于上海道台的管辖下。结果，上海道台将升科局员中的精通业务者

---

① 《上海地价和物价》，收入上海通社编：《上海研究资料》，上海，上海书店，1984。

② 《上海县续志》卷七《田赋下》。

派至会丈局，并在上海县知县的管辖下进行滩地行政。上海道台派局员至会丈局，事实上意味着两个机关的合并，秦锡田对此坦言："从前两局互相牵制，未便通同。作弊者今则狼狈为奸，肆无忌惮。弊病百出，不可弹述"，这样的变化带来极为严重的后果。[①]

发生这种情况则与道契的存在息息相关。道契是指外国居留者在租借土地时，由中国官方发给的土地借贷契约文书；由于印有上海道台的捺印，故被称为道契。上海租界开设之初，外国居留者与土地借贷的相关业务并无特定管辖机关。直到光绪年间，由于租界扩张，使得土地借贷相关的冲突矛盾日益增多。上海道台龚照瑗于光绪十五年（1889）派人新设会丈局，让各国领事与上海县知县共同处理土地借贷等业务。[②]

实际发放道契的机关会丈局，由于使用的是原来的升科局员，产生了新的违法贪污手段。依据秦锡田上呈的《上海宝山绅士呈督抚院请撤上海滩地升科局》所言，升科局员滥用职权，勾结一部分商人，将伪造的土地所有证书篡改为道契，并挪用清丈过的滩地用以出售。产生巨大的挪用滩地利益的背后，与中国奸商、升科局员及对此默认的上海道台、洋商及列强势力三者具有紧密关联。具体的当事者可以久记、公和祥（怡和洋行建于虹口的大型码头商号）及大商人"奚朗"为例。由于登录道契手续上需有县的登录证，虽然有地方精英人士的倡议，知

---

① 《上海宝山绅士呈督抚院请撤上海滩地升科局》，见《享帚录》卷三。
② 《会丈局小史》，见《上海研究资料》。

县进行了调查，但迫于上海道台及美国领事的压力，事实完全被掩盖。①

　　关于东、西方官民之间各种利益交错的上海土地行政，对地方精英人士而言，和会丈局与升科局的监督官上海道台间的对抗关系，可以说是最大的问题。例如，秦锡田在杨浦局董周希濂的传记中，描述了以下事件：②

　　　　沿浦未升科涨滩，乡民争砗芦苇，动辄械斗。君请邑令汪懋琨拨充蒙学经费，已准谕亭者协保查丈，而蠹保莠民串卖于沪南木商。君请县撤惩逮保拘押。木商惧，贿君千金请息事，君坚却之，木商遂贿通某道檄县释保。君之志愿未酬，尝引为憾事。

　　此处升科局的名称虽没有直接出现，但不难想象：上海南市的木商与地保相互勾结，强买滩地，经由升科局员利用上述手段，使滩地成为道契登录地之后，进行转卖。上海道台强迫知县释放与之有关系的地保，也是因为若被人发觉自己是当事者，参与了土地行政背后的黑幕，必定不是什么光彩的事。清末任上海道台的官员之中，后来荣升督抚及外国大使的例子不少，这固然是在处理租界事务期间培养出的政治手腕，但也很难否定他们在租界所建立的人际关系及巨额的不法收入，

---

　　① 《上海宝山绅士呈督抚院请撤上海滩地升科局》，见《享帚录》卷三。
　　② 《清故候选千总武举人周府君家传》，见《享帚录》卷二。

也产生了极大的作用。①

于此之前，当劝学所成立之际，上海县精英人士要求升科局，将售出滩地所获利润，并购入大生纱厂官有股份，以利润的一半作为劝学所经费，但最后并未实现。就上海道台派升科局员至会丈局任职一事，精英人士在光绪十四年（1908）向上海道台提出了停止派遣局员的呈文。② 并且在第二年，由秦锡田代表上海、宝山两县的绅士呈报督抚，陈述"上海县升科事，宜专归县办，不另派委。仍将会丈局大加整顿"，请求废止升科局。③ 精英人士以废止升科局、整顿会丈局来抵制上海道台的非法行为，让升科事务由原先的知县管辖，意图在掌握土地行政的范围内继续保有影响力。

针对上述上海县土地行政的情况里，秦锡田在宣统元年（1909）的江苏谘议局第一届常会上，提出关于清丈的《清查荒地宜通查全境议案》，并做如下陈述：④

厘正图籍，本为地方自治入手要着。故清查州县之荒地，不如清查州县之全境，尤为扼要。查宁属之通州、苏属之宝山县，业已办有成效。拟请两院行取通州宝山章程，通饬各厅州县，参

---

① 有关上海道台，见《上海道台考略》，收入上海通社编：《上海研究资料续集》，上海，上海书店，1984。此外在《秦砚畦先生年谱简录》上，宣统元年己酉四十九岁之条中，有关上海道台蔡乃煌的营私舞弊，有记载云"上海沪海道蔡乃煌贩地于外人，蚀侵学产（姚子让先生为劝学所总董）。先生举发其事，由同乡京官弹劾"。

② 《上海县续志》卷七《田赋下》。

③ 《上海宝山绅士呈督抚院请撤上海滩地升科局》，见《享帚录》卷三。

④ 《清查荒地宜通查全境议案》，见《享帚录》卷三。

酌地方情形，仿照实行。先设速成测绘学堂，限令半年或一年毕业。学成之后，分赴四境，实地绘丈。检核单串，对勘图册。按亩清查，一丝不漏，则旧荒新涨，以及无粮无主之田，水落石出，朗若列眉。从前隐匿侵占各弊，一扫而空。

开始实施清丈较早的地区，可以举通州与宝山县为例。尤其作为上海县邻县，宝山县一直是 20 世纪 20 年代上海县清丈开始之前，地方精英人士主导相关事业的模范及正当性依据，屡次被秦锡田所提及。[1] 若依宝山县的事例，营运、管理清丈事业的清丈局及培养土地测量人员的绘丈学堂的主要人员，皆由担任地方自治的精英人士所把持。[2] 以往由县衙门管理、可以随意分担税额及成为非法行径温床的鱼鳞图册，在清丈局、绘丈学堂的主导下，可以将正确的土地所有情况及课税信息与精英人士共享，从而防制县衙门的任意征税。更进一步，这意味着，附加于税中被征收的自治经费，可以合理地分配给地方，精英人士掌握了自治的实质性主导权。也就是说，地方精英人士推动地方自治，鲜明地凸显出与州县传统的基层行政机构之间的对抗关系。从清丈一事中可以看到，对地方精英人士而言，指出过去基层行政中知县、胥吏的惯性行政机能存在问题，进而取而代之，是地方自治的目的。

---

① 《清丈筹备处驳清理官产处干涉清丈呈县文》，见《享帚录》卷三。
② 参见田中比吕志前揭书，第四章《清末民初における地方政治构造とその变化》。

第三节　民初的地方行政财政与秦锡田的活动

本节着眼于清末地方自治制度引进后出现官民对立的各种原因。以秦锡田的活动，分析 20 世纪 20 年代上海县地方行政、财政的官民关系的实际情况，以及从中展现出来的地方意识。

一、作为地方利益代言人的秦锡田

清末秦锡田在江苏谘议局所提出议案中，关于确保地方财源进行的征税改革，在辛亥革命后召开的临时省议会上做出决议。秦氏在姚文楠(1857 — 1934)①的传记中，描述如下：②

　　　　宣统纪元，江苏谘议局成立，先生被选为议员，审查财政重要诸案，辨析公私之性质，消弭官民之争端，以定兴利除弊之计划。清社既屋，国体变更，开临时省议会于苏州，改忙漕征收之法，革货物通过之税，剔除火耗平余之规费，而归之地方。其他一切专制之敝政扫荡无存。皆先生主其议也。

① 　姚文楠在清末地方自治引进之际，是历任学务公会会长、劝学所总董兼县视学、上海城厢内外总工程局议事会议长、江苏谘议局议员的地方精英人士。1913 年被选为国会众议院议员。民国时期历任上海市经董、地方款产处总董、上海县参事会参事员、清丈局总董等，尽力于上海县的事业。《上海姚子让君墓志铭》，见《享帚续录》卷二。如其经历所展示的一样，在地方政治上姚文楠主张及其利益诉求，虽与秦锡田有着相当程度的一致，但相比之下，姚文楠对于上层政治舞台有着更大的影响力。

② 　《姚子让先生七十寿序》，见《享帚录》卷一。

该决议随后由省议会议员提出了财政法案，在纠举不法征税之际虽被看成法律依据，但并没有行政机构将其履行。1914 年地方自治制度停止后，县及市乡等地方税以形形色色的名目复活，以充实省府财源为借口，甚至企图加收新税及新附加税。①

面对这种情况，1916 年省议会的恢复，使得"地方社会的民意"在一定程度上能通过省议员传达至行政机构。秦锡田在之后不久，马上复职为省议会议员，第二年在省议会上提出了有关税制的两项议案，都反对增税。②

关于田赋征收，秦锡田对省行政机构计划设置省附加税及正税征收费等新式名目，列举了征税上的六点谬误和不当的理由。不管参照合法性、现状还是惯例，省行政机构都不具备正税征收的正当性，从而主张省长不应实行以国税征收为后盾的附加税。此后，基于省议会第二次常会决议案内容，要求省长向财政部请求不附加征收费，国税的行政经费由国家负担，省税的行政经费由各省独自负担。③

然而结果是：征收费被附加于正税，秦锡田的陈情徒劳无功。④地方精英人士虽然通过省议会，企图整饬征税制度，可是省议会并不

---

① 《提议忙漕征收费不应附征案》，见《享帚录》卷三。有关县、市乡的地方税的分配比率，见民国《上海县志》卷一《田赋》、卷三《财用三·捐税》。
② 《提议剔除验契积弊案》《提议忙漕征收费不应附征案》，见《享帚录》卷三。前者是与验契税相关的议案，后者是与被附加于田赋的征收费相关的议案。
③ 《提议忙漕征收费不应附征案》，见《享帚录》卷三。
④ 《地方款产经理处呈省长财政厅长文》，见《享帚录》卷三。

能有效限制行政机构。此外，省议会运作本身也有很大的问题。正如"盖权利之心日渐发达，旧道德日渐坠落矣"的总结那样，省议会成为主要利益争夺的战场。在以诗的形式写成的《七十自述》中，省议会的样貌如下文所述：①

> 省会开春初，人才何济济。利欲每熏心，强词能夺理。
> 吾辈逆潮流，硁硁持正谊。岂徒蚊负山，翻若蠡测海。
> 解散经三年，尚不知改悔。筑室与道谋，成功本难俟。

在《七十自述》里，秦锡田对于自己在谘议局省议会的活动，吐露了"每届开会，惟随诸老背后，准时到会而已"，自觉非常羞愧。② 例如，清末留学日本学习法政学的雷奋（1871 — 1919），以及后来倾向革命思想的黄炎培（1878 — 1965）等议员，即在江苏谘议局高谈阔论，③ 从《申报》里可以确知省议员活动对当局发挥的影响力。相较于此，代表上海县及其周边农村精英人士的秦锡田，即使在省级的政治舞台上担任"民意"代表，能够活跃的余地似乎并不太多。此外，在第一节中可见，秦锡田被选为江苏谘议局及江苏省议会议员，肩负了以农村精英人士

---

① 《七十自述》，见《享帚录》卷八。
② 《七十自述》，见《享帚录》卷八。
③ 雷奋出身江苏娄县，曾留学早稻田大学。清末任江苏谘议局议员、资政院议员，并以议论立宪制而为人熟知。辛亥革命之前担任张謇的顾问，中华民国成立后参与法律的起草。黄炎培生于江苏川沙县，清末举人，曾创立中华职业教育社并开展教育活动。中国民主同盟的发起人之一，之后建立中国民主建国会。

的身份将"下意"传达到省级政治舞台的期待，必须有一定的人脉，而非以崭新的政治思想或支持特定的政治党派主张为背景。以上可以看出，秦锡田毋宁是以地方利益的代言人身份，亦即作为将乡村层级精英人士的陈情，向县、省等上层传达的沟通渠道，而被寄予厚望。①

秦锡田在 1919 年辞去省议会议员之后，1921 年担任上海县公款公产管理处（以下略称为款产处）总董，专门负责县级"自治"中的地方财政问题。秦锡田也确实将乡村社会中的问题向上传达，并努力完成大家的期待。

顺带一提的是，有关 20 世纪 20 年代秦锡田的活动，《享帚录》卷三收录合计 37 件公文，比较详尽地透露了他在县、省的行政当局之间的具体往来。虽然其活动中心款产处及清丈筹备处的动向，可从《申报》等处获得一定程度的了解，但想要详细厘清当事者一方的意图，这些公文就显得相当重要，详见表 3-3。

表 3-3 　《享帚录》所收 20 世纪 20 年代秦锡田的公文一览

编号	时期	公文名	概要	分类
1	1922 年 7 月	地方款产管理处呈财政部暨督军省长文	对于江苏官产处以升科为借口干涉上海县的清丈之事，请求财政部给予斥责	款产处

---

① 另有显示此类功能的事例。在南汇县，对于县使用本应归属于乡的教育公产，当地精英曾发起过将公产归还乡的呈报。当时，秦锡田担任介绍人。见《南汇县西联乡经董陆以钧请议观涛小学基本公产归乡案》，《南汇县教育会月刊》第 24 期，1919。

编号	时期	公文名	概要	分类
2	1922年9月	太湖流域防灾会分呈大总统暨国务总理内务部总长文	对于太湖水利工程局的行动，与江浙人民的愿望相违背的状况，为了阻止灾害的发生，呈报彻底进行局内的改组	太湖流域防灾会
3	1922年11月	清丈筹备处驳清理官产处干涉清丈呈县文	对于江苏官产处干涉清丈，向县知事呈报上海县应当清丈的理由，以及纠正江苏官产处的谬误	清丈处
4	1923年5月	清丈筹备处呈江苏省长文	向江苏省省长呈报请求批准在上海县实施清丈，附有《上海县应办清丈之理由》《上海县清丈办法大纲》等文章	清丈处
5	1923年8月	清丈筹备处呈县知事文	在改订清丈规程、增加办法大纲的基础上，对于制定《丈量道契地细则》，请求县知事的批准	清丈处
6	1923年9月	市乡董呈省长文	对于浚浦局为填埋黄浦江两岸的土地而导致水位上升，并且使得水量的调整机能丧失之事，向省长请求拨出浚浦局随意征收的滩地升科银以进行改良	市乡董
7	1923年9月	太湖流域防灾会复江苏水利协进会函	对于由江苏水利协进会中的江苏省25县代表参与筹建太湖水利协进会、变为太湖水利工程局的下级组织之事，指出已有江浙水利联合会存在，并对浙江方面不参加的"地域主义"行为提出指责	太湖流域防灾会

编号	时期	公文名	概要	分类
8	1923年9月	太湖流域防灾会呈江苏浙江省长文	对于太湖水利工程局的江苏籍局员企图筹建太湖水利协进会之事，太湖流域防灾会决议斥责。主张江浙水利联合会若需要进行改组，应待自治制度恢复，并经过议会的合法手续才可以进行	太湖流域防灾会
9	1923年11月	各乡经董呈省长暨财政厅县知事文	考虑到被征收各式各样的亩捐（地租），民众已十分困乏的状况，各乡经董向省长、省财政厅、上海县知事进行呈报，请求当务之急有必要利用马巡费来充当户籍行政的费用	各乡经董
10	1925年4月	县款产处致十九市乡联合会函	决议户籍费由房产交易的中费来填补，各市乡将所征收的中费集中于款产处进行管理，并公开支出状况。然而，这些并未履行。因此向市乡联合会请求对于中费的集资拖欠、经费也与现实不相吻合等问题进行检讨	款产处
11	1925年5月	款产处呈省长文	1915年为了建设省立第五工厂，租借县有家屋以及慈善团所有的土地，然而由于1922年工厂的停工，向省长提出归还县公产。1923年以后虽屡次请求，但由于必须等待省议会议决，所以迟迟未履行。提议将旧址作为图书馆使用	款产处

编号	时期	公文名	概要	分类
12	1925 年 10 月	地方款产经理处呈省长财政厅长文	在征收田赋之际，由于没有明确地区分国税、省税、县附加税、征收费，导致盗用以及挪用等弊害丛生。对此向省长请求各项目应当区分账簿，有关县附加税以及征收经费，则由款产处与教育局派遣人员进行监督	款产处
13	1925 年 10 月	教育局地方款产经理处会呈沪海道道尹文	沈知事与李知事在任时并未实行的通过款产处等对地方经费征收的监督，在张知事就任后有关忙漕付税陈述其已正常化，关于契税以及牙税等也请求沪海道道尹遵照省令	款产处，教育局
14	1926 年 2 月	款产处呈县知事文	款产处所进行管理、支出的户籍经费以上海市为首的各地区，大幅度超过规定支出，也有一部分地区将经费留在当地，或是请求转用。由于通过款产处来管理、支出这些经费十分困难，所以呈报请求将有关项目，交由十九市乡联合会进行接收管理	款产处
15	1926 年 4 月	十九市乡董佐致县知事节略	从同治七年开始蓄积的积谷借款，于 1924 年被何护军使挟去 106200 元。向省长呈报后请求何护军使从国税中归还，但此请求没有通过。对此由县知事向省陈请要求归还，并呈报实施平粜	十九市乡董

编号	时期	公文名	概要	分类
16	1926 年 6 月	款产处总副董暨十九市乡董佐呈县知事文	因实施平粜的地域仅限市区，而各乡并未实施，加之 3 月以来米价高涨，购入 10 万石需要 50 万元，若无被何护军使拿走的 10 万元则无法填补这一空缺。请求县知事向联帅及省长将上交省税的一部分，留于县内填补平粜费用	款产处，十九市乡董
17	1926 年 7 月	款产处呈县知事文	因款产处以及同仁堂、辅仁堂共同拥有的市区公产，被李知事误认为是县有资产，而将此转给南市保卫团之事，向县知事请求将此订正为公产	款产处
18	1926 年 10 月	地方款产管理处呈省长文	位于上海市中心的刘公祠与愍忠祠是地方公产，每年存有粮串。关于未曾使用的房屋，在光绪二十九年以后以校舍的方式出租。尽管如此，反驳省立师范学校校长主张其为县有，提议增建附属小学校舍	款产处
19	1926 年 11 月	十九市乡呈省长财政厅长文	对于省下令提前征收 1927 年度冬漕每石 3 元之事，由于本年收成不佳，导致民众无能力偿付，所以请求免除	十九市乡
20	1926 年 12 月	市乡行政联合会上省长财政厅长节略	对于冬漕每亩附加收取银元 2 角以维持省库之事，上海县因深受灾害，收成不佳，请求以办法第 2 条根据收成量予以减免，不足份额延长至明年小麦收获时再行征收	市乡行政联合会

第三章　从一个地方精英人士看清末民初的官民对立 | 159

编号	时期	公文名	概要	分类
21	1926 年 12 月	十九市乡呈省长财政厅长文	对于上海县收成不佳的情况，请求认证，依照特借亩税办法，给予减免或延长征收赋课。然而，存在有关被减免的田亩，在记载征收方法的内容与其不同记述的状况，请求对其进行改善	十九市乡
22	1927 年 8 月	县款产处呈县长文	关于上海县党部特别委员会要求每月 1200 元的党部经费，提议依照 1924 年议会经费负担的前例，由款产处每月支出 440 元，余下部分则由房捐支出	款产处
23	1927 年 9 月	县款产处呈吴江县长文	省民政厅对积谷经费进行实际状况调查之际，要求各县汇报实际保留的钱款与米谷量。对此，款产处说明上海县以积累钱财的方式进行积谷；由各善堂轮流管理、移交至款产处；以及 1924 年 8 月被何护军使拿走 10 万元等事，无任何补偿，蒙受巨大损失，并请求善后对策	款产处
24	1927 年 10 月	上海县地方款产处呈江苏民政厅长文	房捐作为上海县下各市乡的地方费而使用，原由款产处进行管理和运用。此条例源自于 1920 年公布的江苏各县地方款产经理处条例。尽管如此，受到县公署的压力，暂时将此归于县公署的管理之下，向民省厅长请求将此移至款产处管理	款产处

编号	时期	公文名	概要	分类
25	1927 年 10 月	各市乡董佐呈上海特别市市长文	上海特别市的管辖范围定在拥有闹市的上海、闸北 2 市区，关于大部分是农村地带的其他 17 市乡，请求仿效南京市的事例，不将此编入特别市内	各市乡董佐
26	1927 年 10 月	县款产处呈民政厅长文	有关被何护军使拿走积谷费用 10 余万元的填补方法，请求将借于洋商土地地租的剩余部分以及附加税的一部分中，每年提交 1 万元作为积谷费用。此外，还建议以兵器工厂的剩余土地以及位于龙华的未使用官产来补偿	款产处
27	1928 年 ？月	款产处呈县长节略	关于县署进行征收的附加于国税及省税的地方经费，是否正确征收，而派遣的稽征员与监收员的待遇问题，向县长提出质询。指出地方经费并没有如数交付的原因之一，是将柜书以附加税的形式填补正税的缺额	款产处
28	1928 年 2 月	款产处呈呈江县长文	在与县政府、省政府、省财政厅的交涉中，虽决定房捐回归款产处"保管"，但以房捐的征收权则并未移交至款产处为由，对于"保管"的意义提出质疑。此外，关于房捐的征收权被县所剥夺期间，有关捐的账簿未被移交、党部经费垫款还尚未归还等事进行陈情	款产处

编号	时期	公文名	概要	分类
29	1928 年 2 月	款产处呈省政府暨（民财）政厅文	关于房捐，县政府的回答是应与上海特别市财政局进行协议。款产处呈报省政府如下事宜：特别市与款产处因为并不是管辖一隶属的关系，县政府事实上放弃职权，所以款产处无法管理房捐。县政府所保管的房捐移交款产处	款产处
30	1928 年 6 月	地方款产管理处呈民政厅长文	对于省立第二师范学校校长主张刘公祠与愍忠祠为校产一事，虽然向前省长呈报，并展示碑文拓本以及粮串的抄件，证明其为地方公产，然而被拒绝。对此，再次向省民政厅长呈报其为地方公产	款产处
31		地方款产管理处复江苏大学上海中学校函	有刘公祠与愍忠祠是江苏大学附属上海中学校产的主张。对此，陈述刘公祠与愍忠祠于清末之后作为校舍借出的原委。学校计划增设校舍而县议事会曾下令公产回收，校方则以省权力为后盾，突然主张其为校产，对此进行反驳	款产处
32	1928 年 7 月	地方款产管理处呈上海县政府文	环绕刘公祠与愍忠祠的纠纷，省公署训令款产处不可侵害主权。对此，款产处列举该房产的所有权归于款产处的理由：50 年来一直支付地租；关于 1924 年省立第二师范学校附属小学的校舍改建，向款产处进行商讨，并请求再次调查	款产处

编号	时期	公文名	概要	分类
33		地方款产管理处呈国民政府内政部暨江苏（省政府民政厅）文	关于刘公祠与愍忠祠的所有权归属款产处一事，列举以下证据：在刘公祠发生境界问题之际，款产处成为交涉的当事者；1921 年上海地方审判厅的判决书中，证明款产处所有权，并向内务部等请求应当将其归还给款产处	款产处
34	1928 年 8 月	款产处复县政府函	旧上海县被分割为上海特别市与上海县。因上海县所拥有的田地仅有过去的 37%，款产处所负担的县党部经费也应减额到 37%；过去款产处所管理的房捐，也由特别市接收。此部分的党经费也无法支付一事，向县政府通告	款产处
35	1928 年 8 月	八乡呈县政府文	以上海特别市与上海县被分割为由，请求改订上海县属的 8 乡的地租征收方法。其内容将是过去以保为单位的办法，改成以乡为单位，以及考虑乡民之便，分设乡柜	款产处
36	1929 年 1 月	县款产处呈报复县长文	县属参照义仓管理规则，对于县义仓的有无进行问询。向县长报告历来上海县的积谷由钱财累积来负担，以及其大部分在军阀时代已被拿走等事	款产处

编号	时期	公文名	概要	分类
37	1929 年 10 月	款产处呈县长文	省民政厅对款产处保有的积谷款金额提出疑问，并照会县署此事。对此，款产处呈报的理由如下：除被何护军使拿走的 10 万元外，还被历任上海县长转用，导致本来应积累的金额无法保存	款产处

资料来源：《享帚录》卷三。

注："分类"表示提出公文的主体。"款产处"是地方公款公产经理处、地方款产管理处、地方款产管理处的略称。"清丈处"是指清丈筹备处。

　　大多数公文都是以款产处负责人的名义公布。从这些内容可以见到官民对立的实态，还有跟田赋之间存在密切关系的清丈处时期公文，两者将一并在下面展开讨论。但若从各种基层意见得以上达的形式来看，秦锡田的任务在于为上海县的市乡，特别是为了农村精英人士的要求，就确保市乡自治顺利运营的经费一事，向县、省"上达"意见。围绕上海县的积谷款问题，由秦锡田代表县的 19 乡向省当局陈情这一事实，也体现出秦锡田在当地社会扮演的角色。[①] 换言之，清末地方自治引进之后，以自治区、行政区定位的市区及乡区，开始形成以政

――――――

　　① 伴随 1923 年 6 月地方自治的恢复，上海县的 19 市乡组成"十九市乡议会联合会"，见《十九市乡联合会开筹备会之发起》，《申报》1924 年 12 月 21 日。此外，议会方面也采取了同样的行动，见《市乡议会联合会之发起》，《申报》1925 年 12 月 28 日。然而，款产处总董的秦锡田不仅代表市乡发挥了"下意上达"的作用，也担任各市乡间负责调解的角色，以及扮演对各市乡应履行的县全体费用的监督者角色。《县款产处致十九市乡联合会函》，见《享帚录》卷三。

治和行政为主体的地域意识，并以秦锡田为渠道，将官民间的利益冲突形式表露出来。

然而，就水利相关的公文中可以看出，秦锡田并非只是单纯站在狭隘地域主义的立场，主张地域社会的利益。担任太湖流域防灾会议事员的秦氏，对于由江苏省 25 县代表所组成的太湖水利协进会——太湖水利工程局的下层组织一事时曾说，"太湖又不啻全部属于吾苏，浙人多未便置议，是贵会排斥浙人之心，必昭然若揭。夫太湖之通塞利害，与苏浙人民息息相关；古之治水，或浚源导流，或循流溯源，必使源流毕贯，方能泛滥无虞。贵会顾欲划疆而治，此敝会所不解者也"，指出江浙水利联合会既已存在，江苏省排除浙江的行动是基于地方主义。[①] 并且，向省当局呈报江浙水利联合会有必要进行改组，须待地方自治恢复并通过议会的合法程序。[②] 秦氏展现了家学的传承，对江南水利问题的造诣颇深，以水利研究专家的身份参与《江南水利志》的编纂。[③] 在各地受到江南地方水利的影响一事上，屏除狭隘的地

---

① 《太湖流域防灾会复江苏水利协进会函》，见《享帚录》卷三。此背景中还存有其他的脉络，亦即本章主题官民对立的脉络。1919 年设置的太湖水利工程局，由于胡乱浪费经费，以及官僚只顾坐享其成，不劳而获，导致无法提高成绩，太湖流域防灾会向国会请愿裁撤该局，见《太湖流域防灾会请愿国会书》，《申报》1922 年 10 月 27 日。在此之前，太湖水利工程局非法将典当的省款作为抵押，也被视为问题。在这些情况之中，向国家"上达"地方意向，扮演桥梁作用的人，便是秦锡圭。见《太湖流域防灾会请愿国会书》，《申报》1922 年 9 月 20 日。

② 《太湖流域防灾会呈江苏浙江省长文》，见《享帚录》卷三。

③ 例如，秦锡田、姚文楠、沈佺修合编《江南水利志》（1922 年江南水利局木活字印）等著作广为人知。此外，《申报》也刊登精英人士对于水利政策的建议，以及秦锡田亲自草拟的建议，从中可以看出其身为水利专家的地位。《秦锡田修吴淞江之意见》，《申报》1922 年 9 月 19 日；《十四县官绅议修宝山塘续记》，《申报》1922 年 11 月 7 日。

方主义、力求地方间的合作这一点，秦个人也充分展现出跨地域的人物的特征。

二、围绕地方公款公产管理处与地方财政的对立

上海县自清末起，为预防灾害而备有积谷款，还有属于县政府的庙产等公款、公产。公款、公产亦是教育事业的主要的财源，直到民国时期仍为教育经费。[1]辛亥革命后，人们认识到成立管理公款、公产机关的必要性，1912 年县议事会上决议设置地方特别会计处，以便对此进行管理。1914 年 3 月，伴随县议事会的解散，又设置款产处，将公款、公产移交于此机关。[2]

由秦锡田编纂的民国《上海县志》中，政治志将政治分为"官治"与"民治"两部分来记述，款产处被视为"民治"。可见对推动地方自治的地方精英人士而言，款产处与地方议会、劝学所、教育局、教育会等一样，并列为地方自治的象征性团体。[3] 因此，款产处干部是由上海县内具有代表性的人士负责。[4] 秦锡田从 1921 年 10 月至 1931 年，长达 10 年时间，担任该处的负责人。

款产处主要活动，可列举积谷款和城隍庙为首的县有庙产的管理

---

[1]　民国《上海县志》卷三《款产》。
[2]　民国《上海县志》卷二《政治下·民治·（五）公款公产管理处》。
[3]　《预为筹集自治经费之县令》，《申报》1921 年 3 月 30 日。
[4]　历代干部姓名与任期，见民国《上海县志》卷二《政治下·民治·（五）公款公产管理处》。款产处的组织与代表职务的变迁如下：1914 年 3 月，地方公款公产经理处经理员；1921 年 10 月，地方公款公产经理处总董；1926 年 7 月，地方款产管理处处长；1927 年，地方款产管理处总董；1928 年，地方款产管理处主任。

及运用。从秦锡田所拟的公文中可见：积谷款、县有土地的管理和运用，伴随着各相关机构之间的交涉与纷争。① 此外，还有附加税的收领与交付。县、市乡的行政费与教育费被附加于田赋上，由县政府一并征收。行政费的收领与交付给各市乡，也是款产处的重要职能②；县政府征收地方附加税的同时，也对产生的各种问题进行处理。③ 再者，款产处具有对县以下的各市乡进行指导、调整等作用，也承担了一部分地方行政。④

除了上述介绍的行政功能之外，款产处还有代表上海县下各市乡的机关。秦锡田长年身为该处负责人的理由，正是基于款产处的这种性质。市乡精英人士对秦锡田的期待，即在于他所拥有的人脉，可以将地方的要求向更上层的行政当局进行传达。故秦锡田发挥了关键性

---

① 同治七年开始累积的积谷款 10 万多元，于 1924 年被淞沪护军使何丰林强行夺走。款产处以及精英人士们要求归还积谷款，几度都不能如愿。何护军使同意从国税归还，并将此呈报省长，但并未获得许可。《十九市乡董佐致县知事节略》《款产处总副董暨十九市乡董佐呈县知事文》，见《享帚录》卷三；《姚文楠请韩省长拨还上海积谷款》，《申报》1925 年 1 月 11 日。关于县有土地的管理、借贷以及土地纠纷，《款产处呈省长文地方款产管理处呈省长文》，见《享帚录》卷三。

② 县附加税中 70％被填补为教育费，县以及市乡的教育费的受领、交付业务由劝学所（之后改组为教育局）进行管理。《七十自述》，见《享帚录》卷八。

③ 《地方款产经理处呈省长财政厅长文》《教育局地方款产经理处会呈沪海道道尹文》《县款产处呈县长节略》，见《享帚录》卷三。

④ 有关款产处户籍簿制定的经费以及实施，《各乡经董呈省长暨财政厅县知事文》《县款产处致十九市乡联合会函》，见《享帚录》卷三。

节点的作用。①

　　此处就秦锡田的言行，作为代表款产处精英人士与行政机关之间地方税制的关系进行一番考察。对于县方浮收的结构性问题，秦锡田曾与县方及上级官厅交涉，致力于推动改善浮收及确保地方财源。他对县方征收地方税及交付方法的实际状况，陈述如下：②

　　　　忙漕县附税，县公署代为征收，而款产主管机关随时具领。县知事靳而不与，至去任时，携款以去。历任侵挪六万余元，至今犹交代未清。

诚如上述，地方附加税的贪污私吞，起因于国税及省税一并征收，每项税目都没有公开合法的征收额度。秦锡田指出"至粮柜之欠解地方费，实缘前任管理授意柜书从附税亩捐移解正税"③，县知事通过地方附加税来填补正税征收额之不足，以及被县知事与职员所盗用的

　　① 《十九市乡呈省长财政厅长文》《市乡行政联合会上省长财政厅长节略》《十九市乡呈省长财政厅长文》，见《享帚录》卷三。此外，伴随 1923 年 6 月地方自治制的恢复，上海代表的士绅以"地方自治为民治之精神"，自治嚆矢必在上海率先实施为由，联名向淞沪护军使呈送恢复自治的请愿书。秦锡田也联名其中。《上海士绅公呈淞沪护军使请愿恢复上海市政文（1923 年 7 月）》，《上海市公报》1924 年特刊。
　　② 《七十自述》，见《享帚录》卷八。
　　③ 《款产处呈县长节略》，见《享帚录》卷三。针对因柜书而导致的征税弊端，也有通过款产处征收正税来进行解决的意见。《忙漕托地方代收之提议》，《申报》1922 年 12 月 1 日。

部分。①

1923 年 3 月，秦锡田与姚文楠所属的江苏省教育会向县征税机关提出请求，针对逐日受领地方附加税一事，向款产处及劝学所派遣监视员。江苏省长酌量地方的实际状况，下令各县知事进行处理。受此影响，1924 年 1 月上海县议事会因地方自治，恢复改选后，通过了"整顿附税规定"。这项规定后来在上海县参事会中也获得通过。然而，县知事沈宝昌拖延接受监视要员，并不遵守议会的议决，"挟军阀之淫威，蹂躏民权，悉将地方款项席卷而去"。此外 1925 年 8 月，县知事李祖夔以附加税逐日受领的手续烦杂为由，参照现行征收一个月后向款产处等机关交付的制度，拒绝了款产处与教育局派遣监视员的请求。同年 8 月，款产处要求县知事李祖夔遵守省令，并在 9 月底将正税与附加税的个别账目分离，由监视员逐日记录税额，但县公署并无付诸实施。②

对于历任县知事拒绝接受监视员，秦锡田在 1925 年 10 月向省长及财政厅长上陈，要求审查、批准地方附加税的新征收方法。新征收方法具体内容为：设置国税、省税、县附加税及征收费等 8 个柜的账目，且账目只有经过县知事的盖章才能生效。通过县的征收人员与款产处、教育局监视员的每天记录，正确把握税额。甚至将国税、省税

---

① 此类营私舞弊的行为，还波及房捐等其他税项。《上海县地方款产管理处呈江苏民政厅长文》，见《享帚录》卷三。

② 《教育局地方款产经理处会呈沪海道道尹文》，见《享帚录》卷三。李本人的公金挪用在前年已成为问题。《各法团请查李知事挪用公款》，《申报》1924 年 12 月 8 日。

乃至征收费的当日账目共同交由县公署，而县附加税由款产处、教育局的监视员将当日实际数额盖章并受领，账目当日送抵县公署，以备查参考。此外，月底清算一整个月的收入，由款产处、教育局出具收据。这一方法可经由派遣监视员到征税现场，使征收额与受领额一致，并且通过当日受领，能够防止附加税的贪污私吞，以及填补其他税目的损失。① 根据秦锡田的回忆，新任的知事接纳了这一"地方公意"，秦氏等人对征税现场的监视请求，在制度上得到部分实现。②

针对基层行政体制的浮收情况，地方精英人士前后的努力，终使征税建立监视体制的建立，取得一定的进展。可是嗣后政权更迭，1927 年 4 月成立南京国民政府，同年 6 月设置上海特别市，情况骤然一变。由于南京国民政府推行中央集权，将上海县下 19 市乡中的北部11 乡，编为上海特别市，仅将南部农村的 8 个乡留在上海县。③ 然而，行政区划改编之后，省当局却并没有将地方情况纳入考虑，还是把上海县看作"一等大县"，将税额设为跟过去相同的标准，导致"县民日益困苦"。④

民初地方精英人士虽拥有一定的制度性保障，在 20 世纪 20 年代极不稳定的政治局势中随波荡漾，可是实际执行却极为困难。即便在

---

① 《地方款产经理处呈省长财政厅长文》，见《享帚录》卷三。

② 《七十自述》，见《享帚录》卷八。

③ 上海特别市被设定以过去的淞沪地区为范围，但在上海县出现了各式各样针对分割特别市及其残存部分的意见，也出现了撤销上海县的主张。《张市长宴请本特别市各市乡乡董纪事》，《申报》1928 年 2 月 16 日。

④ 《七十自述》，见《享帚录》卷八。

秦锡田发挥渠道作用的各个乡区中，必要的行政服务的财源也无法确保。[1] 地方精英人士主导确立由"下"而上的政治体制的尝试，历经了各种挫折。而如何将县以下层级的地方社会有机性地编入行政体制，则成为南京国民政府不易解决的课题。

三、清丈局的设置与接收

清末以来，上海县土地清丈的必要性逐渐为人们所认识，但直到20世纪20年代才开始有具体举措。1912年中华民国成立后，上海县地方精英人士提倡的清丈没有进展，如同秦锡田描述"民国三年以后，官产处、沙田局、城壕丈放局、营业台官地局，纷纭扰攘，互相攫夺，搜刮之精，无微不至"一般，地价高涨的利益造成各机关交错复杂的关系，妨碍清丈工作的进行。其中关于清理江苏官产处（以下略记为官产处）的干涉及营私舞弊，秦氏明言：[2]

> 沪埠官产处平日勾结地贩，欺压乡民，利用单地之纠纷，施行假公济私之政策，充没粮田，强迫缴价，重复单照，毒恶扰害，罄竹难书。

后来到1921年12月，秦锡田担任款产处总董，该处董事会决定设立清丈筹备处，进行上海县内的清丈活动。其背景可确认围绕在土地行

---

① 《预为筹集自治经费之县令》，《申报》1921年3月30日。
② 《地方款产管理处呈财政部暨督军省长文》，见《享帚录》卷三。

政上，出现了与升科局类似干涉官产处的情形。

　　清丈在此时期再度备受瞩目的一个原因，是上海精英人士提倡上海浚浦局的改组问题。浚浦局是辛丑条约之中，列强介入河川干道管理而设置的机关，并在 1912 年袁世凯当权时被确立为制度。受到第一次世界大战至战后民族资本的飞跃性发展，以及民族主义运动高涨的影响，浚浦局的存在被视为一大问题。姚文楠、李钟珏、秦锡圭等上海地方精英人士提出了浚浦局中港务局的改组。①

　　倡导浚浦局改组论的精英人士之中，秦锡田、姚文楠等人通过其他渠道，联合各市乡经董，于 1921 年 12 月设立清丈筹备处，由姚文楠担任主任，款产处的秦锡田与沈周担任副主任。② 翌年 5 月，该筹备处获得县知事的正式承认，起草清丈局章程 18 条、清丈规程 80 条、公断处规程 20 条。清丈规程内明确规定清丈费为每亩 3 角 2 分，分四年进行征收，作为田赋的附加税。③

　　对于款产处实施清丈的举动，官产处以升科为名义，企图干涉清

---

　　① 森田明：《清末民初の江南デルタ水利と帝国主义支配》，收入《清代水利社会史の研究》，东京，国书刊行会，1990；《民国初期における上海浚浦局の改组问题》，收入《清代の水利と地域社会》，福冈，中国书店，2002。有关秦锡田的浚浦局改组论，参见《改浚浦局为港务局之浅见》，见《享帚录》卷三。但是，秦锡圭、姚文楠、秦锡田等人主张将水利的主权赋予港务局的条件，见《浚浦局事改归港务局之反响》，《申报》1922 年 8 月 30 日。

　　② 自治机关清丈筹备处成立的同时，热心地方公益的人士及市乡经董的推荐者也组成清丈筹备会，见《上海县清丈筹备会成立》，《申报》1922 年 7 月 25 日。此为清丈局的设置、相关章程及规定的议论，反映了"地方公论"，见《清丈筹备会呈报成立》，《申报》1922 年 7 月 26 日。

　　③ 民国《上海县志》卷二《政治下·民治·（四）清丈局》。

丈事业。1922年7月，秦锡田向财政部及江苏督军、江苏省长等请求不受理其案。① 紧接着，官产处主张上海县存在不少国有地，江苏督军与江苏省长向上海县知事发出调查的训令。之后上海县知事发出546号训令，要求款产处迅速进行调查及报告。受此影响，同年11月秦锡田呈报上海县知事，对官产处的主张进行驳斥：②

> 官产处前呈有云：官产处设立后，除有粮有单，产权确定不计外，其余人民请求承领升科各案，皆由之职处遵章填给部照，为执业之凭证。是官产处但问单之有无，不问粮之有无，但凭人之请求，不查地之实在。有粮无单之田，皆认为国有田亩。宜其悬悬于心目中者，有大多数之官产，故拟师法召变局设立调研验册单局也。不知空中幻想，蜃楼海市，皆属子虚。

官产处将未持有田单的土地，一律视为官有地，尝试进行升科及转让。秦锡田以民间不持田单为由，列举多项例证反驳，包括太平军入侵导致田单的遗失，以及未受领新单、伴随分产及买卖导致田单内容的有所出入等，乃至虽代代持有土地、缴税但不持有田单的户口也很多。此外，伪单的横行、非法改写道契，还有因为会丈局和滩地升科局的不当没收，导致失去土地却保有田单而继续负担正税的"有单无地""有

---

① 《地方款产管理处呈财政部暨督军省长文》，见《享帚录》卷三。
② 《清丈筹备处驳清理官产处干涉清丈呈县文》，见《享帚录》卷三。

粮无地"之户口，为数众多，以致民间对田单的信赖程度并不高。①

1923 年 1 月，官产处更将其触手伸向"有粮有单"的土地。官产处升科的对象，是准折田亩的"有粮有单"土地。准折田亩是为了解决赋税负担不均，而将瘠地以其肥沃程度，以一定的面积换算为熟田 1 亩的纳税惯例。官产处将准折田亩以实际的面积进行清丈，主张将超过田单记载面积的土地进行有价登记。同年 5 月，秦锡田向江苏省长上陈，称准折田亩是持有田单且缴纳正税的合法财产，并反驳田亩准折法普及于上海与近邻各县及其他省份的说法。再者，依照田地的实际状况斟酌纳税额度，属于地方行政的一部分，要求迅速批准清丈局，施行清丈。②

上海县的清丈活动在清丈局设立之前，便遭到官产处的干涉，双方在管辖范围上呈现出持续激烈的对立与竞争。然而 1924 年 3 月，省政府以清丈筹备处的立案符合民意，核准其施行。接着，清丈筹备处举姚文楠为清丈局总董、秦锡田等 4 人为董事，同时各市乡选出议董，清丈局迅速开始活动。通过地方精英人士，实施清丈的悬案在制度面上大体得以实现。

历经曲折而开始的清丈活动，实际上仅在旧县城附近，以及蒲淞市、漕河泾乡、曹行乡、塘湾乡等各市乡展开，3 年后清丈局因成立

---

① 《清丈筹备处驳清理官产处干涉清丈呈县文》《清丈筹备处呈江苏省长文》，见《享帚录》卷三。

② 《清丈筹备处呈江苏省长文》，见《享帚录》卷三。

上海特别市，而被市土地局接收。① 有关接收的来龙去脉，秦锡田在姚文楠传记中描述"君以土地局长少年英俊，必能造福地方，力排众议，委以事权而退居顾问之职"②，也可说表现出精英人士的心情，以及对于新政权的期待。但是，市土地局新订的清丈规程，无视此前制定的章程。与款产处所负责的事业一样，清丈活动变成官方主导，精英人士的"民意"无从反映，也违背了地方社会的实际情况。

此后，秦锡田虽被上海县当局聘为款产处的主任，但屡屡表明辞意，深感款产处失去了实质性意义。或许由于这个因素，他在 1929 年以后，将重心转移到上海慈善团等民间慈善团体的活动上。

小结

以上依据乡绅秦锡田的言论和活动，概观参与地方政治的各种问题，尝试对清末民初"地方公意"的理想，以及官民关系的实际情况，作通盘性的理解。

在第一节中，为了阐明地方利益的代言人——秦锡田如何争取地方利益，分析了上海县的政治舞台背景，以及浦东农村中地方精英人士之间的关系。20 世纪初期的江南农村，系以市镇为基础，由精英人士整合的地域社会。虽然他们从清代后期起拥有补充行政职能的半官方特征，同时也肩负着水利、慈善等各种地方事业，但整合是以私人

---

① 民国《上海县志》卷二《政治下·民治·(四)清丈局》。
② 《上海姚子让君墓志铭》，见《享帚续录》卷二。

乃至半官半民性质，与官方权力相辅相成。然而，由于地方自治制度的引进，被编入行政体系最末端的乡区，成为公共政治领域，通过议会等组织，直接与官方权力形成对峙之局。

第二节以清末江苏谘议局中秦锡田提出的两个议案为线索，分析清末民初地方精英人士力图解决的两个问题，并检讨他们面对的妨碍地方自治的情况。地方自治制度引进后，日趋明朗的一点是，他们负责的地方公共事务正在被"制度化"，有必要确立地方行政区的管辖范围及实际制度运用的经费来源。在浮收与清丈两项问题议案中，他们主导了对基层行政机构的改组；换言之，表现出对官方（"官治"）和地方（"民治"）明确定位的期望。具体言之，整顿关于征税的法律制度，同时通过精英人士的主导，进行清丈活动，可以确保地方财政的主导权，以取代过去由官方主导的部分行政职能。

在第三节中，针对清末引发的官民对立问题，以曾担任自治职位、为地方利益而奔走的秦锡田的活动，分析 20 世纪 20 年代上海县的官民对立情形与其中展现的地方意识。秦锡田在上海县地方公款公产管理处及清丈局的作用，是为了确保上海县市乡中农村地区精英人士的利益，特别是市乡行政事务的运作经费，作为"下意"向县、省进行"上达"的桥梁。地方自治虽在民初被迫停顿，但地方精英人士通过类似于地方公款公产管理处的自治团体组织，以及各市乡的行政职位，努力克服清末不断表面化的各种地方自治的问题。在军阀政权体制下，虽有众多的困难及问题，但他们对地方财政的改良也获得了部分制度上的成果。然而，这一事业在南京国民政府统治下，以违反"民意"的理由被改编。最终导致精英人士主导确立财政体制——定位"民治"领域——的尝试，被迫中途夭折。

国家权力如何将地域社会"制度化"，如何由"上"往"下"渗透于地域社会等问题，有待于对南京国民政府时期的研究，亦即由中国国民党主导而成立的党国体制，并非可以在此轻易解决，也成为整个南京国民政府时期决策所烦恼的课题。另一方面，无法由"下"进行活动的精英人士，则共存于新的地方体制外围。他们在地域社会的政治矛盾不断激化的过程中，成为新知识青年眼中想要克服和打倒的对象。

表 3-4　秦锡田简略年谱

【凡例】

1. 本略年谱依据《秦砚畦先生年谱简录》的记载编写。

2. 本略年谱的年龄基于《秦砚畦先生年谱简录》，以虚岁表记。

3. 同一年的事件在时间上无法确定时，则依从《秦砚畦先生年谱简录》的记载顺序。

4. 本略年谱中的县为上海县，省为江苏省，款产处为上海县地方公产公款管理处的简称。

5. 不明了的地方以《享帚录》《享帚续录》《上海县续志》、民国《上海县志》来补充。

【年谱】

咸丰十一年(1861)　1 岁。

○三月二十一日，出生于上海县陈行乡。

光绪五年(1879)　19 岁。

○三月，应院考试，补县学生员。

光绪十九年(1893)　33 岁。

○九月，恩科乡试，与弟秦锡圭同中举人。

光绪二十二年(1896)　36 岁。

○受父秦荣光之命，与赵履福筹创三林书院(之后改称为三林学堂)。

光绪二十六年(1900)　40 岁。

○四月，至北京捐资为内阁中书，川沙的实业家杨斯盛提供资金赞助。

光绪二十七年(1901)　41 岁。

○十月，补内阁中书。

光绪二十八年(1902)　42 岁。

○十月，截取湖北同知，至武昌候补。

光绪三十年(1904)　44 岁。

○七月，父秦荣光逝世。辞官归乡。

光绪三十一年(1905)　45 岁。

○任三林陈行杨思三乡区学董(此后担任三乡的教育行政代表长达三十多年)。○在陈行乡创正本女学堂。○在陈行乡题桥镇筹办课勤院。○协助杨斯盛与黄炎培等人办浦东中学。

光绪三十二年（1906）　46岁。

○六月，上书松江知府威杨，请弛米禁，取消护照购米，以免垄断。

光绪三十三年（1907）　47岁。

○四月，联合奉贤、南汇、上海三县士绅呈督抚请禁盐巡船入内港。○七月，有禀上海道请裁撤盐捕营文。○十月，呈江南提督署文，请将巡捕左营撤离周浦镇，只于黄浦江巡逻。○三林学堂遵学部章程改称学校，任校长。

光绪三十四年（1908）　48岁。

○于胡氏宗祠创办陈行本立小学。

宣统元年（1909）　49岁。

○七月，联合上海宝山人士反对会丈局派员会办滩地升科事，呈都督院。○当选江苏谘议局议员。十月，于谘议局提议（一）裁撤缉私巡盐各营，盐课改由地丁摊派；（二）整顿契税；（三）清查荒田。○开办农业中学预科。○上海沪海道蔡乃煌贩地于外人，蚀侵学产，秦锡田举发其事，由同乡京官弹劾。

宣统二年（1910）　50岁。

○十月，出席谘议局常会。建议各卫屯田由所在州县接管。○十二月，建议上海县征收钱粮，压低银元代价，应加整顿（有禀告江苏布政司公文），○于三乡各地设初等小学七所。○任浦东中学监督。○任县劝学所财政协董。○当选陈行乡议会议员，任议长。

宣统三年（1911）　51 岁。

○出席江苏谘议局临时会，任江苏临时省议会议员，充学务审查长。○陈行度民桥由木桥改建为石环洞桥。

民国元年（1912）　52 岁。

○八月，当选县议事会议员。又当选县参事会参事员。○建议三林设初级审判院。

民国二年（1913）　53 岁。

○当选省议会议员（辞县参事员职）。

民国三年（1914）　54 岁。

○县修志局聘秦锡田为《上海县续志》分纂。○上书巡按使请禁米出口。

民国四年（1915）　55 岁。

○四月，宝山县署议修白山海塘筹捐办法，秦锡田上书宝山县知事。○任浦东中学学务财政管理员。○任江南水利局顾问。

民国五年（1916）　56 岁。

○十月，出席省议会会议。○被选为江苏水利协会研究员。

民国六年（1917）　57 岁。

○三月，于三林乡建三林陈行杨思乡立第一小学，于杨思乡建三林陈行行杨思乡立第二小学。○出席省议会。建议剔除验契积弊，提议忙漕征费不应该附征附税。○被选为江浙水利协会研究员。

民国七年（1918）　58 岁。

○一月，任三林学校校董会董事长（此后终身担任董事长）。○编《陈行乡土志》（民国十年刊行）。

民国八年（1919）　59 岁。

○出席省议会。

民国九年（1920）　60 岁。

○纂修民国《江南水利志》。

民国十年（1921）　61 岁。

○十月，任款产处总董（直到民国二十年）。○十二月，款产处董事会决议设清丈筹备处。姚文楠任主任，秦锡田任副主任。

民国十一年（1922）　62 岁。

○七月，对于江苏清理官产处干涉清丈，向江苏督军、省长请求驳回。○被选为吴淞江水利协会、太湖流域防灾会的议事员。九月，为太湖流域防灾会作呈大总统等文，请改组整顿太湖水利工程局。○十一月，对于江苏清理官产处的清丈主张，上书向县知事反驳。○十二月，拟上海清丈局章程、清丈规程、办法大纲。○会同地方人士据《辛丑条约》，反对外国工程师利用浚浦局开挖铜沙，呈外交部。

民国十二年(1923)　63 岁。

○五月，呈文省长，条陈清丈华洋道契地办法，反对田亩准折现行办法。○九月，集合各乡经董，呈省长请收回浚浦局擅收滩地升科，与广浚浦江两岸支港，使田得漏水，不致害农。○十一月，代表各乡经董撰文致省长，要求停办马巡，以该项费用作为办理户籍经费。○被聘任《南汇县续志》总纂。

民国十三年(1924)　64 岁。

○三月，县清丈局成立。姚文楠任总董，秦锡田等四人任董事。○四月，实施清丈。○九月二十一日，淞沪护军使何丰林提走借款产处管理的积谷项下银 106200 元。

民国十四年(1925)　65 岁。

○五月，赶赴南京交涉收回何丰林借欠款，有以省有兵工厂地为抵押之议。○十月，呈文省长、省财政厅长，请划分县收、国、省、县附税。○任上南长途汽车公司协理。

民国十五年(1926)　66 岁。

○四月，代表十九乡市乡董上陈县知事，县积谷款为何丰林悉数携去，请呈禀孙传芳令省财政厅发还。○十月，款产处与省立第二师范学校交涉梦花楼、刘公及愍忠两祠主管权。○十一月，召集各市乡董，呈省长、省财政厅长乞免借冬漕。推戴黄炎培等面陈情状。○任沪南救火会南区主任。

民国十六年(1927)　67 岁。

○六月，上海清丈局移交上海特别市政府土地局。○九月，呈复上海县积谷情况。○十月，代表各市乡董佐上呈市长，请划定上海、闸北二区为市府区域。○筹办上海游民习勤所，任筹备委员。

民国十七年（1928）　68 岁。

○一月，省令上海沪南房捐归款产处保管。上海市财政局拟征收，而县域未划分，故有此指令。县长未能依令执行，持两端之见。秦锡田有呈省、县文。○八月，代表县下八乡呈县府，请定忙漕征收办法，以应付现状。○改任款产处主任（同年七月一日卸任）。

民国十八年（1929）　69 岁。

○四月，县长聘秦锡田为款产处主任。○八月，任公立上海医院董事会主席。○九月，任上海游民习艺所董事会董事长。○十二月，任上海慈善团常务董事、同仁堂及辅元堂主任。

民国十九年（1930）　70 岁。

○三月，上海市卫生局订立上海医院董事会规则，秦锡田呈府纠正缺点。○开办三林初级商科职业中学。○辞款产处主任职，又返任。○纂辑《享帚录》八卷。

民国二十年（1931）　71 岁。

○租积善寺田五十亩等地，创办三林农场。○卸款产处主任职。○致函县长严慎予论清算清丈经费事。○会同地方人士，反对县长呈请省府增加地价，县属大都为农田，不应与市府所有地同样增价。

民国二十一年(1932)　72岁。

○专任上海慈善团常务董事，兼同仁堂、辅元堂主任。○会合地方人士反对标卖积谷仓房地产。○代表浦东同乡会，呈行政院反对漕粮加价。

民国二十三年(1934)　74岁。

○呈上海市政府请发给土地执业证，由各区分别分发，以免乡民跋涉。○会同地方人士，请严惩劫财掳人的不法税警。

民国二十四年(1935)　75岁。
○致省府前省主席钮永健申说缓办县水巡。○任《民国上海县志》总阅。

民国二十五年(1936)　76岁。
○会同地方人士，申请征亩捐付清丈登记证。○代表浦东同乡会，呈省财政厅请重定县地价。

民国二十八年(1939)　79岁。
○任上海残疾院董事会董事长。

民国二十九年(1940)　80岁。
○三月十六日，病逝。

第二编　如何叙述乡土

第四章　地方志和乡土志中的近代中国乡土意识

——以江南地区为中心

导言

　　近代中国以怎样的意识来想象乡土及故乡，与国家等观念的出现密不可分。这一点曾有过的相关讨论，是对城市社会及其居民认同变迁的研究。顾德曼（Bryna Goodman）针对上海的外来移民所建立的同乡组织，分析"上海人"认同及国家意识的形成，并探讨所产生的作用。[①] 除此之外，吉泽诚一郎考察天津城市居民的归属意识，指出清末消弭各集团间利益冲突之际，出现了新的整合——"中国人"意识。[②] 两位研究者都阐明，在城市社会的异乡中，所谓"乡土"的生存战略发挥的

---

　　① 　Bryna Goodman, *Native place, city, and nation: regional networks and identities in Shanghai*, 1853—1937. (Berkeley: University of California Press, 1995), pp. 26-29.

　　② 　吉泽诚一郎：《天津の近代：清末都市における政治文化と社会統合》，第八章《"抵制美约"运动と"中国"の团结》，名古屋，名古屋大学出版会，2002。

作用，以同乡为主的，各种团体的归属意识，向更高级别的归属意识进行整合的过程。

城市社会中乡土意识的样貌，如何被当地的民众所掌握？其乡土形象具有哪些特征？此处有必要加以检讨。从这些各式各样的论题中，可举出从清末到 20 世纪 20 年代地方自治及联省自治运动等一系列由地方主导秩序、建设国家的尝试。[①] 在本章中，笔者希望以江南地方志编纂工作，以及地方志叙述的地方样貌特征为线索来探讨。[②] 这是因为：清末民国时期江南许多县志、乡镇志乃至类似体裁乡土志的编者和作者，都是积极推动地方自治、引进近代教育的地方精英阶层，所以地方志、乡土志充分反映了他们的乡土意识和国家意识。

进入本文之前，先简单介绍一下引用的清末民初时期地方志的类型和概要。

---

① 关于清末的立宪制和地方自治，关注地方精英及其网络所发挥作用的同时，分析地方政治空间变化的研究成为近几年的特征。田中比吕志：《近代中国の政治统合と地域社会：立宪・地方自治・地域エリート》，第四章《清末民初における地方政治构造とその变化》、第六章《地域エリートの立宪构想と地方自治论》，东京，研文出版，2010；高田幸男：《江苏教育总会の诞生："教育界"に见る清末中国の地方政治と地域エリート》，《骏台史学》第 103 号，1998。中国国内的研究有马小泉：《国家与社会：清末地方自治与宪政改革》，开封，河南大学出版社，2001。

② 关于清代地方志编纂事业，有人指出是为了封杀反清文人的一种文化动员，以及通过王朝权威来验证地方知识分子自身活动空间的正统性。井上进：《方志の位置》，收入《山根幸夫教授退休记念明代史论丛》，下册，东京，汲古书院，1990；山本英史：《清代中国の地域支配》，第九章《地方志の编纂と地域社会》，东京，庆应义塾大学出版会，2007。虽然与民国时期的地方志编纂具有相同性质，但本章只专注于讨论与清代方志的不同点。

县志①

　　县是中国地方行政区划最基础且最重要的行政单位，同时县志占据了地方志绝大比例。根据许卫平有关近代地方志的研究，为了编纂《会典》，清末（同治、光绪、宣统年间）下令编纂地方志，数量并不亚于康熙、乾隆年间。此外，民国时期虽受战乱与政治变动所影响，纂修的环境相对恶化，但仍编有不少县志。② 受到近代地理学的影响，民国时期刊行的县志之中，出现了与过去大相径庭的体裁，反映了清末以来高涨的地方意识。

乡镇志

　　乡志、镇志、里志、村志等可称为乡镇志的私撰地方志，是江南地区独有的现象。③ 江南地区自 16 世纪之后经济发展，市镇高密度地分布其间，从明末到民国时期，编有大量的乡镇志。森正夫曾就清代江南乡镇志的序文，分析地方知识分子的意识，指出与周边市镇之间的对立意识，及地方对朝廷企盼的定位，伴随独自地域性而形成了自

---

　　① 清代的地方志之中，存在着一统志—通志—府州县志的金字塔式体制，若考虑最基层行政区划的地方志编纂情况，虽然应以州志及厅志为对象，但此处为避免分类繁杂，均权以县志为中心。

　　② 许卫平：《中国近代方志学》，第 36～46、第 86～102 页，南京，江苏古籍出版社，2002。

　　③ 傅振伦：《中国方志学通论》，上海，商务印书馆，1935；黄苇等：《方志学》，上海，复旦大学出版社，1993。

我意识。[1] 对于清代乡土意识生成于朝廷及近邻市镇之间的关联，清末的乡镇志则以城市化与近代化为"坐标轴"，记述乡土这一鲜明的特征。

乡土志

乡土志是随着清末近代学校教育制度的引进，为初等教育而编纂的教材。编纂乡土志是从黄绍箕上奏《乡土志例目》、朝廷颁布之后，于光绪三十一年（1905）学部下达编纂命令而开始的。[2] 到民国时期，1914 年教育部敦促各县编纂乡土志。作为乡土教材。[3] 据统计清末就已有 450 多种，加上民国时期全国编纂的乡土志，共达 1000 多种。[4] 参照有关清末乡土志的编纂过程及体裁差异的讨论，乡土志相当于地方志或类似于地方志的文献。[5] 尽管不能和地方志等量齐观，但与地方志密切相关，所以本章也将此视为地方志的一种。

以下从三方面进行论述。一是《川沙县志》的内容及其纂修背景。二是从上海近郊农村的乡镇志之中，观察乡土意识以及地方社会观的内容。三是检讨乡土志中所见的爱乡、爱国的观念及其变迁。通过上述三方面探讨，分析近代中国乡土意识的特质。

---

① 森正夫：《清代江南デルタの乡镇志と地域社会》，收入《森正夫明清史论集》第三卷"地域社会研究方法"，东京，汲古书院，2006。

② 《学务大臣奏据编书局监督编成"乡土志"拟通编辑片》，《东方杂志》，光绪三十一年第 9 期。

③ 黄苇编：《中国地方志词典》，第 352 页，合肥，黄山书社，1986。

④ 许卫平前揭书，第 45 页；黄苇编：《中国地方志词典》，第 352 页。

⑤ 巴兆祥，佐藤仁史译：《清末乡土志考》，《史学》第 73 卷第 1 号，2004。

第一节 《川沙县志》中关于地方的叙述法

一、地方空间的描绘方法

本节探讨方志学领域被誉为具有革新意义的地方志——黄炎培编纂的《川沙县志》，通过其编纂背景、体裁、编纂意图，厘清地方志如何叙述地方社会。[①]

首先，简单介绍一下《川沙县志》的编纂经过。《川沙县志》于1936年刊行之前，曾有两次中断编纂。1915年，黄炎培、陆炳麟（1875—1938）、张志鹤（1879—1936）等人开始着手编纂，由于时局混乱，出现了第一次中断。又经历了第二次中断后，于1933年重新展开编纂工作[②]。《川沙县志》的特征是在编纂各阶段中，搜罗了有关的地方文献，并节录各种现今较难入手的县级档案和公文。特别是与编纂者直接关联的工作中，这种倾向表现得尤为强烈。

地方志学者对《川沙县志》体裁及记述方式的革新评价，集中于其实用性和科学性。[③] 实用性反映在《大事年表》、《概述》等崭新的记述形式上。黄炎培曾谈到"一般方志，偏于横剖，而缺于纵贯，则因果之

---

① 佐藤仁史：《近现代中国の地方志と地域の叙述》，《アジア游学》第56号，2003。

② 民国《川沙县志》，《黄炎培序》。关于《川沙县志》编纂的过程，参见顾炳权：《略谈黄炎培与〈川沙县志〉》，《中国地方志通讯》1983年第3期。

③ 顾炳权前揭文。

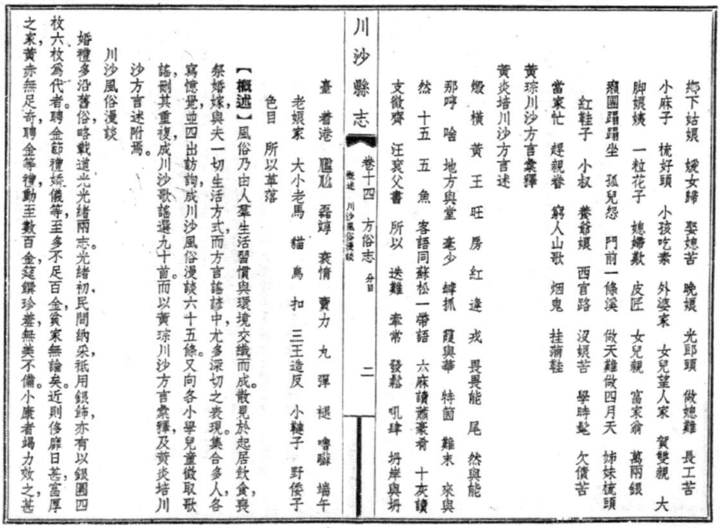

川沙縣志

卷十四 方俗志 二

概述 川沙風俗漫談

【概述】風俗乃由人羣生活習慣與環境交織而成，散見於起居飲食、

祭婚嫁與夫一切生活方式而方言諺中尤多深切而成川沙風俗漫談六十五條又向各小學兒童做取川

寫憶昔或正四出訪鈎成川沙風俗漫談六十五首而以黃琬川沙方言彙釋

鈔刻其重複成川沙歌謠選九十首而以黃琬川沙方言彙釋及黃炎培川

沙方言述附焉。

川沙風俗漫談

臺 着港 鷗妣 磊蹲 袁情 賣力 九 彈 掟 嚕囌 墙午

老頜家 大小老馬 貓鳥 扣 三王造反 小毝子 野侫子

色目 所以草窠

支微齊 汪哀父書 所以 送難 牽常 登鬆 叽肆 坍岸與坍

黃炎培川沙方言彙述

黃琬培川沙方言彙釋

煨橫 黃 王 旺 厲 紅 逢 戎 長畏能 尾 然與能

那哼 哈 地方與堂 老少 坤抓 覆與華 特窗 難末 來與

然 十五 五 魚 客語同蘇松一帶話 六麻讀蔴家音 十灰讀

當家忙 趕親眷 西官路 汉娘苦 學時起 欠債苦

窮人山歌 畑鬼 挂滿鞋

富家忙 趕親眷 西官路 汉娘苦

紅鞋子 小叔 養發娘 門前一條溪

瘋園蹭蹭坐 孤兒怨 皮匠 女兒親 萬兩銀 姊妹做頭

脚饅饅 一粒花子 媳婦歎 皮匠 女兒望人家 富寒命

小麻子 梳好頭 外婆家 賀雙親 大

捫下 姑娘 矮文婶 契媳苦 晚娘 光郎頭 做媳難 長工苦

婚禮多沿舊俗略載此光緒兩志光緒初民間納采祇用銀飾亦有以銀圓四

枚六枚為代者聘金節禮繁儉不足百金貧家無論矣近則侈廢日甚富厚

之家黃赤無足奇聘金等數至數百金庭饋差無美不備小康者竭力效之苦

图 4-1　民国《川沙县志》

效不彰，必将若干年间事实，串行焉，其同时者并列焉，以玩其彼此先后间之消息"，① 强调县志的卷首登载《大事年表》，时间序列的因果关系更能显出明确的意义。至于各志的开头设有《概述》，则出于"将使手此书者，读该书后，进而浏览全文，其繁者，可以用志不纷，其简者，亦将押阐焉而有得，或竟不及读全文而大致了了"，考虑读者的便利性。②

---

① 民国《川沙县志》，《黄炎培导言》。
② 民国《川沙县志》，《黄炎培导言》。

其次，笔者要探究《川沙县志》的革新性指标，包括其深具科学快的具体情况。此处检讨受到《川沙县志》影响的近邻地区的县志，以及清末以来发行地图之间的关系，如何在叙述地方时引进"科学"。关于近代地理学的引进与形成过程，相关著作针对清末传教士传播西方地理学和传统地理学的变迁，以及留日学生带回的西方地理学的翻译书籍等，都有详细的实证研究。[①] 最近学者开始重视 20 世纪初编纂乡土志在内的乡土地理教材，通过爱乡心教育而产生高涨的民族意识，与地理学有密不可分的关系。

就这点而言，吉泽诚一郎以清末地图为主题，指出面对国土"瓜分"而产生的危机意识迅速高涨，反清势力以唤起国土的完整性及实体性为契机，曾广泛地使用地图。[②] 正如这类研究所阐明的，乡土联结到整体的"中国"这点上，与如何把握乡土、记述乡土有着非常密切的关联。民国后嘉定县中主导过清末地方自治的黄守孚（1878－1931），即在自己发行的报纸里，对地方志应有的样貌有如下陈述：[③]

　　志乘之作，所以表示地利，发挥民德，鉴既往，筹将来。盖政治之要籍，非文人学士竞词藻，尚考据，讲格局，炼字句，谋

---

① 邹振环：《晚清西方地理学在中国：以 1815 年至 1911 年西方地理学译著的传播与影响为中心》，上海，上海古籍出版社，2000。郭双林：《西潮激荡下的晚清地理学》，北京，北京大学出版社，2000。

② 吉泽诚一郎：《爱国主义の创成：ナショナリズムから近代中国をみる》，第三章《中国の一体性を追求する：地图と历史叙述》，东京，岩波书店，2003。

③ 《修志厄言》，《嚜报》第 163 号，1917 年 4 月 21 日。

名山之藏，以博后世文学家玩赏之具也。前代志书，以朝邑武功为有名，顾特文学家之私言耳。且使盖后来修志者而规抚之，可使修志之事业绝交于政治界。其于人间世之位置，盖难言之矣。

（中略）

记者以为：志书当以图为主，其体例当以天文地理、地文地理、人文地理为三大纲。如近世世界各国地理志之例，而人文之部，当以教育、产业、交通、军事为注意点。其向来志书所必有之人物、艺文诸部，则让诸历史家之自修。

文中直接使用"地利""民德"的说法，认为有效利用地方志，意义在引导出地方发展的潜力，使其发挥由"下"所生的秩序规范意识。当然，发挥"地利""民德"的目标，是与教育、产业、交通、军事等国家课题的解决相关。掌握地方课题过去的成果、依然存在的弊端、今后可动用的资源，将这些加以指标化来叙述地方，从而"精密测度之，准以比例，别之以区域，辨之以色彩，而又表地势之崇卑，示水流之源，委人口之疏密，著产业之种别。其人事之设施尤注意焉。庶几披图者一览而知一邑之概况，而志书之价值以高"，在活用地图的基础上，有条理地提供关于资源情报的价值。黄守孚在把握地域这点上，以图表中的视觉、数据所俯瞰的空间，将清末民初嘉定县的政治进程和地方资源情报，清楚地展示于公众，从而理解自治推进派的政治主张及其关联（参见本书第二章）。① 在此，可以观察到将地理学引进至地域社会之际的某种形式及动机。黄的编纂个案虽未能实现，但若考虑到《宝山县续志》中刊载的精密地图推动了清末的清丈事业，②《川沙县志》不妨可视为此风潮下的成果。

　　前文曾提到，《川沙县志》刊行于 1936 年，曾有两次的编纂中断。而最初编纂者是抱持何种意图来描绘整个地方呢？除了编纂者收录的自身参与地方公事的相关档案与公文之外，也可从其中一位编者陆培亮（1888－1969）遗留下来的史料中观察。陆氏曾担任县视学，1913 年还刊行了《川沙县乡土志》，提供给县初级小学三、四年级的乡土教育使用。③ 该乡土志令人注目的地方是：清末新政实施后所引进的各种相关制度，包括学校、警察、习艺所、电报局、救火会、戒烟局、教育会、勤学所、商会、农会、农场、国货振兴会、商团及保卫团等各项，均安排有一篇课文的内容。特别有关清末民初的地方自治，共分"地方自治之成立""自治之内容""公民之资格""自治风潮之原起""自治风潮之实况""自治风潮之结果""自治取销之理由""自治取销之自治"等

---

　　① 黄守孚虽为《嘉定县续志》编纂的中心成员，但他的构想几乎没有被反映。其背景已于第二章进行探讨，这是由于引进地方自治而导致精英阶层间的政治对立表面化。《嘉定县续志》的编纂成员由两派选出，基于党派立场出现极大差异的内容不予采用。参见佐藤仁史前揭文。
　　② 有关清末宝山县的清丈事业及清丈学堂的创设，参见田中比吕志前揭书，第四章《清末民初における地方政治构造とその变化》。
　　③ 陆培亮：《川沙乡土志》，1918 年铅印本，南京图书馆藏。本书由七十六课构成，采用课目体的体裁。例如第一课《建置》、第二课《城垣》，沿袭地方志的体裁进行排列。

八课，整体内容看来非常周密细致。由此可见，为了推动地方社会的
近代化事业，彰显地方精英阶层（多为乡土志的编纂者）的奔波成果，
编纂乡土志的意图显而易见。县志与乡土志之间的编纂目的及初衷不
同，因此两者不能一概而论。然而，在《川沙乡土志》中，有如下描述：
"川沙之有志书，肇于清道光十六年何公士祁，修于光绪五年陈公方
瀛。自陈志至今，将及四十年。厅改为县，时局变迁，风俗政教，亦
因之而异。民国三年设局修志，凡二十四门，限二年成书。是亦邦人
士之责也"。[①] 陆培亮本人也参加了县志编纂，所以运用乡土志的地方
叙述法进行县志编纂工作，在民初时期已有迹可循，并非是件特殊的
事情。

二、对于民俗视角的变迁

在推动地方自治和地域近代化的过程中，如何动员地方住民整合
到地域社会之中，成为紧要的课题。当地居民及民间文化怎样被讨论，
也在地方志的叙述中部分反映出来。在方志学的领域中，黄炎培将自
己收集的歌谣录于《川沙县志》，以此革新地方志的编纂，曾获得高度
评价。而值得强调的是，这些收录的歌谣本身即为传达当时民俗的重
要史料。据此与其他的史料相较，笔者尝试从乡土记述的方法，思考
如何把握民俗。

《川沙县志》最早基于何种原因开始编纂，现已无从考证。然而，

---

① 《川沙乡土志》，第七十六课《志书》。

从后来参与县志编纂的陆培亮在《川沙县乡土志》记述中，可以确知一部分县志编纂者的民俗观。[1] 例如，有关"自治风潮"方面，清末地方自治制度引进之际，部分住民曾发生骚动：[2]

> 自治首在除暴安良、兴利革弊。以故衙役之狡者、乡民之奸者，咸恨自治。而无知愚民，往往受其播弄，信虚为实。有丁费氏者，以巫为业。平日假鬼神，以惑人敛钱自饱。恐地方自治不利于己，因集无业流民于俞公庙，谋反对自治，一倡百和，乱遂兴矣。

乡土志被用于初级教育，为了让学童能容易理解其内容，以简洁平易的手法记述。实际上，教员依照课本内文进行详细解说，被认为是灌输学童最理想的方式。问题是如何去解说课文，以及基于何种考虑来进行教学活动？自治风潮被认为是丁氏煽动"无知愚民"，针对地方自治所引发的骚动，反映了克服"假鬼神以惑人"的巫术，以达成文明化的过程。并且在第三十五课的"风俗"中，乡土志有如下记载："乡僻愚

---

① 上海市川沙县县志编纂编修委员会：《上海市川沙县志》第三十三卷《人物》，上海，上海人民出版社，1990。

② 《川沙县乡土志》第五十八课《自治风潮之原起》。有关地方自治及自治风潮，在《川沙县乡土志》中划出了第五十六课到第六十二课的篇幅，显示此为动摇川沙社会的一大事件。有关清末川沙的自治风潮，详见 Roxann Prazniak, "Weavers and Sorceresses of Chuansha：The Social Origins of Political Activism among Rural Chinese Women ," in *Modern China*，12. 2(1986)；黄东兰：《近代中国の地方自治と明治日本》，第九章《清末地方自治制度の导入と地域社会：川沙事件を中心に》，东京，汲古书院，2005。

民，更惑于鬼神之说。一有疾病，则烧香请仙，求签买卦；或广延僧道，专事祈祷，而不为正当之疗治。噫！亦愚甚矣"，内含相同的价值观。[①] 据笔者观察，相对于清代官民之间存在文化的某种同质性而言，地方官祈雨仪式在 20 世纪之后的民俗认识里，经常被指为对立于文明的"迷信"。[②] 即使不被视为改良的对象，掌握民间文化来启蒙民众，也超越政治派别分歧，成为共同的立场。[③]

对于作为改良对象的民间文化，以及作为启蒙教育工具的民间文化，《川沙县志》则提出崭新的观点。当中录有黄炎培收集的歌谣九十种，陈述相关意图：[④]

苟欲深切探求一般邑人之思想与其性情，则语言、风俗、歌谣，其尚已本属于方音方言，即略加研索而著至于篇。更以努力采访之结果，对于风俗尽情描写，有辑入歌谣九十首。苟以迂谨的礼教眼光观之，或且讥为有乖大雅。不知此正底层社会思想之表现，得此才见民俗之真。

---

① 《川沙乡土志》第三十五课《风俗》。
② 关于地方官所拥有巫师的机能，参见费孝通，小岛晋治等译：《中国农村的细密画：ある农村の记录 1936 — 82》，第 101~104 页，东京，研文出版，1985。此外，在吉泽诚一郎《天津の近代》(第四章《义和团支配と団练神话》)中，叙及以义和团的占领天津为时间节点，描述义和团以前地方官作用的变化及巫术机能。
③ 李孝悌：《清末的下层社会启蒙运动，1901－1911》，台北，"中央研究院"近代史研究所，1992。
④ 民国《川沙县志》，《黄炎培导言》。

相较于过去参照"礼教"解读民间文化的风俗志，这里认为歌谣及其传唱的风俗具有"底层社会思想之表现"，被视为具有积极意义。这样的民俗观受到新文化运动及民俗学的影响，广泛普及于 20 世纪 20 年代以后的地方知识分子阶层之间，"一般邑人"视为新运动的主体，具有积极性的意义和方向。[①] 然而，纵观整部《川沙县志》内容，他们将"自治风潮"视为"文明化"与近代化的阻碍。编纂者在肯定民间文化的同时，认为其仍不及编纂者考虑的"文明"，可以看出民俗的意义有其内在局限。

第二节　乡镇志中展现的乡土城市化、文明化及风俗

一、清末民国时期的乡镇志

拥有乡志、镇志、里志等各种称谓的乡镇志，集中编纂、刊行于江南地区，从乾隆至光绪时期臻于高峰。[②] 森正夫检讨清代江南乡镇志序文中展现的乡土意识，曾指出"乡脚"相当于市镇空间领域性的认

---

① 有关中国的民俗学，Chang-tai Huang, *Going to the People*：*Chinese Intellectuals and folk Literature*，1918－1937. (Cambridge, Massachusetts：Harvard University Press，1985)；以及赵世瑜：《眼光向下的革命：中国现代民俗学思想史论（1918－1937）》，北京，北京师范大学出版社，1999。有关地方的知识分子阶层如何看待民俗，可从新南社成员所发行报纸来进行解读。例如《民众文学》，《新盛泽》第 37 号，1924 年 8 月 11 日。在吴江县担任此类运动的柳亚子和徐蔚南等，后来成为上海通志馆地方志编纂的中心人物。

② 许卫平：《中国近代方志学》，第 36～46 页，南京，江苏古籍出版社，2002。

识，由于近邻市镇编纂乡镇志的对抗意识，对官方修撰地方志定位的要求，联系到县志—府志—省志——统志，因此乡镇志编者创造出具有独自领域性的自我认同意识。①

森正夫所指的意识，在清末民国期间的乡镇志中大致可谓妥当，但清末之后也出现了新的变化。例如，《钱门塘乡志》的序文有如下叙述："且今教育普及之说，亦既熟闻于耳矣，所定小学校历史、地理课程，皆就本乡之山川人物，以为教授之资；他若行军之于舆图，行政之于礼俗，生业之于物产，则又为政治之所注重。故志虽旧学，可以启迪新知，体近类书，不难综观本末，不得谓无裨实用也。"正如序文所述，关联到乡土志教育，出现了以关注乡镇志为主的地方志编纂。②

即使是那些并未刊行的志书，清末新政就地方志这一议题带来地方意识的高涨，也可从地方报纸中略知一二。例如，清末的嘉定县西门乡，曾计划编纂《西门乡志》。其中一位推动者便以"地利""民德"等词汇，描述地方志编纂的意义，公开提出定位地域发展和挖掘地方的潜力，发挥由底层支撑秩序的规范意识。③ 在此基础上，本节着眼于上海近郊农村的乡镇志，强调在城市化、产业化的坐标轴中，乡土是如何被意识到并被叙述的。

---

① 森正夫前揭文。
② 《钱门塘乡志》，《顾宗侃序》。《双林镇志》初刻引言中可见同样的主张。
③ 《西门乡志征求文献》，《曙报》第 57 号，1910 年 12 月 26 日；《修志卮言》，《曙报》163 号，1917 年 4 月 21 日。此外，在唐卢锋：《修辑镇志的必要》(《新周庄》21 号，1923 年 9 月 16 日)，认为清末民初政治及风俗的变化为有史以来最大者，提出了镇志要留下记录的责任。

二、城市化、产业化与乡土

关于城市化进展对上海近郊农村带来的影响，高桥孝助曾有一连串对乡镇志的分析。这些研究比较了与上海陆路租界相连而不断变化的农村，以及通过水路网络连接起来的农村。[①] 此处依据高桥的研究成果，概观城市化进展及其带来的影响，如何被乡镇志的编纂者所接受，并产生了哪些对乡土不一样的认识。

首先以宝山县南部江湾镇的情况为例。受到编纂《宝山县续志》影响，江湾镇当地开始《江湾里志》的工作，于 1924 年刊行。参与编纂者是当地精英人士、后来也参与了纂修《宝山县续志》的钱淦（1875－1922）。关于清末民初江湾镇的城市化进展，钱淦有如下描述：[②]

> 盖江湾当上、宝两邑绾毂之衡。昔不过三里之市场，今则自镇以南，马路日增，星罗棋布。商埠之发展，直与上界联为一气，无区域之可分，繁盛殆甲于全县。以故物质上之文明进步、政教风俗上之递嬗变迁，较之他市乡尤多特殊之点。

---

① 高桥孝助：《上海共同租界北边农村の变迁：宝山县江湾镇を中心にして》，《宫城教育大学纪要》第 23 号，1988；高桥孝助：《1920 年代はじめに至る上海县法华乡の变迁：消灭しつつある "水乡"》，《宫城教育大学纪要》第 25 号，1990；高桥孝助：《1920 年代に至る宝山县月浦乡："发展"から取り残された "水乡"》，《宫城教育大学纪要》第 27 号，1992。

② 《江湾里志》，《钱淦序》。

江湾镇不过是江南到处都有"三里之市场"的其中之一例,却随着镇南部的道路整饬,增强了其作为交通要冲地位,并与上海中心城区"联为一气,无区域之可分",成为最繁盛的地方。值得注意的,是作者肯定江湾镇城市化的进展,并以"文明化"为尺度,评价和认同乡土的意识(当然对《江湾里志》中各种城市化现象,作者并非都抱持肯定的态度,而对于"政教风俗上之变迁",则产生了不同的意识观念)。

《江湾里志》中所肯定的"文明进步",在与租界道路相隔的上海法华乡,则是由于爱国意识而相互结合,促使乡土意识高涨。与《江湾里志》几乎同时在 1922 年刊行的《法华乡志》,序文中感叹:"乡中之马路,外人日思增辟,而因以为利者,竟甘为虎作伥,以致主权随路权而俱去。而乡之范围日以小,乡之交涉日以繁,乡之人民且日失其自由而冥然罔觉",表明租界越界及道路扩张,使得中国主权被剥夺,以及对主权丧失、乡民主权意识淡漠的忧虑。与"路权"一样,乡志中对于主权被侵害的后果,作了如下陈述:"对于外人之擅自筑路及侵害主权之处,俱能洞若观火。而笔之于书,是真能以爱乡之心,以爱国者,视王志之重要为如何也。赞虽居是乡,颇少闻见。惟对于国际主权及地方自治之关系,不得不为乡人告,爱书其大略,而为之序",宣告由唤起爱乡心,从而达到发扬爱国心的"使命感"。[1] 从这样的叙述中,我们可以看到,租界对西方文明传入的近代上海所具有的两面性。

接下来,让我们看一下城市化和产业化都没有进展的地区,乡镇

---

[1] 《法华乡志》,《序四》。有关租界对周边农村的影响,参见戴鞍钢:《租界与晚清上海农村》,《学术月刊》2002 年第 5 期。

志又该如何捕捉乡土呢？保留水乡面貌、被高桥孝助当作研究对象的宝山县月浦乡，《月浦里志》里频繁地出现"吾乡僻处海滨"一类的描述。虽说其位居上海近郊，可是由于道路、铁路的整饬落后，直到20世纪30年代都还未完成城市化和产业化。《月浦里志》实业志中对民国时期当地的情况，有下列描述：①

> 本乡僻处海滨，交通不甚便利。除普通工艺外，并无工厂创设，普通女工多恃纺织以营生者。今自洋纱盛行，土布价值又复衰落，获利渐薄；业此者仍墨守成法，不知改良。民国十年，里人张鉴衡在北弄本宅创办裕民棉纺厂，设机三十余乘，专织毛巾，运销上海。

在此，指出妨碍月浦乡产业化的主要原因，是墨守旧法、不知改良的落后乡民意识，并说明采用"新式技术"的工业，以及土布改良的必要性。以实现近代化为目标，对比目前尚未达成近代化乡土，这种状况当时广泛存在于上海近郊的农村。例如，奉贤县的乡土教科书《奉贤县乡土志》之中，描述"我邑僻处海滨，交通不便，工商等业都不能发达，但农产物很多"；虽然拥有丰富的农产品及水产品，但由于工商业不发达，使得产业化过程中，地方潜力不能充分发挥，从中可以看出同样

---

① 《月浦里志》卷五《实业志·工业》。

的危机感。[1]

如上所述，急速达成城市化的市镇，与城市化、产业化迟迟无法开展的农村相比，两种地方乡镇志所展现的乡土意识，表面上看来是不同的事物，实则有其共通意识。以上海的城市化、产业化为基准，为乡土文明化的程度排序，可说是同一价值观的表里两面。

三、风俗的变迁

《江湾里志》肯定"物质上之文明进步"的同时，也对都市化进展所带来的"风俗上之变迁"，亦即传统质朴风俗转变为追求华丽表示忧虑。接下来又对乡镇志的风俗志中传达的乡土样貌特质，进行分析与思考。

顺带一提，社会变动期的风俗变迁得到士大夫们的强烈关注，对此在关于明末风俗观的研究中已有清楚的认识。这些研究指出：尊卑、长幼、贵贱等价值观的颠倒、乡绅阶层对于维持风俗的责任、对于风俗的历史认识以及个人的主体意识等时代特征。[2] 清末以来，乡镇志的风俗志记述中，虽然还表现出浓厚的明末士大夫的风俗观所秉持伦理主体性性格，却也能看出被新的身体观、尚武观所影响，以及与西洋文明对比的"野蛮"与改造使命意识的增强。[3] 在此，我们看一下乡

---

① 《奉贤县乡土志》第三编第二十课《结论》。《奉贤乡土志》和乡镇志有所不同，因以县为记述范围，性质上有所差异，但因此可观察到乡土意识是共通的，所以笔者加以引用。《奉贤乡土志》由第一编到第三编，各编分为二十课。第一编到第三编分别对应历史、地理、格致来进行编纂。

② 森正夫：《明末における秩序変動再考》，收入《森正夫明清史论集》第三卷《地域社会研究方法》；岸本美绪：《风俗と时代观》，东京，研文出版，2012。

③ 吉泽诚一郎前揭书，补论《风俗の変迁》。

镇志的具体内容。《法华乡志》中关于风俗的变迁阐述如下：①

> 法华人物朴素，不事雕饰。士尚气节，农勤耕织，商贾无本安分，向称仁里。……自清咸丰庚申之变后，礼俗趋于简略，服用习为侈靡，不若昔时之敦朴矣。

值得注意的是，清末服饰日渐华美奢侈，使得乡民质朴之风丧失等口头禅，屡屡在地方志的风俗志中不约而同地呈现出来。《江湾里志》也对因为地价上扬而大发横财者奢侈浪费等情形深感忧虑，说"浮靡积习日甚一日"，反而导致"不如他镇之殷厚"的现象。② 可以说，这是对立于"物质上之文明进步"的赞赏评价。

有关风俗不断退化的认识，不仅包括道路整饬后被城市吸收的地区，也在城市以外的地方广泛存在。《月浦里志》"俗尚素为简朴。近数年来渐染奢侈之风而不自觉"的批判中可以看出，③ 编者意识到月浦乡从质朴到奢侈的风俗变化。

然而，描写这类风俗的乡镇志编者的目的，并非只是希望借此回归到过去曾拥有的质朴风气。《月浦里志》的作者感叹，虽说"奢侈之风"受外界影响感染，但总的来说受外界的刺激很少，反倒是那些保留"保守之性"、不顾地方公益的乡民习性，这才是问题所在。作者所念

---

① 民国《法华乡志》卷二《风俗》。
② 《江湾里志》卷四《礼俗志·风俗》。
③ 《月浦里志》卷四《礼俗志·风俗》。

及乡民应有的样貌是：[1]

> 吾乡务农田家，耕耘收藏，非不作苦。然蹈故习常，不知改良。惰拙者习于晏安生计，日蹙莱芜，且不治也；其富有资产者，大都食租衣税以自足，不事勤动。纨绔少年、市井无赖沉溺于饮博鸦片，日使其习于堕落之途。稍知自爱亦惟逍遥茶酒，清谈以废正务耳。其能振兴实业，研究学理者，实居少数也。有志男儿当勉之。

这一段描述风俗的特点，是改造乡民、乡土成为编者理想中姿态。亦即跟墨守旧法不知改良、吸食鸦片、沉溺茶酒、不务正业的乡民习性形成对比，提到农业改良与实业振兴以及培养具有适应这些劳动的身体规范和习惯的乡民的重要性。从所谓文明化、国家化的观点来看，清末城市中已经出现重视身体的观念，[2] 民国后则广及于近郊农村。如此可以看到"近者世变日亟，渐知趋重尚武。男子间有肄习陆军，或应征入伍。女子亦皆崇尚天足，或讲求体育者矣"，改变了原来清代科考偏重文学，导致乡民体质偏弱，并对此抱持肯定态度的记述。

---

① 《月浦里志》卷四《礼俗志·风俗》。
② 吉泽诚一郎前揭书，第十章《体育と革命：辛亥革命時期の尚武理念と治安問題》。

第三节 乡土志所见的文明化和乡土

一、清末民国时期江南的乡土志

乡土志在方志学领域虽广为人知，但仅被简单地提及，或旁证利用，几乎没有深入分析其存在的研究。[①] 针对于此，近年关注清末爱国言论特征的研究中，也出现了有关清末地理学形成过程、清末乡土志中展现的地域性、清末乡土志的编纂过程及题材等的分析著作。[②] 尽管如此，学校教育制度变迁的关联、编纂时间和地域区别所产生的差异等问题依旧存在，对此尚未进行充分检讨，也是不争的事实。[③] 以下参照已有的研究，概观清末民国时期江南地区编纂的乡土志。

清末乡土志数量若依省别统计，有山东 96 种、四川 52 种、新疆 42 种、陕西 42 种、辽宁 41 种。相较于这些省份，江苏有 19 种，浙江有 9 种，数量称不上多。[④] 之所以清末乡土志的编纂数量会有这些差

[①] 早期言及乡土志的论文，有黄曙光：《乡土志述略》，《中国地方志通讯》1984 年第 3 期；范学宗：《乡土志浅议》，收入《中国地方志论丛》，北京，中华书局，1984。

[②] 邹振环前揭书，第五章《清末的地理学教育与近代地理学教科书的编纂》；程美宝：《由乡爱乡而爱国：清末广东乡土教材的国家话语》，《历史研究》2003 年第 4 期；以及巴兆祥前揭文。

[③] 这些问题，必须立足于初等教育政策的变迁、以小学堂经费为首的教育经费问题、课程内容、学堂设立带给地域社会的影响及其关联上。在邱秀香的《清末新式教育的理想与现实：以新式小学堂兴办为中心探讨》（台北，"国立政治大学"历史学系，2000）中曾非常精确地整理出小学堂设置的状况。

[④] 巴兆祥前揭文。

异，是因为接到编纂命令的地方官员各自的应对方式的区别，还有受到学校教育制度的拓展状况，以及地方志之间关系等各种因素的影响。当下通行的看法是，在学校教育制度普及的江苏、浙江两省，由于清末学校教材及地方志已相当丰富，反而并未出现积极编纂乡土志的现象。这方面可指出下列两项特征。第一是关于乡土志的名称。除了以某某乡土志命名之外，还有诸如侯鸿鉴的《锡金乡土历史》《锡金乡土地理》，陈罗孙的《通州历史教科书》《通州地理教科书》，旧庐的《常昭乡土地理教科书》《常昭乡土历史教科书》等，以乡土历史、乡土地理、乡土历史教科书、乡土地理教科书命名的刊物也包含其中，[①] 历史与地理分开编纂则是为了应对初等小学堂章程。关于此类刊物名称及体裁的差异，巴兆祥将其分为依据《乡土志例目》的例目派、依据地方志的方志派、采用教科书体裁的教科书派。[②] 此外，程美宝则把乡土志与乡土教科书之间的差异，视为刊物出版及教科书体裁的区别。[③] 江南乡土志中，乡土教科书占有相当比例，是由于许多编纂者在编写的同时，也考虑到能否用于教育的实际状况。由此可见，到民国以后，江南地区编纂乡土志比清末更为活跃。

第二，编纂者具有的社会背景特征。清末乡土志大量编纂的地区，

---

    ① 侯鸿鉴：《锡金乡土历史》，1906 年活字本；侯鸿鉴：《锡金乡土地理》，1906 年活字本；陈罗孙：《通州历史教科书》，1907 年铅印本；陈罗孙：《通州地理教科书》，1907 年铅印本；旧庐：《常昭乡土地理教科书》，1907 铅印本；旧庐：《常昭乡土历史教科书》，1907 年铅印本。以上皆为上海图书馆所藏。

    ② 巴兆祥前揭文。

    ③ 程美宝前揭文。

由地方官主导，并得到当地士绅阶层的合作。然而就内容和体裁而言，则有相当大的差别。清末民初江南乡土志的编纂者特征有：1. 担任行政官员或议员等公职；2. 从事小学教员等教育工作；3. 参与地方志的编纂工作。第一项可举的事例，有《川沙县乡土志》的编者陆培亮，曾在编纂期间担任县视学。另一个例证是《陈行乡土志》其中一位编者秦锡田，如同第三章中所介绍，他曾历任江苏谘议局议员及上海县参事会议员。① 第二项可举的事例，包括《崇明乡土志略》的作者昝元恺、《陈行乡土志》的作者孔祥百等人都是教员；《奉贤县乡土志》的作者朱醒华和胡家骥，则均为县教育会的成员；《锡金乡土历史》《锡金乡土地理》的作者侯鸿鉴（1872－1961），是竟志女子中学及模范小学的创办人。② 第三项可举的事例是《陈行乡土志》作者秦锡田及《川沙县乡土志》作者陆培亮，分别参与了县志编纂工作。并且诚如上一节所言，相当多的乡土志材料出自于地方志，便可看出其中展现了当时的地方意识。

顺带一提，读者或许会产生疑问，这些乡土志是否被实际运用在学校教育上？乡土志究竟是否应用于教学，我们无从得知，但有几种的乡土志的确与实际教学之间存在关系。《川沙县乡土志》分别于1913年初版、1915年再版、1918年第三版，据说数年间被用作教材。③ 除

---

① 陈颂平、秦锡田等：《陈行乡土志》，1920年铅印本；昝元恺：《崇明乡土志略》，1924年石刻本，皆为上海图书馆所藏。

② 侯鸿鉴：《锡金乡土历史》《锡金乡土地理》。侯鸿鉴是无锡人士，1902年进入弘文学院师范科。归国后，创设各种学校，在江苏和江西省都担任视学，活跃于教育界。

③ 《川沙县乡土志》，《培亮附识》。

此之外，如《奉贤县乡土志》中描述"朱君醒华与胡君家骥前曾合编乡土志一册，分历史、地理、物产三刊发。各校用者颇多"，亦可为佐证。[①] 并且，在《通州历史教科书》与《通州地理教科书》的封面上，标记有拙劣的汉字"胥以恩"，笔者认为是出自曾经使用过此书的儿童之手。

如上所述，清末江南的乡土志尽管编纂数量不多，但作为乡土教科书形式出版的情况则相当常见，且由担任地方公职的精英人士及教师们主导编纂，这点也可说是民国以后乡土志编纂增加的背景因素。程美宝对乡土志的地方性特征，曾有过启发性的论证。在她探讨清末广东乡土志中展现国家观念与乡土意识之间关系的论著中，反映了汉族内部族群集团间争夺地方空间及利益冲突等社会状况，指出了广东乡土志编纂过程中如何将集团定位且如何叙述等问题。[②] 接下来，我们将探讨江南乡土志里乡土与国家存在何种关系，并厘清乡土又是如何存在。

二、清末——陈罗孙《通州地理教科书》《通州历史教科书》

此处以陈罗孙的《通州地理教科书》《通州历史教科书》为主进行探讨。理由是作为张謇主导推动的通州近代学校教育的成果，这两本书作为卓越模范，为全国所熟知，展现了清末以近代化为目标的成果。作者陈罗孙在南通的地方志中不曾被记录，所以其经历不详。从教科

---

① 《奉贤县乡土志》，《序三》。
② 程美宝前揭文。

书中赞赏张謇主导的实业振兴和普及近代学校教育等内容来看，可以断定陈本人是张謇的支持者，或是立场相近的知识分子。通州（民国之后的南通县）虽是整个清末民国时期少有的编纂4种乡土志的地区，但在《（通州）乡土历史地理教科书》《南通乡土志》以及《南通县乡土志》这三个版本的乡土志内，几乎没有出现赞美张謇的内容。① 由此对照，陈的著作可间接体现出陈氏本人的立场。

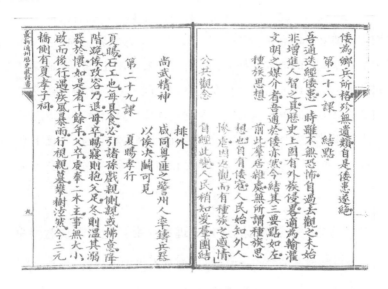

图4-2 《通州历史教科书》

---

① 3种乡土志相关信息如下。佚名：《（通州）乡土历史地理教科书》，1907年铅印本，南京图书馆所藏；佚名：《南通乡土志》，1912年抄本，上海图书馆所藏；南通县公署教育科：《南通县乡土志》，1939年铅印本，南京图书馆所藏。

至于两本著作的组成，分别是地理上编 36 课、下编 28 课、历史 40 课，总共 104 课，作为初等小学堂第一学年至第三学年的教学使用。第四学年起则设定江苏省地理、历史的课程。首先，《通州地理教科书》的内容可分成两方面特征来考察。第一是直观的教授方法，前半部以位置、疆域、沿革等为开端，伴随具体的地名、地形的介绍，展开内容，被认为是模仿地方志的体裁，以反映"先须就当地道里、形势、人物、名迹，引起直观的观念"为目标。① 乡土的事物，乃至"一草一木"都让学龄儿童深感亲近而热爱，是一部以直观理解为前提编写而成教科书。类似的乡土形象，在《乡土志例目》及其他的乡土志中广泛可见。②

第二，倡导乡土改良的必要性。地理教科书最后 6 课几乎都是与实业相关的内容，简洁地提示通州农业、商业、工业、林业、渔业、盐业的现状及其应该进行改良的部分。③ 乡土改良的目标，凡例云"历史以人类进化为主义。此编亦本此双眼，教授时宜以前后比较，俾儿童知天演竞争之概"，明示"天演竞争"生存成为乡土目标。④ 因而，乡土必然会卷入"天演竞争"的过程中，从乡土内部寻找优胜劣败的特质，以此成为通俗的社会进化论历史观，并解释乡土的历史。

《通州历史教科书》共有 40 课，依时间发展阶段分为太古纪、中古

---

① 《通州地理教科书》，《编辑大意》。
② 《学务大臣奏据编书局监督编成："乡土志"拟通编辑片》，《东方杂志》光绪三十一年第 9 期。
③ 《通州地理教科书》第三十一课《实业一》至第三十六课《实业六》。
④ 《通州地理教科书》，《编辑大意》。

纪、近古纪，从陆地的发现到文明的诞生、春秋时期到明末、南京条约之后到清末新政等历史分期。其中，特别强调所谓"人类进化"观点认识历史的意义，但有8课内容被划分到中古纪部分，是关于"倭患"的部分。饶富兴味的是，在第二十二课的注解中对于倭寇，冠以"今日本虾夷人"。① 参照历史事实而言，这不过是荒诞无稽的说法，但就展现日本"劣种"阿伊努人的对抗关系而言，可以观察当时如何传授人类存在的"优胜劣败"的具体情况。② 关于因倭寇导致的损失、被害以及通州社会的反应，5课的内容中予以描述，并在后面概括如下：③

> 吾通迭经倭患。一时虽不无恐怖，自过去观之，未始非增进人智之具。历史上固有外族侵略，适为输灌文明之媒介者。吾通于倭亦然。今结其三要点如左：
>
> 种族思想 前此群居杂处，无所谓种族思想也。自有倭寇，人民始知外人残虐。因返观而有种族之感情。
>
> 公共观念 自经此变，人民稍知爱群、团结排外。
>
> 尚武精神 咸同粤匪之警州人率铸兵器，以俟决斗可见。

倭寇侵略的危机，以民族感情团结，及对乡土的"公共观念""爱群"的

---

① 《通州历史教科书》第二十二课《倭寇始末》。

② 坂元弘子：《中国民族主义の神话：人种·身体·ジェンダー》，第35～68页，东京，岩波书店，2004。

③ 《通州历史教科书》第二十八课《结点》。

情感、"尚武精神"等一系列在清末被认为是通州人需要的资质来描述，非常具有特色。在突出中古纪时代通州人具备了面对外患抵抗的素质及意识，目的是为了能有效理解之后近代的部分。第三十六课的新通州中是这么说的：①

> 扬子江流域，已入英人势力圈，吾通上趋宁省，下驶沪闽，气管孔道，尤为外人所必争。英人自挟经济政策，扼我死命，设不变更，吾乡之人，不十年必穷饿死。吾通人蚩蚩鼾睡也。自张先生季直起，推爱国者爱乡，振臂一呼，有雄鸡震旦之概。

接着，介绍了通州实业及教育推动的傲人成果，以赞美最近的"发达时代"通州变身成为新世界进行最后总结。

以上探讨《通州地理教科书》和《通州历史教科书》的组成及其内容，总结有几点特征。对编者而言，乡土将卷入"天演竞争"的必然过程，为了生存，文明化的资质——特别是公共心及"爱群"情感等素质被赋予乡土内部。乡土志的意义是发挥通州人原有的资质，培养爱乡心，进而发扬爱国精神。

三、20世纪20年代前半期——昝元恺《崇明乡土志略》，沈颂平、秦锡田等《陈行乡土志》

20世纪20年代前半期的乡土志，对乡土教育的必要性有过相似

---

① 《通州历史教科书》第三十六课《新通州》。

主张的，可举《崇明乡土志略》及《陈行乡土志》。前者原本是以崇明县乙种商业学校第一学年为教学对象，所编纂的乡土地理教育课本，之后作为高等小学第一年及国民学校第四年的教学使用。由于情况较为特殊，因而不同于一般乡土志 40 课左右的篇幅，这本教材以 24 节组成，包括"粮赋""额征""赋税""关税之沿革""货物税之由来""杂税杂捐"等税务相关的教学内容较多，为其独特之处。① 以沈占先署名的文章之中，陈述《崇明乡土志略》的意义如下：②

> 教育贵有实用。实用者即谓各科所授之教材，须乎适乎社会之生活也。地理一科，本在在与吾人生活有关，而乡土之关系尤为密切。盖小学校中之儿童，未必皆远到之材，其大多数为营生于地方之普通国民耳。苟不授予以适切之乡土智识，而侈谈域外，以务高远，无论髫年学子，未必尽能领悟。究于将来实际生活上有若何之关系乎？眷君胜存有鉴于此，特编是书，以饷后学。尤于物产、实业等项，再三致意。俾学者一方收得本乡地理之观念，一方略知社会生活之状况。庶出校后，或就农或就商，皆得所依据，而不致扞格不入。

乡土教育的意义，被定义为能否呼应"实用"及"实际生活"，有关乡土外"高尚"的议论，则被视为是与"乡土知识"相对的部分。就像施祖恒

---

① 《崇明乡土志略》，《编辑大意》。
② 《崇明乡土志略》，《沈占先叙》。

的序言中讽刺地指出："今之历史地理家，上下五千年，纵横九万里，口讲指画，原原本本问以乡邑间日常应知之事，则瞠目不能对。是犹识华盛顿、拿破仑之为人，而不能举其高曾之名字也"，这里明确地揶揄不以地方为本，展现出对抗"高远"的议论的意识。

同样的对抗意识也出现在《陈行乡土志》中。相对于大多数乡土志以县为单位，《陈行乡土志》则是以乡为单位的稀有乡土志。《陈行乡土志》的编者除了符合先前列举的三个条件特征外，由于他们自身也遗留下若干史料，足以追索乡镇级精英阶层引进近代学校教育制度后的活动，以及教育观念的实际情况。[①] 其中一位编纂者孔祥百对爱乡与爱国之间的关系，是这样说的：[②]

> 空谈爱国之士，读各国书，睥睨一世，问其本乡土一二掌故，则瞠目不能对。夫爱生于情、情生于知。不知其乡何能爱乡？不爱其乡何能爱国？

相较于《通州历史教科书》将新思想原封不动地引进乡土教育的知识之中，《陈行乡土志》则有不同的方向。也就是说，20 世纪 10 年代后期，

---

① 参见本书第五章。

② 《陈行乡土志》，《孔祥百序》。孔祥百（1867 — 1938）拥有弘文学院师范科的留日经验，归国后在三林学校、省立第一师范学校及浦东中学执教。吸收了各式新知识的孔祥百，对直接套用西洋知识及观念的教育，抱持批判的态度；虽然他提倡乡土本位的教育，主张乡土教育本身的有效性，提出比较海外乡土教育的实例，如实地反映了他的立场。

新文化运动的高扬使得各式各样新思想大量涌入地方社会，同时也出现了批判外来学术知识和论及"爱国"的新知识分子，他们在对抗意识之中主张培养爱乡心，认为这才是真正能孕育爱国心的方法（有关乡土志与市镇社会的关系，将在本书的第五章详述）。

四、南京国民政府时期——祝志学《诸暨乡土志》

依笔者所见，南京政府时期编纂的乡土志数量虽不多，但以现今的观点来看，却出现了相当完整的教科书体裁，并与传统乡土志明显有别。这里以浙江省的《诸暨乡土志》为例。[①] 此书 1934 年由诸暨县教育局出版，极有可能使用于实际的教育之中。由于教育局出版的背景，加上第三课《县政府县党部和县法院》中对县政府及县党部关系的说明，以及第十七课《地方自治的历史》提到地方自治与训政宪政的关系，可见本书基调是反映出党国体制推动国家统一时南京政府的情况。《诸暨乡土志》除了包含许多与过去乡土志相异的内容外，也出现了与过去共通的乡土观念。以《我爱我乡》为题的文章中，诉说对乡土之爱的必要性：[②]

---

① 蔡衡溪：《乡土教育概要》，上海，大华书局，1935。蔡衡溪主张，中国乡土教育的变革，是以 1922 年的新学制改革为开端，并介绍了模范教材之一的《诸暨乡土志》。此外，该书作者为任职河南省教育厅的地方官僚，大声疾呼乡土教育复兴民族精神，与河南省的农村改造及地方自治参与国家建设，有着密切的关联。参见沈松侨：《地方精英与国家权力：民国时期的宛西自治，1930 — 1943》，《中央研究院近代史研究所集刊》第 21 期，1992。

② 祝志学：《诸暨乡土志》，《我爱我乡》，1933 年铅印本，上海图书馆所藏。

开学式上面，金校长滔滔地说了许多话。他的意思，无非是说救国须先爱乡，爱乡是我们爱国的起点。中山先生也说过，中国人要恢复民族主义，要以宗族团体和家乡的基础为团结的基础。那末，金校长的演说，也可以说是依据中山先生的三民主义。但是他为什么在今天说出这番话来呢？怪我们不注意家乡的事情吗？怪我们不知为家乡谋兴革吗？叹国难临头，要想唤醒我们，以爱乡为爱国的入手吗？

　　……诸暨是我们的家乡，我们的先辈为了我们，不知道经过了多少的艰难。我们生长在这里，居住在这里，这里的一丝一缕、一草一木，多少都和我们发生关系，我们怎能不热烈地爱护呢？在过去，我们纵口谈国家大事，倒反把自己周围的事忘记了，这实在是错误的。

九一八事变及伪满洲国成立的"国难"，乃至挽救华北的危机，都关联到爱乡爱国精神的扎根。各课结尾为了使学童能充分理解要点，还预备了若干问题，包括："一、为什么爱乡是爱国的起点？二、为什么校长的话是依据中山先生的三民主义？三、救国应该怎样去干才对？"这三个问题强调通过宗族、团体及乡土之团结，恢复民族主义与基于孙中山三民主义的主张等，尽管过去的乡土志中并无这些特征，但这里也强调扶植爱乡之心将直接有助于扶植爱国之心。

　　以上我们把清末民初乡土志的编纂意图及乡土意识，大致分成三个时期。虽然对于构成爱国基础的思想和政治体制存在不少差别，但可以发现：爱乡与爱国不仅没有矛盾，反而具有共通性。并且，爱乡心也是依照这样的思考，有其共通性。诚如《通州地理教科书》描述"如某地教授乡土地理历史时，先须就当地道里、形势、人物、名迹，引起直观的观念，以为教此课本之预备"[1]那样，乡土教育中采用"直观"的方法。乡土事物的一丝一缕、一草一木，从日常生活开始都能深感亲切，前提是以学童能直观地理解，并热爱其乡土。再者，《崇明乡土志略》内对作者昝元恺的教育活动，有如下的评价："其视崇明一邑犹其一家，其视崇明之学生犹其一家之子若弟"，将乡土比喻为家人的方法，也较容易使乡土与个人有共同性和一体性。[2] 这样从乡土扩大到国家的方法，是基于个人一体性向外扩张的想象。

小结

　　本章以不同目的与意图所编纂的清末民初江南县志、乡镇志、乡土志[3]为例，就从中展现出的地方形象及秩序观，分析近代中国乡土意识的特质。

　　清末民国时期县志的编纂，与清末之前相较，数量规模上及统一性虽有所不及，但在体裁和叙述方式上，则有其崭新的一面。就体裁

---

　　① 《通州地理教科书》，《编辑大意》。对于乡土事物乃至"一丝一缕，一草一木"都能感到亲切，利用其开展乡土教育的构想是《乡土志例目》中所提倡。见《学务大臣奏据编书局监督编成："乡土志"拟通编辑片》。
　　② 《崇明乡土志略》，《王绍曾叙》。只有此序文著于 1917 年 9 月。
　　③ 具体的乡土志目录稿，请参见本书附录《乡土志目录稿》(上海市、江苏省、浙江省)

而言，引进地理学的知识之际，也存在着运用图表将地域空间加以可视化、数据化的志向。就叙述方式来说，地方精英参与地方政治，由此彰显功绩，在这个过程中强烈反映出自治领域的意识。这些出版物可说是从近代化、文明化的尺度来了解地方社会，记述地方精英兴利除弊的活动成果。

乡镇志这类私纂地方志的存在，可说是江南地方志编纂的特征。乡镇志描述乡土时还存在着两种视野。一种是如上海近郊所见的乡镇志那样，因日益城市化而对乡土抱有肯定性的看法。与此相反，也存在着担心没有城市化、产业化进展的地方志，可视为同一种价值观的表里两面。另一种是对城市化的进展及往来上海日益频繁，造成昔日质朴之风变为讲究奢华的现象，产生了危机意识。

乡土志是清末民国时期非常独特的"地方志"。所谓乡土志，伴随近代学校教育制度的引进，前提是在初等教育的课堂，使用那些模仿地方志体裁而编纂的教科书。编纂乡土志的目的，普遍认为是通过培养爱乡心，从而达到爱国心的养成。如此构想依据所谓"由近至远"的方法论，亦即让学童直观地理解乡土事物，再由乡土扩大范围到国家。由此，乡土被设定为和个人具有一体性的存在。

以不同立场和目的所编纂的县志、乡镇志、乡土志，它们展现出来的乡土意识与内容，也可以说存在着不同的面向。乡土成为推动近代化改良、改造的对象同时，也被认为是个人可以直观地知觉到的、本质性的存在。并且，以爱国为尺度的爱乡立场，也使得对乡土本身的独立性和差异性意识，不免日益淡薄。

第五章　近代中国乡土教科书中的爱乡与爱国

——《陈行乡土志》及其背景

导言

　　本章用之前已提到的《陈行乡土志》，来分析市镇级别的地域社会中所见的乡土意识。通过检视编纂者在《陈行乡土志》的言论，厘清清末民初——特别是辛亥革命前后地方社会政治结构的变化。

　　检讨上述问题前，笔者希望概述一下本章的视角。如同杜赞奇巧妙地使用"权力的文化网络"（cultural nexus of power）一词，中国王朝是以官僚机构将人、物两方面组织起来，通过科举选拔那些符合道德规范，体现文化象征的人才，贯彻其社会统治。① 长时段观察清末民初的政治，超越这一王朝国家的政治文化体制，则是民族国家的政治机构由"上"来组织、向"下"渗透的过程。

---

① Presenjit Duara, *Culture, Power, and the State ：Rural North China*, 1900－1942. (Stanford：Stanford University Press, 1988), pp. 5-41.

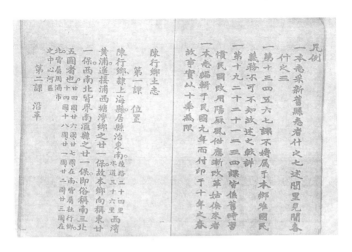

图 5-1 《陈行乡土志》

若从政治体制的观点来看，有必要审视过去担任地方公共事务的精英阶层，从整体上把握他们如何参与推动地方政治及其影响和变化等。①

---

① 有关教育改革，从清末民初学校制度成立过程的实态来看，可参考阿部洋的一系列讨论。参见阿部洋：《中国近代学校史研究：清末における近代学校制度の成立过程》，东京，福村出版，1993。关于地方自治制，参见滨口允子：《清末直隶における谘议局と县议会》，收入辛亥革命研究会编：《菊池贵晴先生追悼论集中国近现代论集》，东京，汲古书院，1985；贵志俊彦：《"北洋新政"体制下における地方自治制の形成》，收入横山英、曾田三郎编：《中国の近代化と政治の统合》，广岛，溪水社，1992；黄东兰：《近代中国の地方自治と明治日本》，东京，汲古书院，2005；田中比吕志：《近代中国の政治统合と地域社会：立宪・地方自治・地域エリート》，东京，研文出版，2010。关于日本的研究动向，参见岸本美绪：《明清时代の乡绅》，收入《シリーズ世界史への问い》第七卷，岩波书店，1990；岸本美绪：《明清期の社会组织と社会变容》，收入社会经济史学会编：《社会经济史学の课题と展望》，东京，有斐阁，1992；山田贤：《中国明清时代史研究における"地域社会论"の现状と课题》，《历史评论》第 580 号，1998。关于欧美的研究动向，参见 Joseph W. Esherick and Mary Bucks Rankin eds., *Chinese Local Elites and Patterns of Dominance* (Berkeley: University of California Press，1990)。

图 5-2　民国初期上海县境图

再者，从文化及规范意识的角度而言，近代教育制度的引进，一方面虽将国家与社会结合的新范式定为目标，但同时也须注意科举废除带给人们的影响。实际上，地方精英阶层撑起了创办学堂和教育行政机构的营运，他们在地方上引进近代教育，同时推动新的规范，并阐明其究竟为何物。①

　　基于上述问题的关心，本章探讨清末民初时期由官方奖励编纂的乡土教科书，实际上是由哪些地方社会的人士负责，并且以何种意图来编纂，以及加入了怎样的规范意识。通过对这些问题的分析，笔者认为有助于理解对于来自上层官方设定的框架，在"下层"所开展的实际状况。

　　进入讨论之前，首先对史料进行若干说明。由于着眼以乡土志为中心史料，本章将采用《陈行乡土志》(沈颂平编，上海图书馆古籍阅览室藏1920年石印本，现收录于《上海乡镇旧志丛书》第十三册，上海：上海社会科学院出版社，2006年)进行分析。《陈行乡土志》是由上海县陈行乡的精英编纂，在孔祥百所写的序文中，编者除了沈颂平及孔本人之外，还有胡祖德、秦锡祺、秦锡田三位参与。其中内容如表5-1(附于章末)所列。

　　使用《陈行乡土志》进行分析的理由有以下两点。第一，如前所述，"乡土志"为清末民初时期所特有的史料。第二，乡级的乡土志是由地方精英所自发编纂，与江南地区大量编纂的乡镇志密切相关，反映江南的地方性。② 此外，清末民初地方政治以县级区域为分析对象的研

---

　　① 明确提出此类视角是高田幸男进行的一系列研究。高田幸男：《清末地域社会と近代教育の导入：无锡における"教育界"の形成》，收入《神田信夫先生古稀记念论集：清朝と东アジア》，东京，山川出版社，1992；高田幸男：《清末地域社会における教育行政机构の形成》，《东洋学报》第75卷第1·2号，1993；高田幸男：《近代中国地域社会と教育会：无锡教育会の役员构成分析を中心に》，《骏台史学》第91号，1994。

　　② 森正夫：《清代江南デルタの乡镇志と地域社会》，《森正夫明清史论集》第三卷《地域社会研究方法》，东京，汲古书院，2006。

究虽日益增多，但关于乡镇级的研究仍很难说已到了十分充裕的程度。①《陈行乡土志》作为乡镇志的同时，也是厘清乡镇级社会实际情况的重要线索。② 就此而言，《陈行乡土志》可说集合了清末民初以及江南地区两项要点，是饶富兴味的重要史料。

　　本章使用的另一主要材料，则是与陈行乡相关的"乡土史料"。这是指中国大陆近年陆续出版的新编地方志，依据有关地方社会的各种原始史料所编写而成，笔者将此类原始史料统称为"乡土史料"。由于乡土志以儿童为阅读对象，故其记述较为简略，事实上就提供有关当时背景所进行分析的信息方面，也未必充分。而补足乡土志史料局限的，便是"乡土史料"。《上海市上海县志》（上海市上海县志编纂委员会编，上海：上海人民出版社，1993年）及此前编纂的《陈行志》（上海县陈行公社编志组编，1985年铅印本，上海图书馆上海地方文献阅览室

---

　　① 关于乡镇级别地域，从乡村统治的视角进行论述的，有小岛淑男：《近代中国の农村经济と地主制》，东京，汲古书院，2005，第四章《清朝末期江苏省苏州府の乡村统治》；以及分析水利惯行的大谷敏夫：《清代政治思想史研究》，第215～240页，东京，汲古书院，1991。着眼于地方士绅公共事业管辖范围的有稻田清一：《清末江南の镇董について：松江府・太仓州を中心として》，收入森正夫编：《江南デルタ市镇研究：历史学と地理学からの接近》，名古屋，名古屋大学出版会，1992；稻田清一：《清代江南における救荒と市镇：宝山县・嘉定县の"厂"をめぐって》，《甲南大学纪要》文学编第86号，1993。论及绿营の管辖范围与市场圈の关系，参见太田出：《清代绿营の管辖区域とその机能：江南デルタの汛を中心に》，《史学杂志》第107编第10号，1998。在中国国内使用县级地方档案为主要史料进行分析的，见小田：《清末民初江南乡镇社会の权力结构变动》，《历史档案》第70号，1998。

　　② 除此之外，唐宝淦，葛冲：《西岑乡土志》（1952年后抄本。收入上海图书馆所藏：《上海乡镇旧志丛书》第13册，上海，上海社会科学院出版社，2006）也是乡级的乡土志。此书从清末开始编纂，1918年为了学校教育的使用而再次编修。该志是以多种乡级地方文献为基础编成的。

所藏），即是依据陈行乡的"乡土史料"为主要材料，其中有编纂《陈行乡土志》的地方精英代表秦锡田文集《享帚录》（八卷，1930 年排印本，上海图书馆古籍阅览室所藏）、《享帚续录》（三卷，1941 年排印本，上海图书馆古籍阅览室所藏），还有其他精英人士的文集、年谱、族谱等。① 通过此类史料，可以追索《陈行乡土志》的记述及作者活动的背景。

以下第一节整理关于加入地方自治机构的地方精英，以《陈行乡土志》的作者为中心。紧接着第二节，概观陈行乡领导阶层主持的教育活动。在第三节中，探讨有关《陈行乡土志》描述征税背景下的财政问题。最后第四节，以"改良""合群"等关键词为线索，检讨《陈行乡土志》的教育思想及描绘作者构想的新秩序面貌。

除此之外，由于本章内容与第三章具有密切关联，故已包含一部分第三章的论述。为了方便行文讨论，本章中会再重复提起。文中有引自《陈行乡土志》之处，则直接记为"第××课"。

---

① 《享帚录》及《享帚续录》之外还有以下史料：胡祖德：《胡氏杂钞初编》一卷，民国刊，上海师范大学图书馆所藏；秦之衔：《秦砚畦先生年谱简录》二卷，1961 年孔令毅摘钞本。秦之济：《上海陈行秦氏支谱》四卷，上海县陈行公社编志组 1983 年油印本。上海县陈行公社编志组编：《梓乡杂录》一册，上海县陈行公社编志组 1983 年油印本（以上 3 本为个人所藏）。秦荣光：《养真堂文钞》二卷，1919 年排印本，东京大学东洋文化研究所藏。秦锡田：《显考温毅府君年谱》一卷，1919 年排印本，京都大学人文科学研究所藏。顺带一提的是，将个人文集作为史料来使用，不能否定出版时添加改窜的可能性；但《享帚录》中多数被收录的议案、意见书、公文，乃至全文或部分收录于《申报》以及地方志，其内容则是一致的。此处笔者特别想要表明的是，与史料同时代的出版品也是有效的。

第一节　上海农村的地方精英阶层

一、19 世纪的陈行乡与陈行秦氏

　　首先，简要说明陈行乡的概况。陈行乡位于黄浦江东岸的浦东地区，与三林乡、杨思乡共同构成上海县的东南部（第一课《位置》；第二课《沿革》）。[①] 该乡地形东西约为 6.5 公里，南北约为 2.5 公里，是总面积 23.5 平方公里的横长型地带。在清代的征税体系中，该地区被划为二十一保的东半部分，下辖有七图，故被称为"陈行七图"（第三课，图保面积）。南汇县的漕运路线周浦塘，是从南汇县的经济中心周浦镇，东西贯穿陈行乡而注入黄浦江。周浦塘沿岸以东每隔约 1.5 公里，分别分布着题桥、陈行、塘口三镇，特别是位于陈行乡中心的陈行镇，为当地的经济中心（第四课《市镇》）。在第五课《村落》内有如下记述："本乡村宅，多者十余家、少止二三家（至少者曰独家村）。从无聚至数十百家者。团结之力不坚，即此可见。"显见陈行乡周边并没有形成共同性的村落。如同先前指出的"乡脚"那样，江南地区的商品投入市场，以满足生活层面上各式各样的需求，市镇之间相互结合的领域，形成

---

　　① 　《上海市上海县志》第一编《建置（六）·集镇新村》，第 135～136 页。

乡民生活空间，[①] 陈行乡也不例外。

其次以陈行乡的经济状况，考察一下产业与交通。关于陈行乡的产业，诚如"吾浦东出品、生货唯棉、熟货唯布"所描述，[②] 属于长江三角洲的冲积低洼地带，陈行乡周边广泛栽种棉花及制造棉布等商品作物，成为集散市镇。樊树志从集散商品的职能特性，把江南市镇分为棉布业市镇、丝绸业市镇、粮食业市镇等三类型，陈行乡在此属于棉布业市镇。[③] 然而，近代原属于土布市场被洋布抢夺后，棉布业市镇也走上衰退的道路，而倚赖生产商品作物维生的乡民，生活遂陷入困境。[④] 针对这种情况，在第十二课《户口》中，根据 1912 年乡公所户口调查所得的数字，若将 200 公顷的耕地平分给 12240 名陈行乡民，则每人得到的土地尚不及 2 亩，所以有"非振兴实业，讲求殖民政策，则户口日繁，而生计日窘。后将何以图存"的危机感评述。乡民试图通过农业经营的商业化，克服不可避免的人口压力，并直接面对商业不振导致的严重问题。虽然与租界相邻的地区，都逐渐开始建设制丝工场等近代产业，但陈行乡周边却未能开展工场建设，吸收农村剩余的

---

① 有关江南市镇的实证研究，有刘石吉：《明清时代江南市镇研究》，北京，中国社会科学出版社，1987；樊树志：《明清江南市镇探微》，上海，复旦大学出版社，1990；小田：《江南乡镇社会的近代转型》，北京，中国商业出版社，1997。

② 《汤蕴斋商董六十寿序》，见《享帚录》卷一。

③ 樊树志前揭书，第 124～133 页。

④ 樊树志前揭书，第 171～187 页。然而，《陈行乡土志》第二十五课《特产一》以及第二十六课《特产二》中对于棉花以及棉布没有相关内容的记述。

劳动力。①

接下来说明支撑物流、人流所不可缺的交通。陈行乡通往近邻市镇及上海的渠道，依然仅有水路（第六课《水道》；第三十七课《交通》）。20世纪20年代浦东地区进行整饬道路，巴士、铁道开始运行，连接上海与川沙的上川交通股份公司及连接上海与南汇的上南长途汽车股份有限公司，于1921年开始营业。②

总而言之，陈行乡与上海的中心城区距离尽管很近，但与跟租界相邻的地区相较，并无城市化进展，可说整个江南地区的农村都有类似情况。

有关陈行乡的领导者，《陈行乡土志》中共列举了13名。其中3名是陈行秦氏，而参与《陈行乡土志》编纂工作的就有其中2名，可见秦氏一族是陈行乡强大宗族的代表。秦氏在南宋时期由扬州南渡至上海县，元末名人秦裕伯后来成为上海县知名城隍神（第三十九课《名人一·秦裕伯》）。明末之际移居到陈行镇，之后便以此作为主要活动的据点。乾隆以后，先后有进士1名、举人1名、贡生2名、生员和监生13名，在陈行乡及其周边地区拥有非常大的影响力。③

---

① 高桥孝助：《上海共同租界北边农村の变迁》，《宫城教育大学纪要》第23号，1989；高桥孝助：《1920年代はじめに至る上海县法华乡の变迁：消灭しつつある"水乡"》，《宫城教育大学纪要》第25号，1991。该文论述了由上海的都市化进展到市镇的变貌。
② 《川沙县志》卷七《交通志》；《秦砚畦先生年谱简录》下，民国十四年乙丑65岁之条。秦锡田就任上南长途汽车股份有限公司的协理。
③ 《序》，见《上海陈行秦氏支谱》卷首。有关科举资格，参见《上海陈行秦氏支谱》卷一。

滨岛敦俊认为 16 世纪的商业化带来的社会变动，使江南农村地区开始出现掌握主导权的精英阶层，分别是：①担任社村一级的富农；②担任"乡脚"，即以市镇为中心及其周边农村地区生活圈（在此将这类地区权宜地称为"乡镇社会"）的市镇生员、商人阶层；③领导"县社会"的乡绅。① 若是以此为据，19 世纪负责陈行乡公共事业的陈行秦氏，是拥有生员资格的精英人士，可算作第 2 种类型，属于负责乡镇社会的精英。

　　下面列出具有代表性的 3 人，尝试观察其活动的内容。

　　①秦惟梅（1786—1867），生员，曾担任图董。全力参加地方公益事业，特别是在陈行七图的周浦塘浚渫免役申请中，活动尤为明显（第四十五课《名人七·秦惟梅》）。②

　　②秦绣彝（1818—1875），惟梅之侄，生员，曾担任陈行团练局总理。1866 年在浚渫周浦塘的徭役负担问题上，曾与南汇县方面进行过交涉。③

　　③秦荣光（1841—1905），惟梅族孙，贡生。在成为悬案的周浦塘徭役负担问题中，曾与各级官员努力斡旋，最终获得免除徭役负担的胜利。除此之外，秦荣光对各种地方公益的相关事业，如慈善、教育等的贡献不胜枚举。通过教育活动，培养了众多地方上的人才（第五十

---

① 滨岛敦俊：《农村社会：觉书》，收入《明清时代史的基本问题》，东京，汲古书院，1997。

② 《上海县续志》卷十三《人物·秦惟梅》，以及《陈行志》第三编《政治》，第 64～66 页。

③ 《传志门·清邑庠生选训导椒两公传》，见《上海陈行秦氏支谱》卷二。

课《名人十二·秦荣光》)。[1]

概括陈行秦氏的活动内容，他们负责水利、荒政、慈善、学堂设立等各种地方公共事业的同时，也发挥了征收赋税及维持治安等的功能。稻田清一分析乡镇社会精英人士的活动，特别着眼于对管辖的地理范围进行分析，并曾指出"镇董制"的存在，[2] 陈行秦氏的活动正是"镇董制"的一个实例，之后他们被纳入担任地方自治的精英阶层。

二、清末民初的地方精英阶层

表5-2(见章末)为史料整理后陈行秦氏参与的各种公共事业。从中可看出：许多事业是由秦荣光开启，继而子孙传承。下面将表5-2中出现的人物举出6位，概观清末民初地方精英的活动内容。其中①～③为《陈行乡土志》的作者。

①秦锡田，举人时通过捐纳，担任过内阁中书及湖北候补同知，是所谓的乡绅。他始终致力于上海县地区的诸多事业，从清末至20世纪10年代曾担任江苏谘议局、陈行乡议事会、上海县议事会及参事会、江苏省议会等机构议员，在公开的政治场合反映其在地方上的要求。[3]

②胡祖德，拥有生员资格。陈行胡氏代代驰名于商界，胡祖德本

---

① 《上海县续志》卷十三《人物·秦荣光》；以及《上邑七图免役周浦塘记》，见《养真堂文钞》。秦荣光的活动详见《显考温毅府君年谱》。

② 稻田清一：《清末江南の镇董について》。

③ 有关秦锡田的经历，见《秦砚畦先生年谱简录》，以及以此为基础制作的本书第三章，表3-4"秦锡田略年谱"。

人也因其商业才能，使得家财倍增，生活颇为富裕。对于水利、桥梁建设、慈善事业、教育活动等捐助，他经常率先响应，也为出版《陈行乡土志》提供资金。伴随着地方自治制度引进，胡氏被选为乡董。①

③孔祥百，拥有生员资格。清末前往日本弘文学院师范科求学，归国后于三林学校、省立第一师范学校、浦东中学等处执教。他曾亲自组织学生自治会，致力于地方自治人才的培养工作，是《陈行乡土志》的主要编者之一。辛亥革命前后，历任陈行乡议事会议长及副议长。②

④～⑥的3人曾协助秦锡田等人创设学堂，推动近邻地区的各项事业。④、⑤在第三章中有所提及，此处以近代教育事业的市镇级推动人物身份，重新介绍其简历。

④赵履福是三林赵氏一员，拥有生员资格。地方自治实施后，曾担任乡议事会议长，之后就任乡董，尽力于水利事业、团练、救荒、户口调查等充实乡政的工作。他曾与商人阶层合作，推动了三林塘镇的电灯敷设、维持工作，以及清扫道路等公共事业，在任期间对乡政的整饬有极大的贡献，同时也是早期推动创设学堂的人物之一。③

⑤汤学钊是以三林塘镇为活动中心的商人，曾经营房地产、米行、当铺等，为近邻地区市镇级的杰出商人。汤氏担任过三林商会董事，以其丰富的财力为背景，整饬道路、桥梁，更在慈善事业之外创设乡

---

① 《云翘胡君家传》，见《享帚续录》卷二。值得一提的是，胡祖德的《沪谚》《沪谚外编》(上海，上海古籍出版社，1989)，对上海周边农村方言的研究，极为有用。

② 《上海县茂才孔府君家传》，见《享帚续录》卷二。

③ 《赵和恪先生传》，见《享帚录》卷二。

学校，提供资金。地方自治实施之后，历任乡董及乡佐。[1]

⑥周希濂，出身于杨思周氏，代代以武艺高超而为人熟知，拥有武举人功名。他曾担任过杨思局董，引进新式农作法，在数十亩的土地上栽种稻、棉，以及进行养蚕工作，是位收入颇丰的地主。由于对地方公共事业处理公正而博得众望。三林书院创设之初，周氏先是捐赠50余亩土地，对于教育活动也积极参与。[2]

以上6人的履历，由于依据的是秦锡田撰写的墓志铭及人物传记，虽不免有过分强调其对地方社会的贡献之嫌，但也由此能确认清末民初地方社会中精英阶层引进近代教育的性质。其中能归纳出两点特征：第一，他们都出身于以市镇为社会基础的强大宗族，是地方知识分子及知名人士，多有生员资格，后来成为清末创设乡级学堂的推动者。第二，以市镇为活动据点的商人阶层，汤学钊、胡祖德二人都直接从事商业。即使本人并无参与商业活动，如赵履福，然而地方知名人士与商人阶层之间的合作关系密切，不言而喻。由此不难想象，创设学堂的资金也是仰赖于市镇商人阶层的支援。

最后要谈谈这些地方精英阶层与地方自治制度之间的关系。市镇级的近代教育推动者，在地方自治实施之后，在自治区的乡区，曾试图表达其政治意见。第三章表3-1整理了辛亥革命前后陈行乡地方自治职位的人员组成。从陈行乡人口为12240人（1912年的户口调查）推测，大约有420人是掌权者，而且我们可以得知其中有19人参与乡政

---

① 《汤蕴斋商董六十寿序》，见《享帚录》卷一。
② 《清故候选千总武举人周府君家传》，见《享帚录》卷二。

工作。若是仔细观察，与秦锡田相关的精英人士，约半数担任了乡董、乡佐、议事会正副议长等主要职位，以秦为中心的关系网，构成乡政最大的派阀。并且，前面检讨的三林乡2名精英人士，担任议事会议长、乡董等三林乡自治机构的要职，可从第三章表3-2得到确认。从中可以看出，《陈行乡土志》的编纂也与地方政治情况的渊源颇深。

以上所见，以《陈行乡土志》作者为中心的地方领导阶层，掌握了辛亥革命前后上海县农村地区的地方社会主导权。市古宙三曾指出：这些精英人士为了维护阶级利益，而采取西化、利己的改革。① 之所以有这些利己的态度，原因在于科举废除，国家与社会失去了儒教的维系，导致依靠这一道德规范的地域社会，出现了施行"善举"的——亦即推动改革的近代知识分子与继承各种公共事业的"土豪劣绅"精英阶层产生分化。前者的代表是以《陈行乡土志》编者为首的地方精英阶层；他们登上近代教育机构及地方自治机构等公共政治舞台，与企图吸纳精英人士的清廷意图完全相反，以致在地方自治的财政问题上，和传统的行政机构所持态度不同，使得问题愈发尖锐。这种情况在后来的乡土教科书记述中也有所反映。

第二节　地方精英阶层的乡土教育活动

前一节所分析的地方精英，伴随清末新学制的引进，进行了统称

---

① 市古宙三：《乡绅与辛亥革命》，收入市古宙三：《近代中国の政治と社会〔增补版〕》，东京，东京大学出版会，1977。

为"乡土教育"的各式教育活动(参见表 5-2、表 5-3)。以下大致分为一、近代初等教育的引进；二、其他教育活动，概观其实际状况。

一、近代初等教育的引进

关于清末教育制度改革，学堂创设及教育行政机构的运作，以地方精英阶层为焦点，从地方视角观察近代教育引进过程，已有一定的研究成果。特别是高田幸男有关无锡教育界的动向，曾受到许多关注。高田分析了清末无锡教育行政机构的形成过程，以及集结于此的精英，将当时地方精英的教育活动，视为参与地方行政的一种方式。此后，便形成推动地方近代教育的"教育界精英"阶层，认为这群人组织的教育会、劝学所，具有强烈的自治机关色彩。[①] 此外，高田详细分析无锡教育会成员的组成后，更指出"教育界精英"阶层以国民革命为界线，从士绅集团转变为专业的教职员团体。[②] 本章所援用《陈行乡土志》的作者，特别是秦锡田及其父亲秦荣光，即是高田所指的国民革命前典型的"教育界精英"阶层。下面尝试来看看他们的活动。

开清末教育改革风气之先，早年秦荣光设立私塾，致力于教育的普及。集名望于一身的他，曾广泛招纳以陈行乡、三林乡为首的上海县邻近的各地人才，希望推动地方自治的近代化。而且，他深感科举考试内容的空疏和实学无用之痛，担忧农家子弟缺乏学习的机会，无

---

① 参见高田幸男：《清末地域社会と近代教育の导入》，以及《清末地域社会における教育行政机构の形成》。

② 参见高田幸男，《近代中国地域社会と教育会》。

从获得新知。因此，秦荣光便将秦公祠的经费，分发于三乡各地，共创设了 6 间私塾。①

　　跟县城官立的书院不同，地方教育活动至多停留在私塾的阶段，直到光绪二十二年(1896)设立三林书院才发生转机。此前一年，秦荣光发起创设三林书院的提案，与陈行秦氏存在亲戚关系的杨思乡周希濂、三林乡汤学钊等人，分别捐赠出 50 亩田地。其他的精英人士对此活动也伸出援手，因此秦荣光募集了将近 200 亩的田产。② 第二年，秦锡田承继父命，与赵履福共同在三林塘镇创立三林书院，负责实际校务；③ 三林书院之下又附有作为预科教育部的三林义塾。光绪二十六年(1900)，三乡各地分设了 20 余所三林书院的附属义塾。这些义塾历经整合及科举废除之后，成为初等小学堂的母体(第二十八课《教育二·公立义塾》；第二十九课《教育三·国民学校》)④。

　　三林书院传授哪些课程呢？当时上海县城为了顺应时代变化，创立了各式各样的学堂，三林书院则是模仿了敬业书院。⑤ 该书院开设师范课程，招收拥有生员程度学力的学生，教授经学、史论、算学、舆地、财务等科目，甚至也传授英语及法语。⑥ 光绪二十八年(1902)，改称为三林学堂，来年以学部章程为基础，改编科目，并购入理科的

　　① 《上海县续志》卷十八《人物》，以及《上海市上海县志》第三十二编《人物》。
　　② 《显考温毅府君年谱》，光绪二十一年乙未之条。
　　③ 《秦砚畦先生年谱简录》上，光绪二十二年丙申 36 岁之条。
　　④ 《上海县续志》卷十《学校中》，以及民国《上海县志》卷九《学校上》。
　　⑤ 敬业书院在清末上海较早采纳西洋的近代教育，成为之后学堂的先驱。《上海县续志》卷九《学校上》，以及《上海乡土志》，第九十七课《学堂》。
　　⑥ 《上海县续志》卷九《学校上》。

实验器具及增设操场等，充实教育内容。① 为了顺应时代风气，还开始派遣留学生赴国外进修。在可以确认的范围内，三林学堂有 6 名毕业生前往日本弘文学院(4 名)及早稻田大学(2 名)留学；而陈行乡出身者占有 4 名，其中 2 名于第三章的表 3-1 可确认其姓名。② 他们留学期间所获得的"新知识"，反映在教育场合及地方社会上。据此，三林学堂以培养担任地方社会人才的精英教育中心而广为人知。③

　　继承秦荣光的教育活动，进而发扬光大者，则是他的长子秦锡田。秦锡田一方面身兼上海县劝学所学董、学务审查长、财政协董等教育行政机构要职，同时从清末起担任地方学务公所新设的东南联区(三林乡、陈行乡、杨思乡)代表，以及三林学校校长等职务，达 30 年之久，为三乡的初等小学校教育活动，竭尽心力(参见表 5-3)。有关秦锡田进行整饬、扩充初等小学校的具体教育内容，虽其本人并无留下痕迹，但从《陈行乡土志》编者孔祥百传记的零碎信息中，可以观察到当时一些情况：④

　　　　毕业归国，即任三林学校教务。修改规则，缫选教材、矫正乡里僻陋之习惯，而灌输以新学识。又为学生组织治会，以星期日开会讨论利弊兴革事宜，而贡献于校长。同学细微之过误，辄

---

① 《上海县续志》卷十《学校中》。1907 年，三林学堂改称三林学校。
② 《上海县续志》卷十《学校中》。
③ 《上海乡土志》第一〇三课《乡学》。
④ 《上海县茂才孔府君家传》，见《享帚续录》卷二。

公开评判，纳学生于规范之中，以促进其爱国之热忱，实行其合群之义务。行之十余年，学生皆发展其才力，树地方自治之基础。

孔祥百曾被派往日本弘文学院，在速成师范科研修新式教育法。秦锡田提到所谓"新学识"，是指地方自治和支撑此制度相关的人才培养教育等知识，当时主要是从日本引进的。从孔祥百的传记及接下来要探讨的其他教育活动可明确得出结论：对希望本地社会初等教育得到普及的精英阶层而言，教育活动主要着眼点在于地方社会的总体性建设，以及能够培养献身于本地的人才。这样的教育活动，之后也以《陈行乡土志》为形式展现出来。在本地自发性地建立秩序的方法，以及后来在平民教育运动、乡村教育运动及乡村建设运动等农村启蒙运动中，也得到了继承。①

二、其他教育活动

（一）职业教育

就如第十二课《户口》中所描述，上海周边农村因土布销售的不景气，加上逐渐表面化的人口压力，贫困成为相当严重的问题。面对如

①　有关晏阳初的中华平民教育促进会，参见李景汉：《定县社会概况调查》，第 1 页，中华平民教育促进会，1933。关于乡村建设运动，参见梁漱溟：《乡村建设理论》，第 163 页，收入《梁漱溟全集》第 2 卷，济南，山东人民出版社，1990。有关乡村教育运动，参见陶行知：《中国教育改造》，合肥，安徽教育出版社，1990。

此情况，光绪三十二年(1906)秦锡田向松江府知府戚升准上陈解决策略。① 这里要针对内容进行简单的检讨。

秦锡田上陈的直接因素，是戚升准公布的米禁政策，只有持有购入证明书的人方可购米。秦氏认为，交通极度不便及衙门胥吏的垄断等弊端才是导致米禁的原因，并举出"欠米"也是造成实施米禁的理由，主张必须谋求根本性的解决之道。对策内容是：

> 亟宜讲求农学，参用新法，务使收获之数倍于曩昔，庶几田不加增而米益加多。余一余三，三可坐致。已请执事分饬各县，遴选勤学有志之农家子弟，资遣出洋，专习农科，毕业归国即于四乡设农学堂、开试验场，劝导农民改良旧法，七年之病三年之艾，策迂而利长，唯赖贤有司倡导而督励之耳。

值得注意的是，引进西洋近代农业，具体措施是开设农学堂和试验场。同时向乡民启蒙，作为推动近代农法普及的原动力，亦即通过"贤明"的地方精英人士来倡导、奖励，以实现理想。

这项农业教育的计划于是在三乡施行。首先在光绪三十四年(1908)，制订了将三林学校改编为中等农学校的计划。按此计划，积善寺的40余亩田产将充为农业试验场，预定在学校后方空地种植数百株桑树。加上稻作及棉花栽培技术的改良，并引进以往地方上从未尝

---

① 《上郡守戚升准书(丙午六月)》，见《享帚录》卷一。以下以此为基础开展记述。

试过的养蚕方法。① 宣统元年(1909)，该计划的前半部分——设立农业中学预科虽然成功实现，但由于清末时局混乱导致筹备资金困难等的影响，第二年计划即告中断，学校改编为高等小学校。②

民国以后，尽管依然困难重重，但受到 1930 年黄炎培的职业教育运动影响，成立了三林初级商科职业中学，③ 并于 1931 年商借积善寺的 51 亩田地，设立三林农业试验场，秦锡田则始终致力于乡村社会的职业教育活动。④ 正如费孝通所说那样，此类职业教育引进专业知识，产生了推动地方社会建设的新知识分子阶层。⑤

(二)贫民教育

20 世纪初期，浦东地区存有大量游民。他们成立了被称为"光蛋""枭匪"等组织，经常骚扰地方社会，导致秩序急速恶化，精英人士苦于应付。这在秦氏父子的记述中都曾言及。⑥

秦荣光对"蚁棍"强夺年轻寡妇的"抢孀逼醮之风"，于光绪二十年

---

① 《秦砚畦先生年谱简录》上，光绪三十四年戊申 48 岁之条。
② 《秦砚畦先生年谱简录》上，宣统元年己酉 49 岁之条。
③ 《秦砚畦先生年谱简录》下，民国十九年庚午 70 岁之条。有关黄炎培与职业教育社，参见小林善文：《中国近代教育の普及と改革に関する研究》，东京，汲古书院，2002，第六章《黄炎培と职业教育运动》。
④ 《秦砚畦先生年谱简录》下，民国二十年辛未 71 岁之条。
⑤ 费孝通，小岛晋治等译：《中国农村の细密画：ある农村の记录 1936～82》，第122～135、第 191 页，东京，研文出版，1985。
⑥ 《显考温毅府君年谱》，光绪二十九年癸卯元之条。此外，正如秦锡田言及"土客勾结"那样，"广蛋"等集团与浙西巡捕左营两者勾结，从事不法行为。《禀上海道请裁撤盐捕港》《呈江南提督请饬盐捕左营撤巡捕面》，见《享帚录》卷三。

(1894)之际设立"保节会"加以防止；对于无法办理葬礼的贫民，则于光绪二十三年(1897)设立提供棺材及安置遗体的"赊棺局"，支援各种慈善事业(第三十一课《慈善一·保节会》；第三十二课《慈善二·赊棺局》)。①

随后的光绪三十一年(1905)，秦锡田、胡祖德于陈行乡题桥市，创立收容游民的设施"课勤院"。创设之初，从陈行乡七图处分别征收100元，并以乡的中费(房地产交易税)的两成和茶捐，以及川沙的实业家杨斯盛所捐赠的沙田约110亩，充当运营费用。

课勤院收容的游民，被传授制造帽鞋及织布等工艺技术，目的在于使其出所后能拥有一技之长。他们的贩卖品以竹器制品为主，销售额的七成充当运作费用，另外三成由会计所累积起来，充作出所后的生活费。课勤院传授的工艺技术水平很高，宣统二年(1910)南京举办的江苏物产会中，展出的竹席获得了二等银牌。该院在16栋收容所之外，另增建有客室、厨房、乒乓房、物资仓库等，并附设初等小学校。参与运作的有20余名常驻职员，另有民间警卫20多人驻留于院外。收容者人数经常在100名左右，直到宣统三年(1911)关闭前，共收容超过480名的游民，可以看出其规模之大。

课勤院虽然曾被授予"勤求资质"匾额，获得显著成果，惟因资金不足，加上辛亥革命前夕发生收容者死亡，引起教民提出诉讼的事件，被迫于宣统三年(1911)冬天关闭。然而，通过使得游民学会工艺技术

---

① 遗体的放置导致法律纠纷，以及胥吏勒索的可能性很高。参见山本进：《清代财政史研究》，第三章《清代后期江浙の财政改革と善堂》，东京，汲古书院，2002。

得以谋生，从而在地方社会扎根这一方法，无疑是精英人士为解决地域社会上种种问题的新尝试，与前述的职业教育一样，应予以正面评价（以上参见《课勤院始末记》，第三十四课《慈善四·课勤院》）。

（三）女子教育

第三十课《教育四·女学》之中，有所谓"女子者，国民之母也。女子不知学，家庭教育安能完备?"，以培养"国民"最基本的家庭教育环境为框架，重新认识女性。

陈行镇女学创始于光绪三十一年（1905），由秦锡田、孔祥百、胡祖德于秦氏私宅养真堂设立正本女学。正本女学后来移至孔氏的鹤和堂，继而迁移到胡氏宗祠，并由胡祖德负责运作。正本女学内聚集了《陈行乡土志》作者的家人以及子弟，在近邻地区也有类似的女学推行女子教育。例如，光绪三十三年（1907）三林乡的赵履信创办润鸿女学，此前则是办有筠溪女学。此外，《陈行乡土志》作者之一的沈颂平，也在这几所女学里兼任教员。①

顺带一提的是，尽管并无具体介绍正本女学的授课内容记载，但从秦锡田遗留下来的传记中，可以得悉有位正本女学的毕业生，名叫孔绣雨——正本女学创立者之一孔祥百的女儿，在正本女学三年完成初等教育之后，进入北京师范学校继续学习。孔氏毕业之后出嫁，此后在华亭、奉贤、南汇各县的女学校执教，据说颇得人望，甚至在自

---

① 《上海县续志》卷十《学校中》;《秦砚畦先生年谱简录》上，光绪三十一年乙巳45岁之条。

家创设女学校，致力于普及女子教育。①

正本女学堂由于资金不足以及时局紊乱，创立仅仅 6 年便在宣统三年(1911)落幕。1915 年以后，依照学部章程规定，国民学校采取男女公学的政策，可是此后陈行乡再无创设女学的记载。然而，由地方精英发起的地方女子教育，可视为农村女性进入社会及提升社会地位的第一步。

第三节　《陈行乡土志》所见的地方精英与地方财政

《陈行乡土志》记述的原则是以乡为范围。然而凡例中，关于税与役的内容(第十三课《赋额》、第十四课《钱漕折价》、第十五课《滞纳处分》、第十六课《杂税》、第十七课《工役》)，并非乡范围之内的事务，但与"国民义务"有关，被特别记载下来。② 若是考虑第三章谈到秦锡田在地方的政治活动及其意图、背景的话，《陈行乡土志》的作者们想要扶植学生的举动，可说并非单纯地停留在"国民义务"一点上。以下针对清末以降的地方财政，回顾秦锡田等地方精英的活动，探讨《陈行乡土志》中收录的关于税、役内容的背景。

清末实施所谓的新政，以国家出面，来进行政治机构的整饬。从

---

① 《孔绣雨女士别传》，见《享帚录》卷二。
② 《上海乡土志》作者在执笔当初并没有设立征税的项目，是阅览原稿的姚文楠建议后，才增列有关征税的记述，此一过程饶富趣味。

乡级的视角观察这类行政改革时，可将其分为两类。第一类是由地方领导阶层主导，从每个乡过去便存在的慈善、桥梁、道路等社会资本入手进行整饬，以及推行创立学堂等项目。第二类则由县以上的行政机构主导，各地统一设置的警察、教育等相关项目。这些从《陈行乡土志》有意识地对行政中"民治"与"官治"的领域进行的记载和区分中，也可以观察到。

从财源来看，关于第一类，除了对市镇商人课捐之外，还有的出自精英人士个人财产，从前面提及他们的"善举"经历中即可以得悉。例如，担任乡董的胡祖德，以修桥而远近驰名，被称为"四桥老人""六桥老人"等。[①] 宣统三年（1911），陈行镇改建度民桥，从资金的征收，石材、石匠的筹办，到现场的督导工作，均都由其全面负责。虽然改建费用的三分之二财源从税捐提供，但在因资金不足而导致石材、石匠的筹措发生问题，工程进度出现危机之际，胡祖德将自己个人的资产投入，终于完成了工程。其经过被记载到石碑文中，收录在《陈行乡土志》（《附录一·陈行纪事·创建度民桥记》）。[②] 地方官施行地方自治制，对县以下的地方社会行政制度进行渗透的同时，却无法将财政完全纳入政府体系，地方各种事业实际委托给了地方精英。关于第二类的警察经费，则是通过房捐、中费，以及违法罚款筹集。教育经费则

---

① 《云翘胡君家传》，见《享帚续录》卷二。
② 关于度民桥修筑的过程，《梓乡杂录》的工程记有详细之记载。在三林乡也发生了同样的状况。《赵和恪先生传》，见《享帚录》卷二。

以教育款产的房产收入、利息收入，加上附加税、中费等来补充财源，[1] 形成追加正税、杂税之外附加税的"县财政"。[2] 新式附加税的引进造成了严重的社会矛盾，无论第一类或第二类，地方精英因为掌握实质的征税功能，与作为课税对象的民众之间产生严重的利益冲突，后来导致毁学暴动发生。[3] 所以，称赞地方精英为了公共事业献出个人私财的同时，也需注意到由于"公""私"领域之间的界线暧昧，不免存在假公济私的情形。

《陈行乡土志》的记述在某种意义上，或许有地方精英应作为征税支配者的观点。这方面情况虽然存在，却使得地方精英在主观上与行政机构之间的对抗关系，变得更为显著。宣统元年(1909)，秦锡田在江苏谘议局第一回常会上提出关于财政的议案。虽然第三章已检讨过两件议案的背景，[4] 但为了解读《陈行乡土志》的相关记述，以下以这两件议案为线索，观察秦锡田所认为的财政上面临的问题。

江苏谘议局第一回常会上讨论的地方财政问题，焦点在于征税的方法。[5] 就像被描述成"官民冲突"那般，江苏谘议局探讨支撑立宪制的地方财政时，官民双方表面上有不同的看法。先看一下官方的意图。江苏巡抚瑞澄提出的《议整顿契税方法案》中，房地产的契税课征有每

---

① 民国《上海县志》卷三《财用》。

② 岩井茂树：《中国近世财政史の研究》，第 500～505 页，京都大学学术出版会，2004。

③ 有关清末的毁学暴动，参见阿部洋前揭书，第 161～213 页。

④ 关于此事详细经过，参见本书第三章。

⑤ 王树槐：《中国现代化的区域研究(江苏省)1860—1916》，台北，"中央研究院"近代史研究所，1984。

年回避登记及虚假的金额报告等问题，被指出没有按照实际情况，征税与契约相互冲突。妨碍征税的主要因素，如户部新公布的章程之中，订立卖契每两九分、典契每两六分的税率，太重的税负使得非法行为剧增，要求谘议局研究更为有效的征收方法。①

相应地，秦锡田提出《整顿契税宜先禁止浮收议案》，回避支付契税及虚报金额，对州县衙门在征税时的浮收问题陈述如下：②

> 州县征集契税，每银一两，照忙银例，收钱二千四百文。而银元亦照柜价核算，每元抑短钱一百七八十文。是民间完纳契税一两，应出银二元一角。按之市价，浮于正供者三之一。夫契税无所谓公费也，无所谓规复赔款也。乃故比附忙银，多取为利，是上以影射为取巧也。上愈取巧，下愈隐匿，上下相蒙，实上行而下效也。议员窃以为枉不可正人，兴利必先除弊，课实行整顿，亟当禁止浮收。闻浙省新奉部文，准以银元完纳契税，似宜彷照办理。每龙文银元一枚，作库平银七钱二分；小银元一枚，作库平银一钱四分四厘，及七分二厘，悉以银元铸字为准。如此则斟酌画一，民间易于遵从，似亦整顿方法中之正当法也。

关于议案内文中出现的"柜价"，秦锡田指出"浮于正供者三之一"。本

① 《苏抚瑞中丞议案》，《申报》宣统元年10月17日。并且在《上海县续志》卷七《田赋下·杂税·宣统元年10月常会议决巡抚瑞澄交议整顿契税方法案》中收录有详细内容。
② 《整顿契税宜先禁止浮收议案》，见《享帚录》卷三。

来浙江省制定的契税兑换率——龙文银元一枚兑换库平银七钱二分，若依此为据，库平银一两相当龙文银元约一元四角。如此一来，江苏省若决定将"柜价"基于市价使用银元来征收契税，促使契税纳入州县衙门征税的话，浮收情况将会消失。①

秦锡田曾指出浮收中存在的两点问题。第一点，州县衙门在征收过程中，非法操作银元的"柜价"，浮收其差额。第二点，是契税的征收额，包括充作州县行政经费公费的附加税及赔款，并以这些为正税。既然州县政府的行政费用已包括征收正税，那么契税中再附加行政费用，则是非常不合理。②

无论如何，浮收行为的问题在于"州县衙门"。秦锡田的呈文以及邻近的精英人士的活动，都传达了这些问题的实际情况。

第一例是关于周希濂个案。他向知县请愿，将位于杨思乡未登录的滩地地租充当小学堂经费，虽然获得批准，但"蠹保"与平民勾结，把滩地变卖给了上海南市的木商。周希濂尽管向知县请愿拘留地保，

---

① 《整顿契税宜先禁止浮收议案》，见《享帚录》卷三。州县衙门的浮收行为被视为问题背景而特别指出，与这个时期货币问题的激化密不可分。对于将浮收充当行政经费的州县衙门而言，纳税者因银两兑换而无法筹措制钱，遭到了沉重打击，从而导致了"官民冲突"。参见《上海县续志》卷三十《杂记三·遗事》。货币问题引起了督抚的强烈关注。两江总督张人骏提出《限制铜元议案》，江苏巡抚瑞澄也因货币问题等导致州县行政费用的不足，提出《议补救州县困难案》。《江苏谘议局张制军提出议》，《申报》宣统元年10月20日；《苏抚瑞中丞议案》，《申报》宣统元年10月14日。

② 《上海县续志》卷六《田赋上》。参见臼井佐知子：《同治四（1865）年、江苏省における赋税改革》，《东洋史研究》第45卷第2号，1986。从1865年起苏州布政使在管辖地域实行赋税改革，将过去州县政府的非法征收充当行政经费的部分改作公费，从田租中进行附加征收，这也意味着对非法浮收的一部分加以合法化、制度化。

可是木商贿赂上海道台，迫使知县释放地保。①

第二例是在奉贤县。光绪末年，当地以自治会会长朱家驹为首的精英人士，向松江知府、苏州布政使、江苏巡抚等各衙门控诉知县朱庚旦在忙漕中的浮收行为，结果浮收的部分被充当学堂运营费用。②

第三例是丹阳县征收正税之际，由于柜书"抑勒浮收"，遭到知县惩罚，并将浮收部分充当学堂及农会的费用。然而宣统元年（1909）9月，对惩罚柜书一事不知情的乡民发起了暴动，导致县衙门以及乡绅宅第均遭破坏。③

第四例在宣统二年12月（1911年1月），秦锡田指控松江府辖下各厅县衙门及胥吏，在征收正税之际并未通知"法定柜价"的情况下，操作银元价格而浮收差额。历经调查银元价格并决定柜价后，秦氏请求各厅州县能够遵守。除此之外，他还将此事告知厅州县自治公所，并向江苏布政使提出，要求对各地的城镇乡自治公所公布。④

上述四例是"州县衙门征税"的实际状况，可知官员有上海道台、知县、各厅县衙门等，行政机构的僚属有地保、柜书、胥吏（有几处提到柜书）。众所周知，清末州县政府的人事行政费用不能得到中央政府

---

① 《清故候选千总武举人周府君家传》，见《享帚录》卷二。

② 参见上海市奉贤县县志修编委员会编：《上海市奉贤县志》卷二十九《人物志》，上海，上海人民出版社，1987；《奉贤朱逊叟先生八十寿序》，见《享帚续录》卷一。

③ 《两江总督张人骏等为丹阳官书抑勒浮收激变事致军机处电》，宣统元年7月27日，军机处收电档，中国第一历史档案馆、北京师范大学历史系编：《辛亥革命前十年间民变档案史料》上册，第283～284页，北京，中华书局，1985。

④ 《呈藩司请法定柜价径札自治公所》，见《享帚录》卷三。

补贴，则运用非法的手续费来弥补，① 形成兼具矛盾与惯性的浮收问题，已在上述事例中有所展示。第一至第三例皆与学堂的经费相关，浮收正税及杂税附加于教育财源与利害上，造成针锋相对的冲突。即使是第四例的情况，自治公所进行监督征税时，毋庸置疑着眼点仍在于确保地方自治的财源。

　　总结以上内容，实施新政而形成的"县财政"，使得州县对正税及杂税的非法附加征收，利害冲突更为显著。岩井茂树指称此为"原额主义"，对推动地方自治的地方精英阶层而言，这类传统性财政系统的问题，成为必须克服的对象。② 秦锡田在江苏谘议局第一回常会上提出的其他议案中，具体说明解决对策：③

　　　　厘正图籍，本为地方自治入手要着。故清查州县之荒地，不如清查州县之全境，尤为扼要。查宁属之通州、苏属之宝山县，业已办有成效。拟请两院行取通州、宝山章程，通饬各厅州县，参酌地方情形，仿照实行。先设速成测绘学堂，限令半年或一年

---

　　① 关于清代的胥吏，参见宫崎市定：《清代の胥吏と幕友：特に雍正朝を中心として》，收入《宫崎市定全集》第 14 卷，东京，岩波书店，1991；以及 Ch'u T'ung-tsu, *Local Government in China Under the Ch'ing*. (Cambridge, Massachusetts: Harvard University Press, 1962), chap. 3. 杜赞奇认为在国家建设过程中，将行政不能完全渗透进的地域社会之公权力——征税业务委托给"营利中间人"，但在所谓"地方精英"对于地域整合深具影响力的江南地区，究竟是何种情况？这还需进行探讨。Duara, *op. cit.*, pp. 43—57.

　　② 有关清代财政的原额主义，参见岩井茂树前揭书，第一章《正额外财政と地方经费の贫困》。

　　③ 《清查荒地宜通查全境议案》，见《享帚录》卷三。

毕业。学成之后，分赴四境，实地绘丈，检核单串，对勘图册，按亩清查，一丝不漏。则旧荒新涨，以及无粮无主之田，水落石出，朗若列眉。从前隐匿侵占各弊，一扫而空。

议案言及的宝山县，推行并管理清丈事业的清丈局，以及设立培养土地测量人员的绘丈学堂，已由负责地方自治的精英人士较早推动实施，被视为周边地区的模范。[①] 通过清丈局及绘丈学堂主导的清丈活动，地方精英可正确地划定土地所有权，施行课税，并防止以往县衙门管理时任意分摊税额、改订鱼鳞图册等妨碍公平征税的行为。正如第三章所讨论的那样，民初负责地方自治的地方精英，在确保财政基础方面可谓煞费苦心。所以，如果从清末民初地方自治的困境，了解前述两项议案意图的话，将地方社会定为自治区的"领域化"之举，催生出了地方意识。也就是说，官治与自治之间界线的划定更为鲜明，对抗传统行政机构的意识取代了从知县到胥吏的惯有行政职能，认识到确保地方财源是在地方自治制度下参与政治的目的。

那么，站在清末民初地方领导阶层的地方财政活动及其意图的角度，阅览《陈行乡土志》第十三课到第十七课的内容时，能够从中领会到什么呢？例如第十六课《杂税》有如下记载：

---

① 有关宝山县清丈，参见田中比吕志前揭书，第四章《清末民初における地方政治构造とその变化》。上海县清丈局的设置，由于各个机关之间的利害关系错综复杂，直到 20 世纪 20 年代才得以实现。参见本书第三章。

一曰契税。民间田房买卖，填写印契。得业者照契价百分之六（典契减半）纳税于官，所以保障其所有权也。附属者为中费，供本乡教育之用也（得业者，绝契照契价百分之十，典契百分之五，出资以酬中保。中保复分十分之二，以纳乡公所，名曰中费）。

这段内容教导儿童纳税为"国民义务"，是非常有意义的。与此同时，也提到乡的教育费用，必须注意其与乡财政之间的关联。换言之，除了对地方民众灌输"国民义务"观念外，还加入了相关确保地方费用的权利意识。若从这类双重含意的角度观察，乡土志尽管记载简略，也含有某种明确的意图。

再者，第十四课《钱漕折价》内有如下描述：

清例，白银一两，折收钱二千二百文。粮米折价，照市价为高下，最多时每石折钱八千七百文。民国定章，白银每两折银二元另五分（内一元五角为正税，三角为附税。县地方用九分，本乡实得二角一分，四年复加省税二角五分）。漕粮每石折银五元（内四元为正税，一元为附税。县地方用三角，本乡实得七角）。三年始，每元又加征收费银六分。

考虑先前列举确保地方费用的权利意识和官方权力之间的关系，不可将此类记述当作琐碎的数字而已。因为此处登载的数字，理应是官方在征税设定"折价"之际，为了防止浮收、确保地方财源而出现的。也就是说，在此可看出地方领导阶层由于分配地方财源，形成与官方对立的强烈权利意识。并且，为了将这一权利意识传承给下一代，《陈行乡土志》的作者们，便在关于乡土的部分有所陈述。

第四节　《陈行乡土志》的教育观与秩序意识——"改良"与"合群"

支撑《陈行乡土志》作者们活动的是何种理念？他们是以怎样的秩序为其目标？本节将以这些作者们相关的教育思想史料，检讨"改良"与"合群"这两个关键词。

首先整理一下有关"改良"的说法。《陈行乡土志》中有关风俗的记载，全部收在6课内。其中第十九课到第二十二课，笔者注意到作者对乡民的传统风俗，采取一贯的态度，例如，第二十一课《风俗三·迷信》中，透露出不屑的语气："男女巫觋，自称重瞳，目能视鬼（俗称双仙人）；其执香而遍视房与灶者，名曰看仙；能召亡魂，凭附其身，而与生人问答者，名曰扎仙。人有疾病，辄叩其祸福，而延羽士祈禳，或邀亲友，求佑于神，名曰众保。浪费金钱，而医药转不暇计，坐致枉死，犹自咎鬼神为祟，真愚不可及也。"同样地，当死者埋葬不能得到吉地之时，对于搁置遗体的旧俗有这样的论述："是皆民智未开，贻害风俗也。"（第二十课《风俗二·丧葬》）虽说这些情况的背景，是受到近代公共卫生观念的影响，但也可以从中了解到乡民的无知，是风俗败坏之因。

秦锡田评价孔祥百活动，说他"矫正乡里鄙陋之习惯，而灌输以新学识"，① 可见他们的教育活动，目的在于矫正习俗。而这些活动可概括为"改良"一词。例如，对于"民间嫁娶，每多无益之费，乐人、喜媪恣意需索""今文明结婚，破除奢靡旧习，而信从者众。或亦改良风俗之一端也"（第十九课《风俗一·婚嫁》）。前一章曾说过，"改良旧法"成为引进近代农业之际无法回避的课题。② 如此这般的"改良风俗"——在精英人士设想的秩序中进行农村旧俗的改良——所谓"开民智"课题，也与之后启蒙运动是相同的课题。

顺带一提，对于农村旧俗，士大夫从儒家思想的立场进行教化，"移风易俗"的尝试早已为人熟知，但传统的"移风易俗"与清末的"改良风俗"，究竟有哪些差别？秦锡田有关教育的言论中，尝试分析道：③

> 盖二十世纪之世界，以工战，以商战，实则无不以学战。人与人战，家与家战，国与国战，种与种战，有学者存，无学者亡，学盛者强，学衰者弱。优胜劣败，固天演之公理，亦自然之趋势欤。……由小学以至中大学，由一校以至数十百校，扩而大之，进而上之，学校如林，人材蔚起，于以保主权，抗外力，崇实业，裕生计，则斯校之成，固救时之良药，亦大辂之椎轮也。

---

① 《上海县茂才孔府君家传》，见《享帚续录》卷二。
② 《上郡守戚升准书（丙午六月）》，见《享帚录》卷一。
③ 《新建三林陈行杨思乡立第二国民小学校舍记》，见《享帚录》卷一。以下秦锡田的言论，是地方知识分子中所谓"教育救国论"实践的实际状况。

这些内容中，以"修身齐家治国平天下"的儒家秩序为面向，认为现在正身处弱肉强食的竞争世界，[①] 并且，保全中国的主权虽是竞争社会中维持生存最重要的任务，但这种危机感只在遭到"外力"时才被意识到，相对应的，是中国社会的"落后"。"改良风俗"就是要改良造成这种"落后"的土壤，相对于属于士大夫与乡民间构想的"移风易俗"，前者是以"外力"入侵中国为主因所产生的观点。

民族国家抵抗"外力"，创建出"国民"，又该以怎样的方法正确看待中国实际情况呢？秦锡田寄给川沙实业家杨斯盛关于在宣统元年(1909)成立的水木工业公所的文章中，以民众"散而无纪"为出发点，[②] 直截了当地陈述：[③]

> 　且夫人必能自立，而后能自由。必能自由，而后能自强。必人人能自立、能自由，而后其国强、其种强。虽然一人不能强，必合十百千万人而强；必合十百千万人，为一人而强。盖自立者，自强之原素，而团体者，自强之妙用也。

在此，无力、无自觉的个体要直接实现国家、民族的"自强"，不符合当时中国的现状，秦氏提出要在个人与国家之间加入中间团体，成为

---

① 秦锡田的秩序意识基于儒教价值观，但是从他使用"优胜劣败""天演之公理""自然之趋势"等词汇，可看出他受到社会进化论相当大的影响。

② 《姚子让先生七十寿序》，见《享帚录》卷一。

③ 《水木工业公所记(庚戌七月)》，见《享帚录》卷一。

媒介，以达到自强的目的。众所周知，这种认识就像梁启超、孙文的言论一样，无论立宪派还是革命派，超越立场之别，成为当时中国知识分子的共识。并且，对当时的日本观察者来说，中间团体也是国家建设比较符合实际的方法。[1]

个人加入团体的方法，可以化约成为史料中处处可见的"合群"一词。"合群"如同字义所指，是将分散的个人聚合为有机团体的群，通过引导，向国家"自强"之路迈进，这是梁启超《新民说》的中心论点之一。[2] "合群"虽被设想为宗族、同业团体、同乡团体等多样的形态，但《陈行乡土志》的作者们推动地方自治时，以"乡土"为框架，赋予其实质意义，可以说是实际的展现。先前所见孔祥百"纳学生于规范之中，以促进其爱国之热忱，实行其合群之义务。行之十余年，树地方自治之基础"，[3] 传记明确表示培养地方的领导者来推动地方自治，即为"合群"之意。再举一例，秦锡田在纪念塌水桥修筑所撰的文中记述："上之治吾民，与吾民之自治，皆天职也。……正吾民之能合群、能自立，而能各尽其天职也。"[4]由此可见地方自治被设想为"合群"的形态。[5]

顺带提出，"合群"成为支持道德规范的前提。秦锡田将乡自治进展困难的障碍，归咎于"各存一自私自利之心，而不顾公义，不恤公

---

① 岸本美绪：《"市民社会"论と中国》，收入岸本美绪：《地域社会论再考》，东京，研文出版，2012。

② 关于梁启超的"合群"言论，见《新民说》第 13 节《论合群》。

③ 《上海县茂才孔府君家传》，见《享帚续录》卷二。

④ 《募修塌水桥引(丙午十月)》，见《享帚录》卷一。

⑤ 以"乡土"为立足点实行"合群"想法，与张謇的"村落主义"有着众多类似点。田中比吕志前揭书，第六章《地域エリートの立宪构想と地方自治论》

德，不树公益"，饶富深意。① 在此自由的个人被认为是私利私欲的负面形象，站在"公义""公德""公益"一边，"合群"被视为是凌驾个人而存在。全面地论及"合群"的梁启超，认定自由是团体的自由，而个人自由则是超越私利私欲的"克己"、发挥"公德"贡献于团体的自由。② 秦锡田等人在地方社会的教育活动，可说是接受这类改良思想、进行实践的具体事例。

依照上述检讨有关"改良"与"合群"的教育思想，来看看孔祥百《陈行乡土志》序文中富有启发性的论述：

> 空谈爱国之士，读各国书，睥睨一世，问其本乡土一二掌故，则瞠目不能对。夫爱生于情，情生于知。不知其乡，何能爱乡？不爱其乡，何能爱国？海外各国幼稚生之爱国精神也，将其本乡土之历史、地理、风俗、物产，早寓于唱歌、舞踏、恩物之中，发其美感，固其信仰。使儿童胸中、脑中，以公共之乡土，着其各个私有之乡土。基础既立，然后推之一邑，则一邑之历史、地理、风俗、物产，皆所知所爱者矣。推之一省一国，则一省一国之历史、地理、风俗、物产，皆所知所爱者矣。知之明，故爱之切，爱之切，则必有以发挥而光大之。故改造焉、建设焉，因革损益，权衡曲富，盖由其童而习之，举而措之，岂不恢恢乎，游

---

① 《募修塌水桥引(丙午十月)》，见《享帚录》卷一。

② Hao Chang，*Liang Ch'i-ch'ao and Intellectual Transition in China*，1890 – 1907.（Cambridge，Massachusetts：Havard University Press，1971，pp. 189-206.）

刃有余耶!

在此，秩序基础根植于实质存在的"乡土"（即陈行乡），以道德规范支持其秩序，给将来奉献乡土的儿童灌输"公共心"。"合群"的具体方法，是以编纂《陈行乡土志》作为工具，经由教育活动来培养人才。

应该注意的，是以"乡土"秩序作为同心圆起点，以及将其扩大为"国家"秩序的框架。岸本美绪指出在明末清初江南地方社会的秩序中，国家与社会存在同样的功能。[1] 山田贤分析清代四川社会时，描绘出对于秩序崩坏的危机意识，地方精英希望将地方秩序回复到原有的形态，进而再从地方来恢复国家。[2] 对《陈行乡土志》的作者们而言，"乡土"确为整体秩序的雏形，是与国家同型之物。他们的乡土以实践"合群"为媒介，然后与国家整体的"合群"相连接。

从《陈行乡土志》中所见，从上层所建立的近代教育制度框架，到下层运营学堂及编纂教科书的地方精英，我们将会勾勒出与制度相异的"乡土"秩序观。这种来自"乡土"的内发性秩序，是当时中国对应秩序危机的一种选项。

---

[1] 岸本美绪：《比较国制史研究と中国社会像》，《人民の历史学》第 116 号，1993。

[2] 关于清末地方精英作为方法的"地域"，参见山田贤前揭文，以及山田贤：《长江上流域の移住と开发：生成する"地域"》，收入《明清时代史の基本问题》。山田氏更详细的讨论，参见山田贤：《移住民の秩序：清代四川地域社会史研究》，第 188~215 页，名古屋，名古屋大学出版会，1995。由"乡土"恢复全体秩序的想法，也可见于南京政府时期。例如梁漱溟将中国地方自治表达为"地方自救"的观点，山田贤指称"'自救'不仅保全整个地域，也可保全乃至构筑'中国'这一全体秩序的雏形，这正是由地域这一基层级别构想国家建设的运动。"山田贤：《生成する地域·地域意识》，《历史评论》第 746 号，2012。

小结

近代中国的国家建设中，对于地域社会行政机构的建立，还存在着培育人才及树立道德规范的问题。关于行政机构的制度方面，虽有形式性的由上而下逐渐扩充的框架，但在实际运行中，则需要通过笼络地方精英阶层而完成。乡土志的编纂展示了在这个方面国家建设中带有中国特色的一个例证。本章以《陈行乡土志》展现出的乡土意识和秩序观，反映了从乡镇级视角观察清末民初政治的变化。其特征可包含以下若干点。

《陈行乡土志》作者代表的是地方精英阶层，以负责乡镇社会地域整合的生员、商人阶层为主体。他们在地方社会中多有"善举"，并负责官方无法执行的各项公共事业。而且清末伴随地方自治的引进，乡区被设定为最末端的自治机构，反映了地方社会的政治理念。《陈行乡土志》作者进行的乡土教育活动，开始是引进近代初等教育，包含职业教育、贫民教育、女子教育等。这类活动主要着眼点，是乡土的总体性建设。这一设想日后为专业性、职业性的知识分子所继承，进而开启了针对农村的近代化启蒙运动。

解读《陈行乡土志》的记述及作者的言论，更能凸显从地域而想象的体制及秩序的具体形象。行政机构困难的一面集中在征税问题上，正如地方精英阶层参加政治时呈现"官民冲突"的形容那样，与传统的行政机构形成对抗。从秦锡田在谘议局等处的言行来看，地方精英在地方财政体制之中，取代知县、胥吏既有的部分行政机能，确立了公权力与区别于行政的"民治"领域——以往地方精英以"善举"的名义推行公共事业及教育事业的领域，被视为以地方自治的形式参与政治的目的。尽管《陈行乡土志》的记述本应以乡为范围，但从征税记载中所反映的，已不限于乡的内容，在这过程中展现了权利意识。

表 5-1　《陈行乡土志》的构成

课	内容	课	内容	课	内容
第一课	位置	第二十一课	风俗三,迷信	第四十一课	名人三,陈天门
第二课	沿革	第二十二课	风俗四,赛会	第四十二课	名人四,徐宏远
第三课	图保,面积	第二十三课	风俗五,岁时	第四十三课	名人五,徐长庚
第四课	市镇	第二十四课	风俗六,饮食	第四十四课	名人六,胡式珏
第五课	村落	第二十五课	特产一	第四十五课	名人七,秦惟梅
第六课	水道	第二十六课	特产二	第四十六课	名人八,孙海
第七课	支水	第二十七课	教育一,官立义塾	第四十七课	名人九,徐晋高
第八课	桥梁	第二十八课	教育二,公立义塾	第四十八课	名人十,康梓钦
第九课	黄浦渡口	第二十九课	教育三,国民学校	第四十九课	名人十一,杨承业
第十课	周浦塘渡口	第三十课	教育四,女学	第五十课	名人十二,秦荣光
第十一课	水闸	第三十一课	慈善一,保节会	第五十一课	名人十三,节妇秦陈氏
第十二课	户口	第三十二课	慈善二,赊棺局	第五十二课	古迹一,第宅
第十三课	赋额	第三十三课	慈善三,汇善堂	第五十三课	古迹二,园林
第十四课	钱漕折价	第三十四课	慈善四,课勤院	第五十四课	古迹三,金石
第十五课	滞纳处分	第三十五课	兵防	第五十五课	古迹四,祠堂
第十六课	杂税	第三十六课	警察	第五十六课	古迹五,寺庙一
第十七课	工役	第三十七课	交通	第五十七课	古迹六,寺庙二
第十八课	选举	第三十八课	邮政	第五十八课	古迹七,教堂
第十九课	风俗一,婚嫁	第三十九课	名人一,秦裕伯	第五十九课	古迹八,冢墓一
第二十课	风俗二,丧葬	第四十课	名人二,刘念椿	第六十课	古迹九,冢墓二
【卷头】孔祥百序,【卷末】温毅先生铜像(图),上海县总图,浦东南境水道图,陈行乡图,西园图,创建度民桥记,课勤院始末记,陈行汇善堂记,秦温毅先生铜像记					

资料来源:《陈行乡土志》。

表 5-2　清末·民国初期陈行秦氏的公共事业一览

事业分类	内容	时期	所在地	参与者
慈善	保节会	光绪二十年(1894)	三林乡三林塘镇,陈行乡陈行镇	秦荣光,康逢吉
教育	赊棺局	光绪二十三年(1897)	陈行乡陈行镇	秦荣光,胡祖德
	汇善堂	光绪二十八年(1902)	陈行乡陈行镇	秦荣光,胡祖德
	课勤院	光绪三十二年(1906)	陈行乡题桥市	秦锡田,胡祖德
	戒烟分所	民国二年(1913)	陈行乡陈行镇	秦锡田
	陈行义学	光绪十五年(1889)	陈行乡陈行镇	秦荣光
	三林书院	光绪二十二年(1896)	三林乡三林塘镇	秦荣光,周希濂,汤学钊,秦锡田,赵履福
	长寿里义学	光绪二十五年(1899)	陈行乡二十八图	秦荣光
	三官堂义学	光绪二十五年(1899)	陈行乡十七图	秦荣光,胡祖德
	排马庙义学	光绪二十五年(1899)	陈行乡二十九图	秦荣光,胡祖德
	韦驮殿义学	光绪二十五年(1899)	陈行乡二十八图	秦荣光,胡祖德
	小庙义学	光绪二十五年(1899)	陈行乡三十图	秦荣光,胡祖德
	正本女学	光绪三十一年(1905)	陈行乡陈行镇	孔祥里,秦锡田
	浦东中学	光绪三十一年(1905)	川沙县六里乡	杨斯盛,黄炎培,秦锡田
	题桥小学堂	光绪三十三年(1907)	陈行乡题桥市	秦锡田
	本立小学堂	光绪三十四年(1908)	陈行乡陈行镇	秦锡田,胡祖德
桥梁	塌水桥	光绪三十二年(1906)	陈行乡	秦锡田,胡祖德
	中心河石桥	宣统二年(1910)	南汇县周浦镇	秦锡田,胡祖德
	度民桥	民国元年(1912)	陈行乡	秦锡田,胡祖德
	裕民桥	民国七年(1918)	陈行乡	秦锡田,胡祖德
	苏民桥	民国十年(1921)	陈行乡	秦锡田,胡祖德
	苏家桥	民国十一年(1922)	?	秦锡田,胡祖德
	九思桥	民国十二年(1923)	南汇县周浦镇	秦锡田,胡祖德
	新港桥	民国十二年(1923)	南汇县周浦镇	秦锡田,胡祖德
	粒民桥	民国十三年(1924)	陈行乡	秦锡田,胡祖德
	跨塘桥	?	陈行乡	秦锡田,胡祖德

资料来源:根据《陈行乡土志》第八课,《上海县续志》卷四,水道上,桥梁,《享帚录》,《享帚续录》,《秦砚畦先生年谱简录》等资料制作。

表 5-3　民国期陈行乡小学的设立状况

学校名	所在地	成立日	备考
乡立第一初等小学校	陈行镇	民国元年	仁巷小学堂,改编为本立小学堂(光绪三十四年)
乡立第二初等小学校	题桥镇	民国元年	改编为竞新小学堂(光绪三十一年)
乡立第三初等小学校	塘口镇	民国元年	改编为题桥小学堂(光绪三十三年)
乡立第四初等小学校	二十图	民国二年	新设
乡立第五初等小学校	三十图	民国二年	新设
乡立第六初等小学校	二十五图	民国二年	改编为鹤坡小学堂(光绪三十四年)
乡立第七初等小学校	二十八图	民国三年	改编为长寿小学堂(光绪二十五年)
三乡公立第三初等小学校	二十图	民国二年	改编为三林分设第七小学校(宣统二年)
三乡公立第四初等小学校	十七图	民国九年	新设
三乡公立第五初等小学校	二十九图	民国十年	新设
三乡公立第六初等小学校	十七图	民国十年	新设
三乡公立第七初等小学校	二十九图	民国十年	改编为志新小学校(民国二年)
三乡公立第八初等小学校	二十八图	民国十一年	改编为乡立第七初等小学校

资料来源:根据《上海县续志》卷九,学校上,卷十,学校中,民国《上海县志》卷九,教育,学校上,《陈行乡土志》第二十七课至第二十九课等资料制作。

　　再者,支持乡土教育活动的教育观,也可以说凝聚了包含乡土意识与国家观的秩序意识。从"改良""合群"两词观察《陈行乡土志》的教育观,其作者们在遭遇"外力"、直接面对"内部"的"落后"及秩序崩坏时,怀有危机意识,期待"改良"社会,以"合群"来克服危机和恢复秩序。当时知识分子体现"合群"的现实做法,是成立各式各样的中间团体。对于《陈行乡土志》的作者们而言,则是实际存在的乡土(即乡镇社会),从县、省、国以同心圆状向外扩大,直到恢复整体秩序。支持这一构想的，是培植儿童诸如"公共心"这样的道德素养，从而培养出奉献于乡土的人才为长远目标。

"改良"乡土成为整体秩序的基础，必然使《陈行乡土志》作者及相关地方精英的目光，转向塑造乡土的民间文化。在下一章中，笔者将着眼于他们遗留下来的"歌谣"，分析关于乡土内部的论点。

第六章　文学作品中清末民初地方精英阶层的民俗观

——以"歌谣"为线索

导言

上一章里，笔者指出地方精英的乡土教育活动，是以"乡土"产生的秩序为依据，以恢复整体秩序为目标。然而在那一章里，主要引用了有关学校教育方面的言行，而对于当时大多数无法接受学校教育的民众的整合方式，以及以社会教育为活动起点的地域社会观和民众观等，尚未做充分的讨论。所以本章希望厘清地方精英如何接触地方的民俗和民众，直接推动地域整合，探讨他们是基于怎样的社会观和世界观。但由于这一问题分析对象涉及的范围过大，因此仅就地方精英在吟咏竹枝词中所体现的民俗观，以及他们收集歌谣的意图来解释。①

---

① 竹枝词原来是唐代流传于巴蜀地方民间的歌谣，中唐时曾为刘禹锡、白居易等人所采录和吸收，以此奠定了基础。此后成为一种新文学题材，被许多文人吟咏。其主要特征为吟咏地方风土人情、民俗及纪事等。从明清到近现代，大量的竹枝词被流传下来，散见于个人文集、地方志和报刊之中。

竹枝词向来是文学、民俗学和方志学等研究中被收集、整理和进行分析的对象。虽然在文学研究中，大多被引为旁证，然而竹枝词的作者是在何种情况下、怀抱怎样的意图来吟咏和收集的？以往对此并无深入研究。从方志学角度致力收集和整理的顾炳权指出，留下竹枝词的文人往往是"地方社会里中下层的知识分子"。[①] 考察上海周边地区具体的竹枝词作者和作品，可以得知：那些吟咏竹枝词的作者们所透露的，不仅仅止于对文学的嗜好而已，也和整合地方价值密切相关。所以，我们不仅要从文学角度理解地方精英吟咏的竹枝词，更有必要从他们所处的政治社会，及其面对这一现状所持有的秩序理念和活动等加以掌握。

关于传统中国地方民俗和民众的关系，士大夫常以既存秩序的崩溃，造成社会巨变，将其与"风俗"观联系起来反复论述。比如，森正夫和岸本美绪对明末变动时期的尊—卑、良—贱、主—仆等价值观之颠倒进行分析，揭示了明末的社会特质。[②] 还有李孝悌的研究，考证了五四运动的开展，可以追溯到清末对民众的启蒙活动，为精英阶层

---

① 顾炳权：《关于"竹枝词"的思考》，收入顾炳权：《上海风俗古迹考》，上海，华东师范大学出版社，1993。顾炳权收集和整理了上海地区竹枝词的作品有《上海洋场竹枝词》，上海，上海书店出版社，1996；《上海历代竹枝词》，上海，上海书店出版社，2001。另外，收录江苏省主要竹枝词并已刊行的有《江苏竹枝词集》，南京，江苏教育出版社，2001。

② 关于明末士大夫的风俗观，参见森正夫：《明末における秩序変動再考》，收入森正夫：《明清史论集Ⅰ》第三卷《地域社会研究方法》，东京，汲古书院，2006；岸本美绪：《风俗と时代观》，东京，研文出版，2012。

与民众文化的关系提供了许多启发。[①] 至于近代风俗、民俗问题，从社会整合角度进行多方探讨的是吉泽诚一郎。根据吉泽的论述，"中国人"意识在以新的身体观、尚武观，进行社会整合的过程中，传统王朝体制所支持的关于文化、社会的各种观念，均在以"文明"名义下被视为"野蛮"和"迷信"。[②]

　　根据这些研究成果，本章以清末民初江南地方市镇的精英阶层活动和民俗观为个案探讨。之所以选择江南市镇社会，基于以下理由：一是上述研究大抵以城市社会为对象，故而有必要探讨乡村社会具体发展的情况。二是正如滨岛敦俊所揭示的，江南社会具有县—市镇—村三层结构，市镇也是精英文化和民众文化交汇之处，而这正是本章所要厘清问题的理想对象。[③] 至于选择的个案，是上一章分析过的上海县陈行乡的知识分子。这是因为，他们以传统教育的知识为基础，因推动当地引入近代教育制度而为人熟知，[④] 并以独特的秩序理念，在清末民初显示出独有的内涵。饶富兴味的是，他们一方面对从事新

---

　　① 李孝悌：《清末的下层社会启蒙运动，1901—1911》，台北，"中央研究院"近代史研究所，1992。

　　② 吉泽诚一郎：《天津の近代：清末都市における政治文化と社会统合》，名古屋，名古屋大学出版会，2002 年，补论《风俗の变迁》。

　　③ 滨岛敦俊：《农村社会：觉书》，收入明清时代史の基本问题编集委员会编：《明清时代史の基本问题》，东京，汲古书院，1997。另外，从文学角度讨论这种阶段性问题的有，金文京：《汉字化圈の训读现象》，收入和汉比较文学会编：《和汉比较文学研究の诸问题》，东京，汲古书院，1988。

　　④ 《上海乡土志》第九十七课《学堂》。

文化运动的知识分子怀有抵触情绪，另一方面则主张独特的秩序理念。[1] 笔者认为，从传统与新时代知识阶层之间存在时代的差距上，探讨传统知识分子的言行，可以为分析社会整合及其价值观的变迁特征，提供极有价值的材料。[2]

第一节　上海县陈行乡的地方精英阶层和"歌谣"

此处先简单介绍一下上海县陈行乡精英所阶层留下竹枝词的概要，以及他们在地域社会中的活动特征。

《上海县竹枝词》(秦荣光著，民国元年铅印本)

作者秦荣光（1841—1905）是清末经历了三十余年的生员生涯后，

---

[1] 《陈行乡土志》，《孔祥百序》。从民俗学史的角度考察民俗观的变迁，可分为以下流派：（一）明清时期绅士在地方志和笔记中的描述；（二）由近代知识分子倡导的启蒙民俗思想；（三）以北京大学和中山大学为中心的现代民俗学研究。此外，（二）又可分为"革命童谣、弹词"、"文人竹枝词"和"风俗志"等内容。本书要分析的领导层对地方民俗的探讨，可以说将（一）和（二）相互结合而成。参见钟敬文编：《民俗学概论》，第407~422页，上海，上海文艺出版社，1988。

[2] 关于民俗学学者收集的歌谣以及他们的民俗观，详见 Chang-tai Hung, *Going to the People：Chinese Intellectuals and Folk Literature*，1918—1937（Harvard East Asian Monographs，121），（Cambridge：Harvard University Press，1985），chap. 3；赵世瑜：《眼光向下的革命：中国现代民俗学思想史论（1918—1937）》，北京，北京师范大学出版社，1999。

才获得贡生资格的一位下层知识分子。[1] 稻田清一曾探讨清末"镇董制",认为秦荣光以陈行镇为据点,开展了围绕市镇及其周边农村的水利、慈善和教育等种种"地方公益"事业,即是这种镇董制的典型案例。[2] 平时留心乡土掌故、撰写同治《上海县志札记》等地方志的专家秦荣光,注意到没有被县志详细记录下来的掌故,便模仿县志体裁,吟咏了《上海县竹枝词》。其内容系以全上海为对象,共有 532 首,其中包括有关陈行镇"遗闻轶事"的《陈行竹枝词》100 首。[3] 《陈行竹枝词》清楚地展示了身为镇董及当地士人的秦荣光。该书由其弟子胡祖德编辑,在 1912 年铅印刊行。1989 年《上海滩与上海人丛书》则收录其中,由上海古籍出版社出版。

《周浦塘棹歌》(秦锡田著,载《享帚录》卷五,1930 年石印本)

《周浦塘棹歌》作者是秦荣光的长子秦锡田。秦锡田拥有举人功名,通过捐纳获得官职,担任过内阁中书和湖北候补同知等职。他父亲死后,丁忧回籍,继承其父负责的"公事",以教育为中心,尽力于慈善

---

① 民国《上海县续志》卷十三《人物·秦荣光》及《上邑七图免役周浦塘记》,见《养真堂文钞》。有关秦荣光的活动,见秦锡田:《显考温毅府君年谱》一卷,1919 年排印本。

② 参见稻田清一:《清末江南の镇董について:松江府、太仓州を中心として》,收入森正夫编:《江南デルタ市镇研究:历史学と地理学からの接近》,名古屋,名古屋大学出版会,1992。以及稻田清一:《清末,江南における"地方公事"と镇董》。

③ 秦荣光:《上海县竹枝词》,收录《上海滩与上海人丛书》,上海,上海古籍出版社,1989。

事业和地方建设。① 清末民初之际，秦锡田历任谘议局议员、县议会参事员、省议会议员等职。尽管活动于比乡一级更高层的政治空间，但陈行乡及其四周地区的关系网络和活动，仍是他政治力量的基础。②《周浦塘棹歌》内容是吟咏贯通陈行乡东西双向、通往南汇县周浦镇的周浦塘两岸地区的见闻。周浦塘下游的 4 公里属于陈行乡，③ 所以就其内容来说，实际上应该称为私编的《陈行乡志》。竹枝词以"本敬梓恭桑之意，注重故乡巷语街谈"为方针，④ 将对乡土民俗的态度与地方志编纂联系起来考察，笔者认为很有意思。其内容由源流、水利、津梁、政令、风俗、时令、物产、古迹和名人所组成，共收录 247 首。吟咏制作时间是在 1919 年前后，大约同一时期，《陈行乡土志》也正在编纂，显然与地方意识的高涨有极深关系。它被收录在秦锡田的文集《享帚录》之中。⑤

《沪谚》《沪谚外编》(胡祖德编，1922 年石印本)

秦荣光的弟子胡祖德，一直住在陈行镇，辅助秦荣光和秦锡田开展各式乡政事业的实际工作。胡祖德具有生员功名，是典型的市镇知识分子。正如"秦胡两姓旧家声，一善经商一笔耕。可有德星占太史，

---

① 关于秦锡田，详见秦之济编：《秦砚畦先生年谱简录》二卷，1961 年孔令毅摘钞本。此外，可参见根据这一年谱而撰著的本书第三章，表 3—4《秦锡田略年谱》。
② 参见本书第三章、第五章。
③ 《陈行乡土志》第一课《位置》，第二课《沿革》，第四课《水道》。
④ 《周浦塘棹歌》，见《享帚录》卷六。
⑤ 《周浦塘棹歌》后来收录于顾炳权：《上海历代竹枝词》。

石桥古勒聚星名"所吟咏那样，① 胡氏世世代代在商界享有盛名；胡祖德本人也在打理家业中发挥"理财之才"，还投资私产于家乡的桥梁建设、慈善事业和教育活动。伴随地方自治的实施，胡被选为乡董。以"一姓之私产供一乡之公用"的做法广受称道。②《沪谚》《沪谚外编》相比于《上海县竹枝词》和《周浦塘棹歌》，最大的不同之处在于胡祖德收集、编辑来自市镇和农村民间流传的俗语、五更调、滩簧、竹枝词等。所以《沪谚》《沪谚外编》中所收录的谚语，充分反映当时民众生活，在方言研究和民俗学领域内早已备受关注，并以各式各样的形式被引用。然而更应注意的，是地方精英阶层对于民众吟咏"歌谣"所采取的立场，这将在后面详加叙述。《沪谚》和《沪谚外编》也被收录在《上海滩与上海人丛书》之中。

从以上简单介绍中，可以了解这些作者的政治、社会面向，和埋头于地方事务的精英阶层的特征。通过对秦荣光的认识，我们可以厘清地方精英"地域实践主义"的行动方式，以及对下一代产生了多大影响。从担任自治职务的下一代地方精英评价之中，可以看出秦荣光的活动和实践，具有连接清末自治意识的面向。③ 而且，下一代中胡祖德又忠实地继承了秦荣光的实践主义。秦荣光次子秦锡圭对胡祖德的评价，也如实地反映了这一点。他说："先君教人之旨大抵谓：人生百

---

① "秦胡两姓旧家声，一善经商一笔耕。可有德星占太史，石桥古勒聚星名。"出自《周浦塘棹歌·陈行掌故》。

② 《云翘胡君家传》，见《享帚续录》卷二。

③ 《黄炎培序》，见《养真堂文钞》。

年，苟无裨益于社会，则虚此生耳。故于能力之所及，必自任焉。君独能深信而力行，助先君任地方事。"①由此可见，同一时代的人们已经明确意识到地域实践主义的继承性。

地域实践主义常以"公事""公益""公德"等词汇，展现独特的地方意识，与所谓"公共领域"(public sphere)的关系空间，仍然大有研究的空间。这是因为，20世纪90年代世界史研究中所热烈讨论的"公共领域"，对于理解当地社会形成的独特性，依然无法进行有效的回应。②本章主要探讨地方精英的民俗观及与社会整合之间的关系，虽不直接讨论该项问题，但以下试图以竹枝词吟咏的内容为线索，考察地方意识的形成及其认识等。

秦氏在陈行乡负责慈善、水利、治安维持和教育等地方公共事务，屡次于乡贤名单中出现，③ 其中尤其使他们苦恼的，是漕运路线上周浦塘疏浚的徭役负担，以及与南汇县之间的纠纷。对于这一问题，清

---

① 《沪谚序》，见秦锡圭：《贝斋文稿》，1928年石印本。

② 关于公共领域，出现了各种各样的议论，这些分析集中在绅商及他们所主办的慈善事业上。关于欧美的讨论，参见罗威廉（William T. Rowe），"The Public Sphere in Modern China," in *Modern China*，16.3(1990)，pp. 309-329；孔复礼：《公民社会与体制的发展》，《近代中国史研究通讯》第13期，1992；王国斌（R. Bin Wong），"Great Expectations：'The Public Sphere' and the Search or Modern Times in Chinese History"，《中国史学》第3号，1993。在中国，马敏、朱英通过以苏州商会为中心的实证研究，探讨了近代中国"公共领域"的出现。马敏、朱英：《传统与近代的二重奏：晚清苏州商会个案研究》，成都，巴蜀书社，1993；马敏：《官商之间：社会剧变中的近代绅商》，天津，天津人民出版社，1995。日本的实证研究以慈善事业为中心，从不同角度触及了这一问题。夫马进：《中国善会善堂史研究》，京都，同朋舍出版，1997；小滨正子：《近代上海の公共性と国家》，东京，研文出版，2000。

③ 参见本书第五章。

末以来秦氏代表陈行乡的利益，不断地与官方谈判和请愿。[1] 这种纷争鲜明地显示出地方意识，且清楚地从竹枝词之中表达出来。亲自为徭役负担问题而奔走的秦荣光，有如下吟咏：

　　巧卸淞工周国蕃，七图役派百年宽。
　　幸来贤令伸公道，力把如山铁案翻。（《上海县竹枝词·水道十六》）

将此诗的注解与其他史料相互对照，可以得悉80余年间两县因徭役负担导致纠纷，结果光绪年间知县陆元鼎采取官捐付款的办法获得解决。应该注意是，由个人编纂出版、模仿地方志体裁而成的《上海县竹枝词》，记载了纷争的始末，并体现行政权益在与其他地区之间的相互关系所形成地方意识。对于这方面，分析清代江南乡镇志序文的森正夫指出："乡土意识"乃通过与其他城镇的横向对抗意识，以及与王朝紧密的纵向联系，整合而成。可以说，两者具有同样的性质。[2]

　　另外，这样理解地方意识，不仅调整了"地方公事"和地方自治之间具有连续性的看法，也有助于理解秦锡田对该问题的意图："邑均工

---

① 稻田清一，《清末，江南における"地方公事"と镇董》。
② 森正夫：《清代江南デルタの乡镇志と地域社会》，同《森正夫明清史论集》第三卷《地域社会研究方法》，东京，汲古书院，2006。关于"地域"的形成对于政区设置带来的影响，和行政功能等，以及行政与"地域"相互的关系，参见太田出：《清代绿营の管辖区域とその机能：江南デルタの汛を中心に》，《史学杂志》第 107 编第 10 号，1998；太田出：《清代江南デルタ"佐杂"考》，《待兼山论丛（史学编）》第 33 号，1999。

役役均田，何事纷争八十年。幸赖陆公来宰县，详求免役一碑镌"。①吟咏关于"地方公事"的记忆和前人所获得的权利，强烈地表达了地方人士对行政体制在当地社会的渗透，以及清末民初国家面临外来危机等时代背景下的要求。

尽管如此，这种意识未必为地方上各基层居民所共有。比如说，清末划定地方自治区之际，地处周围、属于他乡的"飞地"被编入陈行乡。虽然从推动自治的角度来看，这些是属于合理的自治区设立，但正如秦锡田所吟咏的那样，曾遭部分地方民众的反对：

> 更有中心河五图，区分陡入促官符。
>
> 小民反对真无识，认作燕云割界胡。(《周浦塘棹歌·政令》)

秦氏在注解中描述了"小民无识，竟视如台湾之割让日本者，岂非大愚"的感想。笔者认为之所以出现反对编入其他自治区的现象，是因为秦违背了自己称之为"小民"的民众，包括他们的利益和反对意见。因此，引进地方自治时导致精英阶层和地方民众意识上的差别，使得地

---

① 此外，相关竹枝词还有"五浚运河记雍干，施工端不为农田。强翻旧案真无理，枉掷金钱八百千"，《周浦塘棹歌·水利》。

域社会朝向非整合的趋势发展。①

第二节　地方精英阶层的"知识世界"

此处拟扩大清末民初地方精英阶层知识的内涵，探讨他们的秩序观和作为地域社会知识重要载体的地方志之间的关系。由于秦锡田在继承传统知识和接受新思想上，深具清末民初地方精英的典型，因此将以他为中心进行考察。②

出生于咸丰十一年(1860)的秦锡田，所受的教育无疑是以参加科举考试为目的。根据他在 70 岁时回顾其一生所写的《七十自述》描述，5 岁(指虚岁，以下同)开始习字，6 岁则开始最基本的古典训练，学习《四书》《诗经》。16 岁时初次参加县考，19 岁成为县学生员。③ 虽然享有文才声誉，但直到 33 岁才通过乡试。④ 此后，在其弟秦锡圭的劝说和川沙实业家杨斯盛的资助下，通过捐纳获得内阁中书之职。卸任内

---

① 本书未能就民众对国家和地方精英在地域社会秩序化、整合化中的反整合动向和独自的行动方式之间关系进行探讨，相关课题参见黄东兰：《近代中国の地方自治と明治日本》，东京，汲古书院，2005，第九章《清末地方自治制度の导入と地域社会：川沙事件を中心に》；藤谷浩悦：《清末，湖南省长沙の街巷と民众：人のつながりと行动样式》，《近きに在りて》第 36 号，1999；同《1906 年萍浏醴蜂起と民众文化：中秋节における谣言を中心に》，《史学杂志》第 113 卷第 10 号，2004。

② 关于秦锡田的经历，参见本书第三章，表 3-4《秦锡田简略年谱》。

③ 《七十自述》，见《享帚录》卷八。

④ 《七十自述》，见《享帚录》卷八。在私塾时代，接受教育多为居住在浦东地区的地方精英子弟。秦锡田靠其父秦荣光在上海县的名望和他本人的文笔，被县城精英阶层所认可，曾当过留日前曹汝霖的家庭教师。

阁中书之后，又以候补同知赴湖北，担任乡试同考官及负责管理丰备仓。①

光绪三十年(1904)，父亲秦荣光逝世，秦锡田辞官丁忧回乡，这恰巧促成了其继承当地精英角色的契机。关于地方自治和地方政治活动中所体现出来的清末民初官民关系之变化，笔者曾于第三章指出，秦氏试图将"民治"的领域，转换成有别于"官治"的对立面定位。这里则打算从教育活动考察这种秩序意识。② 主要原因是，对负责创立当地学堂的地方精英来说，教育活动与他们设想的整合社会的方法及实践，有着密不可分的关系。有关教育方面的言论，如实地反映出他们的秩序理念，进而形成"知识世界"。

教育被视为挽救中国面临危机的秩序，以达成"合群"的治本对策。因此如秦锡田所言"先子遗泽深，第一在兴学。团体结之坚，舆论采之博"，③ 是超越世代、由清末民初的精英阶层共同继承的任务。清末秦荣光担任了各式各样陈行乡"地方公事"，尤其对教育活动投入了极大的热情。像光绪二十二年(1896)三林镇设立三林书院，光绪二十七年(1901)又在三林、陈行、杨思三乡分别成立了20余所三林书院附属义

---

① 据载秦锡田赴武昌任湖北候补同知之际，学过万国公法。《七十自述》，见《享帚录》卷八。关于中国对万国公法接受的情况，参见佐藤慎一：《近代中国の知识人と文明》，东京，东京大学出版会，1996，第一章《文明と万国公法》。

② 教育改革同地方精英阶层的政治参与关系密切，以致出现了筹组以教育会为中心、由持相同政治理念人士所组成的人际网络潮流。关于江苏省教育会，参见高田幸男：《江苏教育会の诞生："教育界"に见る清末中国の地方政治と地域エリート》，《骏台史学》第 103 号，1998。

③ 《七十自述》，见《享帚录》卷八。

塾，谋求普及初级教育。① 秦锡田继承秦荣光的事业，也就任三林、陈行、杨思三乡区学董，一面出任三乡教育团体的代表，一面又尽力扶植初级教育机构。

显然，这样的地域实践主义因跨越世代而被继承下来，但同时对推动实践主义秩序意识的外来新思潮，也予以接受并展现出新的内容。秦锡田在庆贺三林、陈行、杨思乡立第四国民小学校新建校舍的文章中叙述道："盖二十世纪之世界，以工战，以商战，实则无不以学战。人与人战，家与家战，国与国战，种与种战，有学者存，无学者亡，学盛者强，学衰者弱。优胜劣败，固天演之公理，亦自然之趋势。……由小学以至中大学，由一校以至数十百校，扩而大之，进而上之，学校如林，人材蔚起，于以保主权，抗外力，崇实业，裕生计，则斯校之成，固救时之良药，亦大辂之椎轮也"。② 这里直接使用"优胜劣败"和"天演公理"等词汇，清楚地体现新思潮中的社会进化论思想究竟怎样为地方知识分子所接受。这一事实体现了在世界范围内的竞争中，与"外力"接触的同时，认识到中国社会的相对"落后"，为了生存，当务之急是要维护中国主权。其中的深刻意义是，正如"人与人战，家与家战，国与国战，种与种战"所陈述的那样，世界在"修身、齐家、治国、平天下"的各个层面展开斗争。应该说，这种认识是清末

---

① 《七十自述》，见《享帚录》卷八。

② 《新建三林陈行杨思乡立第二国民小学校舍记》，见《享帚录》卷一。关于清末"学战"里从"中体西用论"关系来论述的人，参见川尻文彦：《"中体西用"论 と"学战"：清末"中体西用"论の一侧面と张之洞〈劝学篇〉》，《中国研究月报》第558号，1994。

民初地方精英以儒学思想为基础解释社会进化论，而形成的独特秩序理念。① 这一秩序理念从"乡土"出发，以同心圆状向外推演，最终恢复整体秩序，以达到"合群"的目标。② 当然，地方精英阶层的认识过于简化，在那些致力于为引进西洋学说而苦战的清末思想家们看来，或许显得荒诞无稽，但若从地域实践主义的立场认真考虑的话，笔者认为乡土教育和社会教育的实践具有重要的意义。

其次要简述一下占据地方精英"知识世界"重要位置的地方知识。他们有关地域社会的知识，与地方志编纂活动关系密切。秦荣光虽未直接参与过编纂县志，但晚年在县志的校订补遗上倾注了热情，著有同治《上海县志札记》和光绪《南汇县志札记》。③ 就像其本人所说"我少承家学"那样，④ 秦锡田也继承了他父亲的知识，持续热切地关注地方

① 清末社会进化论的接受和儒教世界观的转换过程，可以说都具有非连续性的特征。比如，严复之前的"原进化论"历史意识，从可逆转的三阶段论转换到不可逆转三阶段论，参见佐藤慎一：《"天演论"以前的进化：清末知识人的历史意识をめぐって》，《思想》第 792 号，1990；此外，清末民族主义者明确体认到民族主义和传统世界观之间的非连续性，参见佐藤慎一：《儒教とナショナリズム》，《中国：社会と文化》第 4 号，1989。关于社会进化论和民族主义，可参考坂元弘子：《中国民族主义の神话：人种・身体・ジェンダー》，岩波书店，2004 年，第一章《中国民族主义の神话：人种观、博览会事件》。

② 参见本书第五章。有关梁启超的"合群"议论，见梁启超，《新民说》第十三节《论合群》。此外，关于《新民说》的概要，参见狭间直树：《〈新民说〉略论》，收入狭间直树编：《共同研究梁启超：西洋近代思想受容と明治日本》，东京，みすず书房，1995。

③ 在《显考温毅府君年谱》卷末有所涉及。笔者未见。

④ 《七十自述》，见《享帚录》卷八。

志编纂及地方文献收集，民国期间共参与了四种地方志的编纂工作。①
关于清代地方志编纂事业，井上进的研究指出，它是清朝对当地士绅
的笼络；山本英史则主张地方士人参与地方志编纂事业，是为了证明
地方空间的正统性，并为他们的存在赋予正当地位。另外，对方志中
描述的民众史具有一定程度保留。② 清末民初方志除了证明"地方空间
的正统性"之外，还表彰参与地方自治活动的功绩，而且反映在这种政
治进程中"地方"和"民治"领域的权利意识，鲜明地体现出跟以往地方
志不同的特点。③ 即使以当地社会风俗、民俗为启蒙和改良的对象，
对地方精英来说，地方志记载的风俗、民俗内容，仍是联结地域实践
主义系谱的切实问题。④

因此，编纂地方志重视直接前往当地进行"采访"。秦锡田针对《南
汇县续志》编纂中途停止，导致体裁不一致的问题，曾评论道："何况

---

① 秦锡田参与编纂地方志工作如下：民国《上海县续志》，编纂水道志、艺文志和
修订名宦志；民国《上海县志》，总纂全书以及交通志、政治志、财用志；民国《南汇县
续志》，总纂全书以及水利志、艺文志、风俗志；民国《南汇县志》，编纂工程志和人物
志。

② 井上进：《方志の位置》，收入《山根幸夫教授退休记念明代史论丛》下，东京，
汲古书院，1990；山本英史：《清代中国の地域支配》，东京，庆应义塾大学出版社，
2007，第九章《地方志の编纂と地域社会》。

③ 关于民国《川沙县志》的"现代性"，从方志学的角度早有论述。参见黄苇：《中国
地方志词典》，合肥，黄山书社，1986；顾炳权：《略谈黄炎培和〈川沙县志〉》，《中国地
方志通讯》1983 年第 3 期。

④ 从这一角度叙述风俗的《川沙县志》卷十四《方俗志》，也收录了历代方志中"风
俗"所未见的大量歌谣。中村哲夫在论文《乡绅の手になる乡绅调查について》（收入《近
代中国社会史研究序说》，京都，法律文化社，1984）中指出，清末的法制调查也唤起了
对地方"民俗"的关心。

采访疏，故典半失坠。不能向壁造，而责其明备"，重视采访的实证性。[1] 在这一点上，胡祖德的活动格外引人注意。与自己有文集流传于世的秦荣光、秦锡田二人相比，胡氏只留下了片言只语。虽然也是生员，但胡的文笔不如秦荣光和秦锡田。胡祖德从事商业活动的经历及其实践，无论是实际生活还是感情上，似乎赋予了他更贴近"民众"的立场。胡氏担任过县志采访人员，在收集掌故之际，也收集了流传于民间的俗语、谚语、五更调、滩簧、竹枝词等题材，这一工作具体展现在《沪谚》《沪谚外编》的出版之中。要附带说明是，陈行的胡氏族人、生员胡式钰所留下的《窭存》，也是一部以浦东为中心，收集上海传闻、俗语和方言的著作。[2] 虽然就此认定胡氏也有"家学"的存在，似乎证据并不充分，但同一个家族持续关心地方民俗，的确是引人深思的事实。

积极关心地方志编纂事业和收集有关当地民俗材料，这一行为方式通过浦东地方文人之间的师徒关系及交友网络，长期继承下来。顾炳权称之为"浦东学派"。他认为从《川沙县志》中可以看到浦东地方知识的再生产，即南汇县进士张文虎经秦荣光到黄炎培的继承过程。[3]

---

[1] 《七十自述》，见《享帚录》卷八。

[2] 《窭存》，清木刻本，收藏于上海图书馆古籍部。据《陈行乡土志》第四十四课《名人六·胡式钰》的记载，胡式钰居陈行镇，嘉庆五年生员，善诗文。

[3] 顾炳权：《再论黄炎培与浦东学派》，"黄炎培学术思想讨论会"会议论文，1996。据顾所记，"浦东学派"从南汇县进士张文虎、秦荣光延续到活跃在中国职业教育社和中国民主建国会的黄炎培。顾氏在《黄炎培与浦东学派》（稿本）中详论了"浦东学派"。可从陈大康整理的《张文虎日记》（上海，上海书店出版社，2001）一书中详细了解张文虎的学术活动。

关注地方知识的系谱，在面对地域整合这项重要课题时，虽是从启蒙和教化的立场出发，但也能从中获得当地士人对于地方风俗、民俗的看法。

第三节　启蒙和民俗

一、地方精英的风俗观

关于地方精英如何看待当地风俗，并对存在的问题采取怎样的措施，本节分别从治安和慈善、从葬礼和婚礼、从岁时和祭事三方面加以探讨。①

（一）治安和慈善

浦东是"流氓"横行的地方。② 江南特有的河川网络密布的环境中，"流氓"以乡村为中心，纵横其间。这对负责乡镇社会秩序的精英阶层而言，是个极其严重的问题。关于这一点，竹枝词已多有反映。清末浦东主要的治安问题，是贩卖私盐的"流氓"与"盐巡"——取缔私盐的巡捕左营，存在着不法行为，两者经常勾结一起，使得治安不断恶化。

---

① 从下文中引用的竹枝词内容来看，事实上有多处与地方志风俗志内容相同。但是，竹枝词中除了能找到在地方志无法看到的内容外，还针对具体的地域课题，以清末民初的独特视角来吟咏。笔者认为其史料价值的重要性即在于此。

② 关于浦东的"流氓"，《上海县竹枝词·风俗九》吟咏道："若辈强梁不怕官，官场不究也从容。从容胆直包天大，捕拒官差拳扑攒。"

首先，来看看贩卖私盐者：

> 浦东蛋党迭纵横，纵火都由盐捕营。
>
> 土蛋结帮投客蛋，掳人勒赎路难行。(《上海县竹枝词·风俗九》)

诗中"蛋党"是指当时一般称为"光蛋"的走私集团。当地"土蛋"集团与外地"客蛋"相互勾结进行买卖的同时，还会抓捕普通乡民来勒索钱财，对乡民的日常生活造成了严重影响。他们跟因生活所迫、不得不进行走私的乡民"小贩"截然不同，从以下诗句可知：

> 官盐不卖禁私盐，大贩宽容小贩严。
>
> 一笑素餐风味好，只尝辛苦与酸甜。(《周浦塘棹歌·政令》)

本来应该监督贩卖私盐的巡捕左营，对"大贩"视而不见，却只取缔"小贩"，并没有对"光蛋"进行监督。不仅如此，巡捕左营和"光蛋"还相互勾结。从下面的两首中可见一斑：

> 盐捕巡船借缉私，孤商拉劫浦江事。
>
> 贩私便是称光蛋，管带通同月索规。(《上海县竹枝词·风俗九》)
>
> 盐巡入港禁森严，港口巡船次第添。

枭贩未来船调去，分明奉檄纵私盐。(《周浦塘棹歌·政令》)

"光蛋"向巡捕左营的领头——管带奉送月规之后，可以公然大规模地贩卖私盐。不仅如此，"枭贩"的走私船出港时不仅不受监督，还有巡船为其开路。从轶闻中可以窥见他们相互勾结之深。更有甚者，根据以下竹枝词，可知"光蛋"的成员之中曾有巡捕左营的勇兵，以及当过勇兵的人。由此可见，在当时的情形之下，这一群体由属于同类的流氓地痞所组成：

有时光蛋冒官巡，号桂军旗一一真。

原属盐营前革勇，相逢相认总乡亲。(《上海县竹枝词·风俗九》)

这些问题之所以受到重视，是因为清末巡捕左营事故频发，威胁到城镇和乡村的社会秩序。光绪二十五年(1899)4月，巡捕左营水师在桥头镇殴打居民，导致居民蜂拥而至，追踪水师。经过陈行镇大木桥时，水师连开数枪，打死两名居民。管带吴福海贿赂上海知县，企图掩盖此事。结果被弹劾，两江总督派员与知县一同会审，最后以惩罚弁兵吴宪鸿结案(《周浦塘棹歌·政令》："盐巡枪毙两平民，御史封章奏紫宸。毕竟杀人须抵命，宪鸿颈血溅埃尘")。光绪三十二年(1906)，也发生了商人银两被巡捕左营炮船弁兵抢劫的事件。经由地方士绅向巡抚、道台、知县申诉，银两终被追还。但是秦锡田认为这并非善策

（《周浦塘棹歌·政令》："商船贩麦沪滨回，吴弁查私竟劫财。县令为民心力尽，但惩末弁释渠魁"）。

面对这一乡村社会的治安威胁，具有乡绅身份的秦锡田有意通过行政渠道解决，他向各级行政官员陈情，也向江苏谘议局常会提出撤销巡捕左营的议案。[①] 其中最有意思是对于"广蛋"流氓的策略。光绪三十一年（1905），秦锡田在陈行乡题桥市创立了改恶从善的机构——课勤院来收容流民。流民在此学习各种工艺技术，改过之后能够谋生，故重点在于教育。[②] 若将眼光投到其背后的秩序观上，很容易看出以课勤院为善举，目标是通过收容扰乱秩序的流民，以讲授工艺为手段，教化他们成为遵守法规的"国民"。[③]

（二）葬礼和婚礼

其次来看看葬礼和婚礼。关于民间葬礼习俗，当地精英的判断极其明确，认定其不过是迷信而已。这种看法同传统文人士大夫对待民众文化的态度一致，同时反映出以社会进化论这一理念为基础的卫生观和身体观。下面看看它的内容：

---

① 有关巡捕左营问题的呈文和议案，《禀上海道请裁撤盐捕营》《呈江南提督请饬盐捕左营撤巡捕面》，见《享帚录》卷三。

② 参见本书第五章。

③ 有关慈善事业的教化方面，参看梁其姿：《施善与教化：明清的慈善组织》（台北，联经出版事业公司，1997）和吉泽诚一郎前揭书，第七章《善堂と习艺所の间》中有详细的探讨。

病家迎得女巫看，看出魔多神不安。

连夜招寻毛道士，酬神送鬼闹登坛。(《周浦塘棹歌·风俗》)

这里附注写到"病不延医，反听巫言，酬神送鬼，枉费金钱"，也可知民间习俗不过视为迷信和"改良"的对象。另外，有关埋葬死者的竹枝词注释揭示，若找不到合适的埋葬龙脉，地理风水师动辄就说邻家是障碍，这种无根之谈往往成为纠纷的根源。[1]

除此之外，有关葬礼风俗，也留有若干记载。对照到地方志和《上海县竹枝词》等诸多史料，容易看出这种葬礼习俗长期以来深植于民间。引人注目的是，这样的风俗习惯未必只限于普通百姓。例如关于埋葬，以下风俗自明末以来一直得到传承：

客堂停柩惯多年，尘满灵台封帖前。

命不通兼无好地，误听风水葬迁延。(《上海县竹枝词·风俗九》)

秦荣光解释为"士大夫家葬事，一听地师，或积至数十年不葬"，也可看出他认为这种习惯是"迷信"。为了乡土教育所编纂的《陈行乡土志》，便从培养新"国民"的教育目的出发，明确要求必须与这种"迷信"风俗

---

[1] "山川不语葬师语，去脉来龙恣弁论。福地若真寻得到，葬师苗裔帝王尊。"(《周浦塘棹歌·风俗》)

一刀两断。①

　　下面看看关于婚礼的讨论。清末以培养"国民"为紧要课题，地方士人强烈意识到家庭教育对妇女教育的重要性。正如"国民教育始家庭，内则详明著礼经，回忆十年前正本，居然女界好模型"所吟咏，②光绪三十一年（1905）开展了创办正本女学等一系列的教育活动。因此婚姻方面，也打破了以往陋习，提倡实行新式婚礼。从当时高涨的女权意识来看，这也是极为自然的事情。

　　　　古来嫁娶礼彬彬，俗例偏多六色人。
　　　　要省繁文与繁费，文明新式合遵循。（《周浦塘棹歌·风俗》）

所谓"六色人"，是男引、女引、乐人、香案、夫头、炮手等礼仪中从业人员的俗称。为提倡和实行新式婚姻，亦即构成精英阶层以"文明"为名义开展的整合地域的活动。据载光绪三十三年（1907）秦锡田三女嫁给青浦胡氏时，曾在陈行镇举办了名为"新礼"的结婚仪式。

　　然而在新文化运动影响下，对盛行的从家族专制中解放女性的"解

---

　　① 比如，在《陈行乡土志》第二十一课《风俗三》中描述道："男女巫觋，自称重瞳，目能视鬼（俗称双仙人），其执香而遍视房与灶者，名曰看仙。能召亡魂，凭附其身，而与生人问答者，名曰扎仙。人有疾病，辄叩其祸福，而延羽士祈禳。或邀亲友，求佑于神，名曰众保。浪费金钱，而医药不暇计，坐致枉死，犹自咎鬼神为祟。真愚不可及也。"
　　② "国民教育始家庭，内则详明著礼经，回忆十年前正本，居然女界好模型"（《周浦塘棹歌·政令》）

放论"，① 秦锡田的态度则极为慎重：

> 结婚我爱自由成，婚约仍须主父兄。
> 多少狂男淫荡女，大都借汝自由名。（《周浦塘棹歌·风俗》）

新文化运动期间涌现的各种政治观和秩序理念，对希望"乡土"整体秩序的恢复，进而推动地方社会"现代化"的秦锡田而言，"解放之说"所倡导的"自由"，或许只是披着"自由"外衣的放纵。这也反映在"解放之说盛行，男女防闲因之大溃，有心世道者多忧"的感想之中。

（三）岁时和祭事

为了探讨当地士人对岁时和祭事的观点，以下从岁时中迎神赛会上不可或缺的演艺活动入手。迎神赛会是岁暮时最受民众重视的活动，早已广为人所知。② 对此，秦锡田有诗吟咏道：

---

① 关于从清末到五四期间的家族和女性之间的争论，参见小野和子：《五四期家族论の背景》，京都，同朋舍出版，1992。此外，坂元弘子前揭书，第二章《恋爱神圣と民俗改良の"科学"：五四新文化ディスコースとしての优生思想》一文指出，在优生思想的影响下，恋爱和家族观趋于规范化。

② 关于江南的迎神赛会，福武直从土地庙性质、管辖范围和村落之间的关系进行分析（福武直：《中国农村社会の构造》，福武直著作集第九卷，第216～221页，东京，东京大学出版会，1976）。滨岛敦俊在《总管信仰：近世江南农村社会と民间信仰》（东京，研文出版，2001）一书则指出：江南地方特有的总管信仰具有县—城镇—村落的三层结构，存在着用以往"共同体"范式无法解释的、独有的"共同性"。关于江南庙会的论著还有朱小田：《在神圣与凡俗之间：江南庙会论考》，北京，人民出版社，2002。

最是喧阗十月朝，出巡神像竞招邀。

香烟缭绕笙歌沸，无数金钱暗里消。(《周浦塘棹歌·时令》)

十月初一日有"出巡"习惯，即把神像从各庙宇中抬出，巡视邻近乡镇。而神像巡回的村镇，要摆设筵席，并进行求神降临的"厂会"仪式。在仪式过程中，乐器声和歌声齐作，夹杂着孩子和妇女们的喧闹声。针对这种景况，秦锡田经常以"真有举国若狂之势"之类的言语来表述其感想。迎神赛会被认为不属于正当风俗范围，村民钱财也被浪费在无用之处。而且"拳勇"聚集一起时，往往开设赌场，敛取村民钱财(《上海县竹枝词·风俗九》："练技拳场到处开，迎神赛会敛多财。诸无赖总为魁首，群饮三更聚赌来")。

赛会中不可或缺的是演艺活动。但是，当地士人对于民间演艺的认识，完全与发掘民间文化中特有价值观和艺术性的立场背道而驰，认为那是扰乱秩序的主要因素。这一点并没有超越传统士大夫民间文化观的认识高度。从下面两首的内容具体可见：

花鼓淫词蛊少孀，村台淫戏诱乡郎。

安排种种迷魂阵，坏尽人心决大防。(《上海县竹枝词·风俗九》)

影戏摊簧花鼓戏，导淫诲盗害宜防。

改良风俗推新剧，澈夜西园看化妆。(《周浦塘棹歌·风俗》)

清代被官方禁演的花鼓戏、街头表演，后来吸收各式各样的元素，发展成为申曲一类地方剧，如摊簧、皮影戏等，被指责为诱惑子弟，导致"放荡废业"，为害甚深。从中似乎很容易看出，这与以往士大夫对民众文化的态度是一致的。[1] 清末以来风俗观念的新开展，最富深意的莫如过于新剧。话剧始终关注以实践"改良风俗"为手段，是因为他们有感于乡民识字程度较低，而不得不充分重视戏剧对现实启蒙活动的有效作用。[2] 秦锡田记述陈行乡组织的话剧团——"容与会"，在夏夜演出新剧，观戏者如潮，但没有人因此行为脱出常轨。笔者认为这与花鼓戏动辄令年轻人放荡相比，鲜明地传达了秦氏的态度。

二、自治和民俗

如上所述，竹枝词中吟咏的民俗，被看作地方精英阶层在教化民众过程中，必须改良的对象，强调历经改良后诞生的"国民"，应与既有文化决裂。尽管如此，背后不容忽视的，是他们进行的事业与民俗所具有的关联性。当地士人同时也是地方领导阶层，他们既实施地方

---

[1] 花鼓戏和摊簧起源于上海周边农村的山歌，后发展成为申曲、沪剧等地方剧。虽然有"山歌""东乡调""花鼓戏"等各式各样的称呼，但初期仍以说唱形式为主，后来才逐渐具备排演话剧的要素。多数剧目反映了上海周边农村的生活状况。参见汪培、陈剑云、蓝流编：《上海沪剧志》，第113页，上海，上海文化出版社，1999。

[2] 也被称作新剧和文明剧的话剧，在"改良戏剧"的演剧史上，不仅对京剧和沪剧等地方戏产生影响，而且有必要以开化"民智"、导入启蒙运动和社会教育角度，来分析其社会观和人际关系。陈伯海、霄进编：《上海近代文学史》，第401~424、第460~485页，上海，上海人民出版社，1993。有关中国话剧的概况，参见濑户宏：《中国演剧の20世纪：中国话剧史概况》，东京，东方书店，1999；袁国兴：《中国话剧的孕育与生成》，北京，中国戏剧出版社，2000。

自治，也参与县、乡两级的政治活动。众所周知，这一国家和"官治"相互对立的过程，亦扩张了"社会"和"民治"领域，已积累了不少相关研究成果。① 另一方面必也须指出，参与地方自治的精英阶层，在社会和国家之间，有其相同性和延续性。比如，伴随嘉定县西门乡自治机关的成立，被选为乡议事会议长的黄守恒，宣称自治推进"以保存增进地方人民生活为主要"。"保存"指的是注意清洁、减少疾病，"增进"指的是发掘各式各样的谋生方法。② 因此，在乡议事会上提议，将其中部分内容，如装设路灯、清扫道路、架构桥梁、驱逐乞丐、创设公园、禁止赌博与吸食鸦片等办法付诸实施。这类以城镇为中心的地域空间"现代化"，受社会进化论身体观和社会观的影响。在这一点上，"社会"事业和"国家"事业之间具有其共通性。

在陈行乡地区，也推行以上述秩序意识为基础的空间现代化。担任乡董的胡祖德，在创建学堂和设立善堂及课勤院等自治事业的同时，特别热衷于桥梁的架设和修复。如前所述，胡祖德对此怀有强烈的自豪感，自称为"四桥老人""六桥老人"。③ 胡祖德精心收集、出版了有关乡土掌故，却几乎没有留下自己的文字。不过从他亲自撰述的《度民桥工程记》中，可以略知一二。该篇记载了度民桥改建为石环桥的经过。其中，他对自己现场指挥桥梁改造的烦琐工程中，所表现出的能

---

① 比如前文所举有关"公共领域"的议论，多采取这一立场。

② 黄守恒：《西门乡自治公所成立式宣言（庚戌正月）》，见《谋邑编》卷一，1916 年铅印本。

③ 《云翘胡君家传》，见《享帚续录》卷二。

力深感得意，认为这是对以地方自治为目标的地方空间现代化，所不可或缺的。① 秦锡田盛赞这项工程三分之二的费用，由征收的捐款支出，不足部分则由个人出钱弥补，终使工程得以完成。② 这一赞美不仅针对胡氏在公共方面的贡献，同时也肯定其强大灵活的实践能力，并认为如此领导能力足可保证自治。

必须注意的是：与地方精英阶层的新秩序意识相对应，乡民对于地方空间现代化事业所造成的结果，还引申出其他意涵。在与水路关系紧密的江南自然环境中，桥梁被纳入民众的岁时活动之中。著名的习俗中有"走三桥"，竹枝词中也吟咏其情景：

> 肉馅馄饨菜馅园，灶神元夕接从天。
>
> 城厢灯市尤繁盛，点塔烧香费几千。(《上海县竹枝词·岁时八》)
>
> 元宵例合走三桥，环洞新桥只二条。
>
> 吾愿苏家桥改建，三桥走遍路迢迢。(《周浦塘棹歌·时令》)

这里可知："走三桥"是旧历正月十五日元宵节广为流行的民间习俗。正月十五日元宵节当晚是举行"走三桥"活动的日子；传说这一天人们

---

① 《度民桥工程记（胡祖德）》，见上海县陈行公社编志组编：《梓乡杂录》，1983 年油印本。

② 《云翘胡君家传》，见《享帚续录》卷二；《陈行乡土志》，《创建度民桥记（秦锡田）》。

要走过三座大桥，可免于各种疾病。① 在祈求一年丰收的同时，元宵节通过"走三桥"仪式，也与女性产生密切关系。这一天为了驱逐疾病而结伴出访的妇女们，让著名的桥边景色显得格外不同。如同秦锡田竹枝词中所见，陈行镇的"走三桥"活动中，桥梁横跨的镇上繁华街道，由于妇女们的出行，也变得热闹起来。通过这样的习俗，传诵搭建、改造这些桥梁的精英阶层事迹，从而彰显他们进行的事业和桥梁所象征的权威。这样一来，渡桥妇女就空间现代化，引申出不与精英阶层一致的意义，一起被纳入民间习俗之中。②

三、民间文化和启蒙

以上考察了地方精英的民俗观，以及自治和民俗之间的关系，接着要探讨的是，竹枝词吟咏民俗、收集由民众所传唱的歌谣，在当时有何意义？如上所述，秦锡田的《周浦塘棹歌》吟咏于 1919 年前后，胡祖德的《沪谚》和《沪谚外编》则出版于 1922 年。另外，秦锡田和胡祖德

---

① 有关地方志中"走三桥"叙述，在此难以详举。光绪《嘉定县志》卷八《岁时》记载"妇女走三桥，云免百病"。光绪《宝山县志》卷十四《风俗》中也记载着元宵节的各种活动："正月十五为上元节，有打灯谜闹。元宵过三桥走百病。紫姑卜诸名目。十三试灯，十八收灯。乡村联千百灯笼，又为龙灯。亘街穿巷，导以鼓吹。"又说"走三桥"是正月十八日举行"收灯"的日子。参见刘克宗、孙仪编：《江南风俗》，第 254 页，南京，江苏人民出版社，1991。

② 苏州城内同一座庙的前后被河夹断，而各自建有渡河桥，就出现了"庙挑桥"式建筑，和在一河之隔两庙间建桥的"桥挑庙"式建筑。不管是哪一种，桥梁发挥了增加寺庙庄严宗教气氛的作用。《桥梁史话》编写组：《桥梁史话》，第 223 页，上海，上海科技出版社，1987。"走三桥"习惯在上海近郊农村的宗教仪式中仍有保留。朱建明：《上海南汇县老巷乡农家渡桥仪式及桥文化》，《民俗曲艺丛书》第 43 号，台北，施合郑民俗文化基金会，1996。

共同参加编纂的《陈行乡土志》，民初便开始计划编纂，后于1921年出版。这些事实都说明精英人士对民俗的关心，跟地域整合的这一课题密切相关。从胡祖德和秦锡田整理并出版秦荣光所著《上海县竹枝词》（1912年刊行）来看，可以说这些书籍反映了以地域实践主义为基础，以及在新文化运动高涨的气氛之中，持续关心民俗系谱的地方精英对新秩序问题所作出的回应。

利用民间文化的启蒙活动，到底希望形成怎样的秩序呢？秦锡田的弟弟秦锡圭为《沪谚》所作序文，清楚地说明了这个问题。秦锡圭进士及第之后，历翰林院庶吉士，后来出任山西省寿阳县知县。在民初第一次国会议员选举之中，秦锡圭被选为参议院议员，但因为是国民党党员，而被袁世凯取消议员资格。后来他恢复参议院议员资格，反对曹锟贿选，出席广东政府的非常会议，是一贯以国民党立场采取政治行动的人物。[①] 秦锡圭即以这样的身份活跃于国家级政治舞台上，他在上海的活动，也从国家主义立场出发，反对浚浦局租界的扩张。[②]

具有如此鲜明国家意识的秦锡圭，即就《沪谚》的意义明确叙述：[③]

　　　　君惟本先君之训，以为国家之兴衰，视种族之强弱，而尤视

---

① 《仲弟介候行状》，见《享帚录》卷二。与加入同盟会、国民党的秦锡圭相比，秦锡田与姚文楠和唐文治（1856—1954）等共和党人物交往较密。不过，与其说这一关系是由于政治派别缘故，还不如说是由于地方精英网络，笔者认为较为妥当。

② 森田明：《清末民初の江南デルタ水利と帝国主义支配》，收入森田明：《清代水利社会史の研究》，东京，国书刊行会，1990年。

③ 《沪谚序》，见《见斋文稿》。

普通人民知识之高下。顾欲普及教育于我国，幅员之广，户口之繁，即就今日所有小学十倍，其学额犹虞不足。况小学所教者，仅十龄上下之青年，其已习农工商业而逾学龄者，宁可遽捨之耶？于是有《沪谚》之编辑。言近指远，杂以谐语，易引起读者之兴趣，而语为平昔所熟闻，则易认识其文字；复详为注释，使由一隅而反三，尤以道德为指归，非仅供茶前酒后之谈助。且其国者，乡之积也，小学议授乡土志者，凡以动其爱乡之心，引而致于爱国也。以乡人诵乡音，意味弥永，而爱乡之心已油然自生而不自觉，则造就我爱国之大国民，尤斯书之宏旨欤！

文中所谈及的"乡土志"，是指陈行乡编纂以学龄期儿童为对象的乡土教育教科书——《陈行乡土志》。《沪谚》一书跨越学龄期读者，以更广泛的民众为对象而从事社会教育。这一点虽与《陈行乡土志》不同，但考察《沪谚》和《陈行乡土志》所设定的秩序理念特点可看出，两部著作互为表里。即爱乡心和爱国心根本上具有同样的性质，爱乡心的培养有助于爱国。换言之，两部书明确反映了以"乡土"形成的秩序为媒介，建立国家秩序和全体秩序的目标。秦锡圭始终把关注点集中于培养"大国民"的国家统一上，同时认为立足于"乡土"，也是有效的方法之一。

必须注意是，将对乡土和国家的贡献联系起来共同看待，这样的看法和对道德的理解息息相关。经由《沪谚》的引用，民众用平时耳熟能详的俗语和山歌，可以方便地识字，类似的方法也常见于清末启蒙运动和 20 世纪 20 年代发起的识字教育运动之中。值得留心的是在"复详为注释，使由一隅而反三，尤以道德为指归"中，那些关于道德可塑性的见解。亦即推测作为启蒙对象的民众虽无识字能力，但在当地士人"正确"的启蒙引导下，能够发挥各自原有德性而成为"国民"。关于这一点，看一看《沪谚》中胡祖德对自己收集大量俗语所作的注释，就不难理解。对于谚语"想自己，度他人"，胡注释曰"此即恕道，孔子所谓一言而可终身行者也"；谚语"敬人自敬自，薄人自薄自"，附加了"《孟子》：敬人者人恒敬之"之语。关于儒学经典与俗语，虽然胡祖德没有说明是经典内容经过通俗化而变成俗语，还是经典收录了俗语，但是做这类注释的意图，大概是他悟出了经典教养和俗语之间的某些共通性和连续性。对俗语的关心，并不在俗语本身所拥有的民俗学方面的价值，而是自始至终要以其中含有与经典相似的教养为线索，以此发挥民众的"德性"。

　　如此对民俗的认识，可从收录于《沪谚外编》的五更调和摊簧等故事中看到。被收录的部分，后来也发展为《白娘娘报恩》《庵堂相会》《陆雅臣卖娘子》等地方剧的主要剧目。就像胡祖德说"附录山歌等，原为不识字者诱使识字起见，阅者毋徒笑其粗"一样，① 这些故事的艺术和民俗学方面的价值并不被承认，而是将其中因果主题和伦理观念，用来对民众施行教化。②

---

①　《例言》，见《沪谚》。
②　李孝悌前揭书，第 201～221 页。

小结

清末民初地方精英阶层面对地域整合这一课题时，是怎样整合多数民众的？而整合所依据的地域社会观、民俗观，究竟又是什么？本章对这些问题进行了初步考察，着眼于上海县陈行乡精英所留下的"歌谣"，论述他们在竹枝词中吟咏的民俗内容和收集歌谣的意图，并关联到与启蒙运动的关系。

上海县陈行乡的精英埋头于民众启蒙运动，他们假设的秩序理念，与地方自治、乡土教育活动一样，通过对"乡土"的公共诠释，丰富了爱国的意涵。换言之，以"乡土"形成的秩序为媒介，恢复国家秩序和整体秩序。明确反映这种"乡土"秩序理念思想核心的，是由胡祖德所编纂的《沪谚》和《沪谚外编》。这些作品以识字教育为目的，收集民众吟诵的俗语和民间俗曲等各种"歌谣"。另外，笔者认为《沪谚》和《沪谚外编》，虽与乡土教育教科书《陈行乡土志》一样，大致编于20世纪10年代末，却有着更深的意涵。这是因为在新文化运动高涨的情况下，士绅精英阶层埋首于实践"乡土"秩序，对新秩序问题作出了他们独有的回应。

可是，正如秦荣光、秦锡田在竹枝词中所吟咏的那样，地方精英的民俗观是站在促进地域整合的立场上，吸收社会进化论思想，并以传统的民众文化观为依据。在文明—野蛮的坐标轴中，民俗被视为"迷信"，故民俗始终只是他们为了达成理想秩序而改良的对象。他们重视民俗，只是为了用它来充当教化民众的手段，而非发掘民俗学的固有价值。

以上是本章所得出的结论。在新文化运动影响下，本章讨论的地方精英阶层活动和支撑这类活动的地域社会观，是以海外学说为基础，对社会运动面向背后进行的回应。那么，成为新社会运动承担者的知识阶层，他们的活动和背后支撑的社会观又是什么？这一问题将在本书第三部中尝试讨论。

第三编　新文化与市镇社会

第七章　清末民国时期近代教育的引进与市镇社会

——以江苏省吴江县为例

导言

战时曾对江南农村社会进行调查的社会学者福武直，将江南基层社会的整合特质概括为"町村共同体"（即乡镇共同体）。"町村共同体"除了具有市场圈的作用，也同时有通婚、信仰、娱乐等社会圈的性质。本章将着眼于其中的教育圈，分析清末民国时期市镇社会变化的过程，亦即透过市镇与农村间具有的空间性，探讨近代学校如何在地域社会中成立。而在近代学校中产生、成为地域社会"新文化"主要接受者的新式知识分子，又是怎样认识地域社会。再者，厘清近代教育为什么没能渗透到农村之中。

关于清末以来近代学校制度的引进与地域社会间的关系，教育史研究方面已取得了不少成果。[①] 本书所关注的，是清末学校制度及新式知识分子的出现，如何使得滨岛敦俊提出江南社会三层结构产生变化。也就是说，江南社会的三层结构——由乡绅主导的县社会、生员与监生肩负的市镇社会与以富农为中心的"社村"，尽管彼此间有所差异，但从语言与知识等角度来看，仍涵盖在"科举文化"之中。[②] 然而，近代教育制度的引进，却使得这三层结构发生变化，特别表现在市镇与农村对教育的态度上，出现非连续性和分裂的情形，即近代教育在市镇里得到推广，却不为农村所接受。若要阐明农村为何拒绝引进近代教育，有必要从他们如何选择教育方式的问题来把握。[③] 因此，研究乡村私塾为何占有优势，必须得从"社村"对识字能力和知识程度的需求，还有"社村"中人们对生存方式的选择上来考虑。[④] 在意识到江南社会这种阶层性之后，掌握其中的变化过程便成为本章目的之一。

---

① 阿部洋：《中国近代学校史研究：清末における近代学校制度の成立过程》，东京，福村出版，1993；朝仓美香：《清末·民国期乡村における义务教育实施过程に关する研究》，东京，风间书房，2005。

② 滨岛敦俊：《总管信仰：近世江南农村社会と民间信仰》，东京，研文出版，2001；滨岛敦俊：《农村社会：觉书》，收入森正夫编：《明清时代史の基本问题》，东京，汲古书院，1997。

③ 有关此点的提示，参见新保敦子：《中华民国时期における近代学制の地方浸透と私塾：江苏省をめぐって》，收入狭间直树编：《中国国民革命の研究》，京都，京都大学人文科学研究所，1992。

④ 在考虑这项问题时，不仅需要儒家经典的教养，还要检讨精英与民众之间"中间识字阶层"所拥有的手册和历书、初级课本等这类日常实用的识字文化形态。James Hayes, "Specialists and Written Materials in the Village World", in David Johnson, Andrew J. Nathan, Evelyn S. Rawski, eds., *Popular Culture in Late Imperial China.* (Berkeley, California: University of California Press, 1985)；中岛乐章：《村の识字文化：民众文化とエリート文化のあいだ》，《历史评论》第 663 号，2005。

为了分析以上问题，笔者运用江苏省吴江县的地方文献进行分析。这些地方文献大致可分为两类。第一种是有自己主观意志和谋生手段的地方报纸，如于 20 世纪 20 年代初期到中期在县内各市镇发行的《新盛泽》《盛泽》《盛泾》《新黎里》等。这些报纸由受新文化运动影响的知识分子编辑发行，体现了他们对现状的认识与对世界图景的想象。[①] 第二种是有关"社会调查"的史料，像是民国初年《吴江县教育状况》《吴江县及市乡教育状况》等有关教育普及的调查记录。另外，还有一些中华人民共和国成立初期的私塾与私立小学之调查记录，诸如《1950 年各小学私塾概况调查表》等史料。[②] 这些史料有它们特定目的，但一定程度上反映了当时地方社会的状况，因此在对其调查方法进行仔细考证的基础上，对地域社会的分析亦将是可行的。[③]

　　以下第一节，依照教育视察记录，概观初级教育的普及情况，着眼于市镇之间的关系，分析江南农村社会结构的背景。第二节以 20 世

---

　　① 20 世纪 10—20 年代吴江的重要刊物有，《吴江》(苏州档案馆藏)《吴江日报》《新黎里》《新周庄》《盛泽》《盛泾》(以上，上海图书馆藏)《新盛泽》(吴江档案馆藏)。

　　② 《吴江县教育状况：县视学报告》，1913 年铅印本；《民国二年度吴江县教育状况：县视学报告》，1914 年铅字本；《民国三年度吴江县教育状况：县视学报告》，1915 年铅印本；《民国四年度吴江县教育状况：县视学报告》，1916 年铅字本；《民国五年度吴江县教育状况：县视学报告》，1917 年铅字本；《吴江县及市乡教育状况(中华民国元年五月第一次调查)》，全部藏于吴江图书馆。《吴江县及市乡教育状况》的内容有：从县内的初级小学到中学的学生人数、教师人数、班级数、教室数、经营经费等的调查结果；参观几所学校的课堂之后对教课的评价；对学校整体的教学与管理的评价等。《1950 年各小学私塾概况调查表》(1)(2)(收藏于吴江市档案馆、收藏号码是 2023-3-11 和 2023-3-12)。

　　③ 田中比吕志：《清末民初の社会调查と中国地域社会史研究》，《历史评论》第 663 号，2005。

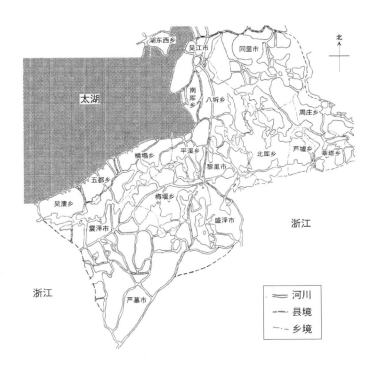

图 7-1　民国初期吴江县境图

纪 20 年代的盛泽镇为例,分析近代学校教育中新知识分子与市镇社会
之间的关系。通过厘清他们推动平民教育背后的文明观,考察新知识
分子出现所带来的镇—乡之间的分裂。第三节从农村教育中极占优势
的私塾切入,根据访问调查与中华人民共和国成立初期的私塾调查内
容,考察近代教育受阻的实际情况及其背景。

第一节　清末民初近代学校设立中的市镇与农村

本节以民初实施的教育调查记录为背景，并以调查记录中初级教育的普及状况，解析市镇与农村关系之特征。①

一、教育调查与近代教育的中坚人物

民初吴江县曾调查县内各级学校的普及状况、运作与教学实态，迄今仍有参考价值。其中有一份名为《吴江县教育状况》的视察报告书，从县视学的角度记载了 1912 年至 1916 年每年的情况。报告书内容包括有关县立、市乡立、私立学校的统计，还有对每个学校经营的评论、报告书、公文书，以及省视学与县知事的视察报告等。② 调查虽以县视学为主体，但由于得到各自治区学务委员和校长的协助，因此也刊登了学务委员的报告。尽管无法检验这些报告的调查方法及其精密度，但它们却记录了近代教育普及程度的相关内容，对于考察市镇与农村的差异来说极其珍贵。本章所用的《市乡教育统计表》中的就学率和评价报告，笔者认为其提供了许多有关近代学校制度对地方社会渗透的情形。

另外，以《吴江县及县市乡教育状况》为名的调查记录，是由县民

---

① 有关清末民国时期的学制概况，参见李华兴：《民国教育史》，上海：上海教育出版社，1997。各时期的学制与学校系统图，参见朝仓美香前揭书，第 312～316 页。

② 各所学校的报告部分，刊载在《吴江公报》各期。

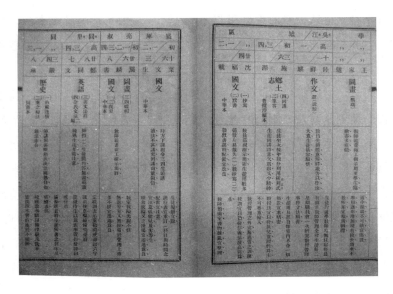

图 7-2 《吴江县教育状况》所载各地学校视察报告书

政署学务课完成。诸多调查项目类似于《吴江县教育状况》，但收录学校和参观的数量却较少。因为这一调查是在中华民国建立后进行的，可说两者基本上是在同样目的下实施的。①

接下来对引进近代教育中坚人物进行考察。他们往往是经营小学校的学务委员或校长。根据过去的实证研究，清末民初负责近代教育的人，通常是一些愿意参与地方公共事务的地方精英，同时又具有科

---

① 《吴江县及市乡教育状况》的内容有：从县内的初级小学到中学的学生人数、教师人数、班级数、教室数、经营经费等的调查结果；参观几所学校的课堂之后对授课的评价；对学校整体教学与管理的评价等。

举资格乃至应试资格的生员和监生。这与被选为乡董、乡议事会议员的人，和积极推动清末地方自治的精英人士，可以说大致上是重叠的。①

再者，初级小学学区的乡一级推动者，大部分是拥有生员或监生资格的地主及商人。他们被选为乡董、乡议事会议员，在地方政治舞台上活动。第三章曾详加分析的上海县陈行乡人士秦锡田，就是明显的例证。虽然他拥有举人资格，也有仕宦经验，在县级和省级的政治舞台上活动，但来自陈行乡及周围地区市镇精英阶层的支持，才使他能够在地方政治与教育界发挥影响力。② 吴江县的情况也是如此。1915 年表彰办学有功之人，吴江县总共选出十四名候选人。从他们的个人经历看，都曾担任乡议事会议员、学务委员等自治职务，或者有创立小学、担任教员等教育界资历。例如，拥有充实梅堰小学、在农村地区设立小学及取缔私塾等功绩而被列为候补人的卫雄，在担任梅堰养正小学校长之后，又历任清末民初时期县参事会议员和梅堰区学务委员。③

现在我们来简单地看一下引进近代教育的目的。县视学周公才根据实地调查，提出了一份有关今后教育行政的长篇意见书。他指出教育的目的在于培养国民，因此建议在实施共和国的道德教育同时，更

---

① 高田幸男：《近代中国地域社会と教育会：无锡教育会の役员构成分析を中心に》，《骏台史学》第 91 号，1994。

② 参见本书第三章、第五章。

③ 《呈请省长奖励办学出力人员册》，见《民国四年度吴江县教育状况》。

应依据县的实际情况，强调"重农重商"。然而他发现，即使是在"风气"比较开放的"市集"之中，设立一所完整的学校，并招募到符合资格的教员，其实非常困难。特别是农村，困难更是无须赘言。[1] 这种培养"国民"的目的，与既有的习俗形成鲜明对比，两者同时存在。1913年末县知事丁祖荫（1871—1930）的各市乡自治实施状况报告书中，在提出劝学作为"治本"之策的同时，也认为要重视维持治安的清乡，禁止鸦片、赌博活动。[2] 某日的视察记录上，他有如下描述：[3]

> 午过梅堰乡，访察舆论。乡民似颇溺于赌风；亲至茶店中，逮捕现行犯陈明生等三名。并将袒庇圩甲，带案拘禁，为惩一儆百计。晤王乡董绍基、学务委员卫雄，调查户口，约有十之七。保卫团十六名，急宜与平区合力，改组警察。房捐不足，以乡经费补助之。初等小学原设一校，本学期添办两校，第一校教室建筑合度。教授亦有精神。惟对于一级习字，不甚注意，尚宜研究单级教法。附近有演剧，欠席生徒至十二名之多。此风亦宜矫正。

---

① 《吴江县教育状况》是一份规划市乡未来教育的意见书。其中指出清末教育还停留在"民族国家"中"国民"的创造上，并没有达到培养主权者的阶段。高田幸男：《辛亥革命期における"国民"の创造：その初步の考察》，《近きに在りて》第39号，2001。

② 丁祖荫是常熟人，拥有生员资格。清末时历任常昭劝学所总董、海虞市自治公所总董，后当选为江苏咨议局议员。辛亥革命后，担任常熟县民政长、同县知事，之后被任为吴江县知事。

③ 《检查市乡自治成绩文：呈省民政长（三年一月）》，见丁祖荫：《松陵文牍》，民国三年铅印本，吴江图书馆藏。

丁祖荫的记录简洁而切中实际,赌博习俗带来"社会堕落",和多数儿童因看戏而缺课的现象,都与培养"国民"和实施自治的目标相互矛盾。①

二、从市乡教育统计表看小学与市镇

接下来笔者将比较市镇与农村,考察近代学校的普及状况。民国年初,初级小学的学区以自治区的 18 个市乡为单位。② 1913 年,县城所在的吴江市(松陵镇)、同里市、盛泽市、黎里市、震泽市,皆设有县立高级小学,而且每个小学都有各自管辖的学区。③ 在县内 5 个市之中,只有严墓市未设县立高等小学,初级中学与乙种师范学校则是设在吴江市。因此可以确知:学校教育的层级呈现出以县城为中心,往市自治区与乡自治区的中心市镇扩散的结构。

首先来看市镇规模和功能如何成为各学区中心的市镇特征。新编《吴江县志》将市镇分为"县属镇(城镇)""乡镇""村镇"3 个类型,其中县属镇称为 7 大镇,即松陵、盛泽、同里、震泽、黎里、平望、芦墟。④ 其中作为县政治文化中心的松陵镇,设有初级中学和乙种师范学校,发挥着县城镇的作用。而盛泽、同里、震泽、黎里各镇则分别

---

① 关于清末改良与"文明"对立的构想,参见吉泽诚一郎:《天津の近代:清末都市における政治文化と社会统合》,名古屋,名古屋大学出版会,2002,补论《风俗の变迁》。

② 关于民国初期的自治区,参见范烟桥:《吴江县乡土志》,1917 年铅印本,上海图书馆藏。另外,民国初年的吴江县是清代的吴江县与震泽县合并而成的。

③ 《本县现有男子学校系统图》,见《民国二年度吴江县教育状况》。

④ 吴江市地方志编纂委员会:《吴江县志》,南京,江苏科学技术出版社,1994,第二卷《集镇》。

设立了县立高等小学。① 这一分类虽出自 1990 年出版的《吴江县志》，但这几个镇在明清时期已成为范金民所称的"地方专业市场"，亦即市场中人口规模达到 1000 户到 10000 户，有非农业人口从事专门性商业活动，且设施完备。樊树志也认为盛泽、同里、震泽、黎里、平望 5 镇专业化特征显著，因此该书的分类大致符合历史情况。②

其次看一下设有初级小学学区的中心市镇。18 个学区除掉上述 7 大镇的 11 个学区后，隶属昆山县的周庄镇成为中心。剩下的 10 个学区之中，北厍、梅堰、铜锣、八坼、横扇、莘塔、吴溇等镇被归类为"乡镇"。湖东西、五都与南厍这 3 区的中心，虽没有被分类为县属镇和"乡镇"，其中前两者成为太湖周边区域的 1 个自治区，而南厍现在则被归为"村镇"。因此可以断定南厍在当时原本具有"乡镇"规模，只是后来衰退到"村镇"的规模。③ 总而言之，县立高级小学是以"县属镇"为据点，而初级小学虽包含一部分的"县属镇"和"村镇"，但可说是以"乡镇"层级的市镇为基准而设。

以下根据《民国二年度吴江县教育状况》的"市乡教育统计表"，分

---

① 1915 年，在芦墟镇设立县立第六高等小学，次年在平望镇设立县立第七高等小学；另外，1915 年在同里与震泽创立县立女子高等小学；芦墟镇志编纂委员会编：《芦墟镇志》，上海，上海市会科学院出版社，2004，卷十二《教育》第二章《小学和幼儿教育》；《吴江县乡土志》第四课《教育》。另外，1914 年除了设立县立高等小学的市镇以外，设立了乡立高等小学的只有莘塔乡。《市乡学校一览表》，见《民国二年度吴江县教育状况》。

② 范烟桥前揭书，第 134～139 页。樊树志前揭书，第 489～525 页。

③ 在宣卷艺人朱火生(1948 年出生)的工作记录中，也是以镇来处理的。朱火生：《生意表》，庚辰年(2000)12 月 18 日之条。《吴江乡土志》第八课《湖东西乡·南厍乡》里记载的南厍镇原本只是一个村落，但清末随着人口增加与商业发达，终于形成市集。

析就学率、小学普及程度、学区等的差异。笔者以"市乡教育统计表"制作了表7-1（见节末），分别列出各学区私立学校数、就学人数、学龄人口、就学人数占学龄人口的比例，以及教育费等，从中可以看出各小学的就学率、教育经费等分配状况。但需要注意因为缺乏史料，导致这样的调查方法并不能得出精准结论。譬如在就学儿童数目上，所登录的人数与实际到校的儿童数目，因为没有明示的基准，导致情况不明。而且因为计算方法不一，市乡之间也有同样的问题。一般认为，造成就学率的决定性要素是经济社会环境，即设立小学的市镇规模、功能、居住市镇的社会阶层结构与人口等要素。以下探讨就学率的市乡差距。首先，吴江市的就学率达 38.4%，超越了其他市乡。要是考虑到吴江市是拥有政治、文化中心地位的县城区，集合了行政官员、大地主、富商、教员、知识分子等阶层的话，这样的结果是很自然的。至于概观其他地区，具有县属镇的市区与乡区有 10%～16% 的就学率，乡区则有 5%～8% 的就学率，那么该如何看待这样的差异呢？20世纪 40 年代的农村调查介绍了以下情况：①

　　在儿童教育中，首先小学是只在于镇或乡的中心聚落的，因此只有附近的农家子弟才能入学。并且镇的小学里，大部分的学生是商家子弟，所以与农村没有什么关系。于是农家并没有积极地让子弟接受小学教育，所以其教育圈是以小学所在地为中心之

① 福武直前揭书，第 234 页。

狭小范围。由农村本身来说，进入这个圈的仅限于一部分村而已。

虽然上述资料来源并非清末民初，却与本章所指的倾向大致相同。也就是说，市镇入学率实际上与居住于市镇，且能让子弟前往小学就读的大地主、富商、知识分子等有所相关。对农村来说，地主、富农阶层的子弟能入读初级小学机会更大，而对于一般农民，这种机会则是非常渺茫，因为初级小学的入学名额有限。

那么，以上所见足以确认初级小学的类型化。这里所谓"类型化"，是指将学区分为五种类型：①县城、②市区（就学率高）、③市区（就学率低）、④乡区（就学率高）、⑤乡区（就学率低）。其中①②⑤的状况已作说明，那么剩下的类型③与类型④又该作何种考虑？属于类型③的有盛泽市（7.4%），它虽然拥有县属镇，就学率却比较低；属于类型④的有莘塔乡（17.5%）、北厍乡（13.6%）等，它们虽然属于乡，但却有着与市区并列的较高的就学率。在表7-1的统计资料里，简洁地记载了视学（一部分为学务委员）的评价，"全区学务大概"，此处可以了解到数字所没有反映的具体情况。① 类型③的盛泽市，则记载："私校较有精神，市校未能统一"，亦即以有势力的子弟为对象的私立学校非常活跃。② 但是从全镇来说，教育内容里有偏差的原因是，与其他地区

---

① 《市乡教育统计表》，见《民国二年度吴江县教育状况》。
② 至于清末以前市镇拥有的教育设施，可举书院为例。清代吴江县的书院设立于盛泽（3处）、黎里、松陵（2处）、同里、平望、芦墟，全都是县属镇。《吴江县志》第二十卷《教育》第一章《旧式教育》。

相比，本地拥有绝对多数的学龄儿童人口。① 另外，清末绸庄、领户与机户之间存有尖锐的对立，小岛淑男曾对此作过解释。② 大量机户和伙友的存在，或许也是导致就学率停滞的因素之一。③ 关于类型④，莘塔乡被评为"市校较有精神，村校合法甚少，办理尚能统一"，可以推测存在强力的推动者，透过整饬镇上小学，努力维持与农村学校的整合，以提高就学率。关于北厍乡，则"市校未见发达。村校难期统一"，也存在着就学率高但评价却低的情况。

表 7-1　《民国二年度吴江县教育状况》市乡教育统计表

区域	学区（1915 年设定时的）	学校数（私立）	就学人数	占学龄人口的比例（%）	学龄人口	教育费（元）	每个学生的平均额
吴江市	第 1 区	6(3)	415(115)	38.4	1081	3253	7.08
南厍乡		2	66(8)	7.2	917	983	14.89
湖东西乡		1	18(5)	1.5	1200	547	30.39
八坼乡		9	286(54)	8.5	3365	4737	16.56

---

① 《署吴江县令周焘为申报各区户口总数事致江苏巡警道暨苏州府呈稿》（见《宣统二年吴江县户籍、人口调查档案选》，1983 年 11 月吴江县档案馆编抄）报告学童人数10134 人，超越其他地区。

② 小岛淑男：《近代中国の农村经济と地主制》，东京，汲古书院，2005，第十一章《辛亥革命期江苏省吴江县盛泽镇の农村经济》。

③ 《考察市乡自治笔记》（见《松陵文牍》）中，从维持治安的观点，记载盛泽镇商民有许多是浙江省籍，其中有一部分不良分子染上鸦片和赌博。徐蓬轩表达了对盛泽的机工既无吸收新知也没有努力改良的担忧。蓬轩：《发展盛泽绸工业的动机》，《新盛泽》第13 号，1923 年 11 月 21 日。

区域	学区 （1915年 设定 时的）	学校数 （私立）	就学人数	占学龄人 口的比例 （%）	学龄人口	教育费 （元）	每个学生 的平均额
同里市	第2区	12(4)	783(218)	11.5	6606	6312	8.06
盛泽市	第3区	11(2)	688(98)	7.4	9297	6858	9.97
黎里市	第4区	8(1)	587(119)	14.2	4134	6306	10.08
震泽市	第5区	15(2)	102(154)	15.8	(6386)	11775	11.67
吴溇乡		7	282(23)	12.4	2274	2942	14.30
周庄乡	第6区	6(2)	205(52)	10.1	2030	1033	5.04
卢墟乡		8(2)	372(113)	11.2	3321	2713	7.18
莘塔乡		7	239(28)	17.5	1366	2772	11.51
北厍乡		6(1)	194(13)	13.6	1426	1865	8.16
严墓市	第7区	9	412(58)	4.9	8408	5721	13.89
平溪乡	第8区	8	258(45)	11.7	2205	3511	13.61
梅堰乡		3	79(8)	5.2	1519	2195	27.78
横扇乡		6	165(9)	5.8	2844	1938	11.75
五都乡		4	115(12)	6.7	2463	1567	13.63

资料来源：《市乡教育统计表》，见《民国二年度吴江县教育状况》。

注：学龄人口是依据各个信息计算的。震泽市的就学人数可能有误。

区域	全区教育事务概况
吴江市	设置最当。建筑独多。办理均有精神。平均较为合算
南厍乡	市校无甚进步。村校难期发达
湖东西乡	开办最迟。校数只一。人数亦未发达
八坼乡	设置亦当。全区主张实用主义。办理尤当。委员报告披露
同里市	私校独盛。成绩较优。市校办理尚可。全区未能统一
盛泽市	私校较有精神。市校未能统一。委员报告披露
黎里市	设置亦当。村市平均发达。办理均能统一。委员报告披露
震泽市	人数独多。进步甚速。私校精神卓著。市校优劣参半。办理亦未统一
吴溇乡	市村一致，办理优多劣少。全区未能统一
周庄乡	用费甚省。设置亦当。办理尚能统一。私校成绩较优
卢墟乡	用费亦省。市校稍有进步。人数亦发达。全区未能统一
莘塔乡	用费最短。市校较有精神。村校合法甚少。办理尚能统一
北厍乡	市校未见发达。村校难期统一
严墓市	设置尚当。建筑亦具。市校办理较合。村校未能统一
平溪乡	人才缺乏。市校无甚进步。村校合法甚少。统一难期
梅堰乡	人才虽少，借材异地，办理尚能统一。建筑亦多
横扇乡	村校用费西边最短。办理较五都稍胜。全区亦未统一
五都乡	风气闭塞。私塾林立，村校多不合法。办理亦未统一

资料来源：《市乡教育统计表》，见《民国二年度吴江县教育状况》。

第二节　20 世纪 20 年代的平民教育与市镇社会——以盛泽镇为中心

一、平民教育运动的中坚人物

本节将根据 20 世纪 20 年代地方报纸的发行人、主要执笔者的经历，分析他们推动平民教育的背景，以及所依据的文明观。

（一）新南社

表 7-2 是 20 世纪 20 年代吴江县发行的报纸和杂志之中，可以找到的现存刊物一览表。[①] 其中，很早便受关注是以柳亚子、陈去病为中心所组成的南社，以及柳亚子在 20 世纪 20 年代历经内讧、分裂后组成的新南社。以往研究对于他们身为"爱国民族主义者"，乃至国民革命前夕的"新文化"推动者，曾给予很高的评价。[②]

---

①　关于在吴江县发行的报纸、杂志，见 YT：《四年来百里内定期出版部的年表》，《新黎里》第 22 号，1924 年 4 月 1 日；及《吴江县志》第二十一卷，第七章《新闻》。

②　杨天石、刘彦成：《南社》，北京，中华书局，1980。陈伯海、袁进编：《上海近代文学史》，第 180～200 页，上海，上海人民出版社，1993。小田前揭书，第 235～236 页。

表 7-2　吴江及其周边市镇所发行的新闻报纸（现所存有）

新闻名称	发行地	发刊时期	发行者与主要执笔者	备注
新周庄	周庄镇（吴县）	1922/10/10	朱翊新、唐庐锋、陈戢人、陶惟坻	前身是 1921 年 9 月 6 日创刊的《蚬江声》。1924 年 4 月 1 日停刊
卢墟	卢墟镇	1922/10/15	许侯康	第 10 号发行后停刊
盛泽	盛泽	1922/10/18	徐因时、吕君豪	第 95 期是《盛泾》与《盛报》的联合发行。1927 年 1 月 23 日停刊
新黎里	黎里镇	1923/4/1	柳亚子、毛啸岑	1926 年 2 月 1 日停刊
新盛泽	盛泽	1923/7/26	徐蓬轩、徐蔚南、汪光祖	1927 年 1 月 21 日停刊
盛泾	盛泽	1923/10/10	丁趾祥、程良称、沈复镜	盛泽与王江泾镇人士联合发行。1926 年 1 月 1 日停刊
励进	松陵镇	1923/11/10	吴江中学励进级级友会	
新平望	平望镇	1925/8/1	黄戊宫、陆剑飞	
新同里	同里镇	1925/10/10	同里教育界	
寅报	盛泽镇	1926/1/1	丁趾祥、徐小石	

资料来源：从拙稿《地方新闻が描く地域社会、描かない地域社会——1920 年代、吴江县下の市镇の新闻と新南社》转载。姓名的下划线表示新南社社员。

新南社时期，支持柳亚子的是一群激进的知识分子。如毛啸岑（1900—1976），既协助柳亚子，又是《新黎里》副主编，还担任了县立第四高级小学的校长。① 《新盛泽》的发行人徐蓬轩（1892—1961）与其徒弟徐蔚南（1900—1952），也是新南社社员；他们一面与《新黎里》进行频繁地交流，一面发表许多具有独立观点的报道。徐蓬轩从龙门师范毕业之后，在绍兴第五中学、上海稗文女子中学等处任教；徐蔚南则在震旦学院求学，后以官费留学日本，并曾在复旦实验中学、浙江大学等处教书。② 在《新盛泽》上发表许多文章的汪光祖（？—1928），虽然是位医生，但他组织盛泽平民教育促进会，主导盛泽的识字运动和组织通俗演讲团。③ 相比起来，引进近代教育的推动者往往出自科举群体，他们既具有科举功名，又担任地方公共事务。而新南社的这群人，可说是由清末以来的近代教育而诞生，具有新知识分子的特征。④

新知识分子阶层与以往的士绅阶层并不重叠，因此在《新黎里》《新盛泽》上的言论活动，有其自身的特性。他们论点涉及许多课题，其中一些还成为特刊号的主题——如地方自治、劳动问题、体育、婚姻问题等，均被视为当务之急。⑤

---

① 吴江县黎里镇镇志编纂委员会编：《黎里镇志》，南京，江苏教育出版社，1991，卷十一《人物》。

② 《盛泽镇志》第十五卷《人物》、第一章，《人物传》：第二章《人物录》。

③ 《盛泽镇志》第十五卷《人物》。

④ 关于此点，参见佐藤仁史：《地方新闻が描く地域社会、描かない地域社会：1920 年代、吴江县下の市镇の新闻と新南社》，《历史评论》第 663 号，2005。

⑤ 《新盛泽》第 7 号（1923 年 9 月 21 日）为"市自治号"和"体育号"。

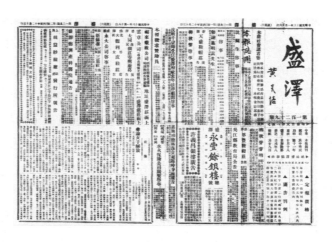

图 7-3 《盛泽》

　　而与本章有关的，可举出以下两点。第一，在清末以来的地方社会，为了对抗处于主导地位的士绅阶层，实现真正自治，新知识分子阶层曾与之进行过激烈的讨论。例如，徐蔚南有如下的描述：[1]

　　　　市民既放弃了自己的责任，于是一般所谓知识阶级的少数人，暗中把市权袭取了，俨然代表了地方上的办事人员。他们假设都是"出类拔群"的人才，尚且还不能光大盛泽镇；何况他们只知道争权夺利，社会事业毫不一顾呢？我称他们为"办事的闲人"，确是"名副其实"。

　　　　诸君！改革盛泽的责任是落在盛泽全体市民肩上的！你们应

---

① 　徐蔚南：《今后盛泽市民应有的觉悟》，《新盛泽》第 1 号，1923 年 7 月 16 日。

觉悟这层责任的重大，不要再轻轻放弃。

　　至于着手改革的第一步，我以为须由各业举出若干有职业的人（最好商人自己），组织一市民公社，努力革新市政，发起识字运动，提倡平民教育。

为了对抗垄断市政的士绅阶层的"绅治"，工商业者组织市民公社，提出推动"民治"。第二，认识到自己真正的立足点之后，他们积极倡导识字教育、举办宣讲会，以及推进开设公共阅报室、公共图书馆等平民教育项目，[①] 由此可看到 20 世纪 20 年代地方社会新开展的教育特征。

1925 年前后开始，他们以介绍三民主义为主，近于国民党左派的政治主张。结果是国民革命时期被孙传芳和国民党右派通缉，柳亚子和毛啸岑等人离开吴江避难，之后与徐蔚南一起以上海通史馆为主要的活动据点。[②]

（二）三高校友会与盛泽镇社会

以上着眼于新南社，分析了 20 世纪 20 年代平民运动中的中坚人物，下面将从其他角度探讨这一群体的特征。除了《新盛泽》外，盛泽

---

　　① 《黎里市民公社一年来底经过及今后底希望》，《新盛泽》第 7 号。有关"民治"的推动与"绅治"对立的文章，有《民治与绅治》，《新盛泽》第 6 号，1923 年 9 月 11 日。
　　② 柳无忌编：《柳亚子年谱》，北京，社会科学出版社，1983，1926 以及 1927 年之条。《盛泽》和《盛泾》的主要人物均任中国国民党区党部发起人。南京国民政府时期，柳亚子的激进派立场愈发鲜明，仍在盛泽镇的行政及党分部担任重要地位。参见表 7-3.

镇还有《盛泽》《盛泾》两种报纸发行(参见表 7-3)。这两种报纸虽然没有看到像《新黎里》《新盛泽》那样激进的政治主张,但由于主要发行目的是为了推动平民教育,因此登载许多启蒙的报道。

关于《盛泾》,有必要进行若干说明。该报由盛泽镇与浙江省秀水县王江泾镇的人士共同发行,因此各冠以两地名中的一字。发行人与许多主要执笔者以盛泽镇为基地进行活动,但因为他们在地方县政中并没有相当程度的影响力,因此可以追踪到的经历较为详细的参与者,只有汪光祖、丁趾祥(1904—?)、程良偁(1898—1933)三人而已(见表 7-3)。①

表 7-3   盛泽镇报纸发行者的社会关系

新闻名称	姓名	新南社	三高校友	中国国民党成立时	南京政府时期
盛泽	徐因时		○	区党部发起人、执行委员	区长
	吕君豪		○	区党部发起人	区长、第 3 区分部执行委员
新盛泽	徐蓬轩	○		参加	上海通志馆
	徐蔚南	○	○	区党部发起人	上海通志馆
	汪光祖	○		区党部发起人、执行委员、县党部委员	

---

①　程良偁毕业于县立第三高等小学校的前身盛湖公学,后来执教于第三高等小学校,是位典型的镇级知识分子。1924 年通过柳亚子的介绍加入中国国民党。《程良偁先生追悼录》,1934 年铅印本,吴江图书馆收藏。

新闻名称	姓名	新南社	三高校友	中国国民党成立时	南京政府时期
盛泾	丁趾祥				盛泽商会会长、区公所助理员
	程良偶		○	区党部发起人	
	沈复镜	○	○	区党部发起人、执行委员	区分部小组长
	徐少方		○		
	洪和铃		○	区党部发起人	第3区分部书记

资料来源:《吴江县志》第十五卷《政党社团》;《盛泽镇志》第四卷《党群》第十五卷《人物》。

综观两种报纸的片断报道,可以得悉他们都是三高校友会的成员。"三高"是县立第三高级小学的略称。它源自于光绪二十七年(1901),最早在盛泽镇成立的新式学校郑氏小学,历经盛湖公学后,1913年随县全体学区的制定而改称为县立第三高等小学。盛泽公学时期的学生人数有400多名;1931年改称吴江县立盛泽小学之际,学生人数规模达至将近1000名。县立第三高级小学和私立盛泽绸业小学一样,是盛泽镇学校教育的中心。①

那么,我们来看一下三高校友会的成员。1923年6月20日,在该校创设20周年纪念塔的落成纪念典礼上召开了校友会,其中可以确定

---

① 《盛泽镇志》第十一卷《教育》第二章《普通教育》。

的与会者有 21 名：①

　　　　王友珊、王禹门、王晋义、王畴民、朱仁鳌、朱乐余、仲振
　　声、吕君豪、洪和铃、洪兆银、徐因时、徐少方、沈轶千、沈可
　　庄、沈复镜、李纯康、李勇青、程良偶、顾公权、陆健初、杨
　　荣明

标有下划线的 7 位为《盛泽》《盛泾》的相关人士。典礼的临时主席由程
良偶担任，在新加上的 6 名筹备委员之中，还包括沈复镜与吕君豪。
由此可见，这些《盛泽》《盛泾》的相关人士，是校友会主导者。如前所
述，清末民初时期初级小学的入学率极其有限，有可能让其子弟进入
县立第三高级小学就读的人，局限于居住在镇上的大地主、绸庄与领
头的富裕工商业者、知识分子阶层。因此可以说，盛泽镇的精英阶层，
主要来自于那些毕业生。

　　接下来探讨盛泽镇的精英阶层中，三高校友的地位。首先，来看
这些知识分子在盛泽教育界的地位。1924 年 4 月，绸业小学举行了第
三区教育会会长、副会长、评议员、干事等成员的改选：②

　　　　正会长：唐诵青　　副会长：陈次青
　　　　评议员：金梦良、沈可庄、姚俊先、张定夫、潘伯兼、武左

---

① 《三高校友会开会》，《盛泽》第 48 期，1923 年 7 月 2 日。
② 《区教育会改选职员》，《盛泽》第 84 期，1924 年 5 月 8 日。盛泽市随着 1915 年
的学区改编，成为第 3 学区。

青、洪和铃、沈复镜、李伯华、胡彬甫、沈君谟

      干事员：王畴民、徐因时、陈印千、吕君豪、汪光祖、陆健初、施彦瑜、李臻伯

将三高校友会会员与此相对照，可确定其中与《盛泽》《盛泾》相关人士的有洪和铃、沈复镜、徐因时、吕君豪4人，汪光祖先前就已确定。另外被选出的2人——沈可庄、陆健初，虽无关于《盛泽》《盛泾》，却也是校友会成员。因此可以想见，《盛泽》《盛泾》的中心成员与三高校友会中的骨干，在教育会中皆为主导成员。

    以下通过盛泽市议事会的成员与活动，探讨三高校友会与地方政治的关系。1923年，在恢复地方自治制度后的盛泽市议事会议员中，选出了议长金梦良、副议长沈可庄、议员姚俊先、张定夫、朱兰生、陈辰荪、沈亮叔、张质彬、王耘渠、叶冠五、吴景先等人，接着在第二年4月，又补选了5名缺额。① 其中，三高校友会成员有：任副议长后改任议长的沈可庄，在补选中选出的沈震东（后为副议长）、沈邦先及洪鸣韶。而金梦良、沈可庄、姚俊先、张定夫4人亦是区教育会的主要职员。《盛泽》《盛泾》在三高校友会友谊会中，以推动补选议员的方式，来扩大在市政中的影响力。② 1923年的市议会秋季常会中，吕君豪通过议员的介绍，提出"请议取缔街市浮摊案""请议设立南大街清道会案"，徐因时则提出"设立公共阅报社案"，由此可见他们是以校友

---

① 《盛泽镇志》第三卷《政权司法》第二章《议事会·人民代表大会》。
② 《市议会秋季常会纪事（二）》，《盛泽》第63期，1923年10月15日。

会为背景进行活动的。[1]

最后，简单触及报纸与商业团体的关系。从《盛泾》的发行人丁趾祥这一案例，可以清楚知道《盛泽》与商业团体的关系。丁氏继承父业，经营绸庄和绸厂，20世纪20年代被选为盛泽市议事会议员。南京国民政府时期，他先后担任盛泽区公所助理员、盛泽商会会长，抗日战争后成为吴江县参事会议长，是商界的一位大人物。[2] 由此也可推测《盛泾》发行的背景中，丁趾祥利用他在实业界的力量，获得资金方面的支持。

总的来说，《盛泽》《盛泾》的核心成员是出身盛泽镇精英阶层的三高毕业生，他们之中的多数又以教育界活动为立足点。三高校友会的校友之中，也有担任盛泽市议事会要职的人物，《盛泽》《盛泾》试图通过他们向市政反映民意。然而，《盛泽》《盛泾》却没有参与主导议事会的士绅与商人一类人物，因此可以说，《盛泽》《盛泾》集结了清末以来引进近代教育所产生的新式知识阶层。

二、平民教育与"文明"

（一）平民教育在盛泽镇的背景

平民教育运动在盛泽镇高涨，与20世纪20年代吴江县恢复地方自治有密不可分的关系。清末开始实施的地方自治，经过1914年被袁

---

① 《三高校友会开友谊会》，《盛泽》第84期。
② 《盛泽镇志》第十五卷《人物》第二章《人物录》。

世凯停止，到1923年才重新恢复，吴江县的议事会也随而召开。① 在地方自治的热潮下，其实行方法、主体、内容等话题，陆续于各地方报刊上引发讨论。其中焦点之一，是市民公社的推动。市民公社发源于清末苏州，20世纪20年代在吴江县和常熟县的市乡也陆续成立，当时被视为表达了地方自治意识，获得正面的评价。②

此处从教育进展及其带来空间意识的转变，看看市民公社所努力的方向。就任黎里市市民公社社长的殷佩六(1881－1941)，即将今后必须推动的事业，概括八个项目：①议决后尚未实施的事项，一律实施；②与区教育会一起组织通俗演讲团；③设立通俗教育馆；④设立公共体育场；⑤继续办阅报社；⑥修筑街道；⑦与市公所合作，设置市内街灯；⑧设立公共娱乐场。③ 从中可以看出，市镇成为设立基础设施，推展"文明化"对象的同时，通俗演讲团、通俗教育馆、阅报社也被视为广义的"教育装置"，目的在于推进"文明化"。

此外，如同成立公共体育馆和公共娱乐场那样，市镇空间的"文明化"亦可说是以市民身体"文明化"为目标。譬如，地方报纸经常刊登有关女性解放的言论。有一篇论说把女性当作"国民之母"，并主张："提倡女子的体育，不仅是女子本身的问题，还是将来人种的一个大问题"，明示设立公共体育场实现"文明化"。④ 与本章一样，朱小田通过

① 《吴江县志》第十六卷《政务》第二章《人物录》。
② 关于清末苏州的市民公社，见朱英：《辛亥革命时期新式商人社团研究》，北京：中国人民大学出版社，1991年，有详细的论述。关于20世纪20年代吴江和常熟的市民公社，参见小田前揭书，第230～234页。
③ 《黎里市民公社一年来底经过希望》，《新盛泽》第7号。
④ 杨伍：《提倡女子体育的必要》，《新盛泽》第16号，1923年12月21日。

吴江县报纸的新闻指出，当时在劳动问题方面，"公余问题"即怎么度过余暇，成为讨论的焦点。设立公共娱乐场所是为了促进人们度过"文明"的余暇时间，意味着市镇空间和身体"文明化"有其密不可分的关系（详见本书第八章）。①

盛泽镇平民教育的主体是盛泽平民教育促进会，由汪光祖担任会长。② 汪光祖是位相当活跃的人物；他一面担任区教育会的干事员，一面又在盛泽镇创设牛痘馆，致力于识字运动等教育事业。同时，他还与新南社社员柳亚子的人脉圈有关，在《新盛泽》《盛泽》《盛泾》等报纸上发表过有关公众卫生和平民教育的启蒙文章。就政治立场来说，1924 年汪氏任国民党县党部委员，与柳亚子一同坚持国民党左派的立场，在北伐军北上之际曾担任先导。③ 至于盛泽平民教育促进会，是

---

① 小田前揭书，第 256～261 页。豪君：《亟须组织娱乐场之吾见》，《盛泽》第 46 期，1923 年 6 月 18 日，也在"文明"度假方式的关联下，主张设置公共娱乐场。

② 小林善文阐明了盛泽平民教育促进会活动的开始时期，正是晏阳初在嘉兴试办幻灯教学法之时，且平民教育促进会总会与黄炎培的中华职业教育社有着合作关系。小林善文：《中国近代教育の普及と改革に関する研究》，第 364～400 页，东京，汲古书院，2002。若从类似的教育方法与《盛泽》中的黄炎培的题字来看，可以推测盛泽平民教育促进会也受到与晏阳初和黄炎培有关的人际关系影响。同时，《新盛泽》的言论，由表 7-3 可知，受到以柳亚子为中心的中国国民党江苏省党部的影响。换言之，若从本书关心的近代教育影响范围与社会阶层的变化来思考，以下两点是至关重要的。第一，无论是与晏阳初和黄炎培有关的人物也好，还是与柳亚子有关也好，都是受到外部——特别是上海的影响。第二，在地域社会中，实际上运动的前线是像盛泽那样的大镇，而三高校友会出身的地方知识分子则成为运动的中坚人物。另外，关于清末民初的通俗教育会的组织，关于其在大城市活动的研究有上田孝典：《近代中国における"通俗教育"：伍达と"中华通俗教育会"の活动を中心に》，《日本社会教育学会纪要》第 38 期，2002；户部健：《中华民国北京政府期における通俗教育会：天津社会教育办事处の活动を中心に》，《史学杂志》，第 113 编第 2 号，2004。有关五四运动时期的平民教育运动，参见小林善文前揭书，第 321～363 页。

③ 《盛泽镇志》第十五卷《人物》第二章《人物录》。

由通俗演讲部、识字运动部、商读函授部三个单位所构成。商读函授部后来改组为商读学校；而主持商读学校除汪光祖外，还有吕君豪和徐少方，因此盛泽平民教育促进会的活动，依靠的是三高校友会和区教育会的合作。

然而，从市镇社会变迁的角度，思考当时提倡平民教育的必要性，有必要来看看汪光祖的谈话：①

> 普及教育要想靠国民学校、义务学校，是万万办不到的，何以故呢？第一，因为国民学校、义务学校的教室，只能容极少数的人。第二，学堂的地址，是固定的，读书的人有感不便了。第三，平民没有整天的时间来学习种种的课程。普及教育需要的条件，是要时间经济，是要能够随时随地的传布。能够满足这两种目的，只有识字运动！

具体的方法为：夜间利用幻灯机放映"千字课"、在墙上贴大字报、在工作场所里挂上字牌、发布收录常用汉字的小册子等。然而，非精英阶层对待教育的态度又是怎样的呢？诚如上述，市镇和大规模村落里所设立的国民学校，能够容纳的儿童人数相当有限。如果从民初时期7.4％的小学入学率来考虑的话，大多数儿童应该在工作而没有上学。例如，绸庄与领户的伙友，他们跟着东家在茶馆里听说书、沉迷鸦片、

---

① 汪光祖：《识字运动》，《新盛泽》第 4 号，1923 年 8 月 21 日。

饮酒与赌博，而"不管他们的智识道德怎样，将来的地位生计怎样，娱乐的正当不正当，空间的有益无益，统统置之度外"。汪光祖在文章中表达了对此种情况的忧心。[①] 他指出，那些支撑盛泽镇丝织业的机工、机户，将会因为海外制品与外地工人的竞争，生活变得更加困难；在这个"优胜劣败"的世界里，知识的缺乏将危及生存，因此必须要提倡平民教育。[②]

接着探讨一下平民教育所面临的问题。其中，最大问题在于经费不足。由于无法获得稳定的常设活动经费，经由演剧或上映电影，从中获取门票收入，成为他们固定的经费来源。但是，当演出费用已经耗费过半之际，平民教育却没有得到任何利益。[③] 即使是活动现场，也存在许多问题，如识字运动所使用的走马灯，便常常出现电力不足，以致不得不中止活动。[④] 所以不容忽视的事实是：推动者的理想、制度和基础设施之间存在着很大的差距。此外，有人在镇的墙上书写诽谤电影募金活动的"俚鄙文"，后来也在《盛泽》上报道。[⑤] 这件事反映出：教育界人士和学生们为救国所进行的活动，在一般市镇居民看来，其实是件"奇异"的活动。

① 汪光祖：《对于绸领业的智识问题的我见》，《盛泽》第 48 期。
② 蓬轩：《发展盛泽绸工业的动机》，《新盛泽》第 13 号，1923 年 11 月 21 日。
③ 访明：《演戏筹款》，《盛泽》第 68 期，1923 年 11 月 19 日。
④ 《识字运动暂停教授》，《盛泽》第 70 期，1923 年 12 月 3 日。
⑤ 因时：《平民教育》，《盛泽》第 55 期，1923 年 8 月 20 日。

（二）平民教育与"民俗"

如前所述，市民公社为首的地方自治团体，以推动市镇空间和市民身体的"文明化"为志向，但从中却发现了"非文明"的存在。[1] 下面通过推动者们对民俗观的检讨，分析平民教育的内容。发表于《新盛泽》的有关通俗教育实行方法的文章里，陈述了平民教育的直接功能在于社会改良，间接作用则在补充学校教育与家庭教育。而在经费少的情况下想要获得效果，最好的办法莫过于进行通俗演讲：[2]

> 我说乡镇的茶馆里，和许多人多地方，统统是实地去通俗演讲的好场所。讲的前面，也应该调查调查一地方的社会情形，和风俗习惯。选的材料、说得口气，要来得通俗。总归要配社会上的人胃口。讲完了唱一出歌曲，鼓舞听众的兴味。那么下次去讲，他们一定更加欢迎了。

利用脍炙人口的歌谣对现场民众发表演讲，早在清末启蒙运动时已能看到，[3] 而《新盛泽》上登载好几首像是五更调、小热昏之类在苏州一

---

① 徐少方在《盛泾》发刊宣言中指出，在世界优胜劣败之时，为了不陷入"天演淘汰"，有必要以地域社会的"文明化"为目标，改革社会弊端，发挥美德，从事平民教育。少方：《发刊宣言》，《盛泾》创刊号，1923 年 10 月 10 日。

② 杨锡类：《最轻便的几种通俗教育事业》，《新盛泽》第 39 号，1924 年 9 月 1 日。

③ 李孝悌分析了清末启蒙运动中对戏剧与歌谣的利用。李孝悌：《清末的下层社会启蒙运动 1901－1911》，第五章《戏曲》，台北："中央研究院"近代史研究所，1992。

带非常受欢迎的小调歌谣，其中便有一些通俗演讲的内容，是为了实际利用的方便而作。[①] 在进行平民教育活动的同时，许多方法是按照当地风俗习惯，以民间文化为手段，而清末以来提高民众识字能力最引人关注的方法，即是戏剧。戏剧所拥有的影响力，吕君豪有如下描述：[②]

> 吾镇风俗的窳败，到现在也算达于极点了。挽救的方法，不止一种。而改良戏剧，也非常重要。为什么呢。因为社会上的人，中下级究居多数。他们不能一概受报纸和书籍的陶冶。惟有戏剧，却浅显明白，有声有色，容易使他们懂得。譬如这戏剧内容，的确是可惊可愕可歌可泣。看的人他就不期然而然的惊、愕、歌、泣起来。……
>
> 所以我希望编剧者和演剧者，总要禀着良心，向有益的一面做去。不要为着一部分看客的心理，去编排、搬演那不良的戏剧，破坏风俗，贻害社会。

这个意见是在运用戏剧宣传启蒙思想的背景下提出的，其中明确地表现出清末民初知识分子意欲广泛利用民间文化，推动社会改良的基本构想。也就是说，民间文化分为两种，一种是可用来维持风俗和改良社会的，另一种则是无用的。将有用的用于平民教育，无用的则成为

---

① 《改良通俗小调夏天卫生歌（仿知心客）》，《新盛泽》第 30 号，1924 年 6 月 1 日。
② 君豪：《戏剧与风俗》，《盛泽》第 42 期，1924 年 5 月 21 日。

改造对象，这样就具有双重意义。因此，对民间文化的关心，并非基于对民俗学的关心，而是始终将其作为一种改造手段，只着眼于它的有用性，至于无用的"迷信"则予以排除。例如，庙会和民间信仰屡屡成为讨论的对象。下面一则是盛泽镇的蚕皇殿为了祈求国内和平施行打醮的报道：①

> 但是爱国自有爱国的方法，爱国自有爱国的正理。仅仅烧些纸锭，诵些经忏，便要使国家和平，那是绝对办不到的事。并且崇拜神权，究属是迷信举动，早应归于淘汰了。所以拿严格的眼光来观察这种"伤财废事"和影响社会趋于迷信的打醮拜忏，非但不是爱国，简直是误国呢。

在此将民俗里的迷信要素，作为必须克服、改造的对象，认为真正的爱国与"迷信"是彼此对立的，主张应当去除"迷信"以表达爱国。除了作为手段的民俗和作为迷信的民俗等两种方式之外，新南社的青年知识分子将民众视为政治主体的过程中，还从插秧歌、竹枝词等民众文学与庙会的艺术形式里，发掘出积极意义。当然，他们并没有肯定"迷信"，也可以看到当时民俗的双重含义。②

20 世纪 20 年代以盛泽镇为首的吴江县市镇的平民教育运动，虽与盛泽群育馆、南京政府时期民众教育馆有一定的渊源，但其效果却

---

① 长素女士：《蚕皇殿打醮》，《盛泾》第 3 号，1923 年 10 月 20 日。
② 蘧轩：《民众文学》，《新盛泽》第 37 号，1924 年 8 月 11 日。

只能在大规模的镇上看到，小规模的镇上几乎毫无影响。[①] 在这种意义上，近代教育通过"文明化"所能到达的范围，无法波及农村，因此农村教育和农民的教育观，有必要重新讨论。

第三节 从私塾看清末民国时期的农村教育

一、民国时期的私塾改良

这一节将改变视角，从农村论述清末民国时期的教育圈问题。新保敦子曾以江苏省无锡县为例，指出民国时期近代教育和以私塾为中心的传统教育之间的并存关系。[②] 那么接下来，笔者将依据此一先行研究，了解一下吴江县的状况。

在普及学校教育的过程中，吴江县私塾存在的问题曾获重视，在民初的考察记录里有所反映。比如《吴江县及市乡教育情况》中，说有两所私塾采用商务印书馆有关初级小学的修身、国文、算术、英语教科书，其他传统私塾则"均用三字经、千字文、四子书为课本。劝令改良，皆云：须俟下学期，姑注之以观其后"。[③] 由此可知，当时吴江县人已体认到私塾与塾师改良的必要性，但由于专注于普及新式学校，并未得到充分地实施。

---

① 《盛泽镇志》十一卷《教育》第四章《成人教育》。福武直前揭书，第 210~211 页。
② 新保敦子前揭文。
③ 《参观各区私塾情形》《学务状况》，见《吴江县及市乡教育情况》。

进入 20 世纪 20 年代，平民教育的推动者也开始注意私塾与塾师的改良，并且讲求对策。1924 年 8 月 1 日召开的第三学区教育会常会中，身为《盛泾》编辑之一、区教育会评议员的沈复镜，提议对私塾展开调查。根据沈的说法，盛泽市尽管私塾林立，对有关私塾数目与学生人数却无统计，因此调查乃当务之急，而且这是早就已经有决定的。在常会上，又根据先前的决定，确定了由干事员负责各调查项目，包括：①私塾所在地、②塾师姓名、③塾师经历、④学生人数、⑤学生年龄、⑥教材。① 这次调查的实施情形并不明确，但据其后的状况可以断定，并没有依据结果采取根本的对策。

　　与此同时，也开始在行政方面对私塾进行了改良。1915 年江苏巡按使公署颁布了"整理私塾规程"，规定只有经地方行政长官考试合格的塾师，才能获准执掌教鞭。② 而在中华人民共和国成立不久后的私塾调查之中，发现一位由督学发给许可证的塾师吴达生，曾毕业于江苏省塾师传习所，结果执教于黎里区西杨小学。③ 但这是调查的约 160 所私塾中的唯一案例，可见改良私塾并无充分成效。这种情况直到南京国民政府时期，大致没有什么改变。1937 年 6 月 1 日，教育部公布"改良私塾办法"，规定所有私塾都要进行登记，且必须采用教育部审查的教科书，以便使课程正规化，还开设了塾师训练班。江苏省依此

---

① 《区教育会常会记事（盛泽）》，《盛泾》第 40 号，1924 年 8 月 15 日。
② 《吴江县志》第二十卷《教育》第一章《旧式教育》第三节《私塾》。
③ 《西杨小学》，见《1950 年各小学私塾概况调查票（1）》。

制定了"江苏省管理私塾实施办法"与"江苏省各县私塾改进及取缔简则"。① 其后由于日本军队的占领，许多小学不得不被迫停课，于是私塾又开始兴盛起来。《吴江县志》评论这一现象，说："一些有识之士为抵制日伪奴化教育，也办起了私塾。"②

以上可见，近代教育制度引进后，知识分子开始把私塾当成改良或取缔的对象，虽然历经教育人士和行政部门多方努力，可是私塾始终在民国时期一直存在着。主要问题在于：近代教育对个人社会地位的提升带来了何种改变？在不同的生存选择之中，有必要考察在农村里一直被认为是重要选项之一的私塾。福武直根据自己的实地调查，提到"农民对教育漠不关心的态度"，即"中农以上阶层从就学方便的角度出发，给予儿女接受教育的机会，但贫农完全没有这种余裕，儿女们幼小时就依赖其做一些补助性的劳动"，而这种教育态度与社会阶层有一定的关联。③ 此处虽不能进行全面的检讨，但通过笔者所做的访问调查，可以厘清私塾对于农民与农村的意义。

二、私塾在农民中的位置

在此利用笔者从 2004 年 8 月以来对吴江县农村进行的访查结果，

---

① 吴寄萍编：《改良私塾》，第 115～119、第 124～133 页，广州，中华书局，1937。
② 《吴江县志》第二十卷《教育》第一章《旧式教育》第三节《私塾》。
③ 福武直前揭书，233 页。

来作进一步探讨。① 首先分析北厍镇大长港大长浜的浦志澄（1930 年出生）的例子。② 浦氏有一位长工父亲，中华人民共和国成立前为长工，中华人民共和国成立后被归类为贫农。1950 年浦参加土地改革，担任村内土地改革工作组组长和农会大组长，1962 年开始担任红星大队书记。身为农村最下层的长工，他从 7 岁到 13 岁，在大长浜上过两间私塾，学习了《论语》和《孟子》，读了一半的《幼学》。之后则成为长工，跟随邻近的商店店主到上海从事行商 2 年。尽管在村里，浦氏处于社会最底层，但却可以上私塾读书，这是因为他在童年时高资质的表现而得到家族的支持。在大长浜地区，还有其他的男性老人或多或少，都拥有私塾学习的经历。③

对农民而言，私塾教育与他们的谋生策略关系很深。就像浦志澄在上海行商的工作一样，识字能力对于商业活动和学徒学习是不可或缺的，比如吴江市农村中著名的宣卷艺人——金家坝镇杨坟头村的胡畹峰（1924 年出生），④ 便是例证。胡自 7 岁以后，7 年间总共上了两间私塾，其中第二间即是所谓的改良私塾。据胡氏陈述，在那里他学习

---

① 调查成果的一部分来自太田出、佐藤仁史编：《太湖流域社会の历史学的研究：地方文献と现地调查からのアプローチ》，东京，汲古书院，2007；佐藤仁史、太田出、稻田清一、吴滔编：《中国农村の信仰と生活：太湖流域社会史口述记录集》，东京，汲古书院，2008。

② 《中国农村の信仰と生活》，第 161～164 页。为免繁杂，本书的行政单位以 2004 年 8 月开始访谈调查的时间为准。

③ 贫农家庭出身的浦爱林（1926 年出生），据说也曾到后文所述杨诚家中开的私塾上课。《中国农村の信仰と生活》，第 98～99 页。

④ 《中国农村の信仰と生活》，第 382～387 页。

了语文与尺牍。直到 15 岁的时候，胡担任芦墟镇洋货店的营业员。17 岁时与同伴 3 人一起在北库镇经营名为协泰昌的洋货店。从 18 岁开始，他成为宣卷艺人，中华人民共和国成立后则从事农业，不曾有过担任干部的经验。这一点揭示了普通农民选择职业时，从私塾中所学到知识的重要性。中华人民共和国成立前曾经短暂任教私塾、住在八坼镇龙津村的沈祥云（1922 年出生），[①] 便兴致勃勃地谈论起私塾学习内容，以及它们对一般农民的意义。沈出生在富农家庭，7 岁以后的十年间皆在私塾学习，曾有两年塾师经历，20 岁始从事宣卷艺人活动。中华人民共和国成立后，他在生产大队担任了二十余年的"赤脚医生"。据沈氏所言，私塾的第一年学习《三字经》《百家姓》《千字文》，第二年学习《神童酒诗》，第三年才开始学《四书》。要学完《四书》需要三四年的时间，之后才开始学《五经》。这些知识对当时一般农民而言，具有一定的意义（有老农民说：读《五经》开篇相当于高中程度）。也就是说，尽管私塾与以学校教育为手段的社会地位上升无关，对一般农民来说，却是他们在现实生活中增加谋生方式的有效手段。

至于社会阶层与教育选择的关系，先前所举的大长浜村内，一些强而有力的富农对经营私塾非常积极。像村民们都异口同声地举出抗战前后村里设立"洋学校"的案例，杨诚（1928 年出生）是其中一位推动者。[②] 杨氏上了私塾后，接着就读于黎里镇夏家桥小学和黎里中学。之后，他在苏州天主教学校有原中学读书，后来又进入上海育才中学，

---

① 《中国农村の信仰と生活》，第 371～375 页。
② 《中国农村の信仰と生活》，第 137～140 页。

学了一年半后才退学返乡，有着大长浜农民前所未有的经历。由于父亲杨少林约有 50 亩自田，所以杨诚本人在中华人民共和国成立后也被归为富农。正因为有此优越背景，故其父杨少林与叔父杨少山均曾任保长，杨诚也从 1946 年开始至中华人民共和国成立，一直担任元鹤乡副乡长，可说是基层社会的精英人物。在 1946 年前后，杨少山与杨诚曾聘请来自黎里镇的钱大雄设立小学。

必须注意的是，包含大长浜在内的大长港村，曾经是区里的"土地改革试点"，极受政府重视。在土地改革时，大长浜村子里被认定为地主的有 1 名，被认定为富农的有 13 名。所以比起周边的农村，大长浜有较多的富农。① 因此，若是考虑到村落间的差距，便无法归类为一般个案，但从中却可以看出：要在农村里引进近代教育，拥有强大主导力量的富农阶层是不可或缺的。

笔者认为，概括口述调查所获得的个别私塾情况的同时，中华人民共和国成立初期所进行的学校调查档案也值得参考，因此最后简单介绍其实用性。1950 年同时进行的对于吴江县私塾和公私立小学现状的调查中，《1950 年各小学私塾概况调查表》(1)(2) 部分，收录了有关私塾的内容。但是，这些调查中的"私塾"里，包括不符合正规学校各

---

① 吴江市北厍镇地方志编纂委员会编：《北厍镇志》第四卷《农业》第一章《农业生产关系变革》第二节《土地改革》，上海，文汇出版社，2003。据说此时实际上只有富农程度土地的杨少山被分类为地主，在村民之间发生了纠纷。佐藤仁史、太田出、稻田清一、吴滔编：《中国农村的信仰与生活》，第 164～167 页；浦志澄：《一生经历：回顾党的历程》(未定稿) 中也记述了纷争的经过。根据《北厍镇志》的记载，杨少山仅有 30 多亩地。

种条件的私立学校，亦即改良私塾，因此就流动性极强的旧式私塾而言，其信息的准确性并不太可靠。

调查表上有"苏南私塾调查概况调查表"字样，而在青浦县、吴县也有同样格式的调查表，据此可推测私塾调查是在苏南行政区所统一实施的。①《1950 年各小学私塾概况调查表》内容包括设立原委、塾董和塾师的经历，及其阶级、学费、使用课本、私塾坐落村庄的文化经济状况，还有当地行政等各项信息。调查表基本上由塾师填写，为我们提供了从塾师视角所见的私塾和农村社会之概况。如果我们仔细分析这些信息，就能深入地探讨民国时期农村地区私塾分布情况、在塾学生数量、经营费用与正规小学的比较、塾师的经历与社会阶层、私塾教育对农民具有的意义等问题。

调查表所描述的内容，相当程度上反映了民国时期的情况。但利用这些信息时，必须注意加上抗战时期的影响，还有浓厚的"解放"表述这一点。表 7-4 是北厍镇附近私塾中提交的八所私塾基本情况的调查表，例如教育内容或教材栏目里提到"土改教材"，可以看出这些私塾也对应了新的政治情况。兹以东长私塾为例，② 该私塾于 1940 年成立，1950 年由农会干部重新建立。报告称村民有九成不识字，即使有

---

① 《苏南私塾概况调查表》，1949 年，青浦档案馆(43-2-5)。有关公立小学校的调查，有《苏南公私立小学校概况表》(1)～(4)，1949 年，青浦档案馆(43-2-1～43-2-4)。关于吴江的公立小学校调查，有《1950 年各公立小学校概况表》(1)(2)，吴江档案馆(2023-3-15、2023-3-16)，调查表的格式和青浦如出一辙。关于新中国成立后的农村教育，参见大泽肇：《中华人民共和国建国初期、上海市および近郊农村における公教育の再建》，《近きに在りて》第 50 号，2006。

② 《东长私塾》，见《1950 年各小学私塾概况调查表》(1)。

也极有限。这与上述大长浜村的情况大不相同，可见是没有富农以上阶层的贫穷农村。就私塾与相关组织及人物之间的关系，调查表有如下报告：

与政府的联系——是结合中心，配合当地政府各项宣传及传达工作。

与学校的联系——是配合中心的小学，出席各项辅导会议及参加土改、时事学习各项工作。

与家长的联系——利用课余时间，进行家庭访问及联络感情，协助各项工作。

与农会的联系——协助农会的村干部文书工作，及参加会议，结合各项宣传工作。

表7-4 从私塾调查看北库镇周边的私塾

塾名	所在地	中心补导区	创建时间	教学状况	采用书本
杨文头小学校	芦墟区库民乡杨文头村中心西岳村	北库中心国民学校	1921年2月	土改教材、时事材料	
姚家堍小学	芦墟区库民乡姚家堍村	北库中心国民学校	1932年	土改、紧要时事	土改教材（北库中心小学校编）、时事教育（苏南日报）
东长私塾	芦墟区库民乡东长村	北库中心国民学校	1940年2月	补充土改教育、时事宣传教育	土改教材、时事宣传教材

塾名	所在地	中心补导区	创建时期	教学状况	采用书本
蛇垛港私塾	芦墟区厍民乡蛇垛港村	北厍中心国民学校	1942年	补充土改教育、时事宣传教育	土改教材
南河扇小学校	芦墟区厍民乡南河扇村	北厍中心国民学校	1920年1月	土改教材、时事材料	
北珠私塾	芦墟区厍民乡北珠村	北厍中心国民学校	1948年2月	补充土改教育、时事宣传教育	土改教材、时事宣传教材
戴家港私立农村小学校（私塾）	芦墟区厍民乡戴家港村徐家湾	北厍中心国民学校	1948年3月	土改教材	
沈氏学塾	芦墟区厍民乡东滨村沈氏屋	北厍中心国民学校	1942年2月	土改、反美	土改教材

　　调查表目的是寻求该村与上级政府、农会的配合，掌握塾董、塾师阶层与村内的经济情况。从这点可看出，调查是为了实施以土地改革为主的农村政治社会改革，透过塾董和塾师的渠道，收集村内的相关信息，促进政策的推动和实行。在教育圈方面，值得注意是与北厍镇中心小学的关系。塾师参加中心小学召开的辅导会议，除了指导教育课程与内容外，在土地改革、时事问题等学习会上，也接受中心学校的指导。换句话说，乡政府往村一级进行政策下达，一方面透过工作队施行土地改革，另一方面也在中心小学的领导下，以私塾为渠道

展开思想工作。

清末民国时期，以市镇为中心的近代教育获得普及，但农村却还存在着私塾。虽然有些农村中拥有权力的富农阶层，企图建立个别的小学，但很难说这是改良农村教育的根本解决之道。相较于此，中华人民共和国成立后自上而下的农村政治社会改造，却成为彻底改造农村教育的开端，因此以镇为中心的中心小学教育圈，被划入改造之列。

小结

本章通过近代教育接受过程中市镇与农村之间的分裂，探讨清末民国时期江南地方基层社会的整合特质与变化过程。要点分别如下。

第一节以吴江县教育状况，分析地方社会初级教育的普及状况及其影响因素。县立高级小学设在拥有大镇（县属镇）的市区里，而初级小学除部分之外，则以小镇（乡镇）为中心设立乡区和市区。在农村里能够就读初级小学的，局限于地主、富农阶层的子弟，一般农民几乎与此毫无关系。若从这个角度思考，可以说学区的经济社会环境，亦即设立学校的市镇规模与功能、居住在市镇中社会阶层的组成与人口等，是决定就学率的主要因素。换言之，就学率实际上与能够让其子弟上新式学校，且居住于市镇的大地主、富商、知识分子等阶层，有很大关系。民初的小学就学率，县属镇学区达到 10%～16%，其他学区为 5%～8%，佢也有少数例外。前者可举盛泽镇为例，就学率低是因为非精英层的人口过多。至于后者，几个高就学率的学区，除了调查精确度所产生的偏差外，还存在积极推动学校经营的精英人士，这也是高就学率的主要原因。然而，无论哪一种情况，各市镇就学率与社会阶层的组成有密切关系，是无可否认的事实。

第二节以20世纪20年代盛泽镇为例，论述了清末民初学校教育里出现的新精英阶层与市镇社会的关系。在阐明新精英阶层特征的基础上，检讨了他们推动平民教育背后的文明观，也考察了由于新知识分子出现而带来镇—乡之间的分裂。文中业已指出，吴江县市镇发行的普及新文化的地方报纸中，由柳亚子所组成的新南社社员是其发行人与主要执笔者。此外，他们之中有许多人是县立第三高级小学校友，活跃于教育界，以知识分子的角色彰显精英阶层的特性。他们一面发行《盛泽》《盛泾》《新盛泽》，试图在盛泽镇形成社会舆论；一面与区教育会等机构合作，组成盛泽平民教育促进会，致力于普及平民教育。如果了解这一运动背后的原本构想，即在世界正处于优胜劣败的开展过程中，为了不陷入"天演淘汰"的境地，那么新知识分子致力于市镇空间与市民本身"文明化"的理念便可浮现。民俗中所见"迷信"的一面，被他们认为是与"文明"对立的，因此成为必须改良与克服的对象。同时新南社知识青年还寻求民俗的积极意义，但这并不意味他们是肯定"迷信"。如此一来，市镇通过近代教育，成为"文明化"的最基层，相较于"文明化"无法达及的农村，两者的差异就变得更加显著了。

第三节依据笔者访查与中华人民共和国成立初期的私塾调查资料，考察私塾在农村教育中所占优势，并对近代教育不够普及的实际状态及背景进行初步分析。伴随近代教育的引进，私塾被认为是改良与管理的对象，却由此产生了各种问题，直到民国时期依然存在。在中华人民共和国成立前曾任塾师的老农民看来，学完《四书》的意义和现今高校毕业生的读书一样，毋宁为"中间识字阶层"，为实际生活增加了谋生的有力手段，尽管私塾教育与近代社会地位的提升并没有什么关系。

　　总之，如同滨岛敦俊所示，明末以来商业化的进展，使得江南形成了由乡绅主导的县社会、生员和监生肩负的市镇社会，以及富农为中心的"社村"世界三层结构，一直维持到清末民国时期。这种阶层性若从语言文化的角度来看，存在着①使用文言文与白话的文言文、白话的县社会；②使用白话的文言文与白话的市镇社会；③使用白话的社的世界。这三重世界的差异，以及他们各自阶段性的变化，都包含在科举文化之中。至于通过近代教育而出现的新知识分子，致力于地方社会的"文明化"，将不符合"文明化"的要素视为"迷信"。因此，市镇成为走向"文明化"的基层代表，而没有达到"文明化"的农村，却在这一过程中扩大了与市镇的差距。福武直所观察到的教育圈里市镇与农村的非连续性分裂，即为这种过程的侧面之一。

第八章　新文化与地域空间的嬗变

——20 世纪 20 年代吴江市镇社会与地方知识分子

导言

　　本章以 20 世纪 20 年代江南市镇地方知识分子所发行的地方报为切入点，借以探讨办报的背景，以及报上所提倡的"新文化"，分析究竟为市镇社会带来了(或没能带来)何种影响等问题。

　　晚清以来，江南市镇造就一批接受近代学校教育洗礼的新知识分子。至 20 世纪 20 年代，这一知识阶层在新文化运动和社会主义等思潮的影响下，尝试透过报纸媒体，营造"舆论"导向，并推动乡土建设。本章的探讨主要集中于这一知识阶层所主导的"舆论"内容，包括他们推动平民教育运动的实际面貌，以及运动背后的文明观和乡土观。

　　既有研究早已指出，南社为清末民初活跃于江南地区知识界的文人社团，不过以往的研究视角，偏重于柳亚子和陈去病等几位著名文人在辛亥革命前后的言论活动，以及其对鼓动民族主义思潮的贡献，[①]而 20 世纪 20 年代新南社于江南市镇所展开的活动内容，却很少从正面加以探讨。[②] 然而，集结于新南社的这批新知识分子，以市镇为据点，在地方自治恢复后，与独揽自治体制职位的士绅阶层形成对抗。他们积极推动市民公社和平民教育运动，试图建设乡土，改造地方社会。这一现象清楚显示了，清末民初主导市镇社会的生员和商人阶层之间已渐趋分化。如此一来，我们有必要探讨近代教育制度的引进与新知识分子的出现，究竟为传统市镇社会的主导权带来了什么变数。[③]

在分析这些处于金字塔底端的市镇级知识分子的言行时，首先遭遇的困难是如何收集第一手资料。所幸以新南社社员为首的这批新知识分子，至今还在吴江县几个大镇上保留着他们经手的报纸，我们得以利用这些地方报，从而避免了资料方面的匮乏（参见第七章表 7-2）。早在清末，南社便透过报刊这一新媒体，发表政见和形成"舆论"。新南社秉承南社的手法，善于运用报纸力量，推广地方自治，鼓吹"新文

---

① 陈伯海、袁进编：《上海近代文学史》，第 180～206 页，上海，上海人民出版社，1993；杨天石、刘彦成：《南社》，第 33～42 页，北京，中华书局，1980。

② 介于市镇社会与外部世界的"乡村领袖"，朱小田举出新型知识分子与实业家，将南社看作前者的代表。参见朱小田：《江南乡镇社会的近代转型》，北京，中国商业出版社，1997，第 311～315 页；林志宏，《从南社到新南社：柳亚子的民族和社会革命（1909 — 1929）》（收入《近代中国史思想与制度学术研讨会论文集》，2005）是根据柳亚子的言论检视新南社的专论。

③ 滨岛敦俊：《农村社会·觉书》，收入森正夫编：《中国史学の基本问题 4：明清时代史の基本问题》，东京，汲古书院，1997；以及滨岛敦俊：《总管信仰：近世江南农村社会と民间信仰》，第 275～276 页，东京，研文出版，2002。

化",并展开平民教育运动等各种活动。① 本章主旨并不在分析新知识分子所引进的"新文化"——各种新思想和政治学说——的内容,笔者关怀的是成为思想与学说"承载体"的市镇社会。换句话说,市镇社会在遇到和吸取"新文化"后,出现了什么转变? 笔者由这一问题出发,来解读地方报的报道。

关于平民教育运动方面,过去相关研究主要在讨论"中华平民教育促进会"及其在大城市展开运动的轨迹,累积成果相当丰硕。② 然而尚待进一步解析的是,平民教育运动在地方社会的推展过程如何,推动者又怎样看待这些作为运动对象的"平民"及其文化? 立足于社会进化论的文明观,清末人们倏然"发现"民间文化与"文明"背道而驰,成为

① 近年来媒体史的进展,在近代大城市的报业、南京国民政府时期的新闻政策和舆论等议题上,积累了不少实证性研究。然而从微观角度观察地方社会与传播媒体的关系,由于史料的制约,研究并不充分。关于这一缺憾,不妨从南社和新南社的活动进行详细追索,是比较理想的研究路径。近现代中国的报刊史研究有:方汉奇:《中国近代报刊史》,太原,山西人民出版社,1981;方汉奇:《中国新闻传播史》,北京,中国人民大学出版社,2002。另外,丁守和编:《辛亥革命时期期刊介绍》第1~5集,(北京,人民出版社,1982~1987)较为详细地介绍了几种地方报。另本文所使用的地方报的价值与局限,参见佐藤仁史:《地方新聞が描く地域社会、描かない地域社会:1920年代、吴江县下の市镇の新聞と新南社》,《历史评论》第663号,2005。

② 小林善文:《中国近代教育の普及と改革に关する研究》,东京,汲古书院,2002;户部健:《中华民国北京政府期における通俗教育会:天津社会教育办事处の活动を中心に》,《史学杂志》第113号第2号,2004;上田孝典:《民国初期中国における社会教育政策の展开:"通俗教育研究会"の组织とその役割を中心に》,《アジア教育史研究》第14号,2005。关于中华平民教育促进会在华北展开的乡村建设运动,参见新保敦子:《"解放"前中国における乡村教育运动:中华平民教育促进会をめぐって》,《东京大学教育学部纪要》第24号,1985;山本真:《抗日战争期から国共内战期にかけての乡村建设运动:中华平民教育促进会の乡村建设学院と华西实验区を中心として》,《史学》第66卷第4号,1997。

必须从里到外加以全面改革的对象。[①] 即便现实层面无法全面翻转，民间文化也必须经由适当的教化手段来改良，晚清发起的启蒙运动即是很好的案例。[②] 直到 20 世纪 20 年代，"民众"一词意涵相较于晚清，已有了大幅度的改变。那么，对于民间文化的看法，又出现了怎样的转折？

本章第一节，先概观与新南社相关的 20 世纪 20 年代吴江地方报的发行背景。第二节接着剖析地方自治的运作，勾勒士绅阶层和新知识分子之间的冲突。第三节进而分析新知识分子引进各种"新文化"给予市镇社会的影响。最后第四节中，讨论吴江平民教育运动背后的民俗观，以及由此出现的文明观。

---

① 佐藤慎一分析近代中国接受万国公报的过程与其背后文明观，指出社会进化论的接受与儒教世界观的转换，两者之间存在着对立。具体地说，康有为认为从列国并立的状态走向大同世界，是文明的最终目的。与此相反，梁启超根据社会进化理论，把文明看作生存竞争的结果。这种对比，表明当时的知识分子在结合社会进化论和儒教的世界观上所面临的困难。佐藤慎一：《近代中国の知识人と文明》，第 95～133 页，东京，东京大学出版会，1996；佐藤慎一：《"天演论"以前の进化论：清末知识人の历史意识をめぐって》，《思想》第 792 号，1990；石川祯浩：《梁启超と文明の视座》，收入狭间直树编：《共同研究梁启超：西洋近代思想受容と明治日本》，东京，みすず书房，1999；石川祯浩：《近代东アジア"文明圈"の成立とその共同言语：梁启超における"人种"を中心に》，收入狭间直树编：《西洋近代文明と中华世界》，京都，京都大学出版会，2001。石川祯浩指出近代中国接受的"文明"，是在社会进化论影响下肯定竞争的强权论，其特点在于："公"乃至团体对"私"的崇高价值的重要性。如此公与私之间的关系讨论，甚富启发性。

② 李孝悌：《清末的下层社会启蒙运动，1901－1911》，台北，"中央研究院"近代史研究所，1992；吉泽诚一郎：《天津の近代：清末都市における政治文化と社会统合》，第 363～392 页，名古屋，名古屋大学出版会，2002。

第一节　20 世纪 20 年代吴江的地方报与新南社

20 世纪 20 年代初，吴江和其周边市镇也出现一群新知识分子，他们接受了新文化运动和社会主义思想的洗礼后，转而推动乡土建设，新南社为个中翘楚。他们的方法有如下特点：将报刊这一具有引领舆情作用的传播媒体带到当地社会，充分运用在推动地方自治、鼓吹"新文化"及推广平民教育等活动上。其实，利用报刊发表政见、形成"舆论"的手法，继承了南社传统。因此，下文将南社的活动也一并纳入，讨论新南社与报纸媒体之间的关系。

一、南社与晚清启蒙运动

新南社溯源于晚清创办的南社，柳亚子（1887－1958）为其代表性人物。宣统元年（1909）11 月，南社在苏州虎丘成立，发起人是陈去病、高旭和柳亚子。① 最初成立的 17 位成员之中，有 14 位是同盟会员，并有多名社员在《民立报》《太平洋报》等报刊上撰写传播民族主义思想和宣传革命的文章，这方面很早就得到了学界的极高评价，迄今仍大致承袭这一思路。② 如朱小田指出，南社成员的世界具有"内向"和"外向"两种呈现方式。所谓"内向呈现"，即南社成员透过诸如"雅

---

① 关于柳亚子的一生，参见柳无忌编：《柳亚子年谱》，北京，社会科学出版社，1983；张明观，《柳亚子传》，北京，社会科学文献出版社，1997。

② 陈伯海、袁进编：《上海近代文学史》，第 180～200 页。

集"等酒宴聚会，维持一种传统士大夫的身份；而"外向呈现"则是南社以报业为活动据点，利用报刊积极地投入启迪民智的活动。[1] 推动了近代中国报纸媒体发展、作为"报章文体"创始人的梁启超认为，报章文体就是利用通俗易懂的文体，加强对"中等人"的启蒙作用。[2] 辛亥革命前后，由南社社员参与编辑的报纸不胜枚举，如《民立报》《太平洋报》《天铎报》等。从这点来看，南社的活动特色除了可以从宣扬民族主义思想、与同盟会的关系密切，以及成为反袁世凯的阵营等角度来解读外，[3] 我们还可指出：随着出版媒体对"中等人"的影响力俱增，南社社员的活动场域也渐渐扩展开来。

除了对"中等人"的影响外，南社"外向呈现"的活动当中，一直引人注目是对"下等社会"的影响。亦即，他们尝试运用"下等社会"的共通文化，推动对"下等社会"的启蒙和教化。其中方法之一为改良戏剧，由陈去病等人创办的《二十世纪大舞台》，便是出色的成果之一，学者已屡次提及。对戏剧在开启民智上所发挥的效用，陈去病有这样的陈述：[4]

---

① 朱小田：《社会变革时代的知识世界：对江南民间社会中的南社进行考察》，收入久保田文次编：《国际ワークショップ"20世纪中国の构造的变动と辛亥革命"报告集》，2002。

② 梁启超：《论报馆有益于国事》，《饮冰室合集》文集第 1 册，北京，中华书局，1989。

③ 陈伯海、袁进编：《上海近代文学史》，第 180～200 页。

④ 佩忍（陈去病）：《论续剧之有益》《二十世纪大舞台》，收入张枬、王忍之编：《辛亥革命前十年间时论选集》第 1 卷，北京，生活·读书·新知三联书店，1977。李孝悌分析了清末启蒙运动与戏曲改良运动之间的关联。李孝悌：《清末的下层社会启蒙运动，1901－1911》，第 149～168 页。

惟兹梨园子弟，犹存汉官威仪，而其间所谱演之节目之事迹，又无一非吾民族千数百年前之确实历史；而又往往及于夷狄外患，以描写其征讨之苦，侵凌之暴，与夫家国覆亡之惨，人民流离之悲。其词俚，其情真，其晓譬而讽喻焉，亦滑稽流走而无有所凝滞。举凡士、庶、工、商，下逮妇孺不识字之众，苟一窃觊乎其情状，接触乎其笑啼哀乐离合悲惧，则勘不情为之动，心为之移，悠然油然以发其感慨悲愤之思而不自知。以故口不读信史，而是非了然于心；目未觌传记，而贤奸判然自别；通古今之事变，明夷夏之大防；觌故国之冠裳，触种族之观念；则捷矣哉！同化力之人之易而出之神也。犹烜染然，其色立变，可不异夫！

从中可明显看出陈去病对民间通俗文化的看法。他把民间通俗文化当作一种启蒙"下等社会"、唤醒其"种族观念"的工具。即使对民族主义思想各有所见，但民间通俗文化可作为开通民智工具，成为知识分子的共识，在若干城市也付诸实践。[1] 20世纪20年代的新南社虽也传承着如此共识，但对民间文化的看法，则尚待讨论。[2]

---

[1] 李孝悌前揭书，第183~200页。

[2] 藤野真子：《柳亚子と演剧：民国初期上海演剧の一段面》(《季刊中国》第58期，1999)指出：尽管如此，柳亚子等南社社员对戏剧的看法和关心，始终离不开将戏剧看成启蒙"下等社会"的有力工具。他们对实际的京剧改革未能发挥作用，言论也没能影响到梨园内部。

二、新南社与吴江县的地方报

民国初年南社内部爆发了激烈的论争，事情缘起于宗唐诗的柳亚子、陈去病、吴虞等人，和以宋词为理想的闻野鹤、姚鹓雏等同光体派之间互不兼容，而且这不只是单纯的文学论战，也是对现实政治的理念有别所导致的内讧。[①] 结果南社的元气大伤，终于在 1917 年瓦解。自 1917 年柳亚子回到故乡吴江县黎里镇后，认真地吸收"新文化"，并展开一连串的活动，如 1923 年起创建新南社，以白话文来创作。此外，在推行平民教育运动、宣扬社会主义和三民主义等活动之际，柳氏还搜罗地方文献，重新思考自身的角色，力图培植当地的"新文化"。这些行动反映出当时知识分子一种以地方为本位的秩序构想，相当引人深思。[②] 在《新黎里》创刊时，柳亚子如此高声宣扬：[③]

> 治始于乡，哲人所乐道。黎里虽偏小，比于全中国，不足一黑子之着面。然声名文物，亦自有其数百年之历史，彪炳于邑志里乘。今者旧礼教已破产，而新文化犹在萌芽。青黄不接，堕落实多。旧染污俗，孰为当铲除者，思潮学理，孰为当提倡者，讲

---

① 此争论是在新文化运动前夜，传统文学的框架里发生的最后一个事件。陈伯海、袁进编：《上海近代文学史》，第 200～206 页。

② 《柳亚子年谱》，1919 年之条。新南社发起宣言上，将培植新文化与整理国学列为共同目的。柳亚子，《新南社发起宣言》，收入柳无忌编：《南社纪略》，上海，上海人民出版社，1983。

③ 柳亚子：《新黎里报发刊词》，《新黎里》创刊号，1923 年 4 月 1 日。

求而实施焉，宁非先知先觉所有事哉？夫断头沥血，争注意于国门，此英雄豪杰所优为。而人人尽与其心力，以供献于一乡，亦国民之天责。

柳亚子在此揭橥以改良旧俗、培植新文化为目标，认为倘能在家乡完成，则当有助于建立更上层的秩序。这样的思维脉络，与清末至 20 世纪 20 年代领导地方社会的士绅阶层具有共通点。此处"乡"的意涵，是指以柳亚子活动的黎里镇为核心所整合起来的乡镇社会，从中也可以看出江南地域社会的特征。

新南社即为推动改良旧俗和培植新文化的主力。它是 1923 年 5 月，由柳亚子、叶楚伧、邵力子、胡朴安、余十眉、曹聚仁、陈德征等人共同发起，并于同年 10 月成立的文人社团。其创社宗旨为："一整理国学；二引纳新潮；三提倡人类的气节；四发挥民族的精神。"[1]相较于南社，新南社的特点是在市镇有极为频繁的出版活动，且社员为新知识分子。吴江县及其周边地区所发行的现存报纸一览表可见第七章表 7-2[2] 这些报纸基本在大镇上发行，特别是盛泽镇，同时刊行的报纸多达 3 份。综合以上事实我们可以得悉：提倡和接受"新文化"的社会阶层已发展到一定程度，足以支撑其在社会经济上的实力，这正是报刊发行的客观条件。

---

① 《新南社发起宣言》，《新周庄》第 13 号，1923 年 5 月 1 日。
② 关于 20 世纪 20 年代前半期吴江县内发行的报刊，见 YT：《四年来百里以内定期出版物底年表》，《新黎里》第 22 期，1924 年 4 月 1 日。YT 是柳亚子的笔名。

当中最具影响力的是《新周庄》《新黎里》《新盛泽》三报，其发行人与主笔者毛啸岑、徐蓬轩、徐蔚南、汪光祖，均与柳亚子一直保持接触，而且互相影响极深。这从他们在这些报纸上相互投稿，或者转载对方文章的事实中也能看出。① 而从他们的出生年份我们不难察觉，每位都是受过新式学校教育、从事教职或医生等专业的新知识阶层。换个角度来看，新南社的忠实读者也是具有类似经历的知识分子和学生们，即接受新南社所提倡和推动"新文化"的主要群体。

第二节　民治与绅治——地方自治与市民公社

《新黎里》和《新盛泽》等报纸在大镇上陆续发行之际，正值恢复地方自治的时期。1914 年 2 月，袁世凯下令停止地方自治，一个月后吴江县议事会和参事会也停止活动。② 直到 1923 年 7 月，县长召集会议，商讨恢复事宜。10 月改选议事会和参事会，选出议员 39 名、参事员 9 名。③ 随后县内各市乡也逐渐地恢复地方自治。④

---

① 《新黎里》登载徐蓬轩和徐蔚南的文章，《新盛泽》登载柳亚子和汪光祖的文章。其中、吴江县档案局、馆编：《柳亚子早期活动纪实》(北京，档案出版社，1991)收录柳亚子从清末到 20 世纪 20 年代的代表性文章。

② 袁世凯停止地方自治后，1914 年公布地方自治施行条例，使得地方自治被编入中央集权体制，成为官方行政体制的一环。田中比吕志：《近代中国の政治统合と地域社会：立宪・地方自治・地域エリート》，第 250～255 页，东京，好文出版，2010。

③ 吴江市地方志编纂委员会编：《吴江县志》，南京，江苏科学技术出版社，1994，第十五卷《政党社团》第二章《议事会参事会参议会》。

④ 例如盛泽市在 1923 年 8 月和 12 月恢复市董事会与市议事会。《盛泽镇志》第三卷《政权司法》第二章《议事会人民代表大会》。

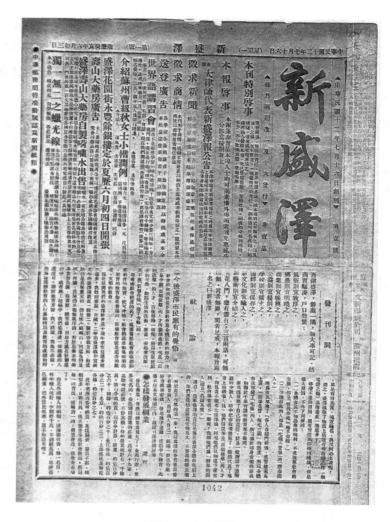

图 8-1 《新盛泽》

地方自治制度再次启动时所选出的乡董和议员，以清末民初担任自治职位的士绅阶层占居多数。① 对于此一情形，代表地方新知识分子舆论的新南社系报纸《新黎里》和《新盛泽》等，便提出异议，抨击地方自治现状，并对自治主体展开热烈的讨论。以清末民初来说，乡绅阶层掌控了地方自治，他们具有政界、实业界或教育界等不同的背景，活动领域还时有重叠，反映了当时精英阶层尚未臻于分工与专业化。这一时期如加入苏州商会的绅商阶层，他们在公共领域中的独特性，曾引起学者们的留意，并检讨当中积极的意义。② 时至 20 世纪 20 年代，除了既存的传统士绅阶层之外，市民公社、商会、教育会和平民教育促进会等各方力量纷纷涌现，推动自治的团体趋向多元化。如此一来，把持地方自治职位的豪绅便成为报章谴责的对象。《新盛泽》刊载的社论即为其中典型：③

> 吾尝说："现在的市自治会，髣髴一具金棺；外表非不光华夺目，内中却是一般行尸，走肉，生气毫无，在醉梦中度日而已。"但看第一次的市自治会——会如不会——那不是给吾们一个正确的证据么？原来他不过挂了一块民治的招牌；拆穿西洋镜说，的

① 以上海县为例，地方自治恢复后担任乡行政职务和议事会议员者，与清末民初具有相当程度的重叠。民国《上海县志》卷二《政治上·民治（二）·乡自治》。

② 关于清末苏州的市民公社，详见朱英：《辛亥革命时期新式商人社团研究》，北京，中国人民大学出版社，1991。中国学者试图从绅商阶层的各种活动里，找出公共领域的特质。马敏：《官商之间：社会剧变中的绅商》，天津，天津人民出版社，1996。

③ 《民治与绅治》，《新盛泽》第 6 号，1923 年 9 月 11 日。

的确确是绅治。你看他底议员，谁不是赫赫大名的绅士老爷。他们是介于官民之间，奉承官府，好像伊的分内事；他只知道括地皮，敲竹杠，养小妻，打牌九……那有闲工夫关心小民的疾苦哩！

社论的执笔者批评说："老爷"独占议员职位，因此导致了"官厅式"的市议事会，自治说穿了不过是"绅治"而已。尽管类似批评在那时的报纸上已司空见惯，却很清楚地表明新知识分子对传统士绅独占自治职位，怀有深切地危机感。

那么，落实真正"民治"的门路究竟在何处？《新盛泽》创刊之际，徐蔚南道："至于着手改革的第一步，我以为须由各业举出若干有职业的人（最好商人自己），组织一市民公社，努力革新市政，发起识字运动，提倡平民教育。"他认为由商人组成的市民公社，才是"民治"和改造社会的栋梁。[1]

至于徐蔚南提到的市民公社，成立于清末时期，由苏州总商会和绅商所主导。它扮演着地方政治公开化和现代化的角色，早已备受瞩目，也获得高度评价。[2] 进入民国后，苏州地区的市民公社还在陆续增加中，值得注目的是 20 世纪 20 年代常熟县和吴江县也成立了市民

---

[1] 　徐蔚南：《今后盛泽市民应有的觉悟》，《新盛泽》第 1 号，1923 年 7 月 16 日。

[2] 　市民公社的主要业务，是铺桥造路、疏浚市河等基础建设，以及清扫卫生、防疫等各活动，具有辅助官治和地方自治的作用。朱英前揭书，第 197 页；张海林：《苏州早期城市现代化研究》，第 197～203 页，南京，南京大学出版社，1999。足立启二认为：清末苏州市民公社是无法代表社会全体的任意性团体，并指出其不稳定性。足立启二：《专制国家史论》，第 240～247 页，东京，柏书房，1998。

公社。相较于苏州、常熟的市民公社设立在市区及其周边，吴江县市民公社的特色是，以市镇为单位。① 1922 年至 1924 年，松陵、黎里、同里、八坼、震泽、盛泽、平望等七镇接连创立市民公社。② 除了八坼镇外，其余各镇都设有高级小学，根据其市场专业功能，被分类为"县属镇"。在吴江县的七大镇之中，未成立市民公社的只有芦墟。③ 这一现象说明成立一个能落实"民治"的市民公社所必备的客观条件。换句话说，市民公社能存在于具备强大社会经济力量为条件的市镇上，亦即市镇需要有一群主持市民公社的知识分子和富商阶层，以及培养精英阶层的教育机关。④

吴江县内的七个市民公社中，黎里镇与盛泽镇发行的报纸，至今还保存着，因此能够详细地追索当地市民公社的活动内容。黎里的市民公社由毛啸岑等人发起，1923 年 5 月在商会、教育会各团体的协助之下成立。根据成立时所订立的章程，市民公社"以联络各界协助，本市自治，促进社会公益，发展工商事宜为宗旨"，其活动内容有以下

① 常熟县内的鹿苑乡、塘桥乡、支塘乡设有"乡民公社"。苏州市档案局编：《苏州市民公社档案数据选编》，苏州，苏州市档案局，出版年不详，第 365～366 页。

② 苏州市档案局编：《苏州市民公社档案数据选编》，第 364 页。

③ 县属镇的分类概念虽为 20 世纪 80 年代以后出现，但与历史上所见的吴江七大镇大体一致，参见《吴江县志》第二卷《集镇》，樊树志：《江南市镇：传统的变革》，第 123～136 页，上海，复旦大学出版社，2005。20 世纪 20 年代芦墟镇上刊行《新芦墟》，也反映出身为 7 大镇之一的芦墟镇，在社会经济上的雄厚实力。关于民国时期的市镇规模与近代学校普及的状况，参见本书第七章。

④ 例如福懋泰朱翰清和庄恒泰庄文源等 30 家商店联名发起创建震泽市民公社，此中也可看出市民公社的背景。《发起组织震泽市民公社宣言书》，《新盛泽》第 38 号，1924 年 8 月 21 日。

各项：①

　　第二条（职务）　本社得办事件以左列各款为限

　　（甲）社会公益事项：一社会教育，二公共卫生，三慈善事业，四路政，五救火，六公共娱乐，七其他地方公共事务未经各法团办理者。

　　（乙）工商业事项：一整顿工商自治，二和解工商业上轻微纠葛，三改良工艺，四保存商业上固有习惯，五其他关于工商业不属于官行政者。

　　（丙）特别事项：受官厅或其他法团委托调查处理事项。本条所列各款于执行时遇有与本市各法团有关系者，随时联络办理。

其中，"（甲）社会公益事项"里的各项内容，由于跟恢复自治后的机关职务之间有所重叠，容易产生市民公社越权的问题。在黎里市议会第一届常会上，董事会针对《市民公社简章》及《修正简章》，提出《本市市民公社简章与自治范围有无抵触案》，议决审查后交付县参事会或邻近市乡议事会讨论。② 于是毛啸岑发表时评，他站在推动市民公社的立场，对该案表达强烈质疑：③

---

　　① 《黎里市民公社第二届秋季大会议事录》，《新黎里》第 8 期，1923 年 9 月 1 日。
　　② 《市议事会春季常会纪略（一）》，《新黎里》第 25 期，1924 年 5 月 16 日；《市议事会春季常会纪略（二）》，《新黎里》第 26 期，1924 年 6 月 1 日。
　　③ 啸岑：《市民公社存废问题》，《新黎里》第 25 期，1924 年 5 月 16 日。

黎里市议会恢复后第一届常会开幕了！董事会交议案第一件为修正市民公社章程。济济群贤，议论风生。当讨论时，不说："与自治章程完全抵触"，即说"无存在之必要"。更爽快一些，简直说："骈枝机关，应即取消。"我不问诸君子发表宏论，是否和董会交议案标题相合。我不知所谓和"自治章程抵触"者何在？"无存在之必要"底理由又何在？"骈枝机关"四字，又怎样解法？

对于一市内应兴应革事宜，确是市议会底特权；但恐怕也不是几句笼统——无理由——话所能使人心折的罢？

约法、宪法上，似乎人民有结社集会底自由权的吗？市民公社是私法团，不知和约法宪法上底人民结社集会的自由权相和吗？江苏暂行市乡中不知有修改宪法特权的一条吗？

我们目前无法确知担任自治职位的士绅对市民公社的具体议论内容为何，但从毛啸岑的反驳可以了解到议事会之所以对市民公社的越权提出异议，与其说是法律本身的问题，不如说是把持自治机关的士绅维护既得权益的表现。市民公社的经费来源，除了社员常捐、一般居民的捐款、戏剧筹募捐款外，还挪用了公益捐，这点才是具体的利害冲突所在。[①] 另外，《盛泽》刊有一篇关于自治的文章，作者主张：为了

_____

① 《黎里市民公社一年来底经过及今后底希望》，《新盛泽》第 7 号，1923 年 9 月 21 日。所谓公益捐是清末施行地方自治后，在市镇一级行政单位主要的税收来源之一，推测应该是向市镇上的工商业者所征收的一种地方税。《嘉定县续志》卷六《自治志·自治经费》。

实现"民治"，应该联合工商界组织纳税人民会，以便在协助市议会推动公益的同时，监督议事会遵守自治规约，并将自治的实际情况告知百姓。① 从作者期待纳税人民会扮演角色来看与市民公社是同样的，不难揣测掌握自治机关的士绅们，不愿让"监视机关"发现实际情况，因此掩人耳目，提出上述越权问题的议案。

那么，市民公社派理想中的自治，到底是什么样子呢? 黎里市议事会成立大会的演说道出了其中精髓。1923 年 9 月 1 日举行的成立大会上，除了市议员之外，列席的人还有县议会议员、市民公社社长、商会和农会的干部、第一国民学校校长以及一些当地士绅。市民公社社长殷佩六发表演说，主张议会必须实事求是，以牺牲的精神执行职务，不能成为装饰品的傀儡，办事须以人们的权利为前提。毛啸岑代表教育会发言，指出: "(两会)以市民之福利为前提。自私自利，必遭人们厌弃。"商会副会长的讲话要旨为: "议员不可持敷衍主义，宜以公益为前提，抛弃个人权利。"② 这些发言旨在牵制议员们，避免成为行政傀儡，甚至自私自利。除此之外，为了公益应该放弃个人权利一语，

---

① 《现代的自治》，《新盛泽》第 7 号，1923 年 9 月 21 日。
② 《市议会成立会》，《新黎里》第 9 期，1923 年 9 月 16 日。

清楚地反映了近代中国对公私这一相对概念的态度。①

第三节 "新文化"与市镇社会的转型

新南社社员出版的《新黎里》和《新盛泽》，其中文章涉及的层面相当广泛。刚开始发行时，有关劳动、恋爱和婚姻等问题占去多数版面，文章处处可见"劳工神圣""恋爱神圣"等词汇，可想而知当时新思想之风行。② 后来报道重点渐渐转移到宣传三民主义及国民党左派的政见上。正如前文所述，本章着眼于地方报纸与市镇社会变迁的课题，因此并不分析。20 世纪 20 年代引进的各种新思想和政治学说，或者新知识分子对此的理解，而是探讨所谓"新文化"如何被带入地方社会，进而促使地方产生何种变化。

---

① 沟口雄三分析清末知识人的公私概念，指出"无私的天下为公"特点，并认为这种公概念很容易导致限制个人经济上的权利，由此延伸来看，民生主义和社会主义有前后衔接的连续性。沟口雄三：《中国における公・私概念の展开》，收入沟口雄三：《中国の公と私》，东京，研文出版，1995。清末立宪派的张謇提倡的"村落主义"里，有将个人道德扩大到乡土、县、省、国家而形成秩序的意识，进而反映当时公概念与私概念的关系。田中比吕志：《近代中国の政治统合と地域社会》，第 167～173 页。岸本美绪讨论晚明的情况时指出：当时人所谓"万物一体之仁"的意涵为"以生存于社会的自我为本位，同心圆状的无限扩展开来的一种直接无媒介的共同性感觉"。这种同心圆状运作以父系血缘关系扩大，清末以来则转变为乡土和国家等概念，这是晚明与晚清不同之处。岸本美绪：《明清交替と江南社会》，第 76～86 页，东京，东京大学出版会，1999。

② 关于新文化运动时期以优生思想的关联而提倡"恋爱神圣"，参见坂元弘子：《中国民主主义の神话：人种・身体・ジェンダー》，第 107～126 页，东京，岩波书店，2004。

一、新旧文化争夺的空间——市镇社会

为深入了解"新文化"的具体内涵，有必要精读地方报的社论和评论。其中《新黎里》《新盛泽》《新周庄》为新南社系，《盛泽》《盛泾》则为非新南社系的当地知识分子所发行。《新黎里》除了有定期号之外，还多次推出特刊，据此可以厘清知识分子们最关心的议题是什么（参见表8-1）。

表8-1 《新黎里》特刊一览

发行日	特刊名	主要文章
1923 年 4 月 16 日	旅大问题特刊	亚子《对于旅大问题之我见》，村愚《旅大租界的始末》
1923 年 5 月 1 日	劳动纪念特刊	亚子《劳动问题和中国》，亚子《劳工与农劳》，堃生《粮食贵贱与劳工生计》
1923 年 5 月 16 日	婚姻问题特刊	亚子《婚嫁改良浅说》，回忆《家庭经济之一部分处置》，升《我对于女界自杀底感想》
1923 年 6 月 1 日	经济公开特刊	《吴江县立第四高等小学校十一年度上半年经常临时费决算册》
1923 年 8 月 1 日	婚姻问题特刊第二号	重瞳《婚姻制度改革谈》，重瞳《女子结婚后姓氏问题》，重瞳《女子结婚后承受遗产问题》
1923 年 8 月 1 日	教育研究特刊	张年祖《地方教育之改进》，张年祖《设计教学法》

发行日	特刊名	主要文章
1923 年 8 月 1 日	经济公开特刊第二号	《第四区黎里市——年度教育费决算表、黎里市民公社筹款演剧收支报告》
1923 年 8 月 16 日	卫生特刊	汝忆萱《我们黎里公众卫生的研究》，平望王康年《家庭予防疾病之方法》，盛泽平《流行症之研究》
1923 年 9 月 16 日	经济公开特刊第三号	《黎里市民公社十一年三月份筹备起至十二年六月份止收支总册、黎里市民公社施医药收支报告（民国十年秋季）》
1924 年 4 月 1 日	新黎里报周年纪念特刊	YT《新黎里周年纪念宣言》
1925 年 5 月 16 日	吴江追悼孙先生大会特刊	《吴江追悼孙先生大会纪事》

资料来源：根据各期《新黎里》制作。

　　本章着眼于接受"新文化"、展现居民"民意"空间的市镇社会如何出现。① 举例来看，五四运动中最大的焦点即在《对华二十一条要求》上，导致旅顺、大连实际上成为日本的殖民地。《新黎里》刊出"旅大问题专刊"，以示问题之严重性。为了将袁世凯接受《对华二十一条要求》

---

　　① 有学者指出：利用身体直接表明民意的方式，带来街道空间的政治化、教育化同时，也强化了爱国意识对身体的统治。参见黄金麟：《历史、身体、国家：近代中国的身体形成 1895 — 1937》，第 239～261 页，台北，联经出版事业公司，2001。

的 5 月 9 日定为"国耻纪念日",该刊通过对示威游行的描述,刺激民众视觉。比如盛泽镇上示威游行的情况,有如下记载:①

> 五月九日国耻纪念,本镇各学校及各团体,特行整队游行。于上午九时出发,计有保卫团、警察、晏成小学、东吴小学、商业学校、第一女校、第一、第五、第六、第九各国校、第三高小、救国团、商读学校、本报社等。人数在五百左右。先聚集于东庙,振铃开会。全体唱国歌、国耻歌。……三呼中华民国万岁,遂出发。前行有白布旗一面,大书"国耻"二字。各校学生皆执小旗,或红或绿,或黄或白。上有"今日何日""五月九日""国耻纪念""力雪国耻""收回旅大""坚持到底""匹夫有责""取消二十一条条约""你忘了么""经济绝交"等字样。沿途唱国耻纪念歌。并有三高、商读学校及本报社等,遍发传单数十种。类皆提醒社会之语。至十一时许,始各散。

示威游行由学生、教师,以及市民公社的积极分子所主导;游行队伍一边游行到盛泽镇的中心街区,一边反复齐呼洗刷"国耻"的口号。对1925 年 5 月 30 日上海发生警察戮杀学生的五卅惨案,平望镇和周庄镇上也出现抗议活动,手法与盛泽镇相同。② 报章中经常出现《国耻歌》,具体内容虽不可得知,不过,应该与平望镇所唱的《救国三字经》雷同,

---

① 《五九国耻大游行》,《盛泽》第 41 期,1923 年 5 月 14 日。
② 《周庄各界对于沪案之表示》,《新黎里》第 47 期,1925 年 7 月 1 日。

歌词如下：①

> 日本国、无道理、割领土、占属地、一而再、把吾欺、廿一条、恶毒计、目前事、也为伊、杀工人、惨剧起、狠心肠、英吉利、嗾印捕、用利器、害同胞、如宰难、我国民、必未死、总关要、挣口气、切勿贪、小便宜、外国货、勿希奇、尽管贱、勠买俚、不要说、一些些、与大局、无关系、倘能够、做到底、弄得伊、□趣味、不用赶、也要去、这方法、很容易、并非吾、瞎嚼咀。

然而，似乎并非全体市镇居民都一致地采取如此行动。据报道，5 月 9 日国耻纪念日游行之际，"是日商会门前，悬挂国旗。见者均不解，经某君再三劝告，仍未收下"，显示商会并没有与游行行列采取统一的步调。②

以大镇为中心的市镇社会，不但是居民展现救国意识和"民意"的空间，同时也是推动现代化的基点。吴江县内的各个市民公社和恢复地方自治后的议事会，都积极推动基础设施建设。比方说，对江南屈指可数的大镇——盛泽镇，有如下描述："大家试仰起头来看，上面的电线，不是星罗棋布吗？在十八市乡中怕要首屈一指哩。这是电灯电报电话的成绩。十年前是没有的。再向四下一望，人烟更加稠密，商

---

① 《平望援助沪案演讲游行始末记》，《新黎里》第 47 期。□表示无法辨认的字。
② 《五九国耻大游行》，《盛泽》第 41 期，1923 年 5 月 14 日。

业更加繁盛了。南北大街和花园街，熙来攘往，简直肩摩接踵。工厂林立，医院和银楼增加不少。清道会两处成立。出版物风起云涌，盛极一时"。① 文中路灯和电话等象征现代物质生活模式，正在迅速普及中。此处提及的清道会，是以强大商店作为龙头、结合各街道进行关于公共卫生方面的互助组织。② 新南社社员王光祖创立了盛泽牛痘馆，③ 别的社员也在报纸上执笔撰文，宣传卫生知识。④ 这些事实都表明：大镇也成为传播卫生知识、推展公共卫生的空间。

尽管如此，我们绝不能过度强调市镇的现代化一面。从风俗的角度看，市镇仍是普遍看得到"旧染污俗"的空间。如茶馆里的"吸烟"和赌博问题，报纸上也从平民教育的必要性角度频繁讨论。除此之外，我们不能忽视的是"旧历的世界"，亦即大镇居民生活按照旧历遵从的各种祭祀习俗，依然有极其重要地位。据报纸报道，对市镇及周围农村的居民来说，庙会仍是民俗生活的重心之一。譬如，芦墟镇有所谓"猛将会"的庙会，每年农历正月初五，巡行队伍抬着草里村庄家圩庙

---

① 吕君豪：《盛泽社会的观察》，《盛泽》第 54 期，1923 年 7 月 30 日。此篇评论的主旨为，盛泽镇社会虽然在物质生活上有了发展，但吸烟和赌博等坏风俗蔓延，笔者对此表示担忧。

② 《北斗街清道会成立》，《盛泽》第 43 期，1923 年 5 月 21 日；《北大街清道会开会》，《盛泽》第 44 期，1923 年 6 月 4 日。

③ 《盛泽镇志》第十五卷《人物》第二章《人物录》。

④ 蓬轩：《消毒运动》，《新盛泽》第 3 号，1923 年 8 月 11 日。

的刘王神像，到镇上出巡绕一圈，非常盛大。① 江南的镇城隍庙还有农历十月一日的"十月朝"和"解钱粮"等庙会习俗，当天不是镇城隍神出巡，就是周围农村的神明出巡到镇上。② 报纸对这些庙会的论调，基本上都斥为浪费，但类似的报道越多，反而证明这些习俗在一般居民的生活中是根深蒂固的。③

如上所述，市镇社会为"新文化"和"旧染污俗"相互争夺的空间；这样的性质也展现在对新历和旧历两个不同时间讨论上。

二、两个时间——环绕在历法上的讨论

《新周庄》《新黎里》《盛泽》等报纸经常出现关于历法的讨论。比如，《盛泽》的发行人徐因时曾就端午节陈述如下杂感：④

> 又是端阳佳节矣。习俗于此日悬钟馗像，谓能捉鬼。然今日社会愈坏，魑魅魍魉，到处皆是，钟进士能一一捉之欤。又有插菖蒲艾蓬，贴天师符，饮雄黄酒，焚苍术白芷，谓能祛除灾祸者。

---

① 据笔者的口述调查，镇城隍神和刘猛将军等土神的出巡，与镇上大商店关系密切。例如，在庄家圩刘王庙出巡地点的口碑里，第一个被提到的是以懋福和为首的大商店。另外，据道光《平望志》卷十二《节序》，当时平望镇上有所谓二十四坊的街巷团体，轮流担任有关镇城隍庙的事务。故大商店成为坊的中心。
② 关于"十月朝"，参见滨岛敦俊、片山刚、高桥正：《华中·华南デルタ农村实地调查报告书》，《大阪大学文学部纪要》第 34 卷，第 113～114 页，1994。关于解钱粮风俗，参见滨岛敦俊前揭书，第 205～219 页。
③ 《中元赛会》，《盛泽》第 56 期，1923 年 8 月 27 日。
④ 因时：《端阳杂感》，《盛泽》第 46 期，1923 年 6 月 18 日。

> 吾以谓市人能不涉妄想，图非分之得，不入堕落之旅馆，不收大
> 赌窟之贿赂，不作丧盖天良之事，则灾祸可不除而自除矣。

这里所见的论调是：旧历的习俗不过只是"迷信"，人们视为灾祸的现象，其实只要改变观念便可解决。类似同样的言论到处可见。又如，对旧历年的送接灶神、送年节、迎财神等习俗，《盛泽》说："这种旧习惯，相沿已久。所以人们几乎要认为牢不可破了。但是我们仔细一想，都是无谓得很""这种旧习惯，在在要消耗金钱。"以浪费金钱的角度批评迷信习俗，在当时也相当常见。[1]

至于历法，《新周庄》也归结于居民的"劣根性"，说他们轻视阳历，是由于旧历的观念根深蒂固。有篇文章举其理由为：①阳历没有节气，所以一般农民轻视；②计算薪水和年终结账上使用不便利，受到一般工商界的轻视；③社会习惯一时不易改革，只好迁就，并担心一百年后的中国，可能没人使用阳历。[2] 另外一篇文章也指称，阳历新年只有衙门和学校才挂五色旗，在街上却一点都无法感觉到新年的气息，并将原因归纳为三点：①不脱因袭的劣根性；②旧观念根深蒂固；③视野狭窄，看不见世界的潮流。[3]

柳亚子有关历法的讨论，除了大致涵盖上述的几个论点外，也有政治化的观点。他将历法分为太阳历和太阴历，并主张前者应称为"国

---

① 君豪：《应该革除的几个旧习惯》，《盛泽》第 76 期，1924 年 2 月 18 日。
② 畊父：《新年随感：为阳历说几句话》，《新周庄》第 25 期，1924 年 1 月 1 日。
③ 吴炼才：《阳历新年的感想》，《新周庄》第 25 期。

历"，后者则是"废历"。其理由是：①

      为什么呢？改正朔，易服色，是革命的标帜，一朝有一朝的正朔，一国更应该有一国的历法，我们中华民国人，一定要遵守中华民国的历法。列位晓得国历的来源吗？辛亥革命，推倒满清皇家，创造中华民国，是四千年历史上第一件光荣的事实，那时候各省代表，大会于南京，选举中华民国第一人的临时总统，民意所归，于是我们中华的国父孙先生就一跃而登大位了。这一天恰好是太阴历的一月一日，我们孙先生为除旧布新，振刷国民耳目，并其他种种实际上的便利起见，便毅决然，废止太阴历，把太阳历定为国历。原来太阴历占据中华民国四千年历法上的位置，也同专制君主占据中国四千年政体上的位置一般，如今专制变为共和，阴历也变为阳历，把历史上划一条鸿沟的界限，不是天造地设的凑巧事情吗？照这样看来，凡是中华民国的国民，个个要遵奉国历，个个要取消废历，才不愧尽国民的义务。因为废历已经和满清政府同时推倒，一点也没有报存的价值了。

柳氏在另一篇文章提倡五一、五四、五九等各种纪念日，也可看出时

---

①   YT：《国历与废历》，《新盛泽》第 20 号，1924 年 2 月 1 日。

间意识的政治化：以革命为标准，赋予历法意义。[1]

然而，报纸媒体极力提倡使用阳历，反而证明事实上一般居民并非如此。正如农民对节气在阳历上的变动抱有反感，工商业者对结算上的不便表示不满一样，大镇上人们的习惯仍然按照旧历，只有政府人员、教师和学生才是阳历的使用者。因此，新历关联到"文明性"和革命性，跟与"风俗"息息相关的旧历彼此争夺市镇空间。

三、娱乐问题与市镇社会

受到俄国革命和社会主义思想的影响，劳资关系和劳工权利等问题的文章开始出现在报纸上。[2] 同时，也讨论到民众应该如何度过劳动以外的时间，尤其是休闲假日。到底适当的娱乐是什么？这些问题从市镇社会空间的格局、理想的身体观等方面，成为报纸关注的话题。

那么，当时的市镇具有怎样的娱乐？这些娱乐有何问题？当时市镇和乡村最普遍的娱乐场所是茶馆。有一篇报道指出，盛泽镇上五十多家茶馆里，只有两三家茶馆纯粹供应茶水，其他均设有赌场；黎里

---

[1] YT：《纪念的五月》，《新黎里》第 44 期，1925 年 5 月 16 日。同样的讨论也可以在蓬轩：《国庆节之凄凉语》（《新盛泽》第 59 号，1925 年 10 月 11 日）中看到。国庆日时，除了政府机关和学校外，盛泽镇居民无不悬挂国旗，即使是知识分子也将国庆节日看成娱乐的日子。对于这样的情况，徐蓬轩曾提出诤言。

[2] 1923 年冬天到 1924 年春天，盛泽镇上绸行与领户之间因付款的兑换率发生纠纷，行政部门和警察也卷入事件之中。对此，《新盛泽》和《新黎里》从劳动问题的角度刊载了不少文章，可以看到新思潮的影响。关于这个事件的概要，见《盛泽镇志》，《附录·杂录·绸领之争》。

镇上则经常看到苦力、小工、商店伙计等逗留在赌场中。① 这些"不正规"的茶馆均被斥责，理由除了沦为赌场之外，有些茶馆还供应鸦片，导致"伤风败俗"。② 因为沉湎于赌博和鸦片来排遣余暇，被认为是"把宝贵的光阴虚度了，养成了一种惰性。这种惰性，大之可以亡国、灭种；小亦不能自存"。③ 由此可见，国民的文明度假方式被认定直接关系到保存国家和种族的问题。

所以民众适当的娱乐应该是什么？接下来就①个人安排时间的方式；②适当的娱乐设施两点来看这个问题。关于①，《新盛泽》有篇题为《公余问题》的报道。④ 根据该文，个人生活应该遵守"三八制"，即工作、休息、睡眠均 8 小时。《公余问题》就在讨论怎么使用 8 小时的休息时间。有关如何安排"公余"，主要有两方面主张：一是主张不该加以限制，二是主张为了避免消遣陷于"放荡"，应到剧场欣赏绘画、音乐等艺术，或进行读书、体操等活动，保养身体，整备精神。该文作者并指出：前者很容易陷于堕落；而后者则不是很现实的方式，问题出在中国的剧场大多粗俗，欠缺西洋式的公共娱乐场所。⑤

应该注意的是，上述论点牵涉到度假方式，不仅仅是个人问题，而是密切地关联到公共娱乐设施的设置上。这项问题与建设公共体育

---

① 汪光祖：《"无独有偶"的"茶馆兼业赌业"》，《新盛泽》第 62 号，1925 年 12 月 11 日。

② 焕文：《乡村社会的目睹》，《新盛泽》第 35 号，1924 年 7 月 21 日。

③ 履冰：《盛泽社会上的一种病态》，《盛泽》第 91 期，1924 年 7 月 24 日。

④ 绿天：《公余问题发端》，《新盛泽》第 32 号，1924 年 6 月 21 日。

⑤ 病禅：《民众娱乐问题》，《新周庄》第 14 期，1923 年 5 月 16 日，也作同样的主张。

场、大众教育馆，以及增加阅报社等广义的推动平民教育密切相关。黎里市民公社成立一周年时讨论今后努力的目标，也提到了这些项目，可以看出公共娱乐场所议题的迫切性。① 此外，设置公共娱乐场所和追求正当的娱乐方式，也和身体观有关。例如，公共体育场的建设目的，虽在于辅助儿童的身体发育和身心健康，同时也被期待能对民众产生影响。这点有如下的陈述：②

> （四）使一般人都有正当的消遣。本区人烟的稠密，要算在吴江县里首屈一指了，但是没有"公共"的"正当"的娱乐场，所以茶楼酒馆都是"满坑满谷"的坐着，熙来攘往肩摩踵接的，都是街头巷尾"谈谈笑笑""兜兜圈子"罢了。试看那一条街里没有"吞云吐雾"的燕子窠，和"呼罗喝雉"的赌博场，那一个有健全的体格，具雄壮的态度，不是肥胖如牛，便是骨瘦如柴，甚至有弯曲的背，狭窄的胸，瘦弱的筋肉，枯萎的肌肤，差不多像一张黄皮裹了枯骨。我们二十世纪的新中国，还应当有这样的"活标本"么？可怕啊！可丑啊！组织公共运动场，就可使他们有正当的消遣、适宜的运动，减轻社会上罪恶，和不健康不道德的习惯。

引文说到通过普及运动风气、锻炼身体，人们可获得健康，社会因此

---

① 《黎里市民公社一年来底经过及今后底希望》，《新盛泽》第 7 号，1923 年 9 月 21 日。

② 程权侠：《本区急宜组织公共体育场》，《新盛泽》第 16 号，1923 年 12 月 21 日。

也随之进化。这样的身体观和文明观，与娱乐方式密不可分。① 笔者认为：这一点表明，大镇已成为 20 世纪 20 年代塑造文明身体的实践场域。

第四节　平民教育中的民俗观

当人们远离"旧染污俗"之后，又如何基于"新思想"正确地安排时间，乃至适当地使用身体，与推动平民教育形成密切关联？黎里市民公社社长殷佩六在公社成立一周年之际，列举 8 项今后应该努力的目标。其中，除了修路、设置路灯等基础建设之外，还有组织通俗演讲团、设立通俗教育馆、办理阅报社、筹备公共体育场、组织公共娱乐场所等六个项目，都跟平民教育有关。可见克服"旧染污俗"的平民教育，在当时是如何受重视。②

诚如第二节所述，20 世纪 20 年代恢复地方自治后，为了落实"民治"，新知识分子试图以商人与知识分子为中心，建立有别于传统"绅治"的自治。在这一理念下，知识分子虽开始将"一般平民"视为构成自治的一部分，但怎么去理解民众及其民俗、文化，推动平民教育者之间也存在着看法和方法上的分歧。下面将他们对民间文化的讨论，大致分为三种：①作为克服对象的民间文化；②作为启蒙手段的民间文化；③作为艺术的民间文化，概述平民教育者背后的民俗观，以及与

---

① 程权侠：《社会的健康》，《新盛泽》第 16 号。
② 《黎里市民公社一年来底经过及今后底希望》，《新盛泽》第 7 号。

他们密切相关的文明观。

　　首先以当时对庙会的讨论为代表，厘清第一种看法。本章使用的地方报有许多关于庙会的报道和评论。其中震泽镇东侧的双杨村，有座庙宇叫双杨庙，每十年举行一次"双杨会"。1924年适逢办会之年，支持派与反对派爆发了激烈的冲突，引起各方注目。双杨会从农历三月二日开始，随后的15天内，抬着双杨庙的城隍神像出巡至震泽、梅堰、盛泽各镇，规模极为盛大。据反对派的估计，出巡时周围的圩一共要出70艘"会船"，每艘船搭乘30多人。有一篇以浪费时间和金钱为报道角度的文章指出：双杨庙会期间，信众的饮食费每天要4角，共13000元；会船的装饰费每艘4000元；加上信众至少动员500艘船，各项经费统计逾10万元。报道内容对此深表担忧。①

　　反对派异口同声地斥责双杨会是"劳民伤财"。依照传统，双杨会原本应该在1921年举行。当时上海士绅施子英说动官方，使当年的双杨会被取消。到了1924年，双杨村的士绅、双杨庙和昭灵侯庙住持等，开始着手筹备庙会，对此汪光祖痛斥双杨会"引起匪类的混杂和蠢动"。这种维护治安的立场，成为当地精英阶层的共识，从盛泽市议事会副会长和农会会长为中止双杨会而奔走，亦可见端倪。② 饶富兴味是，据说震泽市民公社的发起人周心梅，以及震泽丝业和盛泽绸业的团体，对举办双杨会却抱持积极的态度。可见市镇社会的领导层内部，

---

　　① 少方：《双杨会糜费之预算》，《盛泾》第26号，1924年3月25日。此报道还估算了间接费用，并对民间浪费钱财表示担忧。
　　② 汪光祖：《双杨会》，《新盛泽》第23号，1924年3月11日。

对双杨会看法也存在分歧。①

　　除了从"劳民伤财"的角度批判，还有从更广泛的脉络对庙会加以批评。周庄镇有所谓"三月二八泛"的庙会，《新周庄》的一篇评论虽肯定庙会具有促进民众娱乐的功能，但相较于西方的舞蹈和音乐会、公共剧场等，则显得极为低俗。②此一看法与第三节所论公共娱乐场所的建设问题，亦有密切关联。《盛泾》的一篇社论则列举盛泽社会必须改正的缺点，如缺少基础知识、缺少公共观念，以及善恶不分三点，并指责居民只会砸大钱办双杨会，但对平民教育、游民工厂、公共体育场等当务之急，却漠不关心，导致阻碍"文明进步"。社论最后呼吁：必须改革旧习和灌输知识，方能"导致社会日进与文明，庶得竞存于优胜劣败二十世纪之世界"。③将庙会放在文明发展的对立面，理由如同一则报道所提及："迎神赛会迷信神权之无益举动。"④身为新南社社员、主持盛泽平民教育会的汪光祖，在斥责双杨会"劳民伤财"的同时，对放任此等恶习存在的社会如此评述道：⑤

----

　　①　汪光祖：《双杨会》，《新盛泽》第 23 号，《盛泽镇志》第十四卷《社会》第一章《风俗》第五节《行业风俗》。

　　②　病禅：《民众娱乐问题》，《新周庄》第 14 期，1923 年 5 月 16 日。

　　③　少方：《社会弱点之我见》，《盛泾》第 35 号，1924 年 5 月 25 日。

　　④　少方：《赛会》，《盛泾》第 41 号，1924 年 8 月 25 日。

　　⑤　汪光祖：《没有一个有心人了》，《新盛泽》第 27 号，1924 年 5 月 1 日。此外，双杨村的城隍神为传承自唐王室望族的李明，而盛泽的城隍神也是李明，据载两个城隍神会见时，还相互交换印有李明的名片。这样的风俗从文化整合性来看也是荒诞无稽。《双杨城隍与东西城隍会见时之笑话》(《盛泾》第 29 号，1924 年 4 月 25 日)上批评说："实为社会文明之污点也"。

社会程度之文野，原无一定之标准。不过"礼失而求于野"，上无正道，下趋邪径，所谓乡人君子，尽是虚伪；所谓青年人格，尽是堕落。到是一般蚩蚩泯泯之徒，平日说他们市井小人的，龌龊鄙夫的，反而有些信义，假使有人大声疾呼，唤醒痴骏，并能"律己律人"的，自然能使一般人同趋正途，不致耗费可贵的金钱，于无益的事，便是可算文明了。否则邪说勃兴，迷信愈深，变本加厉，致肇不测之事正多呢。唉！吾不得不说：吾盛泽，没有一个有心人了。而社会程度之野蛮，又那忍说呢？

民众之觉醒有赖于知识阶级的指导，汪光祖的见解不只确切地反映平民教育的社会观，同时也明确表露出视庙会为野蛮、与文明背道而驰的看法。

接着讨论当时知识分子如何看待作为启蒙手段的民间文化。汪光祖创办的盛泽平民教育促进会，设有商读函授部（后改为商读学校）、识字教育部、通俗演讲部等，在盛泽镇展开积极的活动。[1] 这些活动主要对象为平民阶层，是超学龄、不识字或识字不多的小工和店员，因此有人主张：要利用民众平时接触的文化，作为推动教育的手段。例如举行大众演讲时，地点要选在茶馆等人们习惯前往之处，同时"选

---

[1] 《盛泽镇志》第十五卷《人物》第二章《人物录》。吴江县内市镇平民教育促进会的成立，呼应了中华平民教育促进会。据《新盛泽》登载的平民旬报广告，该报纸由江苏平民教育促进会发行，报上文章是按照《平民千字课》收录的文字来执笔的。《平民旬报》，《新盛泽》第 29 号，1924 年 5 月 21 日。关于中华平民教育促进会，参见小林善文前揭书，第八章《晏阳初にみる平民教育运动の乡村への展开》。

的材料，说的口气也要通俗。总归要配合社会上人的胃口"。①

利用人们日常习惯的事物作为教材的想法，也弥漫在全国各地展开的平民教育运动中。盛泽平民教育促进会推行识字运动之际，采用商务印书馆出版的《平民千字课》，也是一项佐证。②

除了现成教材外，也有些别出心裁的教材，如改编自当地民俗的材料或曲调，就被运用于识字运动和大众演讲的现场。③举例来说，为了有关公共卫生演讲所作的《夏天卫生歌》，内容如下：④

    公众呀　卫生　大家要留心　夏天时候易生病　有病无意兴

    嗳呀　快快讲卫生　嗳呀嗳嗳呀　个人要留神

    街道呀　清净　传染病勿生　传染病生真害人　一人传二人

---

① 《最轻便的几种通俗教育事业》，《新盛泽》第 39 号，1924 年 9 月 1 日。君豪：《戏剧与风俗》(《盛泽》第 42 期，1924 年 5 月 21 日)也主张：利用戏剧对社会的"中下级"的感化力来改良风俗。

② 《敬送平民千字文课本》，《新盛泽》第 27 号，1924 年 5 月 1 日。该报道说：盛泽平民教育促进会购买一百册《平民千字课》，并发给私塾塾师和工商界有需求者。另外，据说设立于周庄镇的平民学校，除了商务印书馆发行的《平民千字课》之外，还使用全国青年协会编写的《平民千字课》。《平民学校近况》，《盛泽》第 93 期，1924 年 8 月 8 日。

③ 马韫之：《"识字运动"五更调》，《新盛泽》第 4 号，1923 年 8 月 21 日。

④ 《改良通俗小调夏天卫生歌(仿知心客)》，《新盛泽》第 30 号，1924 年 6 月 1 日。同样的事例有：《国民团结歌》，《新盛泽》第 58 号，1925 年 9 月 21 日。据注释，这首歌模仿了泗州调。如上所述，本文所利用的报纸，许多设有讲解科学知识和卫生知识等文章的栏目，以便增进一般读者的通俗知识。从此可知报纸本身也被视为一种具有社会教育功能的载体。譬如，《新周庄》第 19 号(1923 年 8 月 1 日)的"常识"栏，登载了费公直的《传染病浅说》。如果与城市的通俗卫生知识内容相对照，就可以了解 20 世纪 20 年代江南市镇的社会教育水平。户部健：《近代中国における通俗卫生知识：天津(1912～45年)の事例から》，《历史学研究》第 834 号，2007。

暧呀　大家不安宁　暧呀暧暧呀　要死许多人

　河沟呀　洁净　吃水就碧清　吃到肚里不生病　大家要留心
暧呀　人人有精神　暧呀暧暧呀　疫疠就不生

　蚊子呀　苍蝇　实在真害人　饭馆小摊要留心　吃物不干净
暧呀　吃了要生病　暧呀暧暧呀　刻刻要留心

　公众呀　卫生　夏天顶要紧　瘟疫发生勿迷信　快快请医生
暧呀　医生好医病　暧呀暧暧呀　性命活得成

　　歌名冠上《改良通俗小调》，另有附注说是模仿自《知心客》。"小调"即
大众歌谣，是极具地方色彩的曲调。《知心客》则是苏州一带非常受欢
迎的吴歌。另外，在《新盛泽》上还登载过几首像《五更调》与《小热昏》
等脍炙人口的大众歌谣。这些以民间文化为启蒙、教化对象的手段，
基本上与清末启蒙运动如出一辙。[①]

　　最后要思考一下以民间文化作为艺术的看法。随着 1925 年孙文逝
世，国民革命的气势如虹，介绍三民主义、中国国民党或孙文之贡献
等文章，开始取代有关地方自治与平民教育，占据主要版面。在如此
潮流下，"民众"转为政治和文化的主体，评价民间文化也有了一百八
十度的转变，因此有人提出，应从民间文化中找出正面价值。[②]《新盛

---

　　① 李孝悌前揭书，第183～191页。
　　② 国民革命军开始北伐后，为了在宣传方面动员百姓，也开始提高民众的地位。
当然国民党左派的影响力很大，新南社的主要成员亦属于国民党左派；然而他们对民众
的看法，也深受新文化的影响。

泽》第 37 号的"文艺特刊"内，有两则文章论述如何看待包括民间文化的民众文学。徐蔚南的《革命与文学》先痛斥文言文，接着主张符合民众需要的文学，是像《五更调》或《四季相思》等贴近农工商阶层的心声，进而提倡文学革命与革命文学的必要性："要革新中国现状，要革新中国人的习惯，先要有革新的思想计划才行。传播革新的思想计划的最好工具是什么？是文学"。[①] 徐蓬轩更进一步地发掘存在于五更调、四季相思等农工商"民众文学"里的价值，超越承载革命的工具。他这样说道：[②]

> "民众文学"的发展，所以扫灭一切有贵族色采的文学，这因为民众表现出来的文学，是表现出他们直接感觉到的经验，道德，是有无穷价值的。……将来"民众文学"渐渐发展起来，扫除一切贵族色采的文学，优胜劣败，是一定的趋势啊！
>
> （中略）
>
> 所以真正的"民众文学"决不是智识阶级所能代做。定要从农、工、商等人中，感想到他们亲历的环境，或是凄凉的，或是快活的，或是愉情的，或是忧虑的，或是困苦的，或是悔悟的，或是警戒的。总之，平常他们所随便唱出来的，如水田歌、插秧歌、竹枝词等，便是真正的"民众文学"。

---

① 蔚南：《革命与文学》，《新盛泽》第 37 号，1924 年 8 月 11 日。
② 蓬轩：《民众文学》，《新盛泽》第 37 号。

徐蓬轩认为文学包含所有的艺术，如同斯宾塞（Herbert Spencer）所说"道德美远胜于智识美的理论"，即平民在实际生活中运用情感表现出来的作品，蕴含着"道德美"。① 于是水田歌、插秧歌或竹枝词，已不再被视为启蒙的工具，而是本身即具存在价值。此一认识基础与历来的看法大相径庭。

同样角度看待与民间文学密不可分的民间文化，自然也就出现了肯定及正面的评价。例如关于庙会，徐蔚南有如下之主张：②

> 近时颇有一知半解之徒，反对赛会，以为赛会乃迷信之一种，与科学相反，不合时宜；通俗的赛会观亦只从迷信一点出发。我欲加以纠正者，即在此也。惟没有说到赛会之我观之前、我要预先声明的，就是我并不替迷信辩护。我觉得赛会除迷信之外、且有艺术的重大意味。要晓得艺术并不是智识阶级所能独创、艺术赏鉴的力量亦非智识阶级所独具的；赛会这件事，出发点虽在迷信，但同时就是除开智识阶级以外的民众之艺术表现。……这样说来，我们大抵可以同意于赛会同时是艺术的表现罢。总言之，赛会的出发点是迷信，可是由迷信而归结到民众艺术之创造与欣

---

① 严复接受斯宾塞的社会进化论，认为获得西方科学知识后可以达成道德上的目的；换句话说，西方科学知识有助于建立如"治国平天下"这样的社会秩序。在此意义上，社会进化论可以从社会变革的实践论角度理解，从而影响到日后的思想家。Benjamin I. Schwartz，平野健一郎译：《中国の近代化と知识人：严复と西洋》，第31～35、第42～46页，东京，东京大学出版会，1978。

② 徐蔚南：《我之赛会观》，《新盛泽》第55号，1925年9月1日。

赏，这是我所深信的。

将赛会视为"民众之艺术表现"，从中发掘其积极意义，这一见解与徐蓮轩评论背后的文化观，基本上是一致的。不过，尽管它与清末以来视民间文化为手段、为改良对象的民间文化观有着一线之隔，但从上述引文来看，依然认为赛会是迷信的一种，而不肯定民间文化自身的价值。因为这只是文明与野蛮的强烈对比下，抽离了民间文化中一些"迷信"的成分，再创建出不同的意义而已。在知识分子眼中，民间文化固然是为了实现文明而成为改良的对象，却也必须从中找出积极意涵，两者前后性质截然不同。所以，当地方知识分子用文明这把尺丈量乡土时，他们所面对的乡土观也必然会呈现出两歧性的对立。

小结

本章主要着眼于新南社社员，以江南市镇社会的新知识分子办报为背景，观察 20 世纪 20 年代地方自治恢复期间，在"新文化"影响下，他们如何凭借舆论进行乡土社会的建设，以及是否对市镇社会的转型带来（或没能带来）影响。其中，尤其关注他们所主导"舆论"的内容和进行平民教育运动的实际情况，以及运动背后的文明观和乡土观。

第一节概观了清末到 20 世纪 20 年代江南知识界的活动，包括备受瞩目的南社和新南社社员的动向。以往研究偏重于柳亚子个人，但当我们仔细分析新南社社员的组织和实质活动内容时会发现，柳氏尽管为其中的精神领袖，然而新一代知识分子才是市民公社和平民教育运动的幕后推手。吴江县内大镇陆续出版的地方报，就是新知识分子的阵地。他们通过文字，形成"舆论"的有力工具。发人深思的是，报上除了有关培植新文化和推动平民教育等宣传文章外，还辟有常识栏，讲解通俗的科学知识和卫生之道，目的在于增进一般读者的常识。据此可知，报纸本身也被看作一种社会教育的教材。

第二节讨论地方自治的主体问题。新南社派报纸讽刺独占议员职位的士绅是"老爷"，并批评市议事会变成"官厅式"，自治不过是"绅治"。类似批评虽在这个时候颇为常见，但也清楚地展现出新知识分子对传统士绅把持自治职位、阻碍实现真正"民治"的危机感。为了落实真正的"民治"，他们积极鼓吹应由工商业者与新知识分子组成市民公社，出面革新自治。并且通过平民教育运动，由"智识阶级"来指导民众。

第三节主要分析的焦点，集中在新知识分子引进的"新文化"——各种新思想和政治学说——特别是市镇社会究竟产生怎样的转型。结论有三：第一，市镇社会开始成为青年知识分子以示威游行展现救国意识和"民意"的空间。但从一般居民的习俗来看，我们必须注意市镇依然举行如"解钱粮"一类的传统仪式。第二，市镇社会成为使用新时间——阳历的空间。阳历尽管以文明和革新的名义而被大力提倡，但使用者只限于政府人员、教师或学生们，大镇上沿用旧历的习惯仍根深蒂固。于是，市镇空间成为新旧历争夺计时话语权的场域。第三，作为娱乐空间的市镇社会。茶馆是当时市镇上习见的娱乐场所，却往往沦为赌场和鸦片吸食处。针对这种情形，报上提倡建设公共体育场和公共娱乐场所，使劳工们能够正常地使用身体和安排时间。这种主张背后以古典社会进化论为根据，将娱乐问题看成与保存国家、种族直接相关的重大事件。

第四节检讨平民教育运动及其背后民俗观所具备的时代性特点。民间文化不但被视为改造的对象，而且成为教化民众的手段，这点与清末启蒙运动可说是一脉相传。但当人们开始发觉"民众"才是政治的主人翁时，有人便提出民间文化应该获得肯定。尽管如此，他们仍然以文明为标准，痛斥民间文化为迷信，没有考虑从民间文化中寻觅其固有价值。因为乡土只是在文明与野蛮的强烈对比下，抽离了民间文化中一些"迷信"的成分，再从中构建出各种不同的意义而已。在知识分子眼中，民间文化固然由于文明化的需要而成为改良的对象，却也必须从中找出积极意义，两者性质截然不同。所以当地方知识分子用文明尺度丈量乡土时，他们所面对的乡土观，也必然会呈现出两歧性的对立。

要再次提醒读者的是，市镇社会是各种被引进的"新文化"的"承载体"。也就是说，盛泽镇和黎里镇等江南首屈一指的大镇中，因为拥有强大的经济力量和深厚的社会阶层，才能由地方知识阶层推动乡土建设工作。以文献所能呈现的区域范围来看，居住于市镇的知识分子，已是有能力撰写文字的知识社群的最低要，求无怪乎有关农村的信息是如此的寥寥无几。在他们追寻区域整合的历程中，有人呼吁必须重新认识民众与民间文化，但对泰半的知识分子来说，民众仍是启迪与教化的对象；出现在地方报纸上的民间文化，不过是透过"文明"这面镜子，所映照出来的倒影罢了。

终　章

本书从地方的制度化与地域对立、以乡土出发的秩序构想、新文化和市镇社会三个面向,通过江南地域社会中市镇精英阶层的言论和行动,分析清末民初塑造出来的乡土意识及其特征。

关注作为乡土意识主体的市镇社会精英阶层,是基于如下三项理由。第一,在清末新政以地方自治、学校教育为主的地方制度化进程中,市镇社会开始成为行政区域。它们成为地方自治的末端,与乡土意识的萌发密切相关。第二,乡土意识通过他们自己的媒体——地方志、乡土志、地方报等文字传媒表达出来,在这一地域社会的脉络中,反映出各种新观念被接受的方式。不过,居住于市镇的知识分子,编纂的地方文献居于史料最基层的位置,不能不注意从文献史料复原历史形象的局限性。第三,着眼于地域社会多层结构的话,某种程度上文明化能被接受的最末端就是市镇社会(几乎限于大镇),这也是地方文献所能传达的乡土意识的下限。

下面对本书分析的内容做一个概括。

地方的制度化与政治对立

清末新政以前，县以下地域社会的各种行政服务，一般由当地精英负责，地方公共事务所达到的范围，具有地理上的领域性。不过，由于清末新政，警察、新式教育、地方自治等各项制度被引进了地域社会，使得地域社会在民族国家的行政制度下，被明确地设定了范围。随着地方的"制度化"（也可以用"境界化"来表示）过程，愈发鲜明地展示出城乡对立的政治图景，亦即对县衙门、上级官府发挥影响力的城区精英，采取所谓城区中心主义的行动。而当地负责公共事务、获得名望和权益的乡区精英，则采取所谓保护乡等于保护当地社会利益的地域战略行动，二者之间因差异而出现了对立的局面。乡土的讨论脉络由于地域社会境界化带来的现实利害关系，而出现了对抗。

想附带说一句的是，这些乡区精英在上述城乡对立中，由于地域战略的关系，选择了通过选举议事机关，乃至执行机关的成员、首长，进而利用政党组织等形式参与政治，表达自己的政治理念。与经由私人渠道对县政发挥影响的城区精英相较，乡区精英积极采用新的政治参与机制，以确保地方权益。

如果把目光转向县以上级别的行政机关，观察其与地方精英阶层之间关系的话，会发现地方制度化创建出来的乡土意识，是由乡区精英阶层的一种权利意识而萌发的。也就是说，他们通过不同的自治团体，与地方财政中的官方权力（即"官治"）相互对抗，希望地方公共事务承担的领域（即"民治"）能被正确地定位。但是，要想改变过去涉及官方权力中枢既得利益的存在方式是不可能的。无论是城乡对立还是官民对立,近代中国的国家建设与其说是将地域整整齐齐地统一起来,不如说是产生出多层次的地域交错和相互对立的局面。

　　从乡土出发的秩序构想

　　清末国家建设面对最大的问题,是国家面临外来危机而依然衰弱。对此,当地精英以乡土秩序为媒介,以确立整体性秩序为现实手段,并且通过学校教育、地域社会的实践来进行试验。本书关注的乡土志、乡土历史和地理等乡土教育课本编纂虽多以县为单位,但居住于市镇的精英以乡为单位来编纂乡土志,也反映了江南社会的特征。乡土志的编者多数也参与了乡镇志、县志的修纂,在乡土志编纂的热潮之下,可以说乡镇志应当被看作乡土教育的教材来。

　　清末民国时期的乡镇志、乡土志,依照新的文明观来叙述乡土。这里展示出来的世界观,受到梁启超影响,把文明视为社会进化论生存竞争的结果。例如《陈行乡土志》的作者把"人与人、家与家、国与国、种与种"——所谓"修身""齐家""治国""平天下"等不同层面上的优胜劣败,视为20世纪世界的景况;在立足于儒学思想的同时,也接受通俗的社会进化论的混合文明观。这样的世界观,怀着因"外力"而导致"内部落后"、秩序崩溃下的危机感,期望经由"改良""合群"社会来克服问题,恢复秩序。对当时的知识分子而言,"合群"的实际办法是结合各种中间团体;对《陈行乡土志》作者等市镇精英而言,市镇社会正是"合群"的起点。他们设想从乡土开始,以同心圆的形式向县、省、国逐步扩大,以恢复整体秩序。

　　回到本书主题—乡土意识—看待上述秩序意识的话,可以发现怎样的特征呢？诚如多数乡土志和乡镇志异口同声地主张那样，通过涵养爱乡心来发扬爱国心。也就是在民族危机之际，为了"民族"生存，个人必须对国家做出贡献的观点，爱乡和爱国之间，是有连续性的前提，本质上毫无差别。这一主张的特征，与日本乡土教育中所能看到的国家集权方向对比起来，就非常鲜明：中国乡土志编者几乎没有提到日本那样的主张。

新文化与地域社会

当地知识分子阶层是文字来表达乡土意识，不同时代的差别问题也很重要。亦即从科举教育出发、部分吸收西方文明，但仍以儒家思想为基础的知识分子，与那些接受学校教育、西方"新文化"的新知识分子有所区别。这样的差异导致的对民间文化的态度，究竟有何不同？抑或有其连续性？

胡祖德的《沪谚》是为了社会教育而收集各种俗语、俗曲的编纂物，不如说其中还表达了传统知识分子对民间文化的理解，可以看出他们理想中的秩序，即通过对乡土的公共心而对"爱国"有所贡献。换句话说，是希望以乡土秩序为媒介，做出对国家秩序和整体秩序的贡献。对他们来说，民间文化始终是改良乡土秩序或教化民众的手段。这一点与清末启蒙运动的宗旨是连贯的。

20 世纪初到 20 世纪 20 年代，江南市镇社会流行"新文化"，即各种援引自西方的思想和主义，提出多元的国家建设和恢复秩序的构想。在吴江县及其周边地域，以"爱国诗人"柳亚子为中心的文人组成新南社，致力于在地域社会普及新文化，主要方法是在大镇上发行地方报纸。这也凸显了身为读者的新知识分子阶层的存在。

新知识分子以大镇为中心，开展的事业之一，是平民教育运动。在此，"迷信"的民俗不但是被改造的对象，还作为民众教化的手段而被加以利用，这是从清末启蒙运动源流中汲取而来的经验。然而在此后发现"民众"的过程中，民俗虽获得积极的评价，其固有价值被发现，可是在以文明为尺度对迷信定罪这一点上，却并非发现民俗的本意。换言之，拥有这样民间文化的乡土，与其说是与文明有一定距离，不如说是为了促进文明化而需要被改造、改良的对象。这种乡土形象的两面性，彰显了地方知识分子是以文明化为尺度来认识乡土，面临着显而易见的困难。

上述分析清末民初地域社会的变化，如果借用山田贤所谓的"包含两个重心的不安定椭圆"比喻的话，可以说椭圆的两个重心差异扩大，进一步增加了不安定的状态。亦即从王朝国家到民族国家的变迁中，非正式、半正式的"地方公事"历经再生产，被纳入国家、地方政府的各种制度之中，地方的"制度化"不一定带来地域社会的整合。如城乡对立情形所显示的，既得利益、地域利害的对立则愈加显明。一方面，主张乡土逻辑具有对立、去整合化的趋向；另一方面，从地域社会的另一个重心——秩序意识来看，可以发现在描述乡土的方式中，存在着完全不同的方向及性质。对当地知识分子而言，乡土是实践"合群"最现实的起点，因为要从乡土开始，向县、省、国进行同心圆状的扩展，从而实现整体秩序的恢复。但是看一下"合群"展现出来的乡土形象就会发现，无论是对传统士绅阶层还是新知识分子而言，乡土既然连一草一木也要被热爱，又是为了文明化必须改良的对象，无形中成了一个具有双重内涵的东西。

那么，为了确保地域利益分权化的趋势，以乡土为起点的秩序内容之间又是怎样的关系呢？本书第一部讨论既得利益、地域利害使得地方的离心力越来越强化，而第二部分析地方精英阶层在地域社会中极力主张乡土秩序的重要性，必须注意到二者之间的关联性。"修身、齐家、治国、平天下"的同心圆秩序既是他们致力实现的理想，同时也具有显示自身行为正当性的意义。因而，地域社会这椭圆的两个重心，可能并非相同或相斥，而是一种相互依存的关系。

如果说前面两部分的重点，在厘清同心圆内"乡土"与外部世界之关系的话，那么第二部和第三部所要探讨的地方精英阶层和民众的关系，处理的正是"乡土"这个圆内部的紧张关系。当地方精英致力于改造民俗、民众以形成国民课题的同时，也不能忘记他们对清末以来江南民众运动的大力推动，力图以此确保自己的统治稳固与正统性。[①]居住于市镇的地方精英，必须处理周边农村发生的各式各样的问题。对他们而言，民众的动向与他们自己的生存直接相关，是充满紧张感的问题。清末民初地方精英的各种主张，包括他们从媒体上宣扬文明立场，实质上都是为了维持自己在地方上的主导权。

---

① 有关这方面，参见吉泽诚一郎：《天津の近代：清末都市における政治文化と社会统合》，名古屋，名古屋大学出版会，2002；藤谷浩悦：《湖南省近代政治史研究》，东京，汲古书院，2013。

＊　　＊　　＊

　　为了将地域社会这"不安定的椭圆"纳入国家整合之中，地方精英
到底面临着什么问题？又有何要求？笔者打算以两条史料为线索简单
说明。通读本书选取《嚠报》的报道文章，可以看出 20 世纪 10 年代后
半期新文化运动兴起，在外来的社会主义等思想影响下，试图以白话
文字消弭地方对立的情况非常明显。例如，对嘉定县政中发生的尖锐
党争，《嚠报》上便认为极力强调"私人权利"、基于私利私欲的党派滥
用政党制度，导致了地域社会的分裂。[1] 因此，要克服这种情况，与
其由个体的自律来影响社会，不如扩大个体的范围向社会上推广，这
就是使个人与社会一体化、超越地域社会分裂的想法。[2]

　　这一想法放在长时段来看，其连续性则更为突出。例如岸本美绪
讨论过明末个体与社会关系，指出当时"万物一体之仁"的观念，是"以
在社会中生存的自己为中心，由同心圆状无限扩展，产生一种直接而
不需中介的共同性感觉"。在个人与社会的关系方面，明末同心圆扩展
的对象，首先是父系血缘关系，相对于清末的向乡土、国家进行，两
者有很大的差异。[3] 分析清末知识分子公私概念的沟口雄三，指出"无
私的天下为公"概念很容易与经济上限制个人的私相互联系，如此意味

------

[1]　铎：《党的本意怎样呢》，《嚠报》第 227 号，1920 年 3 月 10 日。
[2]　太行：《安分守己：什么叫做"己"？》，《嚠报》第 228 号，1920 年 3 月 25 日。
[3]　岸本美绪：《明清交替と江南社会》，第 76～86 页，东京，东京大学出版会，
1999。

着民生主义朝向社会主义是可以相互联系的。[①] 据此，精英阶层认为个人与社会一体化的秩序观可以共有，故地域社会渴望推广涵盖社会整体的规律——以党为媒体、执行社会整合的党国体制，可以预见他们将成为国民党的支持者，对这方面进行深入的研究就显得格外必要了。

另一方面，建立以乡土为同心圆秩序的方法，成为 20 世纪 20 年代的一大潮流。例如，在张謇主持下成为地方自治模范的南通，也在 20 世纪 20 年代后积极地推动地方自治。他们独特的自治意识，通过南通长期发行的《通海新报》评论中反映出来。在 1921 年 1 月论述地方自治的文章中，则针对经由省自治挽回中国危机的方法，陈述了县、市乡一级都存在相互争持的情况：[②]

> 故我言自治谓当竭个人之能力从村落着手。五家之邻、十室之邑，苟我个人平日之信义而勉为之，或者当能收尺寸之效。若范围稍大而欲籍群策群力，期其功底于大也。近非其时焉。

上述以村落为自治起点向外扩大的构想，不难看出是受到清末以来张謇提倡村落主义的影响。在这构想中，最显著的是个人修养为一切基

---

① 沟口雄三：《中国における公・私概念の展开》，收入沟口雄三：《中国の公と私》，东京：研文出版，1995。

② 《自治难》，《通海新报》第 1180 号，1921 年 1 月 13 日。而且，该文也在与省自治的比较中，强调县自治的意义。《省宪与自治》，《通海新报》第 1565 号，1923 年 7 月 20 日。

础的看法。^① 这种以个人修养支撑秩序的观点，虽与前述个人与社会一体化、达到"无私"而对社会有所贡献的立场相反，但在信赖个人道德这一点上，则有其共通性。

然而，这一切不过是初步的印象而已。清末民初地域社会的变动，在 20 世纪 20 年代后的党国体制建立后，到底呈现了怎样的局面，这将是今后学界值得探索的课题。

---

① 关于张謇的村落主义，参见章开沅：《张謇传》，第 204～209 页，北京，中华工商联合出版社，2000；及田中比吕志：《近代中国の政治統合と地域社会：立憲·地方自治·地域エリート》，第 167～173 页，东京，研文出版，2010。

附录 乡土志目录稿(上海市、江苏省、浙江省)

【凡例】

一、本目录以金恩辉、胡述兆的《中国地方志总目提要》(台北:汉美图书有限公司,1996年)中记载的上海市、江苏省、浙江省的乡土志的相关信息为基础,根据上海图书馆、上海博物馆、南京图书馆、苏州市图书馆等机构的资料制作。

二、可以确认馆藏资料记录者所藏机构,并且新近出版的丛书中新收录的资料则优先记载。关于此类资料,使用下列略称。

《总目提要》——金恩辉,胡述兆:《中国地方志总目提要》,台北:汉美图书有限公司,1996年。

《乡土志选编》——国会图书馆编:《乡土志抄稿本选编》,北京:线装书局,2002年。

《乡镇志专辑》——《中国地方志集成·乡镇志专辑》,上海:上海书店,1992年。

三、未确认资料记为《总目提要》,括号内记载所藏机构。

四、以现在的上海市、江苏省、浙江省来进行区分,分别依照出版年月进行排列。

【目录】

唐宝淦:《西岭乡土志》,1906年稿本,上海市博物馆藏

李维清:《上海乡土志》,1907年铅印本,"上海滩与上海人丛书"(上海古籍出版社,1989年)所收

裴晃,朱昴若:《奉贤乡土历史》,1910年铅印本,上海图书馆藏

裴晃,朱昴若:《奉贤乡土地理》,1910年铅印本,上海图书馆藏

陆培亮:《川沙县乡土志(川沙县乡土课本)》,1918年铅印本,南京图书馆藏

顾达：《华亭乡土志》，1915 年刻本，《乡土志选编》所收

吴昌履：《松江乡土》，1918 年铅印本，上海图书馆藏

葛冲：《青浦乡土志》，1918 年抄本，上海市博物馆藏

陈颂平，秦锡田等：《陈行乡土志》，1920 年铅印本，上海图书馆藏

昝元恺：《崇明乡土志略》，1924 年石刻本，上海图书馆藏

朱醒华，胡家骧：《奉贤乡土志》，1925 年铅印本，上海图书馆藏

李维清：《上海乡土历史志》，1927 年铅印本，上海图书馆藏

李维清：《上海乡土地理志》，1927 年铅印本，上海图书馆藏

匡尔济：《嘉定乡土志》，1933 年铅印本，上海图书馆藏

唐宝淦，葛冲：《西岭乡土志》，1952 年后抄本，上海图书馆藏

袁国钧，杨世桢：《徐州府铜山县乡土志》，1904 年刻本，上海图书馆藏

刘师培：《江苏乡土地理教科书》，1906 年铅印本，南京图书馆藏

刘师培：《江苏乡土历史教科书》，1906 年铅印本，南京图书馆藏

刘师培：《江宁乡土地理教科书》，1906 年铅印本，南京图书馆藏

刘师培：《江宁乡土历史教科书》，1906 年铅印本，南京图书馆藏

侯鸿鉴：《锡金乡土历史》，1906 年活字本，上海图书馆藏

侯鸿鉴：《锡金乡土地理》，1906 年活字本，上海图书馆藏

陈罗孙：《通州历史教科书》，1907 年铅印本，上海图书馆藏

陈罗孙：《通州地理教科书》，1907 年铅印本，上海图书馆藏

佚名：《（通州）乡土历史地理教科书》，1907 年铅印本，上海图书馆藏

旧庐：《常昭乡土地理教科书》，1907 年铅印本，上海图书馆藏

旧庐：《常昭乡土历史教科书》，1907 年铅印本，上海图书馆藏

顾国珍：《昆新乡土地理志》，1908 年铅印本，南京图书馆藏

马锡纯：《泰州乡土志》，1908 年石印本，上海图书馆藏

旧庐：《常昭乡土历史教科书》，1908 年铅印本，南京图书馆藏

陈作霖：《上元江宁乡土合志》，1910 年刻本，上海图书馆藏

吴熙：《锡金乡土地理》，宣统年间稿本，南京图书馆藏

佚名：《黎里乡土志》，清末油印本，苏州市图书馆藏

佚名：《高邮州乡土志》，清末抄本，南京大学图书馆藏

费揽澄：《吴江县乡土志》，1912 年

油印本，《总目提要》(苏州文管会)

佚名：《江宁县乡土志略》，1912 年石印本，《总目提要》(中国人民大学图书馆藏)

吴寿宽：《高淳县乡土志》，1913 年活字本，南京大学图书馆藏

孙浚源，江庆沅：《江宁县乡土志》，1916 年石印本，上海图书馆藏

徐如珪：《太仓乡土历史，太仓乡土历史参考》，1916 年铅印本，《总目提要》(不明)

范烟桥：《吴江县乡土志》，1917 年铅印本，上海图书馆藏

钱锡万：《姜堰乡土志》，1917 年石印本，《总目提要》(扬州市图书馆藏)

林传甲：《大中华江苏省地理志》，1918 年铅印本，上海图书馆近代文献部藏

徐鼎彝：《扬州江都历史课本》，1919 年木刻本，南京图书馆藏

沈荣基：《姜堰市乡土志》，1919 年石印本，南京图书馆藏

民国教育研究会：《同里乡土志》，1921 年铅印本，《总目提要》(苏州文物管理协会藏)

程途，徐钟仁：《常昭乡土教科书》，1921 年铅印本，《总目提要》(不明)

杨荣：《淮安乡土地理教科书》，1922 年铅印本，《总目提要》(不明)

朱正公，张正沂：《修正无锡新乡土参考书》，1923 年铅印本，《总目提要》

(不明)

佚名：《南通乡土志》，民国间抄本，上海图书馆藏

佚名：《泰县乡土志》，1928 年油印本，南京博物院藏

王培棠：《江苏省乡土志》，1938 年铅印本，上海图书馆藏

南通县公署教育科：《南通县乡土志》，1939 年铅印本，南京图书馆藏

朱荣松：《泰县乡土教材》，1947 年铅印本，南京图书馆藏

张正藩，缪文功：《东台县栟茶市乡土志》，民国间抄本，《乡土志选编》所收

张孝则：《高邮乡土志》，民国间油印本，上海图书馆藏

潘庆年：《常熟县乡土地理讲义》，民国间油印本，《总目提要》(不明)

佚名：《东塘市乡志》，民国间稿本，《乡镇志专辑》所收

陆晶生：《常熟新庄乡小志》，民国间抄本，《乡镇志专辑》所收

王亨彦：《定海乡土教科书》，1907 年铅印本，《总目提要》(不明)

慈溪凤山学堂：《慈溪志略教科书》，1907 年石印本，南京图书馆

谢葆濂：《余姚乡土地理历史合编》，1896 年石印本，《总目提要》(北京图书馆藏)

洪炳文：《瑞安县乡土史谭》，1909

年稿本，《总目提要》(温州市图书馆藏)

李永年：《富阳乡土地理》，1909 年铅印本，上海图书馆藏

杨圭章：《石门乡土历史》，1909 年铅印本，上海图书馆藏

冯贻箴：《海宁县乡土志》，1918 年石印本，上海图书馆藏

郑解：《乐清县乡土志稿》，1922 年石印本，《总目提要》(温州市图书馆藏)

王铭恩：《萧山乡土志》，1922 年铅印本，上海图书馆藏

高谊：《乐清县乡土志稿》，民国间年稿本，《乡土志选编》所收

高仰山：《永嘉县乡土地理(永嘉县乡土志)》，1931 年铅印本，《总目提要》(温州市图书馆藏)

省立绍兴初中附小：《诸暨乡土志》，1933 年铅印本，上海图书馆藏

顾士江：《萧山县乡土志》，1933 年铅印本，上海图书馆藏

徐绳宗编，朱遂翔增补：《曹娥乡土志》，1947 年油印本，上海图书馆藏

钱飞虹：《湖步村乡土记》，民国间抄本，《乡土志选编》所收

佚名：《永康乡土志》，民国间抄本，上海图书馆藏

参考文献

史料

【新闻·杂志】

《申报》

《时报》

《东方杂志》

《二十世纪大舞台》(张枬,王忍之编:《辛亥革命前十年间时论选集》第 1 卷,北京,生活·读书·新知三联书店,1977)

《江苏自治公报》(江苏苏属地方自治筹办处编:《江苏自治公报类编》,台北,文海出版社,1988)

《江苏省政府公报》

《嘤报》嘉定档案馆、嘉定博物馆藏

《练水潮》上海图书馆藏

《寥天一鹤》嘉定档案馆藏

《上海市公报》上海图书馆藏

《吴语》上海图书馆藏

《吴声》上海图书馆藏

《中报》上海图书馆藏

《吴江》苏州档案馆藏

《吴江日报》上海图书馆藏

《新黎里》上海图书馆藏

《新周庄》上海图书馆藏

《盛泽》上海图书馆藏

《盛泾》上海图书馆藏

《新盛泽》吴江档案馆藏

《吴江公报》吴江图书馆藏

《南通》上海图书馆藏

《通海新报》南通图书馆藏

《南汇县教育会月刊》上海图书馆藏

《嘉定县教育会年刊第 2 刊》1919 年刊,上海图书馆藏

《嘉定县教育会年刊第 3 刊》1920 年刊,上海图书馆藏

《吴江县教育月刊》吴江图书馆藏

【文集·族谱】

胡式钰:《窦存》清代木刻本,上海图书馆藏

《城镇乡地方自治章程》，北京，商务印书馆，1909

丁祖荫：《松陵文牍》，1914年铅印本，吴江图书馆藏

黄守恒：《谋邑编》5卷，1916年铅印本上海图书馆藏

秦荣光：《养真堂文钞》2卷，1919年排印本，东京大学东洋文化研究所藏

黄天白：《新嘉定大事记》，1924年铅印本，上海图书馆藏

秦锡圭：《贝斋文稿》，1928年石印本，上海图书馆藏

秦锡田：《享帚录》8卷，1930年铅印本，上海图书馆藏

秦锡田：《享帚续录》3卷，1941年铅印本，上海图书馆藏

《程良偁先生追悼录》，1934年铅印本，吴江图书馆藏

吕舜祥编：《嘉定县概况》，1956年稿本，嘉定博物馆藏

上海县陈行公社编志组编：《梓乡杂录》1册，1983年刊，个人藏

梁启超：《饮冰室合集》，北京，中华书局，1989年

徐秀丽编：《中国近代乡村自治法规选编》，北京，中华书局，2004年

秦锡田：《显考温毅府君年谱》1卷，1919排印本，京都大学人文科学研究所藏

秦之济编：《秦砚畦先生年谱简录》2卷，1961年孔令毅摘抄本，个人藏

黄守恒编：《练西黄氏族谱》14卷首1卷，1915年铅印本，国立国会图书馆藏

秦之济编：《上海陈行秦氏支谱》，上海县陈行公社编志组1983年刊油印本，个人藏

【档案·公文类】

《常熟自治文件》，宣统二年油印本，南京博物院藏

《常昭城议事会庚戌秋季常会速记录议决案》，宣统二年油印本，南京博物院藏

《武阳城乡区域始末记》，宣统年间木刻本，上海图书馆藏

《川沙县公牍汇钞》，民国间抄本，上海图书馆藏

《1950年各小学私塾概况调查表》(1)(2)，吴江档案馆藏（2023-3-11，2023-3-12)

《苏南私塾概况调查表》，1949，青浦档案馆藏(43-2-5)

《苏南公私立小学校概况表》(1)～(4)1949，青浦档案馆藏(43-2-1～43-2-4)。

故宫博物院明清档案部编：《清末筹备立宪档案史料》，北京，中华书局，1979年

吴江县档案馆编：《宣统二年吴江县户籍人口调查档案选》，1983年11月吴江县档案馆抄本，吴江档案馆藏

中国第一历史档案馆，北京师范大学

历史系编：《辛亥革命前十年间民变档案史料》上册，北京，中华书局，1985年

吴江县档案局·馆编：《柳亚子早期活动纪实》，北京，档案出版社，1991年

苏州市档案局编：《苏州市民公社档案数据选编》，苏州市档案局，出版年不详

【地方志、乡土志、地域史数据】

民国《上海县续志》，1918年刊

民国《上海县志》，1935年刊

民国《川沙县志》，1936年刊

光绪《嘉定县志》，光绪十一年刊本

民国《嘉定县续志》，1930年刊

光绪《宝山县志》，光绪八年刊本

民国《宝山县续志》，1921年刊本

民国《宝山县再续志》，1921年刊本

民国《上海小志》，1930年刊本

民国《钱门塘乡志》，1921年刊

民国《望仙桥乡志续稿》，稿本

民国《章练小志》，1918年刊本

民国《双林镇志》，1917年刊本

民国《江湾里志》，1924年刊本

民国《法华乡志》，1922年刊本

民国《月浦里志》，1934年刊本

道光《平望志》，1840年刊本

侯鸿鉴：《锡金乡土历史》，1906年活字本，上海图书馆藏

侯鸿鉴：《锡金乡土地理》，1906年活字本，上海图书馆藏

李维清：《上海乡土志》，1907年铅印本（收入《上海滩与上海人丛书》，上海，上海古籍出版社，1989）

陈罗孙：《通州历史教科书》，1907年铅印本，上海图书馆藏

陈罗孙：《通州地理教科书》，1907年铅印本，上海图书馆藏

旧庐：《常昭乡土地理教科书》，1907年铅印本，上海图书馆藏

旧庐：《常昭乡土历史教科书》，1907年铅印本，上海图书馆藏

佚名：《（通州）乡土历史地理教科书》，1907年铅印本，南京图书馆藏

佚名：《南通乡土志》，1912年抄本，上海图书馆藏

范烟桥：《吴江县乡土志》，1917年铅印本，上海图书馆藏

陆培亮：《川沙县乡土志》，1918年铅印本，南京图书馆藏

沈颂平编：《陈行乡土志》，1册，1921年刊，上海图书馆藏

昝元恺：《崇明乡土志略》，1924年石刻本，上海图书馆藏

朱醒华、胡家骥：《奉贤乡土志》，1925年铅印本，上海图书馆藏

李维清：《上海乡土历史志》，1927年铅印本，上海图书馆藏

李维清：《上海乡土地理志》，1927年铅印本，上海图书馆藏

匡尔济：《嘉定乡土志》，1933 年铅印本，上海图书馆藏

祝志学：《诸暨乡土志》，1933 年铅印本，上海图书馆藏

南通县公署教育科：《南通县乡土志》，1939 年铅印本，南京图书馆藏

唐宝淦、葛冲：《西岑乡土志》，1952 年后抄本，上海图书馆藏

上海市奉贤县县志修编委员会编：《上海市奉贤县志》，上海，上海人民出版社，1987

江苏省武进县志编纂委员会编：《武进县志》，上海，上海人民出版社，1988

上海市川沙县县志编纂编修委员会：《上海市川沙县志》，上海，上海人民出版社，1990

上海市嘉定县县志编纂委员会编：《上海市嘉定县志》，上海，上海人民出版社，1992

上海市上海县志编纂委员会编：《上海市上海县志》，上海，上海人民出版社，1993

吴江市地方志编纂委员会编：《吴江县志》，南京，江苏科学技术出版社，1994

盛泽镇地方志办公室编：《盛泽镇志》，南京，江苏古籍出版社，1991

吴江县黎里镇镇志编纂委员会编：《黎里镇志》，南京，江苏教育出版社，1991

嘉定镇志编纂领导小组编：《嘉定镇志》，上海，上海人民出版社，1994

吴江市北厍镇地方志编纂委员会编：《北厍镇志》，上海，文汇出版社，2003

芦墟镇志编纂委员会编：《芦墟镇志》，上海，上海社会科学院出版社，2004

中国人民政治协商会议上海市嘉定县委员会文史资料研究委员会编：《嘉定文史资料选辑》第 2 辑，1998

上海通社编：《上海研究资料》，上海书店，1984

上海通社编：《上海研究资料续集》，上海书店，1984

顾炳权编：《上海洋场竹枝词》，上海，上海书店出版社，1996

顾炳权编：《上海历代竹枝词》，上海，上海书店出版社，2001

赵明编：《江苏竹枝词集》，南京，江苏教育出版社，2001

【调查报告】

《吴江县教育状况：县视学报告》，1913 年铅印本，吴江图书馆藏

《民国二年度吴江县教育状况：县视学报告》，1914 年铅印本，吴江图书馆藏

《民国三年度吴江县教育状况：县视学报告》，1915 年铅印本，吴江图书馆藏

《民国四年度吴江县教育状况：县视学报告》，1916年铅印本，吴江图书馆藏

《民国五年度吴江县教育状况：县视学报告》，1917年铅印本，吴江图书馆藏

《吴江县及市乡教育状况（中华民国元年五月第一次调查）》，1912年，吴江图书馆藏

范祥善：《吴江巡回讲习笔记》，江苏省立第一师范学校，1916年，上海图书馆藏

李景汉：《定县社会概况调查》，中华平民教育促进会，1933

【其他】

蔡衡溪：《乡土教育概要》，上海，大华书局，1935

吴寄萍编：《改良私塾》，广州，中华书局，1937

柳无忌编：《南社纪略》，上海，上海人民出版社，1983

梁漱溟：《梁漱溟全集》，济南，山东人民出版社，1992

陶行知：《中国教育改造》，合肥，安徽教育出版社，1990

研究文献

【中文论著】

巴兆祥：《方志学新论》，上海，学林出版社，2004

包伟民编：《江南市镇及其近代命运：1840—1949》，北京，知识出版社，1998

陈伯海，袁进编：《上海近代文学史》，上海，上海人民出版社，1993

陈长刚：《明清江南社会经济史回顾（1991—1997）》，《中国史研究动态》第247期，1999

陈大康编：《张文虎日记》，上海，上海书店出版社，2001

陈学文：《明清时期杭嘉湖市镇研究》，北京，群言出版社，1993

陈学文：《明清时期太湖流域的商品经济与市场网络》，杭州，浙江人民出版社，2000

陈向阳：《90年代清末新政研究述评》，《近代史研究》1998年第1期

陈忠平、唐力行编：《江南区域史论著目录（1900—2000）》，北京，北京图书馆出版社，2007

程美宝：《由爱乡而爱国：清末广东乡土教材的国家话语》，《历史研究》2003年第4期

程美宝：《地域文化与国家认同：晚清以来"广东文化"观的形成》，北京，生活·读书·新知三联书店，2006

丁守和：《辛亥革命时期报刊介绍》第1~5集，北京，人民出版社，1982~1987

戴鞍钢：《租界与晚清上海农村》，《学术月刊》2002年第5期

刁振娇：《清末地方议会制度研究：以江苏咨议局为视角的考察》，上海，上

海人民出版社，2008

樊树志：《中国封建土地关系发展史》，北京，人民出版社，1888

樊树志：《明清江南市镇探微》，上海，复旦大学出版社，1990

樊树志：《江南市镇：传统的变革》，上海，复旦大学出版社，2005

范金民：《明清江南商业的发展》，南京，南京大学出版社，1998

范学宗：《乡土志浅谈》，收入中国地方史志协会编：《中国地方史志论丛》上编，北京，中华书局，1984

方汉奇：《中国近代报刊史》，太原，山西人民出版社，1981

方汉奇：《中国新闻传播史》，北京，中国人民大学出版社，2002

费孝通：《乡土中国》，北京，生活·读书·新知三联书店，1985

费孝通：《小城镇　大问题》，费孝通学术指导，江苏省小城镇研究课题组编：《小城镇　大问题：江苏省小城镇研究论文选第 1 集》，南京，江苏人民出版社，1984

费孝通：《礼治秩序》，收入费孝通：《乡土中国》，北京，生活·读书·新知三联书店，1985

费孝通：《江村经济：中国农民的生活》，北京，商务印书馆，2001

冯贤亮：《明清江南地区的环境变动与社会控制》，上海，上海人民出版社，2002

傅振伦：《中国方志学通论》，上海，商务印书馆，1935

戈公振：《中国报学史》，北京，生活·读书·新知三联书店，北京，1986

顾炳权：《略谈黄炎培与〈川沙县志〉》，《中国地方志通讯》1983 年第 3 期

顾炳权：《上海风俗古迹考》，上海，华东师范大学出版社，1993

顾炳权：《关于〈竹枝词〉的思考》，收入顾炳权：《上海风俗古迹考》，上海，华东师范大学出版社，1993

顾炳权：《上海洋场竹枝词》，上海，上海书店出版社，1996

顾炳权：《再论黄炎培与浦东学派》，黄炎培学术思想讨论会论文，1996

顾炳权：《上海历代竹枝词》，上海，上海书店出版社，2001

顾炳权：《黄炎培与浦东学派》（稿本）

郭双林：《西潮激荡下的晚清地理学》，北京，北京大学出版社，2000

黄金麟：《历史、身体、国家：近代中国的身体形成 1895 — 1937》，台北，联经出版，2001

黄曙光：《乡土志述略》，《中国地方史通讯》1984 年第 3 期

黄苇编：《中国方志辞典》，合肥，黄山书社，1986

黄苇等：《方志学》，上海，复旦大学出版社，1993

贾士毅：《民国财政史》上卷，上海，商务印书馆，1917

孔复礼：《公民社会与体制的发展》，《近代中国史研究通讯》第 13 期，1992

匡珊吉、王亚利，《矍报》，收入丁守和编：《辛亥革命时期报刊介绍》第 1 集，北京，人民出版社，1982

李华兴：《民国教育史》，上海，上海教育出版社，1997

李怀印：《20 世纪早期华北乡村的话语与权力》，《二十一世纪》第 55 期，1999

李孝悌：《清末的下层社会启蒙运动（1901－1911）》，台北，"中央研究院"近代史研究所，1992

刘克宗、孙仪编：《江南风俗》，南京，江苏人民出版社，1991

刘石吉：《明清时代江南市镇研究》，北京，中国社会科学出版社，1987

柳无忌编：《柳亚子年谱》，北京，社会科学出版社，1983

梁景和：《清末国民意识与参政意识研究》，长沙，湖南教育出版社，1999

梁其姿：《施善与教化：明清的慈善组织》，台北，联经出版事业公司，1997

林志宏：《从南社到新南社：柳亚子的民族和社会革命》，收入《近代中国思想与制度学术研讨会论文集》，台北，政治大学历史系，2005

罗婧：《江南市镇网络与交往力：以盛泽经济社会变迁为中心（1368 －

1950)》，上海，上海人民出版社，2010

马光仁主编：《上海新闻史》，上海，复旦大学出版社，1996

马敏：《官商之间：社会剧变中的近代绅商》，天津，天津人民出版社，1995

马敏、朱英：《传统与近代的二重奏：晚清苏州商会个案研究》，成都，巴蜀书社，1993

马小泉：《国家与社会：清末地方自治与宪政改革》，开封，河南大学出版社，2001

马学强：《从传统到近代：江南城镇土地产权制度研究》，上海，上海社会科学院出版社，2002

《桥梁史话》编写组：《桥梁史话》，上海，上海科技出版社，1979

邱秀香：《清末新式教育的理想与现实：以新式小学堂兴办为中心探讨》，台北，"国立政治大学"历史学系，2000

桑兵：《晚清学堂学生与社会变迁》，上海，学林出版社，1995

桑兵：《清末新知识界的社团与活动》，北京，生活·读书·新知三联书店，1995

《上海百年文化史》编纂委员会：《上海百年文化史》，上海，上海科学技术文献出版社，2002

上海师范大学图书馆编：《上海方志资料考录》，上海，上海书店，1987

沈晓敏：《清末民初的浙江咨议局和

省议会》，北京，生活·读书·新知三联书店，2005

沈松侨：《地方精英与国家权力：民国时期的宛西自治，1930 — 1943》，《中央研究院近代史研究所集刊》第 21 期，1992

唐振常编：《上海史》，上海，上海人民出版社，1989

苏萍：《谣言与近代教案》，上海，上海远东出版社，2001

陶行知：《中国教育改造》，合肥，安徽教育出版社，1990

王健：《利害相关：明清以来江南苏松地区民间信仰研究》，上海，上海人民出版社，2010

王奇生：《民国时期县长的群体构成与人事递嬗：以 1927 年至 1949 年长江流域省份为重点》，《历史研究》1999 年第 2 期

王树槐：《中国现代化的区域研究（江苏省）1860 — 1916》，台北，"中央研究院"近代史研究所，1984

王树槐：《清末江苏地方自治风潮》，《中国近代现代史论集》第 16 号，1986

王卫平：《中国古代传统社会保障与慈善事业：以明清时期为重点的考察》，北京，群言出版社，2005

汪培、陈剑云、蓝流编：《上海沪剧志》，上海，上海文化出版社，1999

魏光奇：《直隶地方自治中的县财政》，《近代史研究》1998 年第 1 期

魏光奇：《地方自治与直隶"四局"》，《历史研究》1998 年第 2 期

魏光奇：《官治与自治：20 世纪上半期的中国县制》，北京，商务印书馆，2004

韦庆远、高放、刘文源：《清末立宪史》，北京，中国人民大学出版社，1993

吴江县档案局、馆编：《柳亚子早期活动纪实（1907 — 1927）》，北京，档案出版局，1991

吴仁安：《明清时期上海地区的著姓望族》，上海，上海人民出版社，1996

吴仁安：《明清江南望族与社会经济文化》，上海，上海人民出版社，2001

吴滔：《清代嘉定宝山地区的乡镇赈济与社区发展模式》，《中国社会经济史研究》1998 年第 4 期

吴滔：《明清时期苏松地区的乡村救济事业》，《中国农史》1998 年第 4 期

吴滔：《清代江南地区社区赈济发展简况》，《中国农史》2001 年第 1 期

吴滔：《清代江南社区赈济与地方社会》，《中国社会科学》2001 年第 4 期

吴滔：《清至民初嘉定宝山地区分厂传统之转变：从赈济饥荒到乡镇自治》，《清史研究》2004 年第 2 期

吴滔：《明清江南基层区划的传统与市镇变迁：以苏州地区为中心的考察》，《历史研究》2006 年第 5 期

吴滔：《清代江南市镇与农村关系的空间透视：以苏州地区为中心》，上海，上海古籍出版社，2010

小田：《江南乡镇社会的近代转型》，北京，中国商业出版社，1997

小田：《清末民初江南乡镇社会的权力结构变动》，《历史档案》第 70 号，1998

小田：《在神圣与凡俗之间：江南庙会论考》，北京，人民出版社，2002

小田：《江南场景：社会史的跨学科对话》，上海，上海人民出版社，2007

许卫平：《中国近代方志学》，南京，江苏古籍出版社，2002

杨念群：《儒学地域化的近代形态：三大知识群体互动的比较研究》，北京，生活·读书·新知三联书店，1997

杨念群：《近代中国研究中的"市民社会"：方法及限度》，收入杨念群《杨念群自选集》，桂林，广西师范大学出版社，2000

杨念群：《东西方思想交汇下的中国社会史研究：一个"问题史"的追溯》，收入杨念群主编《空间·记忆·社会转型："新社会史"研究论文精选集》，上海，上海人民出版社，2001

杨念群：《再造"病人"：中西医冲突下的空间政治（1832 — 1985）》，北京，中国人民大学出版社，2006

杨天石、刘彦成：《南社》，北京，中华书局，1980

袁国兴：《中国话剧的孕育与生成》，北京，中国戏剧出版社，2000

应星：《社会支配关系与科场场域的变迁：1895 — 1913 年的湖南社会》，收入杨念群编《空间·记忆·社会转型》

余新忠：《清代江南的瘟疫与社会：一项医疗社会史的研究》，北京，中国人民大学出版社，2003

章开沅：《张謇传》，北京，中华工商联合出版社，2000

张海林：《苏州早期城市现代化研究》，南京，南京大学出版社，1999

张明观：《柳亚子传》，北京，社会科学文献出版社，1997

张佩国：《近代江南乡村地权的历史人类学研究》，上海，上海人民出版社，2002

张玉法：《清季的革命团体》，台北，"中央研究院"近代史研究所，1982

张玉法：《民国初年的政党》，台北，"中央研究院"近代史研究所，1984

张玉法：《清季的立宪团体》，台北，"中央研究院"近代史研究所，1985

赵明等编：《江苏竹枝词集》，南京，江苏教育出版社，2001

赵世瑜：《眼光向下的革命：中国现代民俗学思想史论（1918－1937）》，北京，北京师范大学出版社，1999

朱建明：《上海南汇县老巷乡农家渡桥仪式及桥文化》，台北，施合郑民俗文

化基金会，1996

朱英：《辛亥革命时期新式商人社团研究》，北京，中国人民大学出版社，1991

邹振环：《晚清西方地理学在中国：以 1815 至 1911 年西方地理学译着的传播与影响为中心》，上海，上海古籍出版社，2000

佐藤仁史：《从地方报看江南市镇社会在 1920 年代的嬗变：以新南社的活动为中心》，收入连玲玲编：《万象小报：近代中国城市文化、社会与政治》，台北，"中央研究院"近代史研究所，2013

【日文论著】

味冈彻：《护国战争后の地方自治回复：江苏省を中心に》，《中央大学人文科学研究所纪要》第 2 号，1983

朝仓美香：《清末·民国期乡村における义务教育实施过程に关する研究》，东京，风间书房，2005

足立启二：《专制国家史论：中国史から世界史へ》，东京，柏书房，1998

阿部洋：《中国近代学校史研究：清末における近代学校制度の成立过程》，东京，福村出版，1993

饭岛涉：《ペストと近代中国：卫生の"制度化"と社会变容》，东京，研文出版，2000

饭塚靖：《中国国民政府と农村社会：农业金融·合作社政策の展开》，东京，汲古书院，2005

饭岛涉、田中比吕志编：《二十一世纪の中国近现代史研究を求めて》，东京，研文出版，2006

石川祯浩：《近代"东アジア文明圈"の成立とその共同言语：梁启超における"人种"を中心に》，收入狭间直树编：《西洋近代文明と中华世界》，京都，京都大学出版会，2001

石川祯浩：《梁启超と文明の视座》，收入狭间直树编：《共同研究　梁启超：西洋近代思想受容と明治日本：》，东京，みすず书房，1999

石原润：《华中东部における明、清、民国时代の传统的市について》，《人文地理》第 32 卷第 3 号，1980

市古宙三：《乡绅と辛亥革命》，收入市古宙三：《近代中国の政治と社会〔增补版〕》，东京，东京大学出版会，1997

稻田清一：《清末江南の镇董について：松江府·太仓州を中心として》，收入森正夫编：《江南デルタ市镇研究：历史学と地理学からの接近》，名古屋，名古屋大学出版会，1992

稻田清一：《清代江南における救荒と市镇：宝山县·嘉定县の"厂"をめぐって》，《甲南大学纪要》文学编第 86 号，1993

稻田清一：《清末，江南における"地

方公事"と镇董》,《甲南大学纪要》文学编第 109 号,1999

稻田清一:《清末,嘉定县の"夫束"について:その纳税＝征税机能を中心に》,《名古屋大学东洋史研究报告》第 24 号,2000

稻田清一:《清末,江苏省嘉定县における入市地调查と区域问题》,《甲南大学纪要》文学编第 113 号,2000

井上进:《方志の位置》,收入《山根幸夫教授退休记念明代史论丛》下册,东京,汲古书院,1990

今堀诚二:《中国封建社会の构造》,东京,日本学术振兴会,1978

岩井茂树:《武进县"实征堂簿"と田赋征收机构》,收入夫马进编:《中国明清地方档案の研究》,科学研究费成果报告书,2000

岩井茂树:《清代の版图顺庄法とその周边》,《东方学报》(京都)第 72 册,2000

岩井茂树:《中国近世财政史の研究》,京都,东京大学学术出版会,2004

上田信:《传统中国:"盆地""宗族"にみる明清时代》,东京,讲谈社,1995

上田孝典:《近代中国における"通俗教育"概念に关する考察:伍达と"中华通俗教育会"の活动を中心に》,《日本社会教育学会纪要》第 38 号,2002

内山雅生:《现代中国农村と"共同体":转换期中国华北农村における社会构造と农民》,东京,御茶の水书房,2003

臼井佐知子:《同治四(1865)年,江苏省における赋税改革》,《东洋史研究》第 45 卷第 2 号,1986

宇野重昭、朱通华编:《农村地域の近代化と内发的发展论:日中"小城镇"共同研究》,东京,国际书院,1991

宇野重昭、鹤见和子:《内发的发展と外向型发展:现代中国における交错》,东京,东京大学出版会,1994

江夏由树:《中国东北地域史研究と档案史料》,《东洋史研究》第 58 卷第 3 号,1999

大泽肇:《中华人民共和国建国初期,上海市及び近郊农村における公教育の再建》,《近きに在りて》第 50 号,2006

太田出:《清代绿营の管辖区域とその机能:江南デルタの汛を中心に》,《史学杂志》第 107 编第 10 号,1998

太田出:《清代江南デルタ〈佐杂〉考》,《待兼山论丛》第 33 号(史学编),1999

太田出、佐藤仁史编:《太湖流域社会の历史学的研究:地方文献と现地调查からのアプローチ》,东京,汲古书院,2007

大谷敏夫:《清代政治思想史研究》,东京,汲古书院,1991

小关信行：《五・四时期のジャーナリズム》，京都，同朋舍，1985

小野和子：《五四期家族论の背景》，京都，同朋舍，1992

小野寺史郎：《国旗・国歌・国庆：ナショナリズムとシンボルの中国近代史》，东京，东京大学出版会，2011

片山刚：《清末广东省珠江デルタの图甲表とそれをめぐる诸问题：税粮・户籍・同族》，《史学杂志》91卷4号，1982

柏佑贤：《经济秩序个性论（Ⅱ）：中国经济の研究》，京都，京都产业大学出版会，1985

金子肇：《近代中国の地方と中央：民国前期の国家统合と行财政》，东京，汲古书院，2008

川胜守：《中国封建国家の支配构造：明清赋役制度の研究》，东京，东京大学出版会，1980

川胜守：《明清江南市镇社会史研究：空间と社会形成の历史学》，东京，汲古书院，1999

川尻文彦：《"中体西用"论と"学战"：清末"中体西用"论の一侧面と张之洞〈劝学篇〉》，《中国研究月报》第558号，1994

贵志俊彦：《"北洋新政"体制下における地方自治制の形成》，收入横山英、曾田三郎编：《中国の近代化と政治的统合》，东京，溪水社，1992

岸本美绪：《明清期の社会组织と社会变容》，收入社会经济史学会编：《社会经济史学の课题と展望》，东京，有斐阁，1992

岸本美绪：《书评：Joseph W. Esherick and Mary B. Rankin eds., *Chinese Local Elites and Patterns of Dominance*》，《东洋史研究》第50卷第4号，1992

岸本美绪：《比较国制史研究と中国社会像》，《人民の历史学》第116号，1993

岸本美绪：《明清时代の乡绅》，收入岸本美绪编：《明清交替と江南社会：17世纪中国の秩序问题》，东京，东京大学出版会，1999

岸本美绪：《风俗と时代观》，东京，研文出版，2012

岸本美绪：《地域社会论再考》，东京，研文出版，2012

金文京：《汉字文化圈の训读现象》，收入和汉比较文学会编：《和汉比较文学研究の诸问题》，东京，汲古书院，1988

クレイグ・キャルホーン编，山本启、新田滋译：《ハバーマスと公共圏》，东京，未来社，1999

夏冰，佐藤仁史译：《清末民初苏州の民绅层とその活动》，《史学》第76卷第4号，2008

仓桥圭子：《中国传统社会のエリートたち：文化的再生产と阶层社会のダイナミズム》，东京，风响社，2011

黄东兰：《近代中国の地方自治と明治日本》，东京，汲古书院，2005

黄东兰：《清末・民国期地理教科书の空间表象：领土・疆域・国耻》，《中国研究月报》第 59 卷第 3 号，2005

小岛晋治译：《中国农村の细密画：ある农村の记录1936～82》，东京，研文出版，1985

小岛毅：《中国近世の公议》，《思想》第 889 号，1998

小岛泰雄：《满铁江南农村实态调查にみる生活空间の诸相》，《研究年报（神户市外匡语大学外国学研究所）》第 30 号，1993

小岛淑男：《近代中国の农村经济と地主制》，东京，汲古书院，2005

小滨正子：《近代上海の公共性と国家》，东京，研文出版，2000

小林善文：《中国近代教育の普及と改革に关する研究》，东京，汲古书院，2002

子安加余子：《近代中国における民俗学の系谱：国民・民众・知识人》，东京，御茶の水书房，2008

小山正明：《明清社会经济史研究》，东京，东京大学出版会，1992

坂元弘子：《中国民族主义の神话：人种・身体・ジェンダー》，东京，岩波书店，2004

笹川裕史：《中华民国期土地行政史の研究》，东京，汲古书院，2002

佐佐木卫：《费孝通：民族自省の社会学》，东京，东信堂，2003

佐藤慎一：《儒教とナショナリズム》，《中国：社会と文化》第 4 号，1989

佐藤慎一：《〈天演论〉以前の进化论：清末知识人の历史意识をめぐって》，《思想》第 792 号，1990

佐藤慎一：《近代中国と知识人》，东京，东京大学出版会，1996

佐藤仁史：《清末、民国初期における一在地有力者と地方政治：上海县の"乡土史料"に即して》，《东洋学报》第 80 卷第 2 号，1998

佐藤仁史：《清末、民国初期上海县农村部における在地有力者と乡土教育：〈陈行乡土志〉とその背景》，《史学杂志》第 108 卷第 12 号，1999

佐藤仁史：《近代江南地域社会史研究の成果と课题：小田（朱小田）氏の江南乡镇社会研究によせて》，《史学》第 69 卷第 3、4 号，2000

佐藤仁史：《清末民初における征税机构改革と政治对立：江苏省嘉定县の夫束问题を事例に》，《近きに在りて》第 39 号，2001

佐藤仁史：《清末民初江南の地方エリートの民俗观："歌谣"をてがかりに》，《史学》第 72 卷第 2 号，2003 年（后译为《清末民初江南的地方精英的民俗观：以

"歌谣"为线索》,《中国社会历史评论》第 6 号，2006)

佐藤仁史：《近现代中国の地方志と地域の叙述》,《アジア游学》第 56 号，2003

佐藤仁史：《近代中国における地方志と乡土意识：江南地方を中心に》,《史潮》新 56 号，2004

佐藤仁史：《近代中国の乡土教科书にみる乡土と国家》,《历史と地理：世界史の研究》第 203 号，2005

佐藤仁史：《地方新闻が描く地域社会，描かない地域社会：1920 年代，吴江县下の市镇の新闻と新南社》,《历史评论》第 663 号，2005

佐藤仁史：《清末民初の政争における地域对立の构图：江苏省嘉定县におけるエリート・自治・政党》,《历史学研究》第 806 号，2005

佐藤仁史：《清末民初の在地知识人における文明と乡土》,《中国：社会と文化》第 21 号，2006 年。后译为《清末民初在乡知识分子的文明观与乡土观》,收入日本中国史研究年刊刊行会编：《日本中国史研究年刊（2006 年度版）》,上海，上海古籍出版社，2008)

佐藤仁史：《清末における城镇乡自治と自治区设定问题：江苏苏属地方自治筹办处の管辖地域を中心に》,《东洋史研究》第 70 卷第 1 号，2011

佐藤仁史・太田出・稲田清一・吴滔编：《中国农村の信仰と生活：太湖流域社会史口述记录集》,东京，汲古书院，2008

滋贺秀三：《清代中国の法と裁判》,东京，创文社，1984

重田德：《清代社会经济史研究》,东京，岩波书店，1975

斯波义信：《中国都市史》,东京，东京大学出版会，2002

小田（朱小田）：《社会变革时代的知识世界：对江南民间社会中的南社进行考察》,收入久保田文次编：《国际ワークショップ"20 世纪中国の构造的变动と辛亥革命"报告集》,2002

新保敦子：《中华民国时期における近代学制の地方浸透と私塾：江苏省をめぐって》,收入狭间直树编：《中国国民革命の研究》,京都，京都大学人文科学研究所，1992

铃木智夫：《清末江浙の茶馆》,收入酒井忠夫先生古稀祝贺纪念の会编：《历史における民众と文化》,东京，国书刊行会，1982

铃木智夫：《清末无锡における教育改革の展开と地域エリート层》,收入森正夫编：《旧中国における地域社会の特质》,科学研究费成果报告书，1994

濑户宏：《中国演剧の20 世纪：中国话剧史概况》,东京，东方书店，1999

曽田三郎：《清末の産業行政をめぐる分権化と集権化》，収入横山英、曽田三郎編《中国の近代化と政治的統合》，広島，渓水社，1992

曽田三郎：《立憲国家中国への始動：明治憲政と近代中国》，京都，思文閣出版，2009

高島航：《呉県・太湖庁の経造》，収入《中国明清地方档案の研究》，2000

高村雅彦：《中国江南の都市とくらし：水のまちの環境形成》，東京，山川出版社，2000

高橋孝助：《上海共同租界北辺農村の変遷：宝山県江湾鎮を中心にして》，《宮城教育大学紀要》第23号，1988

高橋孝助：《1920年代はじめに至る上海県法華郷の変遷：消灭しつつある"水郷"》，《宮城教育大学紀要》第25号，1990

高橋孝助：《1920年代に至る宝山県月浦郷："発展"から取り残された"水郷"》，《宮城教育大学紀要》第27号，1992

高田幸男：《清末地域社会と近代教育の導入：无錫における"教育界"の形成》，神田信夫先生古稀紀念論集《清朝と東アジア》，東京，山川出版社，1992

高田幸男：《清末地域社会における教育行政機構の形成：蘇・浙・皖三省各庁州県の状況》，《東洋学報》第75巻第1、2号，1993

高田幸男：《近代中国地域社会と教育会：无錫教育会の役員構成分析を中心に》，《駿台史学》第91号，1994

高田幸男：《江蘇教育総会の誕生：教育界に見る清末中国の地方政治と地域エリート》，《駿台史学》第103号，1998

高田幸男：《辛亥革命期における"国民"の創造：その初歩的考察》，《近きに在りて》第39号，2001

高橋孝助・古厩忠夫：《上海史：巨大都市の形成と人々の営み》，東京，東方書店，1995

田中比呂志：《清末民初の社会調査と中国地域社会史研究》，《歴史評論》第663号，2005

田中比呂志：《近代中国の政治統合と地域社会：立憲・地方自治・地域エリート》，東京，研文出版，2010

谷川道雄：《中国中世社会と共同体》，東京，国書刊行会，1976

段瑞総：《新生活運動発動の背景について：思想的側面を中心に》，《法学政治学論究》28巻，1996

檀上寛：《明清郷紳論》，収入谷川道雄編：《戦後日本の中国史論争》，東京，河合出版，1993

千叶正史：《近代交通体系と清帝国の変貌：電信・鉄道ネットワークの形成と中国国家統合の変容》，東京，日本経済評論社，2006

陈来幸：《长江デルタにおける商会と地域社会》，收入森时彦编：《中国近代の都市と农村》，京都，京都大学人文科学研究所，2001

寺地遵：《近世中国，江南市镇における水边都市施设の发达に关する总合的研究》，平成十年度～平成十一年度科学研究费补助金基盘研究(C)(2)研究成果报告书，2000

土屋洋：《清末山西における矿山利权回收运动と青年知识层》，《名古屋大学东洋史研究报告》第 24 号，2000

户部健：《中华民国北京政府期における通俗教育会：天津社会教育办事处の活动を中心に》，《史学杂志》第 113 编第 2 号，2004

户部健：《近代中国における通俗卫生知识：天津(1912～45 年)の事例から》，《历史学研究》第 834 号，2007

中岛乐章：《村の识字文化：民众文化とエリート文化のあいだ》，《历史评论》663 号，2005

中村哲夫：《近代中国社会史研究序说》，京都，法律文化社，1984

夏井春喜：《中国近代江南の地主制研究：租栈关系簿册の分析》，东京，汲古书院，2001

西村成雄：《20 世纪中国"党制国家"体制への射程》，《中国：社会と文化》第 15 号，2000

根岸佶：《支那ギルドの研究》，东京，斯文书院，1932

根岸佶：《中国社会に于ける指导层：中国耆老绅士の研究》，东京，平和书房，1947

狭间直树、岩井茂树、森时彦、川井悟：《データで见る中国近代史》，东京，有斐阁，1996

巴兆祥，佐藤仁史译：《清末乡土志考》，《史学》第 73 卷第 1 号，2004

服部宇之吉：《支那研究》，东京，明治出版社，1916

滨口允子：《清末直隶における咨议局と县议会》，收入辛亥革命研究会编：《菊池贵晴先生追悼论集中国近现代论集》，东京，汲古书院，1985

滨岛敦俊：《明代江南农村社会の研究》，东京，东京大学出版会，1982

滨岛敦俊：《农村社会：觉书》，收入森正夫编：《明清时代史の基本问题》，东京，汲古书院，1999

滨岛敦俊：《总管信仰：近世江南农村社会と民间信仰》，东京，研文出版，2001

滨岛敦俊、片山刚、高桥正：《华中、华南デルタ农村实地调查报告书》，《大阪大学文学部纪要》第 34 卷别刷，1994

林惠海：《中支江南农村社会制度研究》，东京，有斐阁，1953

费孝通，小岛晋治译：《中国农村の细密画：ある农村の记录1936—1982》，东京，研文出版，1985

费孝通，大里浩秋、并木赖寿译：《江南农村の工业化："小城镇"建设の记录1983—1984》，东京，研文出版，1988

深町英夫：《近代中国における政党・社会・国家：中国国民党の形成过程》，东京，中央大学出版部，1999

深町英夫：《近代中国政治体制论：归属意识のフラクタル/ホラーキー构造》，《近きに在りて》第39号，2001

福武直：《中国农村社会の构造》，东京，东京大学出版会，1976

藤野真子：《柳亚子と演剧：民国初期上海演剧の一段面》，《季刊中国》第58号，1999

藤谷浩悦：《1910年の长沙米骚动と乡绅》，《社会文化史学》第31号，1993

藤谷浩悦：《清末，湖南省长沙の街巷と民众：人のつながりと行动样式》，《近きに在りて》第36号，1999

藤谷浩悦：《中国近代史研究の动向と课题：日本における研究を中心に》，《历史评论》第638号，2003

藤谷浩悦：《1906年の萍浏醴蜂起と民众文化：中秋节における谣言を中心に》，《史学杂志》第113卷第10号，2004

夫马进：《中国善会善堂史研究》，京都，同朋舍出版，1997

プラセンジット・ドゥアラ，山本英史、佐藤仁史译：《"地方"という世界：政治と文学に见る近代中国における乡土》，收入山本英史编：《传统中国の地域像》，东京，庆应义塾大学出版会，2000

ブラッドリー・W・リード，泽崎京子译：《清朝后期四川における收税、催税、租税代纳》，《中国：社会と文化》第13号，1998

弁纳オ一：《华中农村经济と近代化》，东京，汲古书院，2004

ポール・A・コーエン，佐藤慎一译：《知の帝国主义：オリエンタリズムと中国像》，东京，平凡社，1988

松元善海：《中国村落制度の史的研究》，东京，岩波书店，1977

三木聪：《明清福建农村社会の研究》，札幌，北海道大学图书刊行会，2002

沟口雄三：《中国の公と私》，东京，研文出版，1995

三谷孝：《南京政权と迷信打破运动(1928 — 1929)》，《历史学研究》第455号，1978

三谷孝：《中国农村变革と家族・村落・国家：华北农村调查の记录》全2卷，东京，汲古书院，1999—2000

村松佑次：《近代江南の租栈：中国地主制度の研究》，东京，东京大学出版会，1970

村松佑次：《中国経済の社会态制》，东京，东洋経済新报社，1975

森正夫：《江南デルタ市镇研究：历史学と地理学からの接近》，名古屋，名古屋大学出版会，1992

森正夫：《森正夫明清史论集》第3卷《地域社会研究方法》，东京，汲古书院，2006

森田明：《清末民初の江南デルタ水利と帝国主义支配》，收入森田明：《清代水利社会史の研究》，东京，国书刊行会，1990

森田明：《民国初期における上海浚浦局の改组问题》，收入森田明：《清代の水利と地域社会》，福冈，中国书店，2002

森田明：《清代の"义图"制とその背景》，收入森田明：《清代の水利と地域社会》

宫崎市定：《清代の胥吏と幕友：特に雍正朝を中心として》，收入《宫崎市定全集》第14卷，东京，岩波书店，1991

山田辰雄：《今こそ民国史观を》，《近きに在りて》第17号，1990

山田贤：《移住民の秩序：清代四川地域社会史研究》，名古屋，名古屋大学出版会，1995

山田贤：《长江上流域の移住と开发：生成する"地域"》，收入《明清时代史の基本问题》

山田贤：《中国明清时代史研究における〈地域社会论〉の现状と课题》，《历史评论》第580号，1998

山田贤：《生きられた"地域"：丁治棠〈仕隐斋涉笔〉の世界》，收入山本英史编：《传统中国の地域像》

山田贤：《生成する地域・地域意识》，《历史评论》第746号，2012

山室信一：《思想课题としてのアジア：基轴・连锁・投企》，东京，岩波书店，2001

山本英史：《清代中国の地域支配》，东京，庆应义塾大学出版会，2007

山本英史：《传统中国の地域像》，东京，庆应义塾大学出版会，2000

山本英史：《日本の传统中国研究と地域像》，收入山本英史编：《传统中国の地域像》

山本真：《抗日战争期から国共内战期にかけての乡村建设运动：中华平民教育促进会の乡村建设学院と华西实验区を中心として》，《史学》第66卷第4号，1997

山本真：《1930年代前半，河北省定县における县行政制度改革と民众组织化の试み》，《历史学研究》第763号，2002

山本进：《明清时代の地方统治》，《历史评论》第580号，1998

山本进：《清代财政史研究》，东京，汲古书院，2002

吉泽诚一郎：《书评：小滨正子著《近代上海の公共性と国家》》，《东洋史研究》第 60 卷第 2 号，2001

吉泽诚一郎：《天津の近代：清末都市における政治文化と社会统合》，名古屋，名古屋大学出版会，2002

吉泽诚一郎：《爱国主义の创成：ナショナリズムから近代中国をみる》，东京，岩波书店，2003

吉泽诚一郎：《近代中国における进化论受容の多样性》，《メトロポリタン史学》第 7 号，2011

ユリゲン・ハバーマス，细谷贞雄、山田正行译：《公共性の构造转换：市民社会の1カテゴリーについての探究》（第 2 版），广岛，未来社，1994

横山英、曾田三郎编：《中国の近代化と政治的统合》，广岛，溪水社，1992

鹫尾浩一：《清末苏州における地方自治の导入と基层社会の变化：水害发生时の报荒を通じて》，《东洋学报》第 92 卷第 3 号，2010

和田清编：《中国地方自治发达史》，东京，汲古书院，1975

B・I・シュウォルツ，平野健一郎译：《中国の近代化と知识人：严复と西洋》，东京，东京大学出版会，1978

【英文】

Barken, Lenore. "Patterns of Power: Forty Years of Elite Politics in a Chinese County", in Esherick and Rankin, eds., *Chinese Local Elites and Patterns of Dominance.*

Beatie, Hilary J. *Land and Lineage in China：A Study of T'ung-ch'eng County, Anhui, in the Ming and Ch'ing Dynasties* (Cambridge：Cambridge University Press, 1979)

Cohen, Paul. *Discovering History in China：American Historical Writing on the Recent Chinese Past* (New York：Columbia University Press, 1984)

Ch'u, T'ung-tsu. *Local Government in China under the Ch'ing* (Cambridge, Massachusetts：Harvard University Press, 1962)

Duara, Prasenjit. *Culture, Power, and the State：Rural North China*, 1900 — 1942 (Stanford：Stanford University Press, 1988)

Duara, Prasenjit. *Rescuing History from the Nation：* Questioning Narrative of Modern China (Chicago：The University of Chicago Press, 1995)

Duara, Prasenjit. "The Regime of Authenticity：Timelessness, Gender, and National History in Modern China," in *History and Theory*, 37 (1998)

Daruvala, Susan. *Zhou Zuoren and*

an *Alternative Chinese Response to Modernity* (Cambridge, Massachusetts: Harvard University Press, 2000)

Elman, Benjamin A. *Classicism, Politics, and Kinship: The Ch'ang-chou School of New Text Confucianism in Late Imperial China* (Berkeley: University of California Press, 1990)

Esherick, Joseph W. and Rankin, Mary Backus. eds. , *Chinese Local Elites and Patterns of Dominance* (Berkeley: University of California Press, 1990)

Fei, Hsiao-tung. *Peasant Lie in China: A Field Study of Country Life in the Yangtze Valley* (London: Routledge and Kegan Pault, 1939)

Fincher, John H. "Political Provincialism and the National Revolution. ", In Mary Clabaugh Wright ed. , *China in Revolution: The First Phase*, 1900 — 1913 (New Heaven: Yale University Press, 1968)

Fitzgerald, John. *Awaking China: Politics, Culture, and Class in the Nationalist Revolution* (Stanford: Stanford University, 1996)

Goodman, Bryna. *Native Place, City, and Nation: Regional Networks and Identities in Shanghai*, 1853 — 1937 (Berkeley: University of California Press, 1995)

Hao, Chang. *Liang Ch'i-ch'ao and Intellectual Transition in China*, 1890 — 1907 (Cambridge, Massachusetts: Harvard University Press, 1971)

Hayes, James. "Specialists and Written Materials in the Village World", in David Johnson, Andrew J. Nathan, Evelyn S. Rawski, eds. , *Popular Culture in Late Imperial China* (Berkeley: University of California Press, 1985)

Hung, Chang-tai. *Going to the People: Chinese Intellectuals and Folk Literature*, 1918 — 1937 (Cambridge, Massachusetts: Harvard University Press, 1985)

Ichiko, Chuzo. "The Role of the Gentry: An Hypothesis. " in Mary Clabaugh Wright ed. , *China in Revolution: The First Phase*, 1900 — 1913 (New Heaven: Yale University Press, 1968)

Kuhn, Philip A. *Rebellion and Its Enemies in Late Imperial China: Militarization and Social Structure*, 1796 — 1864 (Cambridge, Massachusetts: Harvard University Press, 1970)

Kuhn, Philip A. "Local Self-Government under the Republic: Problems of Control, Autonomy, and Mobilization", in Frederic Wakeman Jr. and Carolyn Grant, eds. , *Conflict and Control in Late Imperial China* (Berkeley: University of California Press, 1970)

Kuhn, Philip A. *Origins of the Modern Chinese State* (Stanford: Stanford University Press, 2002)

Prazniak, Roxann. "Weavers and Sorceresses of Chuansha: The Social Origins of Political Activism among Rural Chinese Women." in *Modern China*, 12. 2(1986)

Qin, Shao. *Culturing Modernity: the Nantong Model*, 1890 — 1930 (Stanford: Stanford University Press, 2003)

Rankin, Mary Backus. *Elite Activism and Political Transformation in China: Zhejiang Province*, 1865 — 1911 (Stanford: Stanford University Press, 1986)

Reed, Bradly W. *Talons and Teeth: County Clerks and Runners in the Qing Dynasty* (Stanford: Stanford University Press, 2000)

Reynolds, Douglas R. *China*, 1898 — 1912 : *The Xinzheng Revolution and Japan* (Cambridge, Massachusetts: Harvard University Press, 1993)

Rowe, William T. *Hankow: Commerce and Society in a Chinese City*, 1796 — 1899 (Stanford: Stanford University Press, 1984)

Rowe, William T. "The Public Sphere in Modern China", *Modern China*, 16. 3(1990)

Rowski, Evelyn Sakakida. *Education and Popular Literacy in Ch'ing China* (An Arbor: University of Michigan Press, 1979)

Schoppa, Keith R. *Chinese Elites and Political Change: Zhejiang Province in the Early Twentieth Century* (Cambridge, Massachusetts: Harvard University Press, 1982)

Wakeman, Fredric, Jr. *Policing Shanghai* 1927—1937 (Berkeley: University of California Press, 1995)

Wong, R. Bin. "Great Expectations: 'The Public Sphere' and the Search for Modern Times in Chinese History",《中国史学》第 3 号, 1993 年.

Wong, R. Bin. *China Transformed: Historical Change and the Limits of European Experience* (Ithaca, N. Y. : Cornell University Press, 1997)

后　记

在这里介绍一下本书背后的一些故事。

本书为《近代中国の乡土意识：清末民初江南の在地指导层と地域社会》(东京，研文出版，2013)的中文版。日文版本来是我的博士论文改写的。2003 年 1 月，我向庆应义塾大学大学院文学研究科提交博士论文，并于同年 10 月获得史学博士学位。由于时间限制，博士论文有很多论点在当时未能深入地讨论，后来分别在第 22 届历史学会大会的"围绕乡土意识"研讨会(2003 年 11 月举行)，以及中国社会文化学会举办的年度大会中的"前近代东亚的规范文化的传播和自我建构"研讨会(2005 年 7 月举行)上有幸进行报告。也正是这样的宝贵机缘，促使我的思路慢慢地转变成为清晰的轮廓。

还有一点需要说明是，成书之前所发表的大部分文章和博士论文内容，都是我在 1998 年到 2004 年间写成的。尽管如此，后来几年的时间里，都没能找到充分的时间进行整理。这是由于 2004 年以后，我把大部分假期都投入到江南农村和渔业村的田野调查上。以出版所花费的时间而言，拙著似乎走了很远的弯路。但实际上，通过参加由太田出教授主持的科研调查，我得以前往江南的市镇和农村进行田野工作，倾听那里人们有血有肉的生活史，也让我亲身体验到当地的空间感，这都是文献资料中无法获取的宝贵经验。尽管这些经验难以全部直接反映在本书的分析上，但对厘清本书的主要研究对象——市镇社会的特质，可谓裨益良多。

在完成本书的研究道路上，我曾得到许多人的指教。自从1992年参加研究班以来，始终承蒙导师山本英史教授的多方指教和关照。现在从一位教师的角度来回想，当时任性的我可说是特别难以应付的学生；时常没有事先约好就"闯进"山本老师的办公室，与他商量如何撰写论文。然而，山本老师却本着初衷，经常面带笑容地陪我一起讨论。此外，年轻时的我往往拘泥于细节上，而山本老师总能从大局的角度，给予适切有益的想法。

虽然不能一一地列举姓名，在此我还是想感谢许多老师、长辈以及学友们给予的意见和建议。就研究方法而论，读博期间有机会参加"传统中国的地域像"项目，并能接触最前沿的研究，从中得到了不少启发。其次，2000年到2006年不定期举办的中国地域社会史研究会上，我也曾于讨论之中获致许多研究灵感。在博士论文答辩会上，感谢山本英史教授、岸本美绪教授、田中比吕志教授等人赐予严正的批评和有益的意见。另外，本书出版日文版之际，有幸获得的武山基金支持。在基金的审查上，曾劳烦田中比吕志教授和高田幸男教授担任专家审查人。后来我才深深地了解到，这些工作看似徒劳无功，但实际上都是推动学术界的基础力量所在。对于这些老师无私的奉献，个人由衷地表达谢意。

本书日文版有幸得到七位学者的书评赐正，他们分别是：鹫尾浩幸博士（《史朋》）、吉泽诚一郎教授（《史学杂志》）、梁敏玲教授（《历史人类学学刊》）、田中比吕志教授（《中国研究月报》）、大泽肇教授（《现代中国》）、藤谷浩悦教授（《历史学研究》）、陈昀秀博士（《"中央研究院"近代史研究所集刊》）等。在此要特别感谢吉泽诚一郎教授指出两点：第一，深入地剖析各地性质，对了解整个中国社会的特征，究竟具备何种有效性？第二，本书所谈的"乡土意识"仅限于地方知识分子，应该还需要分析基层——包括老百姓"乡土意识"的多样性。由于过去的民众几乎没能留下代表自己主张的文献资料，有关他们的乡土意识及其背后基层社会的结构，我试图透过这十几年来的田野调查工作进行了解；可以说，目前的我正走在探索道路上（其部分成果为：《太湖流域社会の历史学的研究：地方文献と现地调查からのアプローチ》，东京，汲古书院，2007；《中国农村の信仰と生活：太湖流域社会史口述记录集》，东京，汲古书院，2008；《中国农村の民间艺能：太湖流域社会史口述记录集2》，东京，汲古书院，2011）。希望今后根据这些成果，相关研究能使有更进一步的发展，也企盼可以回应大家提出的宝贵意见。

本人对江南的市镇社会开始感兴趣，契机始于1993年到1994年，以庆应义塾大学交换留学生身份到复旦大学的经历。虽然当时我还是位本科生，却有幸旁听到历史系樊树志教授的研究生课（"明清时代江南市镇研究""江南农村调查""明史研究"等）。这些课程使我充分了解相关研究的概况。另外，感谢当时攻读复旦大学硕士学位的侯杨方教授。我们每个礼拜结束相互学习后，热衷于讨论中国史研究的问题，还一起到北京和江南农村旅游，这些都可说是我青春时代的美好回忆。

本书所使用的史料，大部分都是我在 1996 年到 1999 年间所收集到的。在收集过程中，当时的川沙县志副主编顾炳权先生（已逝）、嘉定博物馆副馆长赵胜土先生与复旦大学图书馆长秦曾复教授，分别提供珍贵资料及热心协助，在此要一并深表谢意。

本书的中文翻译还得到了很多人帮助。序章和终章是由申斌博士（大阪市立大学硕士、北京大学博士生）；第一章、第三章、第四章、第五章由菅野智博同学（一桥大学博士生）和马海龙同学（一桥大学硕士）；第二章由林淑美博士（大阪大学博士）；第六章至第八章由我负责翻译初稿，然后委请"中央研究院"近代史研究所林志宏教授润色。最后由林教授和我做了统一和调整工作。若本书的翻译上有何问题，应该全部归于我的责任。在这里感谢各位接受这么繁杂的工作。顺带一提，第二章的原著论文还曾收录于我和中山大学吴滔教授合著的《嘉定县事：14 至 20 世纪江南地域社会史研究》（广州，广东人民出版社，2014）之中。该文虽为单独的作品，也包含着独立完整的内容。不过收录在不同书中，若以不同的关联来阅读该章的话，应该会呈现出不同的样貌吧。

本书得以在北京师范大学出版社出版，主要是因友人转介而认识了谭徐锋先生。感谢谭先生费心本书的出版事宜，并将它列入"新史学译丛"之中，对我而言是件极其荣幸的事情。在实际编辑工作中，宋旭景女士和陈鹏先生为本书进行了无微不至的编辑工作，在此也对出版社的各位表示谢意。值得大书特书的是，王汎森教授为本书赐赠序文，并给予肯定的评价，如此精神令后辈不胜感念，鼓励我以无比的勇气继续在日后的研究道路上前行。

本书日文版曾于 2015 年 6 月获得庆应义塾大学文学部授予的第一届井筒俊彦学术奖。能够有幸荣获冠以伟大学者命名的奖项，真的让我喜出望外，也可借此正式向自己青春时的研究挥别。

最后，要在这里特别感谢我的家人。虽然跟家人少有研究上的互动，但长期以来他们以行动在背后默默地支持，已是对我最大的鼓励。如今我能够专心致力于研究，一切都要归功于家人无私的付出。

2016 年 10 月 31 日

佐藤仁史

于香港中文大学冯景禧楼

图书在版编目（CIP）数据

近代中国的乡土意识：清末民初江南的地方精英与地域社会/
（日）佐藤仁史著．—北京：北京师范大学出版社，2017.8（2018.11 重印）
（新史学译丛）
　ISBN 978-7-303-21299-6

　Ⅰ.①近…　Ⅱ.①佐…　Ⅲ.①群众意识－研究－中国－清后
期　Ⅳ.①C912.64

中国版本图书馆 CIP 数据核字（2016）第 229533 号

营　销　中　心　电　话　　010-58805072　58807651
北师大出版社高等教育与学术著作分社　　http://xueda.bnup.com

JINDAI ZHONGGUO DE XIANGTU YISHI
出版发行：北京师范大学出版社　www.bnup.com
　　　　　北京市海淀区新街口外大街 19 号
　　　　　邮政编码：100875
印　　刷：鸿博昊天科技有限公司
经　　销：全国新华书店
开　　本：890 mm×1240 mm　1/32
印　　张：13.5
字　　数：320 千字
版　　次：2017 年 8 月第 1 版
印　　次：2018 年 11 月第 2 次印刷
定　　价：68.00 元

策划编辑：谭徐锋　　　　　责任编辑：宋旭景　陈　鹏
美术编辑：王齐云　　　　　装帧设计：王齐云
责任校对：陈　民　　　　　责任印制：马　洁

北京市版权局著作权合同登记号:图字 01-2016-3753